Kôdô Sawaki

Zen ist für nix gut

Kommentare zu Yôka Daishis
Shôdôka

Angkor Verlag

Weitere Titel von Kôdô Sawaki und einem seiner Nachfolger

Kôdô Sawaki: *Zen ist die größte Lüge aller Zeiten.*
Übersetzt von Muhô. Paperback. 144 Seiten. 15 €.

Kôdô Sawaki: *An Dich. Zen-Sprüche.*
Übersetzt von Muhô. Paperback. 140 Seiten. 15 €. Gebunden 25 €. Ebook 9,90 €.

Kôdô Sawaki: *Tag für Tag ein guter Tag. Einführung in die Meditation des Zen.*
Übersetzt und zusammengestellt von Muhô. Paperback. 116 Seiten. 15 €.

Kôdô Sawaki/Kôshô Uchiyama: *Die Zen-Lehre des Landstreichers Kôdô.*
Übersetzt von Guido Keller. Paperback. 120 Seiten. 15 €.

Kôshô Uchiyama: *Zen für Küche und Leben.*
Übersetzt von Francoise-Albert Viallet. Paperback. 104 Seiten. 15 €.

Kôshô Uchiyama: *Das Leben meistern durch Zazen.*
Übersetzt von Stefan Pierre-Louis. Paperback. 112 Seiten. 15 €.

Bibliografische Information der Deutschen Bibliothek:
Die Deutsche Bibliothek verzeichnet diese Publikation in der Deutschen Nationalbibliografie; detaillierte bibliografische Daten sind im Internet über http://dnb.ddb.de abrufbar.

Zen ist für nix gut. Kommentare zu Yôka Daishis Shôdôka./Sawaki, Kôdô. Aus dem Englischen von Guido Keller. – Frankfurt: Angkor Verlag, 2016.

Originaltitel: „Commentary on the Song of Awakening“

Lektorat: Susanne König
Website: www.angkor-verlag.de
Printed in Germany

ISBN: 978-3-943839-35-7

Vorbemerkung

Hier also sind Kôdô Sawakis Kommentare zum *Zhengdao ge/ Shôdôka* 証道歌, einem langen Gedicht, das Yongjia Xuanjue (Yôka Genkaku, 665–713) zugeschrieben wird, dessen Erleuchtung vom Patriarchen Hui-neng bestätigt worden sein soll. Es behandelt das Verhältnis von Dharma-Natur (Realität) zu Buddha-Natur und beschreibt die tägliche Zen-Praxis, die einem Sutra-Studium vorzuziehen sei. Sawakis Kommentare beruhen auf Reden, die er 1946 hielt, und er nennt den Autor des *Shôdôka* meist Yôka Daishi, den „Großen Meister Yôka".

Ich danke Tonen Sara O'Connor. Sie ist Dharma-Erbin von Tôzen Akiyama, buddhistische Priesterin, *nitokyôshi* innerhalb der Sôtô-Schule und vor allem im Milwaukee Zen Centre aktiv. Ihre englische Übersetzung der Sawaki-Kommentare hielt sich zum einen an die französische Vorlage von Janine Coursin und glich diese zum anderen mit dem japanischen Original ab, wobei ihr insbesondere Shôhaku Okumura und Prof. J. Thomas Rimer behilflich waren. Okumura Rôshi hat dankenswerterweise auch mir ein paar Fragen beantwortet, ebenso Muhô vom Antaiji.

In der deutschen Fassung wurden ein paar wenige Wiederholungen gestrichen, ebenso Vor- und Nachworte, und ein paar offensichtlich falsche Angaben berichtigt; bei den Fußnoten habe ich ansonsten weitgehend Tonen und ggf. meiner Lektorin vertraut. Biografische Angaben zu Kôdô Sawaki finden sich bereits in anderen Titeln, die über dem Impressum auf der zweiten Seite aufgelistet sind.

G. K.

Einführung von Kôdô Sawaki

Der Ursprung des Liedes vom Erwachen *(Shôdôka)*

Zu Lebzeiten Shâkyamunis gab es keine buddhistischen Schriften. Die Lehren Buddhas gründeten allein auf der physischen Präsenz des Mannes Shâkyamuni. Er drückte sich klar und eindeutig aus, und seine Botschaft wurde vollständig verstanden. Damals erwartete man keine fehlerfreie Lehre von ihm, sondern ersehnte bloß seine Gegenwart. Doch Shâkyamuni starb. Die Abwesenheit eines Menschen macht den ganzen Unterschied aus. Das grundlegende Problem ist genau die Tatsache, dass ein solcher Mensch existierte. Seine Lehre war perfekt an die Gegebenheiten des Lebens angepasst. Zur Zufriedenheit aller lehnte er keinen Aspekt dieser Realität ab, sondern akzeptierte deren Bitterkeit und Süße zugleich. Darum war Shâkyamuni ein einzigartiges Wesen.

Nachdem er gestorben war, blieb seinen Schülern nur die Erinnerung an seine Worte. Ihnen erschien es am besten, sie aufzuzeichnen, um seine Lehre zu verbreiten. So entstanden die Sutren. Im *Yuikyôkyô*[1] heißt es: „Nach mir werden meine Schüler das Rad der Lehre drehen, indem sie sie praktizieren. So wird der Dharma-Körper des Tathâgata[2] bis in alle Ewigkeit weiterleben.“ Nachdem der Mensch verschwunden war, blieb als einziger Lehrer der Dharma zurück. Schließlich erblickte eine gehörige Anzahl von Sutren das Licht der Welt.

Die Sutren wurden ins Chinesische und später ins Japanische übersetzt. Egal in welcher Ära oder an welchem Ort – sobald eine neue Kultur in einem Land erschien, genossen diejenigen hohes Ansehen, die die fremde Sprache dieser Überlieferung beherrschten. Lange nachdem die Übersetzung von Sutren aus Indien beendet war, wurden gebildete Linguisten, die sich auf Sanskrit spezialisiert hatten, wegen ihrer moralischen Persönlichkeit bewundert.

---

[1] Das Sutra der Lehren von der Übertragung, übersetzt ins Chinesische von Kumârajîva (344–413), das von Buddha kurz vor seinem Tod gelehrt worden sein soll.

[2] Tathâgata (skt., jap. Nyorai): wörtlich „der so Gekommene“, einer der zehn Beinamen Buddhas.

Man verehrte sie als Buddhas, selbst wenn sie als Mönche die Gebote nicht achteten. Die Leute verliehen ihnen den Titel „Meister der Tripitaka (Drei Körbe)“. Damit die chinesischen Übersetzungen auf Japanisch gelesen werden konnten, mussten sie mit Anmerkungen und Kommentaren versehen werden. So kam es zu den Auslegungen von Sutren.

Das Übersetzen gestaltete sich schwierig, also unterteilten die Gelehrten die Sutren, um ihren Sinn zu verstehen. Das leistete den verschiedensten Interpretationen mit psychologischen und philosophischen Tendenzen Vorschub, die immer komplexer und abstrakter wurden. Deren Autoren erlangten Anerkennung, indem sie all diese komplizierten Dinge in Kursen und Vorträgen erläuterten. Heute nennt man diese Forschung Buddhologie. Sie ist deshalb ungenügend, weil das Wichtige weder in den Worten noch in den Buchstaben jener Schriften auftaucht. Nur unmittelbarer Kontakt von Mensch zu Mensch kann vermitteln, was kein Text auszudrücken vermag.

Direkte Übertragung bedeutet, Shâkyamuni zu begegnen und ihn wahrhaftig zu berühren. Es handelt sich um eine Begegnung zweier Individuen, von Meister und Schüler, deren Sicht identisch ist und die kein Schatten trennt. Zwei Menschen stimmen in ihrer Natur überein, sind sich vollkommen einig, als wären sie miteinander verbunden.

Manzan Oshô[3] hat es dichterisch in einer Sammlung mit dem Titel *Myôdô nishidan ni ge o atau* ausgedrückt: „Auf dem *zagu* trennt uns nichts. Selbst wenn wir durch einen weiten Ozean getrennt wären, würden unsere Wimpern verbunden bleiben.“ Das *zagu* ist das rechteckige Tuch, das ein Mönch vor sich ausbreitet, um darauf seine Niederwerfungen zu vollziehen. Der Saum des *zagu* eines Meisters wird über den Saum des *zagu* eines Schülers gelegt, und gemeinsam werfen sie sich nieder, von Angesicht zu Angesicht. Dies zeigt, dass sie von nun an eins sind und kein Hindernis sie trennt.

„Selbst wenn wir durch einen weiten Ozean getrennt wären …“ Ich bin auf Kyûshû und ihr seid in Hokuriku. Obwohl wir räum-

[3] Manzan Dôhaku (1635–1714), Mönch der Sôtô-Schule.

lich getrennt sind, sind wir eins, unsere Wimpern vermischen sich und unser Geist ist durch unauflösliche Bande verbunden. Direkte Übertragung ist das vertraute Verschmelzen zweier Geister.

Poesie vermittelt subtile Feinheiten, die Prosa nicht ausdrücken kann. Der Widerhall eines Verses erweckt in uns mysteriöse Gefühle. Dabei geht es um direktes und persönliches Verstehen, einen unmittelbaren und intuitiven Zugang, oder mit den Worten des Zen: „Übertragung von meinem Geist zu deinem Geist", „eine besondere Übertragung bar jeder Instruktion" oder „jenseits von Worten und Buchstaben". Die Persönlichkeit ihres Autors fließt aus einem Vers. Ein Zen-Mönch, der den Weg lehrt, muss wie ein Gehörloser sein. Seine Unbeholfenheit macht nichts aus, was zählt, ist das Leuchten, das er erzeugt, der Widerhall, der von seiner Person ausgeht. Der Gehörlose drückt sich durch Gesten und Mimik aus; wenn wir uns selbst derart verständlich machen müssten, wären wir sicher kreativer und origineller. In Wahrheit liegt die Übertragung eines Zen-Mönchs woanders als in Worten.

Die direkte Übertragung des Geistes der Lehren Buddhas nimmt sehr spezielle Ausdrucksformen an. Nennen wir sie die Originalität des Zen. Es heißt, im Zen habe man keinen Bedarf an Sutren und Literatur, doch wenn jemand eine Bibliografie buddhistischer Schriften zurate zieht, wird er überrascht sein, dass Zen-Schriften zu den zahlreichsten gehören. Der Grund für dieses reichhaltige Schaffen liegt in eben dieser Kreativität und Originalität des Zen-Denkens. Sie aufzudecken ist einen Versuch wert, selbst wenn man nur einen einzigen Satz läse. Doch die Worte, die sie ausdrücken, werden leere Muschelschalen bleiben, wenn jemand sich ihrer Substanz nicht bewusst ist. Der historische Linguist ist ein Blinder, der über die blühenden Kirschbäume nachsinnt. Er umarmt deren Stamm und fragt sich, ob er wirklich einen Kirschbaum umfasst. Es gibt diejenigen, die sehen, und diejenigen, die nicht sehen, und im Fall von blühenden Kirschbäumen macht das den ganzen Unterschied aus.

Durchs Studium kann man alles lernen, was es über die fünf Aggregatzustände *(skandha),* die sechs Wurzeln und die zwölf Ursachen zu wissen gibt, die der Ursprung unserer Illusionen sind und unser Handeln auslösen, den Grund für unser Leiden in Vergangenheit, Gegenwart und Zukunft. Ein solcher Berg von Wissen wird vielleicht nützlich sein, um ein Examen zu bestehen, was aber hat er mit unserem eigenen Selbst zu tun? Zen ist das nicht. Die Übertragung von Mensch zu Mensch ist wie ein Strom, der zwischen den beiden Wesen fließt. Von Shâkyamuni floss dieser Strom zu uns. Konventionelle Worte taugen nicht, um den Geist Buddhas zu übertragen. Nur die Sprache des Dichters kann in uns Widerhall erzeugen. Das erste Zen-Gedicht, das in China auftauchte, war das *Shinjinmei*[4] des dritten Patriarchen, das zweite ist das *Shôdôka*. Seine Verse sind auf Chinesisch abgefasst.

Wir kennen die Qualität der indischen *dhâranî*[5], der japanischen Haiku und *waka*[6], doch die Resonanz chinesischer Poesie ist außerordentlich. Zen wurde zu einer Zeit in China eingeführt, als die Schriften Laotses populär waren und der Taoismus großen Einfluss ausübte. Ich bin kein Historiker und kann nicht sagen, ob es am Zen oder am Chinesischen liegt, doch die Dichtkunst dieser Epoche klingt klar im Ohr und knistert auf der Zunge. Die hochverfeinerten Verse sind scharf wie eine Rasierklinge. Aus welchem Grund auch immer war so ein neues literarisches Genre mit einzigartiger Resonanz entstanden.

Die Verse des *Shôdôka* klingen klar und kräftig, wenn man sie laut liest. Ihr Rhythmus und die Modulation ihrer Töne macht eine Rezitation leicht. Zu dem gleichen Genre wie das *Shôdôka* gehören zahlreiche Zen-Lieder wie das *Shinjinmei,* das *Sandôkai*[7] und das *Hôkyô Zanmai*[8], oder die Gedichte *Sesshi* („Schneekind“) und

---

[4] *Shinjinmei* (chin. *Hsin-hsin-ming*): wörtlich: „niedergeschrieben im Glauben an den Geist“. Ein Werk von Seng-ts'an (jap. Sôsan, gest. 606), dem dritten Ch'an (Zen)-Patriarchen, in dem sich Taoismus und Mahâyâna-Buddhismus verbinden.

[5] *dhâranî:* kurzes Sutra aus Silben symbolischen Inhalts, dem Wirkungskraft durch Rezitation nachgesagt wird, z. B. beim Hervorrufen eines bestimmten Bewusstseinszustandes.

[6] Haiku sind dreizeilige Gedichte mit 5-7-5 Silben, *waka* sind fünfzeilig mit 5-7-5-7-7 Silben.

[7] *Sandôkai* (chin. *Ti'an-t'ung-ch'i*): wörtlich: „Harmonie von Unterschied und Identität“, Gedicht des Ch'an-Meisters Shih-t'ou Hsi-chien (jap. Sekitô Kisen, 700–790), das Erwachen als Überschreiten jeglicher Dualismen feiert.

[8] *Hôkyô Zanmai* (chin. *San-mei k'o*): wörtlich: „Samâdhi des Kostbaren Spiegels“, verfasst vom Ch'an-Meister Tung-shan Liang-chih (jap. Tôzan Ryôkai,

Shinpô („Neuer Reichtum") von Tôzan Ryôkai und *Sôan* („Grashütte") von Sekitô Kisen, die sich ebenfalls zum Rezitieren eignen.

Diese langen Gedichte gehen dem *Hekigan-roku*[9] voraus. Sie wurden musikalisch aufbereitet und begründeten so die Ritualmusik. Die chinesischen Verse sind rhythmisch und melodiös, ihre Wirkung ist größer, wenn man sie rezitiert. Es handelt sich nicht um didaktische Poesie, die sich an den Verstand richtet. Vielmehr ist es, als würde ein Instrument gespielt oder als würde man Musik lauschen. Man macht eine religiöse Erfahrung, indem man sie einfach rezitiert.

Fûgai Zenji hatte drei Schüler: Ekidô, Mukan und Tanzan. Fûgai war angeblich so groß, dass er anderen Furcht einjagte, ein herausragender Kalligraf, talentierter Musiker und eleganter Maler. Ich habe einen Parinirwana Buddha[10] von ihm, den ich als meinen Schatz betrachte. Ich würde ihn niemandem geben, selbst wenn man mich darum anbettelte. Viele Jahrzehnte lang habe ich, inspiriert von diesem Parinirwana, eine jährliche Zeremonie zu Ehren Buddhas zelebriert.

Fûgais erster Schüler praktizierte nur Zazen, der zweite verbrachte all seine Zeit mit dem Entziffern von Manuskripten unter einem Vergrößerungsglas. Der dritte machte weder Zazen noch las er je ein Buch; er war ein unverschämter Angeber. Fûgai sagte zu dem ersten: „Deine Haltung ist sehr gut. Nichts ist für einen Zen-Mönch wichtiger als Zazen. Ich musste lange sparen, um mir dieses Sitzkissen *(zafu)* leisten zu können. Nun übergebe ich's dir." Ekidô empfand Verwirrung und Dankbarkeit. Damals war Kapok,

---

807–869). Es feiert die Erfahrung von „Soheit" bzw. die Art des Seins der Dinge – ihre wahre Natur – während des Stadiums der Versenkung *(samâdhi)* in der Meditation.

[9] *Hekigan-roku* (chin. *Pi-yen-lu*): wörtlich „Aufzeichnung von der Blauen Felswand", älteste Sammlung von Kôan (rätselhaften Worten und Geschichten, die zum Erwachen führen sollen), die in ihrer heutigen Form im zwölften Jahrhundert aus einer Sammlung entstand, die ein Jahrhundert zuvor vom Ch'an-Meister Yuan-wu K'o-ch'in (jap. Engo Kokugon) erstellt wurde und auch klassische chinesische Versgedichte ersten Ranges enthält.

[10] Bild von einem Buddha, der sich vor seinem Tod und Eingang ins Nirwana ausstreckte.

das Füllmaterial des Sitzkissens, selten und teuer, ein *zafu*[11] kostete drei bis fünf *ryô*[12], eine beträchtliche Summe. Es heißt, von da an habe Ekidô mit noch größerem Eifer Zazen gemacht.

Dem zweiten Schüler, der sich den Schriftstudien widmete, sagte Fûgai: „Du betreibst tiefgehende Forschung. Ein Zen-Mönch, der sein Ding macht oder Zazen übt, ist nichts, wenn er keine Bildung besitzt. Hier hast du ein Buch, das ich mit Kommentaren versah, als ich jung war." So wurde Mukans Begeisterung für das Studium noch größer.

Dem dritten Schüler, dem dreisten Aufschneider, der sich selbst beweihräucherte, sagte Fûgai: „Du bist intelligent und hast Talent. Man kann immer Zazen machen und sich Wissen aneignen, doch solange man nicht klug ist, bedeutet das nichts." So wurden Tanzans Brunstschreie noch lauter.

Der erste Schüler, der nur Zazen übte, wurde Ekidô Zenji[13]. Der Angeber Tanzan Oshô[14] lehrte zu Beginn der Meiji-Zeit indische Philosophie an der Kaiserlichen Universität von Tokio. Er trug einen Bart und eine *kesa*[15] über seiner westlichen Kleidung und blies mehr als zuvor ins eigene Horn. Mukan Oshô wiederum publizierte eine Ausgabe des *Shôdôka* zum Rezitieren. Er fügte dem Text eine Notation bei, die ihn singbar machte; dank ihm wurde das *Shôdôka* zum Repertoire der Ritualmusik. Seine Ausgabe wurde von einem Vorwort Fûgais eingeleitet.

Das *Shôdôka* ist viel einfacher und kompakter als das *Hekigan-roku,* das *Shôyô-roku*[16] und das *Mumonkan*[17]. Wenn man sie mit

---

[11] *zafu:* wörtlich „Kissen", üblicherweise rund und mit Kapok gefüllt, Sitzhilfe bei der Zazen-Meditation.

[12] *ryô:* Goldwährung aus der Edo-Zeit, ein *ryô* entsprach 15 Gramm reinen Metalls.

[13] Zenji: wörtlich „Meister des Zen", Ehrentitel, der meist postum vergeben wird.

[14] Oshô (skt. *upâdhyâya*): buddhistischer Meister, auch: Zen-Priester.

[15] *kesa:* Teil der buddhistischen Robe, ein großes rechteckiges Tuch, das an der linken Schulter zusammengehalten wird und „Übertragung" symbolisiert.

[16] *Shôyô-roku* (chin. *Ts'ung-jung-lu*): „Buch des Gleichmuts", Sammlung von hundert Kôan, die im zwölften Jahrhundert von Meister Hung-chih Cheng-chueh (jap. Wanshi Shôgaku) erstellt wurde. Der Name leitet sich von der Einsiedelei des Meisters ab, die „Zelle des Gleichmuts" hieß; ein großer Teil der Kôan ist mit denen des *Hekigan-roku* identisch.

anderer japanischer Literatur vergleicht, stehen das *Shinjinmei,* das *Shôdôka,* das *Sandôkai* und das *Hôkyô Zanmai* in ihrer formellen, direkten und spartanischen Einfachheit dem *Man'yôshû*[18] nahe. Das *Hekigan-roku* und das *Shôyô-roku* sind intellektueller und komplexer angelegt und stehen in ihrer literarischen Finesse dem *Kokin-wakashû*[19] näher. Vom Standpunkt authentischen Inhalts erweist sich die zurückgenommene und nüchterne Ästhetik als die effektivere. Das *Shinjinmei,* das *Shôdôka,* das *Sandôkai* und das *Hôkyô Zanmai* sind die Juwelen der Zen-Literatur. Das *Shôdôka* nennt man auch: „Mahâyâna-Sutra, das alle Probleme löst"[20].

---

[17] *Mumonkan* (chin. *Wu-men-kuan*), wörtlich: „Torlose Schranke"; neben dem *Hekigan-roku* die wichtigste Kôan-Sammlung des Zen, die weniger komplex als dieses wirkt.

[18] *Man'yôshû:* „Sammlung der zehntausend Blätter", älteste Gedichtsammlung im Japanischen, zusammengetragen am Ende des achten und Beginn des neunten Jahrhunderts; enthält 500 Gedichte in 20 Bänden, die von einfacher und klarer Natur sind.

[19] *Kokin-wakashu:* „Sammlung alter und moderner Gedichte", 1.110 an der Zahl, zusammengetragen im Jahr 905.

[20] *Daijyô Ketsugi kyô.*

Biografische Anmerkungen zu Yôka Daishi

Die ältesten Quellen über das Leben Yôka Daishis sind das *Dentôroku*[21] und das *Rokuso Daishi Hôbôdangyô*[22], aus denen ich im Folgenden das Wichtigste zusammenfasse (Zitate sind *kursiv* gesetzt).

Zen-Meister Yôka Genkaku wurde in die Familie Tai in der Provinz Unshû geboren. Der Familienname Tai ist lokaler Art, man findet ihn noch heute auf vielen Gräbern.

In jungen Jahren vertrauten ihn seine Eltern einem Kloster an – also mit fünf oder sechs Jahren, dem Alter, wo das Haar noch zu einem Knoten auf dem Kopf gebunden war.

Er studierte intensiv die Tripitaka, den buddhistischen Schriftkanon, der in drei Abschnitte unterteilt ist: Regeln der Disziplin, Sutren, Kommentare. Er meisterte auch die Tendai-Methode des Konzentrierens und Aufhörens [von Gedanken] und vervollkommnete die Vier Verhaltensweisen. Aufhören ist die völlige Bewegungslosigkeit, Konzentration das Mittel, um sie zu erreichen. Die Vier Verhaltensweisen sind Gehen, Stehen, Sitzen und Liegen. Hiermit wird ausgedrückt, dass er bei allen Alltagshandlungen Konzentration übte und sich nie erlaubte, von seinen Illusionen gefesselt zu werden. Heute würden wir sagen, dass er stets völlig zentriert in seinen Handlungen war.

Genrô Zenji aus Sakei ermutigte ihn zu einem Besuch des Patriarchen von Sôkei. Er machte sich mit Shûsaku Zenji auf den Weg. Sôkei war der Aufenthaltsort von Hui-neng, dem sechsten Patriarchen. Bei seiner Ankunft schüttelte er seinen Pilgerstab und hielt eine Kalebasse in den Händen. Der Pilgerstab ist nicht der gleiche wie der, den Mönche zum Betteln benutzen. Es handelt sich um einen Reisestab, der zur Ausrüstung eines Mönchs auf seinen Wanderungen zählte. Beim Überqueren der Berge blies der Mönch auch in eine Muschelschale. Sein Stab war mit Metall überzogen,

---

[21] *Dentô-roku* (chin. *Ch'uan Teng-lu*): zusammengestellt vom Mönch Tao-hsuan (jap. Dôgen) im Jahr 1004; enthält Kurzbiografien und Anekdoten der ersten Mönche.

[22] *Rokuso Daishi Hôbôdangyô* (chin. *Liu-tsu-ta-shih Fa-pao-t'an-ching*): „Plattformsutra des Sechsten Patriarchen" Hui-neng (jap. Enô).

an dem Metallscheiben hingen, die erklangen, wenn man sich fortbewegte. Ein solcher Stab hat diverse symbolische Bedeutungen, daneben sollte er wilde Tiere abschrecken. Im Himalaya vertreiben die Dörfler Tiger, indem sie auf Metallbehälter schlagen und dabei laut schreien. Auf die gleiche Art rasselte der Mönch mit seinem Stab und blies in sein Muschelhorn. Auch die Kalebasse in seinen Händen gehörte zur Mönchsausstattung. Heutzutage kaufen wir im Zug etwas Tee und eine Sushi-Box.

Er ging drei Mal um den Patriarchen herum und blieb regungslos vor ihm stehen. Ein Japaner, der Zazen macht, kann nicht aufstehen und im Kreis herumgehen, doch in China war das möglich. Yôka trug seine Reisekleidung, Strohsandalen und eine Robe, die er unter einem Gürtel hochgezurrt hatte.

Der Patriarch sagte: „Mönch, du praktizierst sicher die dreitausend Vorschriften und achtzigtausend kleinen Gebote – woher kommst du und warum bist du so stolz?“ –

„Leben und Tod sind eine große Sache. Das Leben ist unbeständig und vergeht so schnell.“

Die Frage war nicht ungewöhnlich, doch Yôkas Antwort fiel vehement und unerwartet aus. Wir wissen nicht, wann der Tod eintritt. Es gibt keine Zeit zu verlieren. Wenn der Atem ausströmt und nicht zurückkommt, ist es vorbei. Jeder Tag ist eine neue Herausforderung. Wenn wir unsere Zeit verschwenden sollen, ohne mich! Während ich warte, behalte ich meine Sandalen an, damit ich bereit bin zum Aufbruch. Ich habe mich nur beeilt, hierher zu kommen, um den Weg Buddhas zu entdecken.

„Warum erkennst du nicht: Wenn nichts erzeugt wird, gibt es auch keine Eile?“ –

„Wird nichts erzeugt, gibt es wahrhaftig keine Bewegung.“ –

„So ist es! So ist es!“, sagte der Patriarch.

Die logische Gedankenkette war fehlerlos. Es ist offensichtlich, dass man zum Verständnis der Unbeständigkeit des Lebens das Ungeborene, Unerzeugte und Unbedingte erkennen muss.

Die versammelten Mönche waren allesamt verblüfft. Yôka warf sich, wie es das Ritual erforderte, nieder und entbot sogleich die üblichen Grüße, ehe er wieder aufbrechen wollte. –

„Haust du nicht ein bisschen zu schnell ab?“, fragte der Patriarch.

„Wenn Eile eigentlich nicht existiert, wie könnte ich da zu schnell abhauen?“ –

„Wer weiß, dass keine Bewegung existiert?“ –

„Du selbst bist es, der eine Unterscheidung trifft.“ –

„Du hast die Idee vom Ungeborenen sehr gut erfasst.“ –

„Man kann keinen Gedanken vom Ungeborenen haben“, bemerkte Yôka. –

„Wenn es keine Idee vom Ungeborenen gibt, wer kann dann Unterscheidungen treffen?“ –

„Auch das Konzept der Unterscheidung existiert nicht“, erwiderte Yôka. –

„Hervorragend!“, rief der Patriarch aus. „Warte noch mit deiner Abreise und verbringe die Nacht mit uns.“

Die direkte und persönliche Übertragung zwischen zwei Menschen ist also die vollständige Übereinstimmung zweier Geister. Da sind zwei auf einer Wellenlänge.

Von da an nannten seine Zeitgenossen dieses Gespräch „Das Erwachen einer einzigen Übernachtung“. Shûsaku blieb im Kloster, doch Yôka stieg am folgenden Tag vom Berg herab und kehrte nach Unkô zurück.

Die Menschen vergangener Epochen haben ihre Zeit nicht vergeudet. Yôka hatte erlangt, weswegen er gekommen war, also: Tschüss!

Später strömte ihm eine große Zahl von Schülern zu. Nach seinem Tod gaben sie ihm den Titel „Großmeister des Erwachens zur Wahrheit“.

Yôka war wirklich ein ungewöhnlicher Mensch.

Yôka Daishi ist auch der Autor einer Sammlung namens *Yôkashû*. Er war sowohl ein bemerkenswerter Vertreter der Tendai-Schule wie auch Schüler des sechsten Zen-Patriarchen. Das *Shôdôka* ist das Lied von der Verwirklichung des Weges – das Lied, das den Weg verständlich macht. Yôka gibt uns das Wesentliche, der Rest ist überflüssig. Was wir den Weg nennen, ist der Abdruck von Fußstapfen vergangener Weisen, der Spuren auf ihrem Weg. Diesen Weg anzuerkennen heißt, ihn zum eigenen

Weg zu machen, zur eigenen Lebenslinie. Indem wir unsere wahre Natur erkennen, werden wir selbst zu diesem Weg, auch wenn jeder von uns ihn auf seine Art geht.

Selbst beim Auftragen von Make-up soll man andere nicht imitieren. Das Make-up muss an die jeweilige Physiognomie einer Person angepasst werden. Ein Stumpfnasiger wird den Rücken seiner Nase hervorheben und deren Flügel abdunkeln; eine hohe Stirn wird unter einer Ponyfrisur verborgen, ein hervorstehendes Kinn unter einem Bart und ein kahler Schädel von Schläfenhaar verdeckt, das man zurückkämmt. Jeder Mensch ist einzigartig und besitzt zugleich die Merkmale anderer Menschen. Auf die gleiche Weise ist der gegenwärtige Augenblick einzigartig und zugleich ewig. Der Platz, auf dem ich existiere, ist einzigartig und zugleich das Universum. Auf diese Art muss der Weg verstanden werden.

Dem Weg zu folgen ist wie ein Steuerrad zu halten. Du kannst nicht deshalb gut lenken, weil du deinen Freund imitierst. Jeder hat seine eigene Persönlichkeit. Wir fahren nicht auf Schienen, die bereits gelegt wurden. Wir müssen bei jeder Gelegenheit improvisieren und vorwärts schreiten. Indem wir am Steuerrad drehen, bestimmen wir unsere Richtung. Dabei müssen wir unaufhörlich aufmerksam bleiben und uns bereithalten.

Das Lied des Erwachens

(Shôdôka)

I

Freund, erkennst du nicht
diesen stillen Menschen des Weges, der Erwachen erlangt
und Grübeln wie Gehabe aufgegeben hat?
Er legt weder Illusionen ab noch sucht er weiter nach der Wahrheit.
Die wahre Natur unserer Unwissenheit ist keine andere
als unsere Buddha-Natur.
Unser leerer und illusionärer Körper ist der Dharma-Körper.
Wenn wir zum Dharma-Körper erwachen, gibt es nichts mehr.
Unsere eigene ursprüngliche Natur ist der wahre und immanente Buddha.
Die Wolken der fünf skandha treiben vergeblich hierhin und dorthin.
Die Blasen der drei Gifte entstehen und zerplatzen, leer.

II

Wenn jemand die Wirklichkeit der Dinge begründet,
bleiben weder Mensch noch Dharma übrig.
Das Karma der Avîci-Hölle ist sogleich ausgelöscht.
Sollte ich lügen, um dich zu täuschen,
möge meine Zunge auf ewig herausgerissen werden!

III

Im Augenblick, wo man plötzlich das Zen aller Buddhas erkennt,
sind die sechs großen Tugenden und zehntausend Übungen
vollständig in uns verwirklicht.
In unserem Traum unterscheiden wir deutlich die sechs Daseinsbereiche.
Nach dem Erwachen ist alles leer, nicht einmal das Universum verbleibt.

IV

Da ist weder Unglück noch Glück, weder Verlust noch Gewinn.
Im Frieden des Auslöschens gibt es nichts mehr zu suchen.
Bis zu diesem Moment hat sich Staub auf dem Spiegel angesammelt.
Heute ist die Zeit, sein Strahlen wiederherzustellen.

V

Wer ist Nicht-Denken? Wer ist un-geboren?
Wenn Un-Geburt wahr ist, dann existiert nicht einmal Nicht-Geburt.
Um zu erfahren, wann man durch Verdienstansammeln Buddha wird,
frag eine Marionette.

VI

Lass die vier Elemente hinter dir, behalte nichts zurück.
Im Frieden des Nirwana esse und trinke, wie es dir beliebt.
Alle Phänomene sind vergänglich, alles ist leer.
Solcher Art ist das große und vollständige Erwachen Buddhas.

VII

Einen wahren Mönch erkennst du an seiner entschlossenen Sprache.
Wenn du nicht zustimmst, überprüfe es selbst.
Das Schwert Buddhas dient dem Abschneiden an der Wurzel.
Was bringt es schon, Blätter zu zupfen und nach Ästen zu suchen?

VIII

Der Mensch erkennt das kostbare Mani-Juwel
tief in seiner Buddha-Natur nicht.
Die wundersamen Fähigkeiten der sechs Sinne
sind sowohl leer als auch nicht leer.
Das vollkommene Licht des Juwels ist eine Form ohne Form.

IX

Durch das Läutern der fünf Sichtweisen erlangt man die fünf Kräfte.
Wer Erwachen verwirklicht hat, kennt das Unfassbare.
Es ist nicht schwer, in einem Spiegel eine Form zu erkennen,
doch wie könnte einer das Spiegelbild des Mondes im Wasser ergreifen?

X

Stets alleine gehend, alleine wandernd, so sind
die Verwirklichten, die gemeinsam auf dem Weg des Nirwana reisen.
Seit alters entspricht die Reinheit ihres Geistes
einer natürlichen Vornehmheit.
Ausgemergelte Gesichter, hervorstehende Knochen
ziehen unbemerkt vorüber.

XI

Die Söhne Shâkyamunis bezeichnen sich selbst als arm.
In Wahrheit sind sie zwar körperlich arm, doch ihr Weg ist es nicht.
Sie sind arm, weil sie grobe Kleidung tragen.
Sie sind reich, weil sie in sich einen unermesslichen Schatz besitzen.

XII

Sie verwenden diesen Schatz, ohne ihn je zu verbrauchen,
überhäufen damit andere, jeden nach seinem Bedarf.
Die drei Körper und vier Weisheiten sind in ihrem Leib vollkommen.
Die acht Befreiungen und sechs Unterscheidungen
sind in ihren Geist eingeprägt.
Ein überlegener Geist schneidet mit einem Hieb durch
und erlangt Verständnis von allen Dingen.
Ein mittelmäßiger oder minderer Geist studiert und hinterfragt vieles.
Zieh deinem Geist einfach die schmutzige Wäsche aus,
aber gib vor anderen nicht mit deinen Fortschritten an.

XIII

Nimm Kritik und Beleidigungen an.
Ihre Absicht ist das Erzürnen der Himmel, doch sie bewirken nichts.
Ich höre und genieße sie wie süßen Nektar.
Sie schmelzen in mir, und sogleich trete ich ins Unfassbare ein.

XIV

Meditiere über schmähende Worte und mach sie zu deinen Freunden,
das wird dich auf dem Weg des Guten leiten.
Wenn eine Verleumdung in dir Hass erzeugt,
wie kannst du da die Weisheit und das Mitempfinden
des Ungeborenen manifestieren?

XV

Das Durchdringen der ursprünglichen Realität
und das Durchdringen der Lehre gehen Hand in Hand.
Wenn Konzentration und Weisheit vollkommen klar sind,
versauert man nicht in der Leere.
Mit diesem Verständnis bin ich nicht allein.
Alle Buddhas, so unzählig wie die Sandkörner des Ganges, sind wie ich.

XVI

Der Löwe brüllt von der furchtlosen Lehre.
Sie zertrümmert die Schädel der Tiere, die davon hören.
Auf der Flucht verliert der Elefant seine Würde.
Nur der Drache lauscht entzückt in der Stille.

XVII

Ich habe Flüsse und Ozeane durchquert, bin über Berge gezogen
und durch Ströme gewatet.
Auf der Suche nach dem Weg habe ich Meister befragt
und Zen praktiziert.
Nun, da ich den Weg Sôkeis gefunden habe,
weiß ich, dass mich Geburt und Tod nicht kratzen.

XVIII

Gehen ist Zen, Sitzen ist Zen.
Redend, schweigend, sich bewegend, ruhend, ist der Körper in Frieden.
Beim Anblick der Schwertklinge bleibt der Geist abgeklärt,
angesichts von Gift gelassen.
Mein Meister ist dem Buddha Nentô begegnet,
als er während zahlloser Kalpa der Asket Ninniku war.

XIX

Wie viele Male wurde ich geboren? Wie viele Male bin ich gestorben?
Geburt und Tod kommen und gehen ohne Ende.
Und doch, wenn jemand plötzlich das Ungeborene versteht,
freut er sich nicht über Lob und ist nicht über Tadel bekümmert.

XX

Ich dringe tief in die Berge vor, lebe in einer Klause
unter einer hohen Kiefer auf einem steilen Gipfel über dem Abgrund.
Ich sitze friedlich und sorglos in meiner bescheidenen Bleibe.
Stille Einkehr, heitere Einfachheit.

XXI

Wenn wir erwachen, begreifen wir, dass Verdienste nicht existieren.
Alles ist von der bedingten Welt verschieden.
Ein Geschenk, das man aus dem Wunsch macht,
in hohen Gefilden wiedergeboren zu werden,
ist ein Pfeil, der in den leeren Himmel geschossen wird.

XXII

Wenn seine Energie verbraucht ist, fällt er auf die Erde zurück
und riskiert, eine unerwünschte Wiedergeburt zu provozieren.
Wie kann man das mit dem Tor
der unbedingten Wirklichkeit vergleichen,
die man mit einem Sprung klärt, indem man das Land Buddhas betritt?

XXIII

Ergreife die Wurzel, mach dir keine Sorgen um die Zweige,
genau wie das durchscheinende Juwel das Licht des Mondes schluckt.
Ich weiß jetzt, dass dieses Wunsch erfüllende Juwel
mir selbst und anderen ein unerschöpflicher Schatz ist.

XXIV

Der Mond funkelt auf dem Fluss, der Wind spielt in den Kiefern.
Reines Dämmerlicht einer langen Nacht – warum all dies?
Buddha-Natur, das Juwel der Gebote,
ist in den Tiefen unseres Geistes eingeschrieben.
Niesel und Tau, Nebel und Wolken kleiden unseren Körper.

XXV

Die Schale hat die Drachen unterworfen, der Stab die Tiger getrennt.
Seine angehängten Metallringe klingen laut und klar.
Wir tragen diese Wahrzeichen nicht vergebens.
Aufs Engste folgen wir den Abdrücken von Buddhas Stab.

XXVI

Suche nicht nach Wahrheit, trenne dich nicht von Täuschung.
Verstehe, dass beide leer und frei von Eigenschaften sind.
Die Abwesenheit von Eigenschaften ist weder Leere noch Nicht-Leere.
Es ist die tatsächliche Realität Buddhas.

XXVII

Der leuchtende Spiegel des Geistes erleuchtet ohne Hindernis.
Seine immense Strahlkraft durchdringt unzählige Welten.
Hier geschieht es, dass die zahllosen Phänomene widerspiegeln.
Dies ist ein Juwel vollkommenen Lebens, ohne Innen noch Außen.

XXVIII

Plötzlich offenbart, vernichtet Leere
die Ketten von Ursache und Wirkung,
die Verwirrung, Chaos und Unglück anziehen.
Doch das Existierende abzulehnen und sich an die Leere zu hängen
ist ebenfalls eine Krankheit,
so als würdest du dich in ein Feuer stürzen, um Ertrinken zu vermeiden.

XXIX

Die Illusion ablegen wollen, um die Wahrheit zu erfassen,
deutet auf einen Geist mit Vorlieben,
der zu trügerischen Entscheidungen führt.
Einem Schüler, der so übt, mangelt es an Einsicht,
so dass er wahrhaftig einen Dieb für seinen Sohn halten könnte.

XXX

Wir vergeuden die Reichtümer des Dharma und zerstören sein Verdienst,
indem wir uns auf unterscheidendes Denken verlassen.
Darum lehnt ein Zen-Schüler dies ab,
um durch die Kraft unmittelbarer Erkenntnis
sogleich ins Ungeborene eintreten zu können.

XXXI

Ein bedeutender Mensch ergreift das Schwert der Weisheit
aus diamantener Flamme und prajnâ-Spitze.
Er zertrümmert nicht nur den Ketzergeist,
er macht auch die Frechheit Maras zunichte.

XXXII

Indem er die Trommel schlägt, aktiviert er den Donner des Dharma.
Er sendet eine Wolke voll Mitleid und Regenschauer aus Ambrosia.
Drachen und Elefanten frohlocken
und posaunen seine unermesslichen Wohltaten hinaus,
die alle Wesen der drei Fahrzeuge und fünf Familien erwecken.
Ungetrübt liefert mir das Hini-Gras der schneebedeckten Berge
die reine geklärte Butter, die allein mich nährt.
Eine Natur durchdringt vollständig alle Naturen.
Ein Phänomen enthält alle Phänomene.
Ein einzelner Mond erscheint im Wasser,
Myriaden Reflexionen gehen von ihm aus.
Der Dharma-Körper aller Buddhas durchdringt meine Natur,
meine Natur und Buddha bilden eine Natur.
Wenn eine Ebene durchschritten ist, dann sind es alle.
Da ist weder Form noch Geist noch karmisches Handeln.
Mit einem Fingerschnippen sind die achtzigtausend Lehren vollendet,
und in einem Augenblick sind die drei großen Kalpa vernichtet.
Zahlen und Worte sind weder Zahlen noch Worte.
Was haben sie mit meinem wundervollen Erwachen zu tun?

XXXIII

Weder lobens- noch tadelnswert,
wie grenzenloser Raum, der Körper leer,
ist es stets genau hier, klar und still.
Doch, Freund, wenn du danach suchst, wirst du es nicht finden.

XXXIV

Es kann weder angenommen noch abgelehnt werden.
Man kann es nur im Herzen des Unfassbaren ergreifen.

XXXV

Wenn Reden Schweigen ist und Schweigen Reden,
dann öffnet sich die Tür des großen Geschenkes von selbst,
  ohne Blockierung.
Sollte mich jemand fragen, nach welchem Prinzip ich mich richte,
dann antworte ich: „Nach der Kraft der Weisheit."
Was sind gut und böse? Keiner weiß es.
Fortschritt oder Rückschritt? Selbst der Himmel kann es nicht ermessen.
Meine Übung begann sehr früh und setzte sich über unzählige Kalpa fort.
Ich bin kein Witzbold, der mal eben so daherquatscht.

XXXVI

Um das Banner des Dharma zu hissen
  und die Lehre unserer Schule zu etablieren,
bestimmte der klarsichtige Buddha den Mönch aus Sôkei.
Kâshyapa, der erste, übertrug die Lampe.
Seine Linie umfasst achtundzwanzig Generationen in Indien.

XXXVII

Nun ist sie über Flüsse und Meere in unser Land gekommen.
Bodhidharma war unser erster Patriarch.
Wir wissen, dass sechs Generationen die Robe weitergaben.
Zahllos sind ihre Nachfahren, die Erwachen erlangten.

XXXVIII

Wahrheit ist ohne Grundlage und Illusion von Beginn an leer.
Wenn wir zugleich Existenz und Nicht-Existenz aufgeben,
dann wird Nicht-Leere zu Leere.
Die zwanzig Tore der Leerheit sind ohne Grundlage.
Die Natur Buddhas ist eins, genau wie seine Essenz.

XXXIX

Am Anfang steht die Aktivität des Geistes,
die Phänomene als Staub erschafft.
Beides hinterlässt Spuren auf dem Spiegel.
Saubergewischt, erhält er seinen ursprünglichen Glanz zurück.
Nicht mehr vom Staub der Geistaktivität
und den Phänomenen behindert, erscheint wahre Realität.

XL

Ach! Der Dharma ist im Niedergang begriffen, das Böse regiert.
Den Wesen mangelt es an Tugend und Kontrolle ihrer Leidenschaften.
Je weiter der Heilige uns entschwindet,
desto umfassender werden die Irrlehren.
Dämonen sind mächtig, der Dharma schwach, und Hass wütet.
Wenn die Buddhalehre vom plötzlichen Erwachen bekannt wird,
sind viele frustriert, sie nicht wie einen Ziegel zertrümmern zu können.

XLI

Handlungen entstehen im Geist und erzeugen Vergeltung am Körper.
Es ist sinnlos, sich zu beklagen und andere zu beschuldigen.
Um ein Karma unaufhörlichen Leidens zu vermeiden,
ziehe die Lehren des wahren Buddha-Dharma nicht in den Dreck.

XLII

Der Löwe bereitet sich sein Lager
im dichten Blätterwald des Sandelholzwaldes,
wo kein anderer Baum wächst.
Allein streift er in der friedlichen Stille des Waldes umher.
Alle anderen Tiere sind geflohen und halten sich fern.

XLIII

Eine Horde Löwenbabys folgt ihm.
Schon mit drei Jahren brüllen sie kräftig.
Selbst wenn hunderttausend Schakale den König des Dharma jagten,
wäre das Kläffen dieser Scheusale vergeblich.

XLIV

Die Lehre der plötzlichen Vollkommenheit
kennt keine menschlichen Vorlieben.
Wenn du ungelöste Zweifel hast, musst du mit ihnen ringen.
Als bescheidener Bergeinsiedler habe ich keinen persönlichen Standpunkt,
sondern fürchte mich, dass meine Übung in die Fahrrinne
von Nihilismus oder Eternalismus gerät.

XLV

Richtig und Falsch sind weder richtig noch falsch.
Liegst du nur ein Haarbreit daneben,
bist du schon tausend Meilen entfernt.
Richtig – und man wird Buddha wie die Tochter des Naga-Königs.
Falsch – und man wird lebendig in die Hölle geworfen wie Zenshô.
Viele Jahre lang habe ich Wissen angesammelt,
Kommentare studiert und Sutren herangezogen.
Ohne Pause habe ich Worte und Zeichen analysiert.
Die Sandkörner im Ozean zählend, habe ich mich sinnlos erschöpft.
Der Buddha hat mich ernsthaft ermahnt:
„Was bringt es denn, die Schätze anderer zu zählen?"
Ich habe mich in Sackgassen verlaufen
und die Fruchtlosigkeit meines Bemühens erfahren,
so viele Jahre vergeudet, indem ich den Staub der Welt durchschritt!

XLVI

Wenn eine spirituelle Übertragungslinie korrumpiert wird,
werden Wissen und Verständnis fehlgeleitet.
Dann finden wir keinen Zugang zum vollkommenen Erwachen Buddhas.
Die zwei Fahrzeuge besitzen Kraft, aber nicht den Geist des Weges.
Ketzer besitzen Intelligenz, aber keine Weisheit.
Wer dumm oder naiv ist,
wird von einer leeren Faust oder einem Zeigefinger genarrt.
Er hält den Finger für den Mond und strengt sich vergebens an.
Aus den Phänomenen, die seine Sinne erfassen,
formt er seltsame Hirngespinste.
Wer kein einziges Phänomen wahrnimmt, ist identisch mit dem Buddha.
Er verdient es wahrhaftig, Kanjizai genannt zu werden.
Durch klares Verständnis erscheint die Leere der Karma-Fesseln.
Ohne dieses Verständnis bleiben die karmischen Schulden bestehen.

XLVII

Obwohl sie hungrig sind,
   verspeisen sie das königliche Mahl nicht, das man ihnen reicht.
Krank, konsultieren sie den König aller Ärzte,
   halten sich aber nicht an seine Rezepte.
In dieser Welt der Begierden ist es die Kraft
   des Erkennens und Verstehens, die die Übung des Zen erlaubt.
Der Lotus, der im Feuer blüht, ist unzerstörbar.
Obgleich er ein schweres Verbrechen begangen hatte,
   erkannte Yuse das Ungeborene,
wurde unmittelbar ein Buddha und ist es noch heute.

XLVIII

Der Löwe brüllt die Lehre furchtlos hinaus.
Ach! Wie bedauernswert diese verwirrten und beschränkten Gemüter sind!
Sie verstehen bloß,
   dass schwere Vergehen ein Hindernis fürs Erwachen sein sollen,
und sind unfähig, Buddhas Geheimnis zu durchdringen.
Zwei Mönche machen sich der Wollust und des Mordes schuldig,
und Upali, der nicht erleuchteter war als ein Glühwürmchen,
   verschlimmerte noch ihre Schuld.
Beim großen Vimalakîrti schmolzen sogleich ihre Zweifel dahin,
wie Frost und Schnee unter brütender Sonne.

XLIX

Die Macht der Befreiung ist unfassbar,
mit grenzenlos-wundersamen Auswirkungen,
so zahlreich wie die Sandkörner des Ganges.
Würde jemand wagen,
ihr nicht unsere vier Besitztümer zum Geschenk zu machen,
wo zehntausend Goldstücke nicht ausreichten?
Selbst unsere Knochen zu Pulver zerstoßen oder
unseren Körper in Stücke hauen wäre keine Wiedergutmachung.
Ein einziges Wort, das wohl verstanden ist, übertrifft zehntausend Worte.

L

Sie ist der Herr aller Existenzen, niemand übertrifft sie.
Alle Buddhas, die so zahlreich wie die Sandkörner des Ganges sind,
legen Zeugnis von ihr ab.
Nun verstehe ich die Natur des Mani-Juwels.
Es stimmt mit denen überein, die es vertrauensvoll empfangen.

LI

Man erkennt deutlich, dass da überhaupt nichts ist,
weder Mensch noch Buddha.
Myriaden von Universen sind Schaum im Ozean,
Heilige und Weise nur Blitze am Himmel.
Selbst wenn unsere Köpfe unter einem Eisenrad zerquetscht würden,
verschwände das vollkommene Licht
der Konzentration und Weisheit nicht.

LII

Selbst wenn sich die Sonne abkühlt und der Mond erwärmt,
können Maras Horden die wahre Lehre nicht zerstören.
Der hohe Streitwagen, von einem Elefanten gezogen,
naht friedlich heran.
Wie könnte eine Gottesanbeterin ihn von seinem Kurs abbringen?
Der große Elefant nimmt nicht an Hasenrennen teil.
Großes Erwachen macht sich nichts aus Kleinkrämerei.
Ermesse die Weite des Himmels nicht,
indem du durch einen Strohhalm schaust.
Freund, wenn du bis jetzt kein klares Verständnis erlangt hattest,
dann habe ich dir hiermit den Schlüssel gegeben.

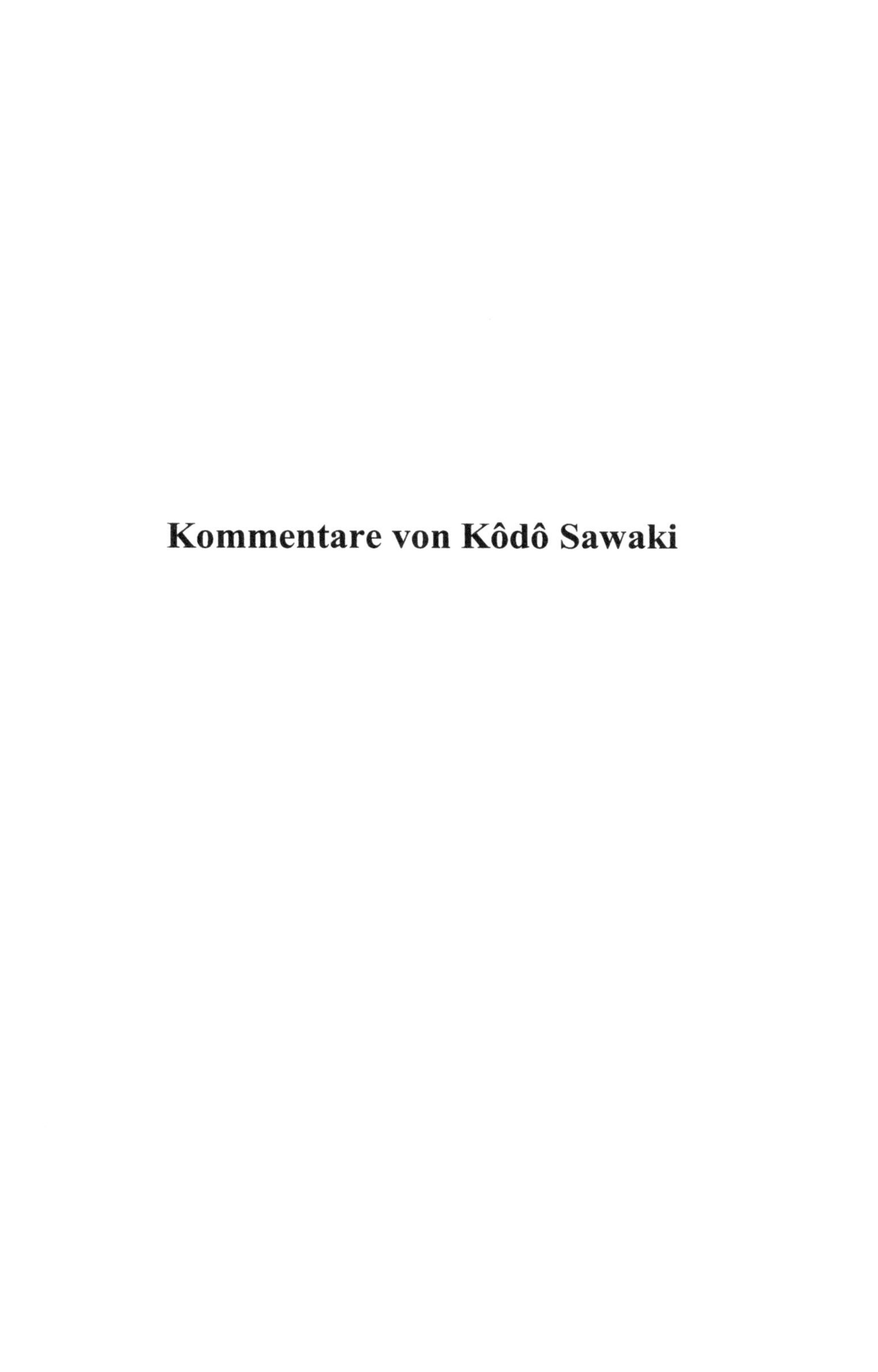

Kommentare von Kôdô Sawaki

1

Freund, erkennst du nicht
diesen stillen Menschen des Weges, der Erwachen erlangt
und Grübeln wie Gehabe aufgegeben hat?
Er legt weder Illusionen ab noch sucht er weiter nach der Wahrheit.

Das Universum bei der Arbeit

Zen-Mönche sind mit dem Gedicht *Hôkyô Zanmai* von Tôzan Ryôkai[1] vertraut. Wie das *Shôdôka* handelt es sich um ein Lied, und beide sprechen uns direkt an. Die erste Strophe im *Hôkyô Zanmai* ruft uns zu: „Nun habt ihr es, bewahrt es wohl." Tôzan und Yôka wollen eine intime Beziehung mit dem Leser schmieden. Von nun an werden wir nicht mehr anonyme, ferne und unpersönliche Mitglieder der Masse sein. Das Fürwort *kimi* (die informelle Version des „du") taucht zu Beginn des ersten Verses und erneut im Schlussvers auf. Mittels dieses *kimi* richtet Yôka seine Botschaft an uns. Der rote Faden des Werkes ist *kimi* (du), welches Zazen praktiziert und den Weg studiert.

Shôdôka ist Yôka Daishis Zeugnis seines persönlichen Erwachens. Hier bringt er seine eigene spirituelle Entwicklung zum Ausdruck. Mit heutigen Worten könnten wir sagen, dass es sich um ein Begutachten des Bewusstseins handelt, eine intime Reflexion seiner Erfahrung des Erwachens. Jedenfalls ist Yôka Daishis persönliches Zeugnis für uns alle, die wir Zazen praktizieren, von Interesse.

Freund, erkennst du nicht? Wenn er kein Gedicht komponiert hätte, dann hätte er mir vielleicht gesagt: „He, Kumpel, wie kann es sein, dass du das nicht erkennst? Okay, lass es mich erklären. Was du nicht verstehst ist, dass der befriedete Mensch, *der Erwachen erlangt hat, Grübeln und Gehabe aufgegeben hat.* Er legt keine Illusionen ab und sucht nicht länger nach Wahrheit. Oder, um's anders auszudrücken: Du erkennst das Prinzip nicht, wonach das Universum alle Dinge erfüllt." Yôkas Erfahrung beruht auf der

[1] Tôzan Ryôkai (Tung-shan Liang-chieh, 807–859): Ch'an (jap. Zen)-Meister, Autor des *San-mei-k'o* (jap. *Hôkyô Zanmai*).

Tatsache, dass es keine Unterbrechung, keine Trennung zwischen Selbst, Buddha, dem Universum und allen Existenzen in den zehn Richtungen[2] gibt.

Unsere Religion ist gut, weil all unsere Taten die aller Buddhas in den zehn Richtungen und drei Zeiten[3] sind. Dies bedeutet: Als Individuum bin ich nicht so unbedeutend, wie es scheint. Die Menschen mögen es, tief über große Angelegenheiten nachzudenken, Dinge, die selbst einer mit dem kleinsten bisschen Ansehen sofort in alle vier Windrichtungen herausplärrt, damit jeder Bescheid weiß. Jeder von ihnen denkt für sich selbst tiefgründig nach, aber was diese Menschen nicht wissen ist, dass sie in diesem Augenblick selbst das gesamte Universum sind. Wenn ich niese, dann niest das gesamte Universum.

All unsere Handlungen, so verborgen sie auch sein mögen, hallen im Universum nach. Darum erzeugt ein Mensch, der Zazen übt, noch einmal das Erwachen aller Buddhas und verleiht dem Studium des Weges neuen Elan. Umgekehrt heißt etwas Schlechtes tun, das gesamte Universum zu beleidigen und alle Buddhas und Lebewesen der drei Zeiten und zehn Richtungen auf die Palme zu bringen.

Es demütigt das ganze Universum, wenn man denkt, dass man sich als Individuum alles erlauben darf. Hingegen bedeutet für das Universum zu arbeiten, einer vollendeten Tat Ewigkeit zu verleihen. Das *Shôdôka* erläutert das grundlegende Prinzip, nachdem unsere Handlungen nicht vom Universum getrennt sind.

Unser Untergang besteht darin, uns aus dem Universum herauszuschneiden. Wir scheitern, wenn das „Ich“ sich verfestigt und außerhalb des Universums sieht. Trägt man aber das Universum in sich und betrachtet es als die eigene Verantwortlichkeit, dann erlebt man, wovon Shinran Shônin[4] schrieb: „Je mehr ich über die

---

[2] Norden, Süden, Osten, Westen, Nordosten, Nordwesten, Südosten, Südwesten, Zenit und Nadir, d. h. der Raum in seiner Ganzheit.

[3] Jap. *sanze:* Vergangenheit, Gegenwart und Zukunft.

[4] Shinran Shônin (1173–1262): Begründer des *Jôdo shin-shu,* der „Schule des Reinen Landes“ im Buddhismus. Er hielt den Glauben an die Kraft Amida Buddhas für wichtiger als die Rezitation von dessen Namen *(Namu Amida Butsu)* und lehnte die Klosterregeln der traditionellen Jôdo-Schule ab; seine Mönche konnten Fleisch essen, wie Laien leben und heiraten.

Gelübde Amidas[5] nachdenke, die er nach fünf Kalpa[6] Meditation ablegte, desto mehr bin ich überzeugt, dass dies nur für mich und mein Seelenheil geschah."

Indem er erkannte, dass diese Gelübde für ihn geschaffen wurden, verstand Shinran, dass er die ganze Menschheit in sich selbst trug; folglich nahm er die Übung aller lebenden Wesen auf sich. Wir müssen jedoch nicht die Welt durchstreifen, um Menschen zu finden, die in Illusionen leben, es genügt, bloß unsere Augen zu schließen. Nach einer Weile werden wir sie in dicht geschlossenen Reihen in unserem Inneren vorbeiziehen sehen. Jeder kann dies verstehen: Ohne auch nur an andere zu denken, lasst uns einfach in uns selbst schauen, wo sie entstehen. Jeder von uns ist ein Miniaturmodell des Universums.

Diese Verschmelzung mit dem Universum ist genau das, was man Buddhawerden nennt. Wirklich alles wird Buddha: lebende und leblose Wesen, Pflanzen, Bäume, Länder und Planeten – ohne Unterschied ist alles Buddha. Zu begreifen, dass ich Buddha bin, bedeutet, in mir das ganze Universum zu fassen. Dieses Prinzip zu erkennen heißt, *„diesen stillen Menschen des Weges, der Erwachen erlangt und Grübeln wie Gehabe aufgegeben hat"* zu verstehen.

Wenn wir uns bewusst sind, in Illusionen zu leben, dann sind wir einem Armen vergleichbar, der weiß, dass er arm ist. Das ist immer noch eine Deutung, die auf die Tatsache aufgetragen wird, wie Rouge. Ein Baby weiß nicht, dass es arm ist. Ein Reicher, der sich seines Wohlstandes bewusst ist, wird sogar zum Angeber, denn als Baby wusste er noch nichts davon.

Es ist auch unerträglich, wenn man jemanden sagen hört: „Ich habe *satori* (Erleuchtung)[7]." Man weiß weder, dass man *satori* hat, noch, dass man in Illusionen lebt. Das rechte Bewusstseinsstadium

---

[5] Amida (skt. Amitabha) legte 48 Gelübde ab, die seinen Willen bekräftigten, allen Wesen unterschiedslos zu helfen.

[6] *kalpa* (skt.), kosmischer Zyklus von 4.320.000 Jahren; jeder Zyklus besteht aus vier Perioden: der Schaffung der Welten, der Dauer des Lebenszyklus existierender Welten, der Zerstörung der Welten und der Dauer des Chaos.

[7] *satori* bezeichnet im Zen die direkte Erfahrung des Erwachens. Das Wort stammt vom Verb *satoru:* begreifen, verstehen, erkennen.

ist *hishiryô*[8], Denken ohne zu denken, jenseits des Denkens. In diesem Stadium gibt es weder ein Bewusstsein von *satori* noch von Illusionen. Man nennt dies auch Denken in Abwesenheit von Konzepten oder Eigensucht. Trotzdem sollten wir nicht glauben, dass unser Geist einfach in den Wolken verschwindet wie ein Ballon.

Über Leben und Tod

Das *Shijûnishôgyô*[9] stellt die Frage: „Wem muss einer ein Opfer bringen, um das höchste Verdienst zu erlangen?", und gibt die Antwort, man erwerbe höheres Verdienst, wenn man einen guten Menschen statt einen bösartigen ernährt. Man könnte also sagen, es zählt mehr, einem Polizisten ein Essen zu spendieren als einem Gangster.

Es wirft keinen Gewinn ab, einem Pokerspieler Geld zu leihen. Wenn es wirklich mehr Verdienst bringt, einem guten Menschen zu helfen, dann müsste die Investition in einen Menschen des *satori* noch besser sein. Nun gibt es viele Stufen beim *satori*, und je höher wir in der Hierarchie klettern, desto größer werden die Verdienste, und ganz oben, an der Spitze, weilt der Buddha, ohne Gleich- oder Höhergestellten. Folglich würde ich doch lieber dem Buddha Gaben darbringen statt einer Million Menschen des *satori*. Doch es gibt noch was Besseres: den Mensch ohne Gedanken, ohne Anhaften, ohne Übung, ohne *satori*. Mein Geschenk ginge an ihn, denn durch ihn erhielte ich das höchste Verdienst. Dieser Mensch ohne Gedanken, ohne Anhaften, ohne Üben und ohne *satori*, ist *dieser stille Mensch des Weges, der Grübeln wie Gehabe aufgegeben hat.*

Dieser stille Mensch ist einer, den nichts und niemand erschüttern kann. Ein Mann aus Holz oder eine Frau aus Stein. Von der

---

[8] *hishiryô* heißt wörtlich: ohne Urteil, ohne Denken. Es drückt aus, dass reflektierendes, analytisches Denken, welches die Dinge durch Unterscheiden ihrer Eigenschaften zu fassen sucht, keine Erkenntnis der wahren Realität ermöglicht.

[9] *Shijûnishôgyô:* „Sutra der 42 Kapitel", etwa 58–75 n. Chr. vom Sanskrit ins Chinesische übersetzt und möglicherweise die erste buddhistische Schrift, die in China eingeführt wurde.

Gôjô-Brücke in Kioto gibt es ein Bild mit einem Zen-Mönch, dem ein erhobenes Schwert den Kopf abzuschlagen droht. Der Mönch streckt seinen Nacken hin, als wolle er sagen: „Nur zu!“ Dieser Mönch namens Daitô Kokushi[10] hatte den Herrscher Go-Daigo bekehrt, doch der Angreifer war vom Ashikaga-Clan und wollte Daitô für seine Seite gewinnen. „Wirst du einer von uns werden?“ – „Nein.“ – „Dann schlag ich dir den Kopf ab.“ – „Nur zu!“, und Daitô bot seinen Nacken dar. Eine Anmerkung auf dem Bild besagt: „Gleich einer Holzpuppe ist sich der Mönch des eisigen Atems des Schwertes nicht bewusst.“ Dieser Mann ist unerschütterlich, gleichmütig gegenüber dem Tod. Hier ist wahrhaftig ein Mensch ohne Denken, ohne Anhaften, ohne Übung und ohne *satori*.

Das Problem liegt nicht darin, den Tod zu akzeptieren, denn das kann jeder, je nach Zeit und Umständen. Was das angeht, haben Kunisada Chûji[11] und Banzuiin Chôbei[12] ihr Leben häufig riskiert, ohne buddhistische Patriarchen zu sein. Auch wir setzen unser Leben aufs Spiel, wenn wir Zazen machen, obwohl wir keine Hitzköpfe sind. Selbst ein Kerl, der zutiefst korrupt ist, wird beim Zazen mit dem Tode vertraut. Das ist also nicht schwer. Dôgen Zenji[13] meint im *Gakudôyôjinshû*[14]: „Zahllose Menschen haben seit alters Knochen zertrümmert und Körper gebrochen, doch nur wenige unter ihnen haben den Dharma übertragen. Gleichermaßen haben zahllose Menschen sich in Askese geübt, aber nur wenige Erwachen verwirklicht.“ Es gibt eben noch etwas Schwierigeres, als das eigene Leben zu opfern oder sich selbst zu kasteien. Es besteht darin, eine Tat zu vollenden, ohne das Gefühl zu haben,

---

[10] Daitô Kokushi (1281–1337): Rinzai-Zen-Mönch.

[11] Kunisada Chûji (1810–1851): Verteidiger unterdrückter Bauern, der einst einem Not leidenden Dorf aushalf, Zocker und Volksheld am Ende der Edo-Zeit.

[12] Banzuin Chôbei (gest. 1651): Samurai und Edelmann, der den Moralkodex der Krieger in die Praxis umsetzte.

[13] Dôgen Zenji (auch Dôgen Kigen und Eihei Dôgen, 1200–1253) begründete die Sôtô-Schule in Japan und wird als einer der originellsten Denker Japans angesehen; sein Hauptwerk ist das *Shôbôgenzô*.

[14] *Gakudôyôjinshû* („Ratschlag für Schüler auf dem Weg“), verfasst von Dôgens Schüler Ejô; behandelt zehn Themen für Anfänger auf dem Weg.

das eigene Leben zu opfern. Keizan Jôkin[15] schrieb im *Zazen Yôjinki*[16]*:* „Ein großer Mensch, dessen Geist nicht denkt, ist ein großer Leichnam.“ Wir sagen, er sei wie tot, da ihn kein Adjektiv beschreiben kann, er ist unvergleichbar. Dieser große Tote ist eins mit dem Universum.

Der stille Mensch, der Grübeln und Gehabe aufgegeben hat, lässt sich nicht an der Nase herumführen. Er erliegt weder dem Charme des *satori* noch dem einer schönen Frau, ganz zu schweigen von dem einer gewöhnlichen. Würde dieser große Mensch des Nicht-Denkens, der wie ein Leichnam und in Harmonie mit dem Universum ist, vor einer gewöhnlichen Frau davonrennen? Es ist doch die Illusion, die Unterscheidungen trifft, fantasiert und Konzepte erwägt, und er weiß nicht, was Illusion ist. Buddha zu sein bedeutet die erwachte Person zu sein, die das Grübeln und Gehabe aufgegeben hat. Sie lehnt weder die Phänomene ab, noch ergreift sie diese. Sie lehnt nichts ab, weil es nichts abzulehnen gibt, und sie nimmt nichts in Besitz, weil es nichts in Besitz zu nehmen gibt. Sie ist der gesamte Himmel und die gesamte Erde, und es gibt nichts mehr, wovor man fliehen oder dem man nachjagen müsste. Ich wiederhole das endlos für diejenigen, die ständig das bizarre Wort *satori* schamlos missbrauchen und es dadurch lächerlich machen: „Feuer einstellen!“ Es ist eine Illusion zu glauben, man hätte *satori*. Es gibt nichts Absurderes.

Er legt weder Illusionen ab noch sucht er weiter nach der Wahrheit. Menschen sind erstaunlich. Wer sich für was Besseres hält als die anderen, ist es nicht, und wer sich zu sehr bescheidet, ist nicht so schlecht, wie er denkt. Entsprechend bedeutet die Erkenntnis, in Illusionen zu leben, dass man gar nicht so viele davon hat. Du hast kein Ziel, Buddha zu werden. Du denkst nicht einmal darüber nach.

---

[15] Keizan Jôkin (1268–1325): vierter Patriarch des Sôtô-Zen in Japan und Begründer des Soji-ji, eines der beiden Haupttempel dieser Schule.

[16] *Zazen Yôjin-ki:* „Beim Zazen zu beachtende Maßnahmen“.

2

Die wahre Natur unserer Unwissenheit ist keine andere
als unsere Buddha-Natur.
Unser leerer und illusionärer Körper ist der Dharma-Körper.

Der Buddha und der Teufel

Unwissenheit ist die Wurzel der Illusionen, und Unwissenheit und *satori* sind nicht so verschieden, wie man vielleicht denkt. Buddha und Teufel können das gleiche Gesicht haben. Der Teufel ist nicht auf der einen Seite und der Buddha auf der anderen. Manchmal ist es der Buddha, manchmal der Teufel. Shôken Kotaikô[1] schrieb in einem Gedicht: „Je nach dem Herzen seines Besitzers ist Gold ein Schatz oder ein Feind." Wir sehen Eltern Blut schwitzen, damit sie Geld für ihre Kinder beiseite legen können, doch dieses Geld bringt den Erben nur selten Freude.

Wäre es also besser, arm zu sein? Ich denke schon, wenn jemand bei guter Gesundheit ist, sein tiefstes Inneres nicht davon korrumpiert wird und sein Herz sich nicht mit Bitterkeit füllt. Armut ist gut; auch Reichtum ist gut, wenn er dir nicht zu Kopf steigt. Mir ist schon klar, dass Geld zu haben angenehm ist. Je nach Individuum wird es zu einem Feind oder Verbündeten. Wenn Armut auch verbittern mag, so kann sie doch den Charakter stärken und einen unabhängigen Geist hervorbringen. Es hängt vom Gemüt dessen ab, der die Armut durchmacht.

Ein Kind hasst einen Vater, der es dafür tadelt, etwas Dummes getan zu haben, doch wenn es ihn braucht und er nicht da ist, fühlt sich das Kind allein. Und doch ist es derselbe Vater. Unsere eigene Blindheit ist die Wurzel unserer Illusionen.

---

[1] Shôken Kôtaikô (1850–1914): Ehefrau von Kaiser Meiji.

Der Weg der Unabhängigkeit

Miyamoto Musashi[2] ist der Autor des *Dôkukôdô*[3], eines Verhaltenskodex für Krieger. Der Titel wurde einem Vers im *Shôdôka* entlehnt: *„Stets alleine gehend, alleine wandernd"*. Die Krieger erhalten eine militärische Ausbildung, doch *bushidô*[4] reicht weiter als das Waffentraining. Es handelt sich um einen Kodex, der auf der Loyalität zu Gleichgesinnten und zum Zen beruht. Wenn wir das so genannte „Zen der Samurai" studieren, erkennen wir, dass ihr Verständnis des Buddha-Weges erstaunlich akkurat und tiefgründig ist.

1. Richte dich nicht gegen die Sitten deiner Zeit.
2. Such nicht nach Vergnügen.
3. Bleib bei allen Dingen neutral.
4. Mach dir nicht viel aus dir selbst, aber viel aus anderen.
5. Halte dich dein Leben lang von Leidenschaften fern.
6. Was geschehen ist, ist geschehen; bedaure es nicht.
7. In guten wie in schlechten Zeiten beneide niemanden.
8. Wohin dein Weg dich führt, nimm ohne Trauer Abschied.
9. Tadele weder andere noch dich selbst.
10. Hafte in deinem Herzen an nichts an.
11. Begehre nichts.
12. Strebe nicht nach einer Unterkunft für dich selbst.
13. Strebe nicht nach exquisitem Essen.
14. Sammle keine alten Dinge, um sie verkaufen zu können.
15. Praktiziere keine asketischen Riten.
16. Hafte an nichts außer deinen Waffen.
17. Solange du den Weg praktizierst, fürchte niemals den Tod.
18. Erstrebe keinen Reichtum fürs Alter.
19. Ehre Götter und Buddhas, aber bitte sie um nichts.
20. Gib dein Leben auf, aber nicht deine Ehre.
21. Weiche nie vom Weg des Kriegers ab.

---

[2] Miyamoto Musashi (1584–1645): Gefeierter Schwertkämpfer, Autor des *Gorin no shô* („Abhandlung der Fünf Ringe").

[3] *Dôkukôdô:* „Der Weg des Einen, der alleine geht."

[4] *bushidô:* „Der Weg des Kriegers".

Am 12. Tag des 5. Monats im 2. Jahr der Ära Shôhô
Shinmen Musashi, für Fürst Terao Magonojo

„Such nicht nach Vergnügen" – weil die Suche nach Vergnügen zu den menschlichen Illusionen gehört. „Mach dir nicht viel aus dir selbst, aber viel aus anderen" – normalerweise sollte man sich nicht so leicht nehmen, aber für die alten Krieger galt, dass sie in einer ausweglosen Situation das Recht hatten, durch *seppuku*[5] Selbstmord zu begehen. Mit dem Dolch in der Hand dachten sie über die Situation nach, und wenn nichts zu machen war – zack! – stachen sie den Dolch in ihren Bauch. So ist das, wenn man sich wenig aus sich und viel aus anderen macht. Heutzutage opfern wir die anderen, nicht uns selbst. Wir denken nur an uns und daran, wie wir unsere Taschen füllen können. Wer Fehlschläge erlebt, beschwert sich über sein Schicksal, schleppt seine Klagen mit sich rum und dackelt davon. So einer macht sich viel aus sich und wenig aus anderen.

Der sechste Punkt ist amüsant: „Was geschehen ist, ist geschehen; bedaure es nicht." Die alten Krieger hatten ein gutes Gespür. Musashi starb im Jahre 1645, eine Woche, nachdem er das *Dôkukôdô* verfasst hatte, dessen Manuskript in Kumamoto erhalten ist.

Eines Tages suchte mich ein Mann mit blutunterlaufenen Augen auf, der äußerst nervös wirkte. Er sagte mir, er habe Angst, die wichtigste Beamtenprüfung nicht zu schaffen. Ich vermutete, dass er Zazen machen wollte, um seine Depression zu kurieren, also erwiderte ich: „Wenn du es nicht schaffst, dann weil es bessere Kandidaten gibt; darüber solltest du dich freuen. Wenn du bestehst, dann weil du besser als die anderen bist; das sollte dich bekümmern, weil es in unserem Land so viele durchschnittliche Leute gibt." Meine Antwort überraschte ihn. Es ist besser, wenn du dir sagst: „Wenn ich durch die Prüfung falle, dann weil es bessere Kandidaten gibt als mich. Genau wie es im Sprichwort heißt: ‚Der alte Fluss trocknet nicht aus. Sogar verdreckt glitzert er noch golden.' Es gibt also noch eine Menge wertvoller Menschen in

[5] *seppuku:* ritueller Selbstmord durch Aufschlitzen des eigenen Bauches, oft *harakiri* genannt.

Japan, das ist gut und darüber freue ich mich." So sollte man denken, aber das begreifen nur wenige. Was geschehen ist, ist geschehen, doch die Mehrheit suhlt sich im Bedauern.

Der siebte Punkt lautet: „In guten wie in schlechten Zeiten beneide niemandem." Die Krieger waren nicht eifersüchtig auf andere. Heutzutage beneidet jeder seinen Nachbarn. Das *Dôkukôdô* ist zwar kurz, aber es trifft mit jedem Satz den Kern.

Eine lichte Welt

Unwissenheit ist eine Verdunkelung des Selbst durch das Selbst. Wir entziehen unserem eigenen Leben und dem aller Wesen Licht. Wer von Dunkelheit zu Dunkelheit geht, ist ein Dummkopf.

Der gewöhnliche Mensch braucht sein Leben im Dienste der Dummheit auf, soll heißen: im Dienste der Illusionen. Er lebt in Dunkelheit. In spärlich beleuchteten Stadtvierteln schlendern hinreißende Kreaturen vorbei und versuchen dich zu verführen. Ehrlich gesagt bin ich nicht der Typ Mann, der sie anzieht, doch ein hübscherer Kerl wäre hoffnungslos verloren und käme nur davon, wenn seine Brieftasche leer ist. So verschwendet man die Zeit, wenn man in der Dunkelheit der Dummheit lebt. Die Tage verlöschen sinnlos.

Das „Große Dharma-Rad[6]" ist das Rad-Juwel, das unsere imaginierte Welt erobert und befriedet. Mit einem schrecklichen Krach rollt es vor die Tenrinjô-ô[7] und zerschmettert alle Feinde auf seinem Weg, als würde es hohe Berge plattmachen. Diese Feinde sind keine bewaffneten Krieger, sondern unsere Täuschungen. Gravitätisch, langsam eröffnet es eine lichte Welt. Wo man das Dharma-Rad antrifft, gibt es Licht, wo man auf Dummheit stößt, gibt es Dunkel. Ob reich oder arm, der Dumme lebt im Schatten. Er kann nicht mal durch Bildung der Nacht entfliehen, denn er

---

[6] Skt. *dharma-chakra,* Symbol der Lehre Buddhas, wurde von Buddha in Bewegung gesetzt, als dieser seine erste Rede nach seinem Erwachen hielt; eines der acht Juwelen und acht Symbole, die auf den Buddha verweisen.

[7] Tenrinjô-ô (skt. Chakravarti-raja): „Könige, die das Rad drehen", idealisierte Könige in der indischen Mythologie, die die vier Kontinente um den Berg Sumeru regieren und die Räder drehen, die sie vom Himmel empfangen haben.

wählt dabei unbeleuchtete Straßen; wenn er nicht studiert, ist die Dunkelheit noch schlimmer. Isst er, dann isst er zu viel; trinkt er, dann trinkt er zu viel. Essen und Trinken ist in Ordnung, aber es hängt davon ab, wie man es betreibt.

Ein Objekt ist ein Objekt, ein Moment ein Moment, einer ist nicht besser als der andere geeignet, um ein Buddha zu werden. Jeder Augenblick ist gut, egal welcher. Schöne und schlechte Tage existieren nicht, wenn man den Weg praktiziert. Jeder Tag ist ein guter Tag, ob es regnet oder stürmt. Für den Dummen ist selbst ein Tag, an dem er ein Geschenk erhält, ein Unglückstag. Wenn jemand ihm Geld gibt, liegt er den ganzen Tag nur herum. Warum arbeiten, wenn er was zu essen hat?

Während des Russisch-Japanischen Krieges erfuhr ein Soldat, dass er mit einem Orden für Verwundete[8] ausgezeichnet werden sollte. Sogleich lieh er sich eine Stange Geld, das er zurückzahlen wollte, sobald er die mit dem Orden verbundene Pension bezöge. Während er darauf wartete, genoss er das Leben in Saus und Braus und brachte das ganze geliehene Geld an dunklen Orten durch. (In Wahrheit macht hell oder dunkel keinen Unterschied.) Als seine Pension eintraf, gelang es ihm, weitere Kredite aufzunehmen, die er schon bald mit zahlreichen Geishas durchgebracht hatte. So machte er weiter, bis es ihm nicht mehr möglich war, seine Schulden zu bezahlen. Seine Familie verarmte, wo er doch das Geld zum Besten seines Landes, des buddhistischen Weges, der Gesellschaft und seiner Nächsten hätte verwenden können. Ein Ding ist ein Ding, weder gut noch schlecht; der Unterschied liegt darin, wie wir es verwenden.

Dôgen schrieb im Kapitel „Busshô“ seines *Shôbôgenzô:* „Einen ungünstigen Moment gibt es nicht; ein Moment, in dem sich Buddha-Natur nicht manifestierte, existiert nicht.“ Bemerkenswerte Worte! Lasst uns genießen, ob wir nun gegrillten Aal bei einem Picknick essen oder Gerstenreis nach dem Zazen. Du kannst dich darüber grämen, Reisschleim essen zu müssen; du kannst aber auch glücklich dabei sein. Ein Haiku-Dichter, der lange wegen

---

[8] Jap. *kinshi kunshô,* Orden für im Krieg verwundete oder verdienstvolle Soldaten, der erstmals während der Meiji-Ära (1868 – 1912) und bis zum Ende des 2. Weltkrieges ausgegeben wurde und mit einer Rente verbunden war.

schwerer Krankheit ans Bett gefesselt war, lamentierte: „Wie glücklich einer, der bei Gesundheit ist. Aber was für ein Elend, krank zu sein!“ Er begann wieder, Gedichte zu verfassen, und nach und nach kehrte seine Energie zurück. Eines Tages schrieb er diese Verse: „Ach, das ist mehr als ich verdiene! Mehr als ich verdiene! Heute betrachte ich die Prunkwinden und trinke meine Reisbrühe. Gattin! Ich will ein langes Leben haben.“ Er hätte auch schreiben können: „O verdammt, verdammt! Nun muss ich schon wieder den Spott der Prunkwinden ertragen, während ich Reiswasser trinke. Gattin! Ich will nicht mehr leben!“ In den gleichen Umständen, im gleichen Moment, für die gleiche Sache, können wir Dankbarkeit oder Selbstmitleid empfinden.

Die geheime Übertragung buddhistischer Übung

Unser leerer und illusionärer Körper ist der Dharma-Körper[9]. Unser materieller Leib ist nicht von unserem Geist getrennt. Wir bestehen nicht aus zwei einander entgegengesetzten Prinzipien, Körper und Geist. Die Essenz von Geist ist Leben. Existiert Leben wirklich nur in uns?

Die Tatsache, dass wir sterben müssen, bedeutet, dass unser Leben mit dem Tod endet. Yoshida Shôin[10] war erst dreißig, als er starb. Obwohl er nur ein kurzes Leben hatte, wird die edle und leuchtende Essenz seines Geistes für immer in einer abgelegenen Ecke des Setagaya-Bezirks in Tokio erstrahlen[11]. Er schrieb in einem Gedicht: „Der Geist Yamatos[12], der sich seines Handelns und der Konsequenzen bewusst ist, gibt niemals auf.“ Er verzwei-

---

[9] Skt. *dharmakâya,* jap. *hosshin:* die wahre Natur Buddhas, die Essenz des Universums; steht für die Einheit Buddhas mit allen Formen der Existenz, ist unwandelbar, zeitlos, ohne unterscheidende Merkmale, frei von allen Zeichen der Dualität.

[10] Yoshida Shôin (1830–1859): Intellektueller und Revolutionär, Anhänger des Kaisers, der sich aber auch für die Öffnung Japans gegenüber dem Westen aussprach; begründete eine einflussreiche Privatschule für junge Adlige sowie Japans Expansionspolitik; wurde wegen eines Anschlags auf einen Berater des Shoguns hingerichtet.

[11] Dort steht der Shôin-Schrein zu seinem Andenken.

[12] Yamato: das alte Japan.

felte nie, selbst als man ihm den Kopf abschlug. Egal, was die Leute sagen, wenn dieser leere und illusionäre Körper, der jeden Moment dahinschwinden könnte, eine unsterbliche Tat vollbringt, dann ist Tod nicht Tod. Freilich zerstören viele Menschen ihr Verdauungssystem durch übermäßiges Essen oder Alkoholmissbrauch, wenn sie zwei Tage in Folge betrunken sind. Andere pfuschen auf der Arbeit und verlangen trotzdem einen Lohn. Es ist wirklich seltsam, dass der leere und illusionäre Körper, der Handlungen mit universellen Konsequenzen vollbringen kann, ebenso Taten begeht, die kein Morgen kennen, an die sich niemand erinnern wird und die Böses verursachen.

Das grundlegende Prinzip des Buddhismus ist einfach, er beantwortet die Frage: „Wie können wir unser Leben für das größte Gute einsetzen?" Die Absicht des Buddhismus ist, unserem Leben Sinn zu geben. Wie können wir in diesem leeren und illusionären Körper, der jeden Moment dahinschwinden kann, eine unsterbliche Tat vollbringen? Eine wichtige Frage. Was müssen wir also tun?

Meine Antwort lautet: Wir müssen die wahre Übung und die rechte Lehre finden und zum Dharma-Körper werden.

Wisst ihr, wie Jôshûs[13] Kôan[14] *„mu"* aufgelöst wird? Eine Antwort, die man anerkannte, bestand darin, auf alle Viere zu fallen und zu bellen: „Wau … wow!" Geht es noch Blöder? Das heißt doch, dass sie den Ursprung und die Geschichte von *„mu"* nicht verstehen. Oder das hier: „In der Nacht, wo du das tonlose Krächzen einer Krähe hörst, kannst du da sagen, ob sie männlich oder weiblich ist?" Diesmal sollst du deine Ohren und Augen bedecken und „Krah, krah!" rufen. Totaler Schwachsinn!

Diese Kôan behandeln die Frage der Leere: Wie kann man in diesem Augenblick zum ewigen Selbst werden? Wie kann man

---

[13] Jôshû Jûshin (chin. Chao-chu Ts'ung-shen, 778–897): einer der bedeutendsten Ch'an-Meister, von dem man sagt, dass seine Worte die Gedanken und blinden Ansichten seiner Schüler wie ein scharfes Schwert durchtrennten.

[14] Kôan (chin. *kung-an*): ursprünglich „juristischer Präzedenzfall; Urteil, das zur Sollvorschrift wird"; im Zen eine Aussage, Frage, Anekdote oder eine Konversation, die nicht durch analytisches Denken erfasst werden kann; die Meditation über ein Kôan soll logisches Denken überschreiten und die nicht-dualistische Natur der wahren Realität erfahrbar machen.

diesen Moment vollkommen erleben? Die Antwort lautet, dass unser leerer und illusionärer Körper der Augenblick ist und der Dharma-Körper die Ewigkeit. So lautet die wahre Übung und Lehre des Buddha-Weges. Das ist gemeint mit geheimer Übertragung.

Der Buddha selbst hatte ein Leben, eine Geburt und einen Tod. Ich weiß nicht, ob ein himmlischer Drache dabei süßen Nektar regnen ließ oder Wasser aus der Erde entsprang. Vielleicht sagte der Buddha: „Über und unter dem Himmel bin ich allein der Verehrte."[15] Ich weiß es nicht, aber ich weiß: wenn er den Tod erfuhr, dann auch die Geburt. Es ist mir recht egal, ob er an vergifteten Pilzen, gesalzenem Speck oder was anderem starb. Jedenfalls ist er jetzt wirklich tot. Wenn wir sein Leben betrachten, finden wir keinen Schatten, nicht den kleinsten Makel, jeder Moment wurde vollständig gelebt. Darum sagen wir, Shâkyamuni sei vollkommen und seine Tugenden unbegrenzt. In jedem Augenblick war sein Selbst eins mit dem Universum, jede seiner Taten füllte das Universum, sein Selbst war ewig.

Die wahre Natur unserer Unwissenheit ist keine andere als unsere Buddha-Natur. Unser leerer und illusionärer Körper ist der Dharma-Körper. Diese beiden Verse muss man aufmerksam lesen, sonst entgeht einem ihre tiefe Bedeutung. Sie zeigen uns, dass der Unwissende, der gewöhnliche Mensch Buddha ist. Genau „so, wie er ist", ist er Buddha. Auf den ersten Blick klingt das sehr großmütig, aber in Wirklichkeit ist diese Sichtweise fordernd. Menschen verbringen ihr Leben in den Grenzen von Geburt und Tod, doch buddhistische Praxis liefert unwiderlegbare Argumente, dass man trotz dieser Grenzen von Geburt und Tod nicht in einer Sackgasse gefangen leben muss. Unsere Sicht klärt sich, und strahlende Aussichten eröffnen sich uns, wenn wir erkennen, dass unser wahres Selbst unbegrenzt und ewig ist.

Wenn die Menschen sich nur an unmittelbare Fakten halten, sind ihre Handlungen so chaotisch wie ein Tag an der Börse. Es gibt Geschichten, wonach jemand zu Beginn der Meiji-Ära versuchte,

---

[15] Jap. *tenjô tenge yuiga dokuson*, soll das vollkommene Bewusstsein von der Identität des Selbst mit der wahren Natur des Universums ausdrücken; wer davon weiß, hat in der bildhaften Sprache des Zen „das Universum geschluckt".

die fünfstöckige Pagode vom Hôryûji für fünfzig Yen zu verkaufen, und ein anderer zertrampelte und verbrannte die Lackstatue des Buddha, vor der er sich jeden Tag niedergeworfen hatte. Der Mensch setzt sich in immer enger werdenden Grenzen selbst fest.

Im Alter schrieb der Dichter Issa[16] folgenden Vers: „Der Mensch ist wie ein Tautropfen, verstehst du?“ Wer das nicht versteht, lebt in der Täuschung und verschwendet heillos sein Leben. Wenn wir uns unserer wahren Natur bewusst werden, erkennen wir, dass ein Mensch keinen Grund zum Leben hat, solange er nicht diese Wahrheit erkennt: *Die wahre Natur unserer Unwissenheit ist keine andere als unsere Buddha-Natur. Unser leerer und illusionärer Körper ist der Dharma-Körper.*

Täuschung und Erwachen haben keine unterschiedliche Natur. Wir müssen den Ursprung dessen begreifen, was unser Selbst so umfassend blendet, dass wir dort Dualismus sehen, wo keiner existiert. Wir müssen uns im tiefsten Innern bewusst werden, dass unser Körper, so wie er ist, eins mit unserem Geist und identisch mit der Essenz des Universums ist.

Um die letztgültige Wirklichkeit zu entdecken, die die Würde unseres Lebens ausmacht, und ihr all unsere Anstrengung zu widmen, müssen wir sie in der Natur unserer Unwissenheit und unseres leeren und illusionären Körpers finden. Wenn wir die Essenz des Universums erfassen, dann verstehen wir, dass Lebewesen, Pflanzen, Mineralien, absolut alles im Universum Buddha-Natur hat – und dass dies gut so ist. Dinge, „so, wie sie sind“, ist der natürliche und darum angemessene Zustand.

Die Lebensenergie erfassen

Die ersten drei Verse des *Shôdôka* stellen die Einleitung dar, dann folgen zwei Verse, die das ganze Werk zusammenfassen. Diese sind wie Gegenstücke komponiert und bilden einen Paarreim. Auf diese Weise sagte einst ein Weiser: „Die Geist-Essenz kommt und geht ohne Inhalt, der leere und illusionäre Körper wird geboren und stirbt.“

---

[16] Kobayashi Issa (1763–1827): Haiku-Dichter.

Gewöhnliche Menschen und der Buddha sind eins. Die Essenz unseres Geistes und unseres leeren und illusionären Körpers sind nicht getrennt. Ein Dualismus zwischen Körper und Geist existiert nicht. Die Essenz des Geistes ist der leere und illusionäre Körper.

Die Lehre des Buddhismus gehört nicht zum Feld akademischer Studien. Zweifellos wird die Zeit kommen, wo man buddhistische Lehren mit Tongeräten aufzeichnet; doch die direkte, authentische Beziehung zwischen Meister und Schüler, die dem Lehren des Weges Leben einhaucht, kann nicht auf einem Tonträger gespeichert werden. Die Übertragung des Zen „von meinem Herzen zu deinem Herzen"[17] ist etwas Besonderes. Sie geschieht außerhalb von Büchern oder mündlichen Lehren und kann nie Gegenstand einer Radiosendung werden, selbst wenn ein Programm auf den buddhistischen Lehren gründet.

Im *Hagakure*[18], einem Werk, das dem Weg der Krieger gewidmet ist, finden wir den Ausdruck: „Sich wacker schlagen heißt auszuhalten." Wir können endlos über dieses „aushalten" im Hinblick auf Moral und Psychologie diskutieren, doch das würde so kompliziert, dass die Gedanken völlig durcheinander gerieten und wir zu keinem Schluss kämen. Ist am Ende die Antwort „Sich wacker schlagen heißt auszuhalten" nicht schlichter und leichter verständlich? So ist das Prinzip der geheimen Übertragung des Zen. Sie vollzieht sich außerhalb von Geschriebenem und Worten. *Die wahre Natur unserer Unwissenheit ist keine andere als unsere Buddha-Natur. Unser leerer und illusionärer Körper ist der Dharma-Körper.* Es ist einfach dies.

Hat Yamamoto Tsunetomo, der Autor des *Hagakure,* nicht das Gleiche gefühlt, als er schrieb: „Der Kirschbaum auf dem Berg – wie viele Wegstunden von unserer flüchtigen Welt entfernt?" Die Entfernung zwischen unserem leeren und illusionären Körper und dem Dharma-Körper ist sehr groß, so groß wie die zwischen Le-

---

[17] Jap. *i-shin den-shin,* wörtlich: „Übertragung von Herzgeist zu Herzgeist", zentraler Aspekt der Zen-Philosophie, abgeleitet aus dem „Plattform-Sutra" des sechsten Patriarchen Hui-neng (jap. Enô).

[18] *Hagakure:* Werk von Yamamoto Tsunetomo, entstanden um 1700, das sich gegen den Untergang des Kriegergeistes *bushidô* wendet und im Zweiten Weltkrieg erneut zahlreiche Leser fand.

ben und Nicht-Leben, so wie von hier bis zu den Grenzen des Universums. Beim Tod seines Meisters hätte Yamamoto den Sitten gemäß *seppuku* begehen müssen, aber er entschied sich, am Leben zu bleiben und sich von den Dingen zurückzuziehen. So hat er das wahre Leben ergriffen. Wer den Atem des Lebens nicht begreift, kann den tiefen Sinn von „Der Kirschbaum auf dem Berg – wie viele Wegstunden von unserer flüchtigen Welt entfernt?" nicht verstehen. So einer ist nur an Geld und anderen Lappalien interessiert. Dieser Vers drückt nicht nur den Geist des *Shôdôka* aus, sondern auch die tiefe Essenz des Zen und die wesentliche Bedeutung von Buddha-Dharma. Es ist wirklich ein Vers von ausgesprochener Feinheit.

3

Wenn wir zum Dharma-Körper erwachen, gibt es nichts mehr.
Unsere eigene ursprüngliche Natur ist der wahre und immanente Buddha.

Gold ist eine Giftschlange

Zum Dharma-Körper erwachen bedeutet, das Leben in den Griff zu bekommen. Die Füße werden fest im Grund verankert, und man versteht, dass ein Mensch das Produkt des Universums ist und keineswegs von ihm getrennt. Wenn wir nicht erfassen, dass unser Selbst und das Universum eine untrennbare Einheit bilden, werden wir zur Beute unseres individuellen Egos und betrügen uns selbst. Doch wenn diese Täuschung abnimmt, erkennen wir, dass da nichts mehr ist.

Prophezeiungen sagen uns Glück und Unglück vorher. Aber ist es Glück, etwas zu bekommen? Ist es Pech, Geld zu verlieren, oder wäre deine Last dann leichter? Kann man wirklich wissen, was Glück ist und was nicht? Wenn wir die Dinge ein wenig genauer betrachten, dann ist da in einem Fall etwa so viel Gutes wie im anderen.

Ich selbst habe eine große Abneigung gegen Geschenke, ich komme nicht dagegen an. Andererseits macht es mir große Freude, etwas zu geben. Ich vergöttere das Geschenkemachen. Hätte ich ein Vermögen geerbt, würde ich mich beeilen, es zu verprassen. Wohl oder übel besitze ich nichts, also ist jeder Tag ein neuer Kampf. Das ist weder Glück noch Pech.

Buddha sagte, Gold sei eine Giftschlange. Da waren einmal ein richtig armer Alter und seine Frau. Als eines Tages Shâkyamuni[19]

[19] Shâkyamuni, wörtlich: „Weiser der Shâkya-Linie“, Beiname für Siddharta Gautama aus dem Shâkya-Clan, dem Begründer des Buddhismus; der historische Buddha, der ca. 80 Jahre lang im sechsten bis vierten Jahrhundert vor Christus gelebt haben könnte, wird durch den Namen Shâkyamuni von den zahlreichen anderen transzendenten Buddhas unterschieden, die alle Manifestationen des einen und einzigartigen Prinzips Buddha darstellen.

und Ânanda[20] vorbeikamen, rollte auf einmal ein Fels vom Berg herab, und ein Haufen Goldmünzen ergoss sich aus dessen Innerem. Shâkyamuni sagte zu Ânanda: „Hier gibt es Giftschlangen." Ânanda erwiderte: „Gewiss", und sie gingen ihres Weges. Der Alte sagte zu seiner Frau: „Wollen wir nicht mal nachschauen?" Schon wateten sie durch die Goldmünzen, die in der Sonne glänzten. „Würde mir nichts ausmachen, wenn es tausende Giftschlangen wie diese gäbe", meinte der Alte. Er schnappte sich eine, und sie gönnten sich ein Festessen. Mit der nächsten kauften sie sich schöne Mäntel. So ging es weiter, bis fast keine mehr da waren. Die Machthaber spürten den Münzen nach, die mit dem Siegel des Königs Ajâse[21] versehen waren, und verhafteten die beiden Alten. Die waren davon überzeugt, wenn sie geständen, würde man ihnen die Münzen, die sie noch versteckt hatten, abnehmen; so beschlossen sie, kein Wort zu sagen. Als ihre Köpfe aufs Schafott gelegt wurden, meinte der Alte zu seiner Frau: „Das waren wirklich Giftschlangen." – „Ja, wahrhaftig", sagte die Frau. Als sie um ihre letzten Worte gebeten wurden, sagten beide: „Es waren Giftschlangen." Diese Aussage klang so seltsam, dass man sie noch einmal verhörte, wobei die Alten endlich gestanden. Von dieser Geschichte stammt der Spruch: „Gold ist eine Giftschlange."

Laotse sagte: „Schönheit ist kein Glück." Wenn Schönsein Glück bedeutet, ist damit ja gesagt, dass Hässlichsein Pech ist. Das ist eine völlig willkürliche menschliche Einschätzung. Die Leute hören nie auf, sich zu beschweren. „Du bist schön, ich bin hässlich." Nichts ist je so klar und endgültig wie dies. Sie übertreiben den Wert eines vorübergehenden und flüchtigen Zustandes und beneiden andere.

Menschen sind seltsame Kreaturen. Die Reichen schauen arrogant auf die Armen herab, eine schöne Frau tut geziert, und jemand mit einem bisschen Talent hält sich bereits für ein Genie. Was bedeutet das alles schon? Nach dem Tod bleibt nichts. Vor

---

[20] Ânanda: Cousin und bedeutender Schüler Shâkyamunis, der für sein hervorragendes Gedächtnis bekannt war, das es ihm erlaubt haben soll, alle Lehren Buddhas zu behalten; folgte auf Kâshyapa als Leiter der Mönchsgemeinschaft.

[21] Ajâse (skt. Ajâtashatru): König von Magadha, regierte während der letzten achte Lebensjahre Shâkyamunis.

der Geburt ist nichts. All das ist nur eine vergängliche Erscheinung. Wir Menschen sind bloß Moder, der aus der Wärme und Feuchtigkeit unseres irdischen Globus abgesondert wird. Tatsächlich entwickeln wir uns wie Schimmel. Wer hat noch nicht diese seltsamen Pilze gesehen, die über Nacht wie aus dem Nichts hervorsprießen? Das sind wir: denkende und sprechende Pilze. Pilze, deren Gedanken eine unbegrenzte Zahl von Illusionen enthalten und die nur selten *satori* erlangen. Gewalttätige und grausame Pilze, die von bizarren Dingen reden wie Zivilisation, Fortschritt, Denken, Philosophie.

Über welche Art Zivilisation reden wird da, wenn die menschliche Natur so wenig Fortschritte gemacht hat? Das ist der Beweis, dass Shâkyamuni einzigartig bleibt. Einer wie Bodhidharma[22] oder Dôgen ist auch nicht mehr aufgetaucht. Selbst wenn du überall herumstöberst, findest du nur richtig unbedeutende Typen wie mich. Ist Schokolade essen ein Beweis für Zivilisation und Fortschritt? Ist es so außergewöhnlich, Gummilatschen zu tragen? Nein, wirklich nicht. Es wäre außergewöhnlicher, in Strohsandalen zu laufen.

Wenn wir uns des Dharma-Körpers bewusst werden, verbinden wir uns ununterbrochen mit dem Universum. Wir leben, weil wir zum Universum gehören. Wir müssen im Einklang mit ihm handeln.

In der Provinz Ibaraki gibt es einen Ort namens Makabe. Früher lebte da mal ein Diener namens Heishirô. An einem kalten Tag, an dem sein Herr sich in seine Gemächer zurückgezogen und Heishirô dessen Geta[23] aufmerksam in seinen eigenen Kimono gesteckt hatte, um sie dort aufzuwärmen, kehrte sein Fürst plötzlich zurück. Heishirô zog schnell die Geta aus seiner Kleidung, aber er hatte keine Zeit mehr, die Schnüre wieder anzubringen,

---

[22] Skt. Bodhidharma (jap. Bodaidaruma oder Daruma, chin. Pu-ti-ta-mo, 470–543 n. Chr.), achtundzwanzigster Patriarch der indischen Linie nach Shâkyamuni und erster Patriarch des chinesischen Ch'an, dessen Lehren auf den Mahâyâna-Sutren und Meditation gegründet haben sollen; chinesisches Ch'an entwickelte sich aus der indisch-buddhistischen Meditation *(dhyâna)* und dem chinesischen Taoismus.

[23] Geta: japanische Holzsandalen.

und streckte sie so hin, wie sie waren. Nicht einen Moment kam es dem Fürsten in den Sinn, dass sein Diener sich um ihn gesorgt haben könnte, sondern er sagte sich, der Nichtsnutz hätte sich wie alle anderen einfach auf die Geta draufgesetzt. Er griff sich eine davon und schlug Heishirô damit auf die Stirn. Heishirô erbleichte vor Wut und dachte bei sich: „Er hat mich geschlagen, wo ich doch seine Geta warm hielt!" Er schwor, Rache zu nehmen, und verließ in jener Nacht die Burg mit einer Geta. „Ich werde einen Weg finden, mich zu rächen", sagte er sich und beschloss, Mönch zu werden, damit er für den Tod seines Herrn beten konnte. Er praktizierte eifrig und ging später sogar nach China, um in einem bekannten Kloster namens Kinzan zu weilen.

Je mehr er sich in seine Übung stürzte, desto weniger betete er aber für den Tod seines Meisters. Schließlich vergaß er die Sache ganz. Er kehrte nach Japan zurück, als der Kaiser erkrankte, und erfuhr die Ehre, *kitô*[24] zur Heilung von dessen Krankheit durchführen zu dürfen. Er war so erfolgreich, dass er im ganzen Land berühmt wurde. Zum Dank bot man ihm die leitende Stelle des Tempels in Makabe an, die damals vakant war. So traf er seinen alten Herrn wieder. Als Heishirô ihm seine Aufwartung machte, trug er die halb-verfaulte alte Geta bei sich. Dies verwunderte den alten Fürsten, der sich fragte: „Könnte diese Geta eine Art Kôan sein?" Heishirô offenbarte ihm, dass er einst sein Diener gewesen und von ihm ungerecht behandelt worden war.

Diese Geschichte ist die Quelle für einen alten Spruch, der zweifellos in örtlichem Dialekt gesprochen wurde: „Wenn wir zum Dharma-Körper erwachen, gibt es nichts mehr. Warte! Was ist mit Heishirô aus Makabe?" Der alte Fürst war der gleiche geblieben, doch Heishirô ein anderer geworden.

Unsere eigene ursprüngliche Natur ist der wahre und immanente Buddha. Da ist kein Spalt zwischen uns und dem Universum.

---

[24] *kitô:* esoterisches Ritual aus dem Shintoismus und dem Buddhismus, das bei Krankheitsfällen oder Naturkatastrophen angewendet wird.

4

Die Wolken der fünf skandha[1] *treiben vergeblich hierhin und dorthin.*
Die Blasen der drei Gifte entstehen und zerplatzen, leer.

Der Eine-Nacht-Pilz

Die fünf *skandha* lauten: Form, Gefühl, Wahrnehmung, Geistformation, Bewusstsein. Form ist der körperliche Aspekt des Lebens, das Material und die konkrete Welt. Sie schließt die sechs Sinnesorgane ein, die sechs Wurzeln[2] und deren zugehörigen Objekte. Das sind Augen und Gesehenes, Ohren und Gehörtes, Nase und Gerochenes, Zunge und Geschmecktes, der Körper und Gefühltes, sowie der Geist. Form beinhaltet auch die Dinge, die wir nur mithilfe eines Mikroskops oder Teleskops sehen oder nur mit einem Radio hören können. Das sind alle Phänomene, die sich durch die Sinne manifestieren. Empfindende Wahrnehmung ist die psychologische Folge der empfangenen Information: Schmerz und Vergnügen, unerträgliche Kälte oder wohlige Wärme. Dazu gehört auch die Vorstellungskraft, sich zum Beispiel vorzustellen, dass ein gewisser Mönch großartig ist oder ein anderer sehr freundlich.

Das Schriftzeichen *gyô,* das Geistesaktivität ausdrückt, findet man in der Wendung *shogyô mujô,* „Alle Phänomene sind unbeständig“, wo es „Phänomen“ bedeutet. Doch als *skandha* kann *gyô* noch andere Aspekte darstellen. Es kann „Zeit“ bedeuten, diese seltsame Vorstellung, die weder Geist noch Materie ist. Oder „Richtung“, auch seltsam, denn sie erweckt den Eindruck, zu existieren, ohne von festgelegter Gestalt zu sein. *Gyô* kann eine „soziale Stellung“ bezeichnen. Wir sagen von jemandem, er sei „bedeutend“, wissen aber nicht, was in ihm bedeutend ist. Wenn wir die Mönchsrobe anlegen, lehnen wir alle Unterscheidungen sozialer Ränge ab. Es kümmert uns nicht, ob ein Mensch wichtig ist oder nicht. Wir haben unter den Stalljungen genauso Freunde wie unter

---

[1] *skandha* (skt.): Gruppen, Bestandteile; die fünf Komponenten, die ein individuelles Leben bilden.

[2] Jap. *rokken:* die fünf Sinnesorgane und das Bewusstsein, die als Wurzel irdischer Begierden angesehen werden.

Generälen. Das heißt nicht, soziale Schichten würden nicht existieren. Ein großartiger Mensch ist ein großartiger Mensch. Bemessen wir seine Größe aber an seinem Einkommen oder an seinen Talenten?

Auch der Begriff „Quantität" ist ungenau. Wir sagen „viel", aber von welcher Menge gehen wir da aus? Unter welcher Grenze ist etwas „wenig"? *Gyô* beinhaltet zugleich das physische Phänomen und die Vorstellung davon.

Bewusstsein ist die Tätigkeit des Unterscheidens, ein Akt des Ergreifens. Darum sagt ein Vers: *Die Wolken der fünf skandha treiben vergeblich hierhin und dorthin.*

In einem Werk mit dem Titel *Isan no keisaku*[3] gibt es den Ausdruck: „Illusionärer Körper: Heimat des Traums, Form der Leere". Es ist wieder so wie mit den von Pilzen. Mit einem Ausdruck von Wichtigkeit sagt ein Pilz: „Bitte achten Sie darauf, dass ich nicht mein Gesicht verliere!" Während ein anderer meint: „Für wen hältst du dich? Du bist nur ein Pilzgesicht, nichts Besonderes! Du besitzt die Frechheit, dein Ansehen beschützen zu wollen? Du bist bloß ein Pilz, mit dem Leben eines Pilzes, und du wirst keine hundert Jahre alt werden." Wenn wir zurücktreten und die Angelegenheit nüchtern betrachten, dann ist im Leben des Universums unsere Lebensspanne nicht einmal mit dem „Pilz einer Nacht" vergleichbar. Das ist wirklich nicht viel.

Es gab mal einen Mönch, der Zazen praktizierte. Ein Dämon mit einer Leiche auf seiner Schulter tauchte auf und ließ diese vor dem Mönch herabfallen. In diesem Moment erschien überraschend ein weiterer Dämon und schrie: „Gib mir diesen Kadaver!" Der erste Dämon erwiderte lautstark: „Der gehört mir! Ich hab ihn hierher gebracht." So stritten sie sich. Sie konnten die Sache nicht klären und brachten sie vor den Mönch. „Meister, ich war es, der den Kadaver hierher brachte", sagte der erste Dämon. „Ja, das warst wirklich du", erwiderte der Mönch. Wutentbrannt riss der zweite Dämon dem Mönch einen Arm aus und verschlang ihn. Da rief der

---

[3] *Isan no keisaku* („Sammlung der Worte Meister Isans"): Isan Reiyû (chin. Kuei-shan Ling-yu oder Wei-shan Ling-yu, 771–853) war ein beliebter Ch'an-Meister in Südchina, dessen Gemeinschaft etwa 1.500 Mitglieder umfasste und ein großes Kloster auf dem Berg Kuei-shan begründete.

erste Dämon aus: „Armer Mönch, es ist meine Schuld, dass du leidest!“, und zog einen Arm aus dem Kadaver, mit dem er den fehlenden des Mönches ersetzte. Der zweite Dämon ergriff nun den anderen Arm des Mönchs und verschlang auch diesen. Danach entfernte er ein Bein, dann das andere, bis schließlich der Kopf und der ganze Körper auf diese Art verschwunden waren, während der erste Dämon nach und nach die Teile ersetzte. Auf diese Weise verlor der Mönch alles, was zu ihm gehörte, während er in Zazen hockte. Was er nun besaß, hatte zum Kadaver gehört. Von seiner ursprünglichen Person war nichts übrig. Ist dieser Körper etwa kein Leichnam? Gehört dieser Körper nicht mir? Wer bin ich eigentlich?

Wenn wir es recht betrachten, sind wir in völliger Unwissenheit über das Selbst zur Welt gekommen. Vor der Geburt verbringen wir Zeit im Uterus. Davor wiederum existieren ein paar mikroskopisch kleine Spermien, die wie winzige Löffelchen geformt sind, aufwärts schwimmen (das sind die Pilze des Vaters, die die Pilze der Mutter treffen werden) und – rumms! – eine neue einzigartige Zelle kreiern. Die wird dann in die Gebärmutter gezogen, wo der Entwicklungsprozess bis zur Geburt sich vollendet. Der neue Mensch nuckelt an der Mutterbrust und wächst. Später schluckt er Nährstoffe und lässt die Rückstände in die Toilette fallen, wo deren Verwandlungsprozess beginnt. Dann kehrt er in ein Restaurant ein, und das Spiel beginnt von vorn. Schweiß fließt im heißen Bad, beim Friseur fallen Haare ab. So erreichen wir den heutigen Tagesanbruch auf einer Reise von einer metabolischen Verwandlung nach der anderen. *Die Wolken der fünf skandha treiben vergeblich hierhin und dorthin.*

Der Geist funktioniert auf genau die gleiche Weise: *Die Blasen der drei Gifte entstehen und zerplatzen, leer.* Die drei Gifte sind Gier, Ärger und Unwissenheit, alles Schaum auf dem Ozean. Vor langer Zeit hieß es schon bei Shokusanjin[4]: „Sind wir etwa keine Blasen, die auf dem Fluss unserer Leidenschaften dahintreiben?“ Ob wir darüber weinen oder lachen, ob wir es mögen oder nicht,

---

[4] Shokusanjin: Pseudonym von Ôta Nampo (1749–1823), der Gedichte in chinesischem Stil, Essays, Manga und Unterhaltungsromane verfasste; ein weiteres seiner Pseudonyme lautet Neboke Sensei („Schlecht erwachter Meister“).

ob wir dafür oder dagegen sind, *wenn wir zum Buddha-Dharma erwachen, gibt es nichts mehr*, weil *unsere ursprüngliche Natur der wahre und innewohnende Buddha ist.* Das ist die Wahrheit.

5

Wenn jemand die Wirklichkeit der Dinge begründet,
bleiben weder Mensch noch Dharma übrig.
Das Karma der Avîci-Hölle ist sogleich ausgelöscht.
Sollte ich lügen, um dich zu täuschen,
möge meine Zunge auf ewig herausgerissen werden!

Durch buntes Glas auf die Welt blicken

Das Ziel der buddhistischen Praxis ist, uns die wahre Realität erkennen zu lassen. Diese Praxis erweckt sofort ein drängendes Bedürfnis zu erfahren, wie die Realität aussieht. Nun, ihr wahrer Charakter besteht darin, keinen zu haben. Es handelt sich um die Abwesenheit eines Charakters. Es ist weder dies noch das. Jede Existenz im Universum, jedes Phänomen ist ausnahmslos die wahre Natur der Realität. Im *Hannya Shingyô*[1] heißt es: „Alle *dharmas*[2] sind durch Leere gekennzeichnet. Weder entstehen noch vergehen sie, sie sind weder befleckt noch rein, nehmen weder ab noch zu." So ist die wahre Natur der Realität: ohne Schönheit, ohne Schmutz, ohne Geburt, ohne Tod.

Von unserem menschlichen Standpunkt aus können wir diese Realität nicht erkennen. Die Menschen in unserer Zeit versuchen angestrengt, sie mit ihren Stiften zu beschreiben, besonders die Intellektuellen, die es sich zur Gewohnheit gemacht haben, Examen zu bestehen und Notizbücher zu füllen, mit welchen Themen auch immer; doch je mehr sie danach suchen, desto mehr entzieht es sich, und was immer ihre Papiere hervorbringen, es ähnelt nur einer winzigen Kackwurst. Aufgrund der Tatsache, dass wir Menschen sind, ist es uns unmöglich, die wahre Natur der Realität zu erkennen. Wir Menschen können nur unsere Welt der Menschen

---

[1] Abkürzung für *Maka Hannya Haramitsu Shingyô,* „Sutra der großen, vollkommenen Weisheit", auch Herzsutra genannt; eines der wichtigsten Sutren im Mahâyâna-Buddhismus, vor allem im Zen, da es eine klare und knappe Formulierung der Doktrin von der Leere enthält.

[2] *dharma:* klein geschrieben steht es für die Phänomene der Welt, groß geschrieben (Dharma) für die buddhistische Lehre.

sehen. Ein Fisch sieht nur seine Welt der Fische, ein Dieb nur Diebe. Jemand meinte mal zu mir, dass ein Richter gesagt hätte: „Ich sehe in jedem einen Kriminellen", zweifellos ein wahrer Satz. Da er ein Experte im Erkennen von Lügen war, ist es normal, dass er in allen Schuldige sah.

Wenn du mit Antiquitäten handelst und eine Buddha-Statue verehrst, dann schätzt du sogleich ihren Wert ab: „Wie viel kostet die?" Sobald du einen Buddha siehst, klebst du ein Preisschild dran. Aus diesem Grund sind alle Buddhas verschwunden.

Die Welt mit dem Auge Buddhas betrachten heißt: Alles ist Buddha. Dämonen existieren nicht mehr. Alle Wesen, ob belebt oder unbelebt, sind der Weg; Gräser, Bäume, Länder, Planeten, alles ist Buddha. Unser Körper ist genau so, wie er ist, Buddha.

Ein gewöhnlicher Mensch wird behaupten, ich sei kein Buddha, sondern nur ein Mann wie jeder andere, denn er sieht mich durch die bunten Gläser des Normalbürgers. Wenn er blaue Gläser trägt, sieht er die Welt in Blau. Wenn sie die Farbe der Begierde haben, dann erkennt er nur Objekte der Begierde.

Wir müssen wahre Realität erfassen. Das ist keine leichte Aufgabe, weil sich die menschliche Verfassung dagegen wehrt. Hier ist alles Illusion. In allem auf der Welt existiert nichts als Täuschung. Lasst uns einfach sagen, es sei alles Karma[3]. Ein Mann hat etwas gestohlen, hat Angst und rennt davon. Ein Polizist nimmt die Verfolgung auf und starrt jeden Passanten an, während er sich fragt, ob dieser der Dieb sein könnte. Im Endeffekt gehen Verfolger und Verfolgter in ganz verschiedenen Welten ihren Weg. Darum fällt es uns so schwer, zu verstehen. Die wahre Natur der Realität zu entdecken heißt, das Panorama des Universums mit einem einzigen Blick zu erfassen. Wenn wir einen solchen Blick haben, dann haben wir die Lehre Buddhas begriffen.

---

[3] Karma (skt.): wörtlich „Handlung", im Buddhismus geistige, verbale und körperliche Aktivität; jedes Handeln trägt einen latenten Einfluss aufs spätere Leben in sich, nach dem Gesetz der Kausalität wirkt dieser in Vergangenheit, Gegenwart und Zukunft, und jede Tat wird zum Samen einer zukünftigen Tat, d. h. gemäß der Natur der eigenen Gedanken und Handlungen erntet man Freude oder Leid.

Es ist nicht nötig, ein Teleskop zu benutzen oder sich über ein Mikroskop zu beugen, um das Spektakel des Universums zu beobachten. Es genügt die Weigerung, alle Illusionen, die uns blenden, als wahr aufzufassen. Wir müssen uns selbst sagen: „Meine Vorstellungen sind falsch: dies, das, alles ist falsch. Ich lehne sie ab.“ Wenn wir sie alle fortjagen, dann existiert nichts mehr in uns. Es heißt: „Indem man die Fesseln des Karma abschneidet, findet man Frieden in allen Dingen. Man denkt nicht mehr in Begriffen wie gut und böse, man unterscheidet nicht mehr Wahres vom Falschen.“ Kurzum, man hat eine vollständige und unmittelbare Vision des Wirklichen. Darum nutzt es unserem Zweck am meisten, über den Brillenrand hinauszuschauen oder, noch besser, die Brille abzusetzen.

Das Universum mit einem Blick zu erfassen ist ein qualitatives, kein quantitatives Problem. Selbst wenn die Distanz zu den Grenzen des Universums in Tausenden von Lichtjahren gemessen wird, besteht jenseits davon das Unbekannte. Im Lotussutra[4] wird die Dauer des Universums auf fünfhundert kosmische Zyklen geschätzt. Ob die Welt nun unendlich groß oder unendlich klein ist, sie ist unbegrenzt. Das wahre Problem ist weder Zeit noch Raum, sondern die Essenz des Universums.

Wenn wir das Universum nicht mit einem Blick erfassen, weinen und lachen wir. Ist unsere Sicht umfassend, dann gibt es weder Anziehung noch Ablehnung: Die Dinge sind, wie sie sind, das ist alles. Dies ist nur dies, das ist nur das. Und doch können wir nicht begreifen, dass Sozialarbeit, deren Zweck es ist, Gutes zu tun, den Begünstigten vielleicht nicht glücklich macht. Tatsächlich vergrößern wir die Demütigung eines Armen, indem wir ihm Geld geben, und lassen ihn unbefriedigter als zuvor zurück. Ich sage immer, dass man bei den Armen betteln gehen sollte. Der Bedürftige denkt sich dann: „Die können mich immer noch um etwas

---

[4] Skt. *Saddharmapundarîka-sûtra:* „Sutra des Lotus vom Guten Gesetz“, eines der grundlegenden Sutren im Mahâyâna-Buddhismus, dessen Lehren besonders in den Schulen des Tendai und Nichiren betont werden; wird als das Sutra der vollständigen Lehre Buddhas angesehen und soll als Lehrrede auf dem Geierberg am Ende seines Lebens gehalten, aber erst um das Jahr 200 n. Chr. aufgeschrieben worden sein.

bitten", und sogleich entdeckt er seine Würde als Mensch wieder. Darum bettelte Shâkyamuni unter den Elendsten der Elenden um Almosen. Wenn jemand gibt, dann ist er nicht arm. Der Beweis ist, dass ein Reicher es ablehnt, Almosen zu empfangen, da es sein wichtigstes Attribut verletzen würde, seinen finanziellen Status, ohne den er nicht mehr existieren kann. Er hasst es, als Geschenk seinen liebsten Besitz zu bekommen, nämlich Geld. Mit diesem Beispiel haben wir die Essenz des Universums erfasst. Ein solch heller Blick ist nicht erklärbar. Er bedeutet, „das Auge zu haben".

In alten Zeiten gab es keine Ferngläser, um den Himmel zu betrachten, keine Röntgenapparate und keine Mikroskope. Damals musstest du dir selbst Augen zulegen, die ohne Hilfsmittel sehen konnten. Dann erkannte eines Tages ein Auge die Realität in ihrer Gänze. Dieses außerordentlich durchdringende Auge sah sowohl sich selbst als auch die anderen. Es durchdrang Glück und Unglück. Als Shâkyamuni alles mit seinem erstaunlichen Auge betrachtete, erschien ihm zum ersten Mal eine Welt, in der nichts existierte.

Eines Tages fiel im Klohäuschen ein Wurm auf ein Stück Eis. Eine mitempfindende Seele sah den bedauernswerten Wurm in Gefahr und platzierte ihn an einer Stelle, die die ganze Nacht über warm war. Am folgenden Morgen war der Wurm tot. Was der Mann für Glück hielt, war keines für den Wurm. Es ist falsch von uns zu denken, dass jeden das Gleiche glücklich oder unglücklich macht.

Wir müssen die Kraft unseres Auges so entwickeln, dass wir mit einem Blick reich und arm, Mann und Frau erkennen können. Wenn wir bloß das Glück des einen oder des anderen bedenken, dann begreifen wir gar nichts. Doch wenn wir alle Dinge mit einem Blick erfassen, erlangen wir Meisterschaft über das Universum. Allerdings dürfen wir dabei nicht auf halbem Wege stehen bleiben. Wir dürfen uns nicht mit Verwirrung begnügen. Wir müssen bis an den Punkt gehen, wo wir zu wahrer Realität erwachen.

Wenn jemand die Wirklichkeit der Dinge begründet, bleiben weder Mensch noch Dharma übrig. Man erfasst zugleich die Leere des Menschen und die Leere des Dharma.

Illusionen haben ihre Wurzel in dem, was Menschen ihren speziellen Zug verleiht, in deren Selbst. Der Blick eines Menschen ist subjektiv und persönlich. Er geht nicht über die menschliche Subjektivität hinaus. Er befindet sich nicht in einem Kontinuum mit dem Universum, sondern mit sich selbst. Es heißt: „Wirf die Vorstellungen des Egos ab, auch den Dualismus von der Leerheit des Menschen und der Leerheit des Dharma." Erwacht man zur Leere aller Dinge, existiert das menschliche Ego nicht mehr. Nichts kann einen dann mehr behindern.

In einem Gedicht steht: „Geburt und Tod kommen und gehen, das ist die Realität des Menschen; für ihn sind die vier Elemente[5] und fünf *skandha* unzerstörbar." Wir nehmen fälschlich an, Geburt sei ein glückliches Ereignis, obwohl man doch verkrüppelt und geistig behindert auf die Welt kommen kann. Darum sollte man Geburt nicht prinzipiell als Glück bezeichnen. Genauso sind wir gewohnt, vom Tod als Unglück zu sprechen. Tatsächlich sollte man sich über den Tod freuen. Die Maschine, die unser Leiden antreibt, will nicht stillstehen. Du siehst eine schöne Frau, ein Begehren entsteht, du siehst eine leckere Mahlzeit, und eine andere Leidenschaft flammt auf. Unser Körper produziert solche Gefühle, und wenn er eines Tages verschwindet, sollten wir einen Seufzer der Erleichterung ausstoßen: „Uff! Endlich bin ich meinen Körper und das Leiden des Lebens los!"

Es gibt keine Sackgasse

Als es eines Tages schneite, sandte ein Student an der Kaiserlichen Universität Kioto diesen Brief an seinen Freund: „Man sagt, eine schneebedeckte Landschaft erfreut die Seele, aber in mir weckt sie keine Freude. Sobald ich vor die Tür gehe, rutsche ich bei jedem Schritt aus. Welche Erleichterung es wäre, wenn der Schnee, der die Berge in den zehn Richtungen bedeckt, schmölze. Der Anblick dieses Schnees lässt meine Zähne klappern."

---

[5] Die vier Elemente sind laut alter indischer Überlieferung Erde, Wasser, Feuer und Wind, die alles Leben im Universum bilden; der Buddhismus ergänzt noch den Raum, dessen Funktion die Harmonisierung der anderen Elemente ist.

Sein Freund in Tokio schrieb zurück: „Es gibt Menschen, die den Schnee, die Blumen und den Mond anhimmeln und sie willkommen heißen, auch wenn sie nichts Besonderes an sich haben. Ich selbst finde es gänzlich angemessen, den Schnee zu bestaunen, während ich in einer Ecke am Feuer sitze und in Gesellschaft eines hübschen Mädchens heißen Sake trinke. Ich denke auch an den Briefträger, der an jedem verschneiten Morgen seine Post verteilen muss. Wo liegt nun die Wahrheit? Du schreibst, du hasst es, dem Schneefall zuzusehen, obwohl dies doch ein ganz normaler Vorgang im Winter ist."

Erfasst jemand das Universum mit einem Blick, kommen und gehen Geburt und Tod, und die fünf *skandha* sind ohne Substanz. Im *Fugen-kyô*[6] heißt es: „Alle karmischen Hindernisse entspringen Illusionen. Wenn du bereuen willst, setz dich in Zazen und besinne dich auf die wahre Realität." Zur wahren Realität erwachen bedeutet, einen Blick zu haben, der alle Dinge durchdringt, eine unmittelbare und vollständige Vision des Universums.

Vor langer Zeit haben sie die verschiedenen Hindernisse[7] bei der Übung kategorisiert und erklärt, dass unsere falsche Sicht von unseren Illusionen herrührt. Heute sagen wir, dass wir von unseren Täuschungen gefangen werden, und je nach unserer Lage wird jeder von uns in einer Anzahl von Fallen festgehalten. Der Ausdruck *sange*[8], bereuen oder Buße tun, lässt einen an eine Formel für Exorzismus denken, aber es ist nichts Magisches daran. Durch Zazen beseitigen wir Hindernisse und durch das Erfassen des Uni-

---

[6] Vollständiger Titel *Kan Fugen bosatsu gyôbô-kyô,* „Sutra der Meditation auf den Bodhisattva Fugen"; wird als Abschluss des Lotussutra angesehen und ist dem Bodhisattva Fugen gewidmet, der ein Gelübde abgelegt hat, die Lehre Buddhas nach dessen Tod zu verkünden.

[7] Jap. *sanshô shima:* „drei Hindernisse und vier Dämonen", die drei Hindernisse sind: (1) *bonnô-shô,* weltliche Begierden; (2) *gô-shô,* Karma; (3) *hô-shô,* Vergeltung für üble Taten; die vier Dämonen sind: (1) *on-ma,* die fünf *skandha;* (2) *bonnô-ma,* die Leidenschaften; (3) *shi-ma,* der Tod; (4) *tenji-ma,* die Unterdrückung der Kraft.

[8] *sange:* den eigenen Irrtum erkennen; zu Beginn des Buddhismus wurden zwei Mal im Monat Treffen abgehalten, bei denen alle Ordinierten, die die Regeln verletzt hatten, vor der Gemeinschaft bereuten.

versums mit einem Blick entdecken wir die wahre Identität der Phänomene.

Wäre unser Glück also mit dem des Wurmes auf dem Klo identisch? Nein, wie auch immer dessen Glück aussieht, es ist nicht unseres. Jeder von uns trägt in sich sein eigenes Glück, das wir entdecken müssen. Es gibt viele, die beim Anblick eines heruntergekommenen Gammlers denken, dass sie glücklicher als er seien, aber auch dieser Gammler hat sein Glück. Am Ende des Tages taumelt er angesäuselt und gutgelaunt nach Hause. Er kuschelt sich in eine Ecke seiner Bruchbude und schläft als gesegneter Mann ein. Das ist sein Glück.

Wenn wir das Universum mit einem Blick erfassen, dann gibt es keine Sackgasse mehr. Im *Fugen-kyô* heißt es auch: „All unsere Fehler sind Tautropfen auf dem Gras." Ein Fehler, der uns fesselt, existiert nirgendwo. Dies ist dies und auf angemessene Weise so; das ist das und ebenfalls okay. Der Kopf ist der Kopf, die Füße sind die Füße, alles spielt seine Rolle. „All deine Fehler sind wie Tau auf dem Gras, sie werden unter den Sonnenstrahlen der Weisheit verschwinden." Wenn wir die Weisheit besitzen, das Universum zu umarmen, schmilzt dann diese Weisheit nicht auch die Irrtümer dahin, die uns in die Falle tappen ließen? Wir sind Gefangene unserer Fehltritte: unserer Konzepte, unserer angelernten Ideen und unserer Vorurteile. Viele Menschen beneiden das Glück anderer. „Wie gerne ich an ihrer Stelle wäre!" Doch was dein Glück ausmacht, bedeutet nicht meines. Du musst dein Glück in dir selbst entdecken.

Wenn jemand zur wahren Realität erwacht, gilt: *Das Karma der Avîci-Hölle*[9] *ist sogleich ausgelöscht.* Früher dachte man, dass ein Kapitalverbrecher in die *Avîci*-Hölle fiele und dort ohne einen Augenblick der Erleichterung auf ewig litte. In der buddhistischen Terminologie ist ein Augenblick[10] wirklich kurz: die Zeit, die man zum Beugen des Zeigefingers braucht, geteilt durch zweiundsechzig.

---

[9] *Avîci* (skt.) ist die „Hölle unaufhörlichen Leidens", die achte und schrecklichste der brennenden Höllen.

[10] Jap. *setsuna,* skt. *ksana.*

Was wir gewöhnlich als Leiden verstehen, ist kein fertiges Produkt von der Stange. Je nach Charakter haben wir alle unser eigenes Leiden. Grundsätzlich würde auch kein Vergnügen existieren, gäbe es kein Leiden. Wenn wir also bezüglich Leiden und Vergnügen zu Sinnen kommen, als ob wir aus einem Traum erwachten, dann haben wir unverzüglich eine akkurate Sicht auf die wahre Realität und erfassen das Universum.

In einem Sutra heißt es: „Wer zu allen Buddhas von Vergangenheit, Gegenwart und Zukunft erwacht, sieht auf natürliche Weise die Essenz des Dharma, wo alle Dinge eins bilden." Auf natürliche Weise die Essenz des Dharma sehen heißt genau dies: das Universum mit einem einzigen Blick gänzlich in sich aufzunehmen. Vielfalt wird zu Einheit. Ich liebe. In Ordnung, ich liebe! Ich hasse; also hasse ich. Ich bin ich, genau wie ich bin. Du bist du, genau wie du bist. Yamaoka Tesshû[11] schrieb über ein Bild vom Berg Fuji: „Ob bei klarem Wetter oder in Wolken, der Berg Fuji ist schön, seine Form ändert sich nicht." So ist wahre Realität.

Sollte ich lügen, um dich zu täuschen, möge meine Zunge auf ewig herausgerissen werden! Yôka Daishi schwört, dass sein Zeugnis wahr sei. Wenn nicht, möge er in die Hölle der Lügner[12] fallen, wo denjenigen, die andere betrügen, ihre Zunge herausgerissen wird.

---

[11] Yamaoka Tesshû (1830–1888): bekannter Samurai, Begründer der Itto Shoden Muto-ryû-Schule, die das „Nicht-Schwert" lehrt, bei dem es keinen Feind gibt und die Reinheit des Stiles wichtig ist; übte politischen Einfluss auf die Meiji-Restauration aus.

[12] Jap. *kôkujô:* die zweite der acht brennenden Höllen, in die unaufrichtige Beamte kommen und diejenigen, die gelogen, verleumdet und schlecht von anderen gesprochen oder sich an Geschwätz beteiligt haben.

6

Im Augenblick, wo man plötzlich das Zen aller Buddhas erkennt,
sind die sechs großen Tugenden und zehntausend Übungen
vollständig in uns verwirklicht.

Gefälschtes Zen

Satori erinnert an ein magisches Kunststück oder an eine Lampe, die den Geist erhellt, jedenfalls hast du das Gefühl, dass sich etwas verändert hat. Darum ist es wichtig, diesen Satz genau zu untersuchen: *Im Augenblick, wo man plötzlich das Zen aller Buddhas erkennt.* Unnatürliche Praxis führt zu Abirrungen, auf dem Buddha-Weg genauso wie im Geschäftsleben. Selbst die Übung des Zazen kann diabolisch oder gierig werden, also müssen wir lernen, wie wir gefälschte Übungen erkennen, um wahres Zen zu erfassen, das Zen Buddhas.

Mir scheint, wenn ich mit dem *kyôsaku*[1] in der Hand meine Runde im Dojo drehe und hinter den Reihen der Novizen[2] entlanggehe, würden eisige Schauer an deren Rücken herablaufen, so als wäre ich eine Schlange. Die Haltung strafft sich unverzüglich, doch sobald die Gefahr vorüberzieht, wird sie wieder nachlässig. Ich schlage auch kräftig zu, wenn sie schlafen, aber bald schon geht es wieder von vorn los. Das nenne ich „Höllen-Zen". Wenn Zazen so schmerzhaft ist, warum sind diese Typen dann Mönche geworden? Ich kapier's nicht.

Zazen zu üben, um eine Krankheit auszukurieren, erscheint mir weniger abwegig. Neulich erzählte mir ein Mönch, dass er sein Beriberi[3] mithilfe von Zazen losgeworden wäre. Er fügte hinzu, es

---

[1] *kyôsaku:* wörtlich „erweckender Stock": flacher Holzstock, mit dem man auf die Schultern der Zazen-Übenden schlägt; hilft beim Überwinden von Schläfrigkeit und Muskelverspannungen und erhöht die Konzentration, ist also keine Strafe; symbolisiert „das Schwert der Weisheit".

[2] Wörtlich „Wolken und Wasser" (jap. *unsui*); Wolken und Wasser als Lebensmodell gehen zurück auf den Taoismus.

[3] Krankheit, die auf den Mangel von Vitamin B1 zurückzuführen ist und mit verschiedenartigen Symptomen einhergeht, wie Schmerzen, Muskelschwäche, Konzentrationsschwäche, Herzinsuffienz usw.

habe zwei oder drei Monate gedauert. Ich weiß nicht, ob er seine Gesundheit wiedererlangt hat, aber er hat zumindest eine schöne und sehr würdevolle Haltung dadurch gewonnen. Es heißt, dass man krank wird, wenn man nichts zu tun hat, also ist auch das eine gute Gelegenheit. Zur gleichen Zeit kann man damit was gegen sein Magenleiden tun, schließlich ist man wie eine Sardine zwischen den anderen eingeklemmt und kann der Versuchung nicht nachgeben, heimlich an etwas zu nippen oder zu viel zu essen – Angewohnheiten, die häufig zu Magenproblemen führen. Außerdem ist keine Zeit, sich nichtsnutzigen Gedanken hinzugeben, wenn man den *kyôsaku* pfeifen hört, und der Geist, der von anderen Beschäftigungen frei ist, schweift nicht ab.

Auch wenn der Zweck von Zazen nicht das Heilen kranker Körper ist, bin ich überzeugt davon, dass Zazen eine unfehlbare Therapie für psychische Probleme darstellt – vorausgesetzt, sie sind milder Art. Man hat wirklich keine Zeit, sich mit kleinen Wehwehchen zu beschäftigen.

Vor einiger Zeit hatte ich Furunkel am Hintern, zwei nebeneinander. Ich konnte keinen Arzt herbeirufen, weil ich zwei *sesshin*[4] leitete, eins bei mir und eins außerhalb. Es war sehr schmerzhaft, bewegungslos zu sitzen, und als der Schmerz unerträglich wurde, stand ich auf und ging im Dojo umher. Wenn ich den Stock, den *kyôsaku* gebe, ist es meine Art, mit aller Kraft zuzuschlagen, weswegen ich schon im bloßen Vorübergehen eine solche Spannung bei den anderen erzeuge, dass sich sofort ihre Rücken strecken. Ich sagte mir also, während ich so durchs Dojo ging, dass ich dank meiner Furunkel unendliches Verdienst erwerben würde. Ich besaß eine Salbe, die das Problem lösen sollte, aber die nutzte ich nicht, weil ich mich ständig bewegen musste. Ich ließ den Dingen ihren Lauf, und die Furunkel öffneten sich, ohne dass ich es bemerkte.

Könnte Zazen die beste Medizin für Furunkel sein? In alten Zeiten lag der Weise Daie Sôkô Zenji mit Milzbrand darnieder, und man sagte ihm, er würde wohl sterben. In diesem Fall, antwortete er, müsse er unbedingt mit Zazen fortfahren. Und das tat er dann

---

[4] *sesshin:* wörtlich „Konzentration des Geistes“, tagelange intensive Zazen-Übung.

auch, mit noch mehr Begeisterung; es heißt, er sei wieder genesen. Heute denken wir, wenn unser Leben auf dem Spiel steht, dies sei keine gute Zeit für Zazen. Die Alten wussten aber, dass beim Zazen ein Abszess sich von selbst öffnen und seinen Eiter freigeben und abheilen würde. Um es zusammenzufassen: Wenn du Zazen als Leiden ansiehst, weil du mit dem *kyôsaku* geschlagen wirst, dann praktizierst du Höllen-Zen[5].

Als nächstes kommt Gier-Zen[6]. Wie hungrige Geister wollen wir ständig irgendetwas, und sobald das eine Bedürfnis befriedigt ist, kommt ein anderes herbei: „Oh, wie gern ich dieses Kleid hätte! Und dieses Make-up!“, sagt die Frau, und der Mann: „Hätte ich bloß mal dieses Einkommen!“ Unter den hungrigen Geistern finden wir wenige, die von einem unstillbaren Verlangen nach Zazen getrieben werden. Wenige unter ihnen verlangt es also nach *satori*. Kurzum, wir wollen alles Gute und Schöne und streben leidenschaftlich danach, erst dieses und dann jenes Objekt zu besitzen.

Ein hungriger Geist, der Zazen übt, um *satori* zu erlangen, ist nicht viel Wert. Sobald er es hat, wird er seinen Verstand wegen einer Frau verlieren, und selbst das Wort „*satori*“ wird sich in Rauch auflösen. Außerdem ist der hungrige Geist nie zufrieden. Sobald er etwas hat, verliert er daran das Interesse. Wenn er Geld hat, wünscht er sich Macht. Wenn er Macht hat, wünscht er sich Ruhm.

Darauf folgt das Tier-Zen[7]. Das ist besonders dämlich. Wenn einer sich nur für Sex und Essen interessiert, dann kennen ihn die Biologen am besten. Er ist Gegenstand ihrer Untersuchungen, da das Überleben der Spezies Mensch ja von Sex und Nahrung abhängt. Wir können noch die anfügen, die während des Zazen

---

[5] Skt. *naraka:* der niederste der falschen Wege; als Lebensstadium ist die Hölle ein Zustand extremen geistigen oder körperlichen Leidens, das von einem selbstzerstörerischen Antrieb gekennzeichnet ist.

[6] Skt. *preta,* jap. *gaki: preta* sind ursprünglich Totengeister im alten Indien gewesen, sie wurden im Buddhismus zu „Hungergeistern“; dies ist der zweite falsche Weg, auf dem man von unstillbarer Gier nach Essen, Reichtum, Macht usw. verzehrt wird.

[7] Tierhaftigkeit (jap. *chikushô*) ist der dritte falsche Weg, ein Zustand, indem man nur von instinktiven Begierden angetrieben wird und jeden Sinn für Vernunft und Moral verloren hat.

schlafen. Das Lotussutra sagt: „Sie kennen nur Wasser und Gras und sind sich allem anderen nicht bewusst." Während des Zazen denken sie darüber nach, ob es bald einen Kuchen gibt, welches Gemüse am Abend aufgefahren wird oder wie der Reis wohl zubereitet ist. Sie denken nur ans Essen und fallen im ersten freien Moment ins Bett und schlafen, ohne Interesse daran, was um sie herum vor sich geht.

Nun kommt das Wut-Zen[8]. Das ist vom Wettbewerb bestimmt. Jemand will schnell die anderen übertrumpfen und den *satori*-Marathon gewinnen. In so einem herrscht bloß der Wunsch, besser als die anderen zu sein.

Menschen-Zen[9] kennt auch einige bizarre Typen. Sie sind besessen von dem Wunsch nach einem schönen Aussehen. Einige pflegen ihre Frisuren, andere lassen sich einen Bart wachsen oder tragen einen Kimono über ihrer Stadtkleidung, worunter sie dann heftig schwitzen. Zu ihren Affektiertheiten und ihrer Liebe zum Geld kommt dann noch ein seltsamer Aberglaube.

Himmel-Zen[10] ist das Zen der Ekstase. Du liebst Zazen. Unbeweglich sitzend, fühlst du dich gut und glücklich.

Bis jetzt haben wir, selbst wenn wir Zazen übten, in der gewöhnlichen Welt der Sterblichen gelebt. Wir haben das Rad des Lebens auf den sechs Wegen oder Existenzbedingungen gedreht und Zazen praktiziert, als würden wir ständig im Kreisverkehr fahren, ohne je den Ausgang zu finden. Ob jemand die Zazen-Haltung einnimmt, um sein *hara*[11] zu stärken, Ekstase zu finden, besser zu leben oder gesünder zu werden – all dies ist keine Diskussion wert. Es betrifft nicht seinen Zweck. Seit Buddhas Lebenszeit wurden sechsundneunzig Irrtümer der Praxis aufgezeichnet, und die decken eine Menge ab.

---

[8] Jap. *shûra: ashura* sind streitsüchtige Dämonen in der indischen Mythologie, die in einem Zustand ständiger Wut leben und es nicht ertragen können, anderen – auf welchem Gebiet auch immer – unterlegen zu sein.

[9] Jap. *ningen:* das Stadium, in dem man dank der Vernunft seine instinktiven Begierden kontrollieren und wie ein Mensch handeln kann.

[10] Jap. *tenjôkai:* der Zustand zeitweiligen Glücklichseins.

[11] *hara* (oder *tanden*): Bereich über dem Darm, dem ein besonderes Energiefeld zugeschrieben wird, im Zen so etwas wie die Körpermitte.

Wir wollen nun in die Buddha-Lehre eindringen. Am Grunde finden wir *shômon*[12]-Zen und darüber *engaku*[13]-Zen. Hier treffen wir auf Menschen, die einen ein Meter langen rechteckigen Kasten mit einer Zusammenfassung der buddhistischen Lehre gefüllt haben und behaupten: „Da, das ist der Buddha-Dharma, er misst einen Meter im Quadrat!" Lasst uns diesen Kasten sofort im Gepäckraum zurücklassen und hohe Gefilde erklimmen, um den weiten Horizont der Bodhisattvas[14] zu entdecken! Auf dieser Ebene gibt es zwei Möglichkeiten: einen unterlegenen Weg des Hînayâna[15] und einen überlegenen des Mahâyâna.

Das Zen der sechs Wege oder Existenzbedingungen ist außerhalb des Weges angesiedelt, doch *shômon-* und *engaku*-Zen befinden sich innerhalb des Weges. Übende werden hier von den Lehren Buddhas ganz in Anspruch genommen, bleiben aber gewöhnliche Menschen. Wenn sie zu Bodhisattvas werden, nehmen sie den Rang von Heiligen ein, weil sie die Festungsmauern gewöhnlicher Menschen durchbrochen haben.

Ich habe all diese Arten von schlechtem Zen aufgeführt, damit ihr davon klar das Zen Buddhas unterscheiden könnt. Sobald ihr dieses versteht, werden alle anderen verschwinden. Das Zen der Hölle, der Gier, der Tiere, der Übellaune, der Menschen, des Himmels und selbst das *shômon-* und *engaku*-Zen, all diese Bewusstseinsstadien werden nicht mehr existieren. Wenn Zazen stark

[12] *shômon* (skt. *shrâvaka*): wörtlich „diejenigen, die die Stimme hören"; Schüler Buddhas, die seine Lehre hören und jede Anstrengung unternehmen, um Erwachen zu erlangen – jedoch nur zu ihrem eigenen Heil.

[13] *engaku* (skt. *pratyekabuddha*): wörtlich „durch sich selbst zum Erwachen gelangt"; ursprünglich für einen Menschen benutzt, der sich aus dieser Welt zurückgezogen und allein im Wald Erwachen gesucht hat.

[14] Bodhisattva (skt.): wörtlich „erwachtes Wesen", jemand, der nach Buddhaschaft strebt, aber den Eintritt ins Nirwana ablehnt, so lange nicht alle Wesen gerettet sind; der Bodhisattva widmet sich ganz der Hilfe für andere, aus Mitempfinden, das durch Wissen und Weisheit erlangt wurde.

[15] Hînayâna: wörtlich „Kleines Fahrzeug", ursprünglich ein abwertender Ausdruck, den Anhänger des Mahâyâna („Großes Fahrzeug") für Vertreter des frühen Buddhismus (Theravâda) benutzten; auch Sawaki gebraucht diesen Begriff, den wir in der dt. Übersetzung meistens durch Theravâda ersetzt haben.

ist, wirst du plötzlich mit einem Schlag das Zen Buddhas erkennen. Das heißt, du begreifst, dass du Buddha bist.

Alltagsleben und Religion

Die sechs *pâramitâ*[16] werden auch die „sechs Vollkommenheiten" genannt. Das sind die Tugenden, die ein Bodhisattva praktiziert, um das andere Ufer zu erreichen. Es handelt sich um: Geben, ethisches Verhalten, Geduld, Hingabe, Konzentration und Weisheit.

Wenn wir heute ans Geben denken, dann an eine Summe Geld, die wir einem Mönch oder einem Tempel überlassen. Doch gemeint ist eher ein Praktizieren ohne die Erwartung persönlichen Gewinns, ob nun finanzieller Art oder als Erreichen von *satori* oder des Paradieses. Man sehnt sich weder das Paradies herbei noch fürchtet man die Hölle. Geben verändert das tägliche Leben. Es schafft einen neuen Menschen, der nichts benötigt, nicht einmal das Leben selbst. Er ist ein vorzügliches Individuum: frei, entspannt, offen und unkonventionell.

Es ist falsch, die ethischen Richtlinien für Verbote zu halten. Dazu heißt es: „In den Regeln gibt es keine Vorstellung von ewiger Strafe." Das Problem ist nicht das Verbot. Die Regeln zeigen grundlegende Tugenden, die einen Menschen das tun lassen, was gerecht ist.

Geduld ist keine Folge von willentlicher Anstrengung. Du zwingst dich nicht, etwas auszuhalten, sondern lebst wie einer, der sein Ego vergessen hat, frei von den Fesseln seiner persönlichen Ansichten ist und sich weder um *satori* noch die Praxis sorgt. Es macht keinen Sinn, vom Meistern des Selbst zu sprechen, da das Selbst ja nicht existiert. Darum braucht man sich kein Selbst vorzustellen, das sich in Langmut übt. Dies ist Geduld.

Hingabe bedeutet, sich nicht mit *kôyadôfu,* in der Winterkälte getrocknetem Tofu vollzustopfen, Sojabohnen nicht wie ein Pferd zu verschlingen und nicht zu schnauben wie ein Ochse. Das japanische Zeichen *shôjin*[17] besteht aus zwei Teilen, *shô,* was exzel-

---

[16] *pâramitâ* (skt.): wörtlich „was das andere Ufer erlangt hat", üblicherweise als „Vollkommenheit" übersetzt, weil diese Tugenden zu ebensolcher führen sollen.
[17] *shôjin* (jap.): Hingabe, Sorgfalt.

lent, rein, fein bedeutet, und *jin,* was fortschreiten heißt. *Shôjin* ist also das Gegenteil von Passivität und Vulgarität. Es bedeutet, zum Guten hin voranzuschreiten und dem Bösen abzusagen, ohne Unterlass, und angemessenes Verhalten zu zeigen, ohne sich mit dem Schlechten gemein zu machen. Dies bedeutet hingegen nicht, dass man dem Gerade, Reinen und Fleckenlosen folgen müsste. Wenn jemand aber entscheidet, mit etwas Schluss zu machen, dann hört er damit auf. Es ist zum Beispiel *shôjin,* mit dem Rauchen aufzuhören. Es ist auch *shôjin,* nicht über die Maßen zu saufen. Es ist wirklich nicht leicht, *shôjin* zu praktizieren.

Wir werden selten zu üppigem Genuss verführt, wenn wir unsere eigene Brieftasche dafür öffnen müssen, doch wenn ein anderer die Getränke spendiert, dann brauchen wir Umsicht und die Übung des *shôjin.* Einst meinte jemand: „Ich will zölibatär leben, bin mir aber nicht sicher, ob ich das durchhalte." Dazu möchte ich sagen, wenn jemand sich nicht unter Kontrolle hat, wäre es besser, er ginge ins Gefängnis, wo allein der Zölibat möglich ist. Ein Lebenslänglicher muss den Zölibat praktizieren. Außer Deckhengsten leben sogar Pferde lange. Wenn diese Tiere ihr Leben ohne körperliche und seelische Probleme verbringen, warum ist dann der Mensch, die Krone der Schöpfung, nicht dazu in der Lage?

Konzentration bedeutet, im Einklang mit dem Dharma zu leben, ohne ihn zu verändern, ohne ihn zu beschmutzen, ohne ihm mit unseren Handlungen zu widersprechen.

Weisheit bedeutet, sich in wacher Aufmerksamkeit allen Dingen gegenüber zu verhalten.

Tatsächlich sind die sechs Vollkommenheiten nur eine. Wenn wir sie in unserem Alltag verwirklichen, beinhalten sie all unser körperliches und seelisches Tun. Wenn jemand zum Beispiel Geben praktiziert, dann isst er nur das, was nötig ist, und verlangt nicht nach mehr; so verhält er sich wie ein Gast. Wohltätigkeit bedeutet, morgens ohne zu zögern aus dem Bett zu kommen. Du bleibst nicht im Bett, bis deine Frau schimpft, weil das gierig wäre. All das ist eine Frage des gesunden Menschenverstandes, von Klarheit und Weisheit. Du musst die Essenz der sechs Vollkommenheiten erfassen, ohne sie zu trennen. Die Essenz zu erfassen bedeutet, das Zen Buddhas zu verstehen, und das Zen Buddhas zu verstehen heißt, ein Buddha zu werden.

Das Schwierigste dabei ist, zu verstehen, wie man auf einen Schlag Buddha werden kann. Nehmen wir das Gegenbeispiel des Mannes, der sagt: „Hmm, jemand hat also seine Uhr vergessen" und – schwupp! – lässt er sie in seine Tasche rutschen. Plötzlich ist er zu einem Dieb geworden. Genauso schnell können wir uns in einen hungrigen Geist oder Wüstling verwandeln.

Der geheime Zauber der mündlichen Überlieferung

Dies ist die wirksamste aller Lehrmethoden. Man kann ein Leben lang allein ohne Gewinn studieren. Ein Schwert zu handhaben ist zum Beispiel wie jede Übung. Es genügt nicht, einfach zuzuschlagen und grundlos „Yah! Yah!" zu schreien, denn so fordert man sicher seinen Untergang heraus. Hält man sich aber an die Regeln, bleibt wachsam und befolgt die richtige Stellung, wenn man zielt: „Yah!" – dann trifft man den Gegner. Dein Meister hat es von seinen Vorfahren geerbt, und ob du seiner Lehre folgst oder nicht, macht den ganzen Unterschied.

Ich kannte eine alte Frau, die ihren Enkeln Nähen, die Teezeremonie, das Koto-Spielen und andere Dinge beibrachte. Ich hatte Gelegenheit, ihr dabei zuzuschauen. Wenn du den Kragen eines Kleidungsstückes aus japanischem Krepp wäschst, indem du es zu hart mit Seife reibst, dann schrumpft es. Die Großmutter rief zu ihrer Enkelin: „Schau her, wie ich es mache!" Sie erhitzte Wasser in einem Topf, bis es kochte, und bat ihre Enkelin, ein Ende des Kleidungsstückes zu halten. Dann zogen sie es von beiden Seiten straff über den Dampf und ließen es trocknen.

Dieses Beispiel von überliefertem Wissen zeigt, was ich mit mündlicher Tradition meine. Alles, was du mich über die Lehre Buddhas sagen hörst, illustriert die mündliche Tradition. Sie allein erlaubt uns, die Geheimnisse zu begreifen und zu durchdringen, selbst wenn wir sie am Ende doch in ein Notizbuch schreiben. Der Grund dafür, dass die geheime Übertragung so wichtig ist, liegt darin, dass sie dich in einem Augenblick erkennen lässt.

Das Geheimnis von Buddhas Lehre, das Meister von alters her an ihre Schüler übertrugen, ist Zazen: „Streckt eure Rückenmuskeln! Drückt den Himmel mit eurem Kopf hoch! Eingeweide zurück, Brust raus! Das ist normal! Lasst die Schultern fallen! …“ Wenn du mit der mündlichen Tradition nicht vertraut bist, dann sitz mal drei Tage in einem *sesshin*, und du wirst zu Tränen gerührt sein! Bei der Übung gibt es viele Erfahrungen wie diese. Sie bilden die geheime Übertragung und werden von Generation zu Generation gelehrt. Dôgen Zenjis *Fukanzazengi*[18] und zwei Kapitel aus seinem *Shôbôgenzô,* „Bendôwa“[19] und „Zanmai ô zanmai“[20], wie auch Keizan Jôkins *Zazen Yôjinki*[21] gehören zu dieser Tradition.

Wenn dir eine gute Haltung beigebracht wurde, wirst du Dankbarkeit verspüren und spontan *gasshô*[22] machen. Du fühlst dich gut und willst in Zazen sitzen; doch wenn deine Haltung schlecht ist, dann auch deine Stimmung. Einige Priester entschuldigen sich: „Ich schere mir den Kopf im Geiste“, und lassen sich volles Haar wachsen. So erfahren sie nie den Geist eines Priesters. Wenn wir das Haar auf unserem Kopf scheren, werden Unreinheiten aus unserem Geist rasiert. Wenn wir den Hakama[23] eines Laien tragen, wird unser Geist zu dem eines Laien. Darum verehre ich die *okesa*[24]. *Im Augenblick, wo man plötzlich das Zen aller Buddhas erkennt*, schert man sich das Haupt und legt die *okesa* an – und ist genau im Geiste des Zen. Wenn nicht, ist es nicht das Zen Buddhas.

Mit geschorenem Haupt und der *okesa* am Leib kann, wenn du in der rechten Haltung Zazen machst, keine Illusion eintreten. Doch wenn da der kleinste Riss ist, dann erlaubst du dem Tier- und Gier-Zen einzudringen und öffnest die Tore für eine Flut menschlicher Leidenschaften. Da menschliche Begierden Illusio-

---

18 *Fukanzazengi:* wörtlich „Universell empfohlene Anweisungen fürs Zazen“.

19 *Bendôwa:* wörtlich „Rede über die Übung des Weges mit ganzem Herzen“.

20 *Zanmai ô zanmai:* wörtlich „Das Königs-*samâdhi* der *samâdhi*“.

21 *Zazen Yôjinki:* wörtlich „Punkte, die beim Zazen beachtet werden sollen“.

22 *gasshô:* wörtlich „Handflächen zusammen“, eine Zengeste, die einen Gruß, eine Bitte, Dank und Respekt ausdrücken kann.

23 Hakama: Rockartiges Kleidungsstück eines Kriegers.

24 *kesa* oder *okesa:* Robe.

nen sind, wirst du vor ihnen beschützt werden, wenn du alle Risse gestopft hast, während du Zazen machst. Wenn du einfach in rechter Haltung in *shikantaza*[25] sitzt, dann kann nichts eindringen.

Ein Meister fragte einen jungen Mönch, der Zazen machte: „Was tust du?" Der junge Mönch erwiderte: „Nichts." – „Was? Du bist nicht mit Zazen beschäftigt?" – „Nein, ich mache nichts, nicht mal Zazen." Dieser junge Mann praktizierte ein sehr starkes Zen. Er atmete. Nichts drang in ihn ein. Er übte nicht Zazen, um *satori* oder sonst was zu erlangen. Er saß einfach nur in Zazen. Das ist, was wir *shikantaza* nennen: völlig von der Handlung beansprucht werden.

Eines Tages sagte ein Schlitzohr zu mir: „Ich verstehe, dass das Leben eines Mönches *shikantaza* ist, aber wie steht's mit mir, kann ich *shikantaza* sein, während ich ein Glas Whiskey trinke?" Es gibt gewisse Leute, die logisch ableiten, man könne praktizieren, während man isst, schläft oder sich amüsiert. Gewiss, das kann man, aber es wird nicht einfach sein für einen, der nicht erfahren hat, wie *shikantaza* am Tisch, im Bett oder auf dem Klo gelebt werden kann. Dort liegt das ganze Problem!

Dôgen schrieb im *Fukanzazengi* davon, was die Haltung des Körpers im Sitzen und im Liegen bedeutet. Im *Shôdôka* gibt es den Ausdruck: *Gehen ist Zen, Sitzen ist Zen. Reden, Schweigen, Sichbewegen, Ruhen – der Körper ist in Frieden.* Wenn ihr das Zen Buddhas versteht und im täglichen Leben verwirklicht, *sind die sechs großen Tugenden und zehntausend Übungen vollständig in uns verwirklicht.* Zazen wird zu unserem Alltag. Es bedeutet sicher nicht, auf ewig unbeweglich im Zazen zu verharren. Selbst Bodhidharma hat das nicht gemacht. In seinem Fall hat die Legende die historische Wahrheit verdrängt. Es ist wirklich naiv, sich vorzustellen – wie einige Literaten oder Mystiker dies tun –, dass er mächtig gestunken haben muss, weil er neun Jahre im Zazen verblieb, ohne sich zu bewegen. Er aß, trank und ging aufs Klo. Wahrscheinlich hat er auch gelesen. Er hat sich umgezogen und seine Kleidung gewaschen. Außerdem kann kein Organismus

[25] *shikantaza:* wörtlich einfach nur „Sitzen", laut Dôgen ein Zustand fortdauernder Aufmerksamkeit, der sich an keine Gedankeninhalte hängt; Zazen wird nur um des Zazens willen gemacht.

neun Jahre Bewegungslosigkeit durchstehen, ohne zu veröden und zu verfaulen. Es ist offensichtlich, dass er andere Arten des Zeitvertreibs kannte. Aber Zazen war das Rückgrat seines Lebens und seiner Handlungen. Er schlief nachts, machte *kinhin*[26], bereitete seine Nahrung zu und fing an jedem Tag von vorne an. Er verwirklichte das Zen Buddhas in jeder seiner Handlungen. Das nenne ich: „immer auf der gleichen Wellenlänge wie der Buddha sein".

Im Kapitel „Zanmai ô zanmai" des *Shôbôgenzô* schreibt Dôgen: „Zazen transzendiert unverzüglich die Welt. Es lässt uns das Geheimnis der Patriarchen durchdringen und Buddha werden. Wir lassen irrige und ketzerische Praktiken hinter uns und erhalten Zugang zum Aufenthaltsort Buddhas. Zazen allein erlaubt uns, das vollkommene Erwachen Buddhas zu erlangen." Was das Gleiche ist, wie zu sagen: Zazen üben ist das Verwirklichen von Buddhas Zen.

Ich ziehe das Wort „Erkennen"[27] dem Wort „Verstehen" vor, da Erwachen ein intuitives Wahrnehmen ist. Auch Keizan verwendet es im *Zazen Yôjinki:* „Wenn das Erkennen des Erwachens geschieht, ist man naturgemäß in Harmonie." Anders ausgedrückt, wenn deine Muskeln in einer harmonischen Position und in Frieden sind, dann erwachst du. Dein Körper ist dann im Einklang mit Buddha und du „spürst", dass deine Natur Buddhas Natur ist.

Es wird erzählt, dass einst jemand Zazen machte, während er eine fünfundzwanzig Zentimeter hohe Eisenstupa auf seinem Kopf balancierte, und ein anderer eine Kugel der Art, wie sie Brückengeländer ziert. Keine Frage, dass diese beiden bewegungslos blieben. Als ich jung war, habe ich selbst Zazen mit einer Teetasse voller Wasser auf meinem Kopf gemacht, so dass sie bei meiner geringsten Neigung übergeschwappt wäre; das führte zu einer straffen Haltung. Den Hintern hochgezogen, die Knie auf den Boden gedrückt, die Halsmuskeln in die Länge gestreckt. Die Zazen-Haltung, die es erlaubt, den Buddha zu erreichen, ist extrem hart.

---

[26] *kinhin:* Zen-Übung konzentrierten, meist langsamen Gehens zwischen zwei Zazen-Perioden.

[27] Jap. *kakusoku, kaku* – begreifen, *soku* – berühren.

Die eigene Praxis auf Illusionen gründen

Dôgen sagt im *Gakudôyôjinshû:* „Die eigene Praxis auf Illusionen gründen, den Geist des Erwachens erlangen, bevor man ihn erkennt." Bei der Übung des Weges wurden Illusionen mit einem „wertvollen Blutklumpen" verglichen. Die Übung des Weges impliziert vieles, doch Zazen beruht immer auf dem Herz des Alltagslebens. Es heißt, zu praktizieren bedeute, den Illusionen den Zutritt zu verwehren. Menschen sind Menschen, auch wenn wir ihnen erzählen, dass es keine Wunder gibt, hoffen sie, ihre Wünsche werden erfüllt und sie erhalten für ihre Anstrengungen einen Lohn. Da der Mensch so gestrickt ist, will das Zazen des gewöhnlichen Menschen Illusionen beenden, obwohl die Übung des Weges inmitten von Illusionen fortgesetzt werden muss. So ein gewöhnlicher Mensch fixiert, im Wunsch sie zu beenden, seine Illusionen an einem Ort, statt diese loszulassen. Lasst uns diese Frage stellen: „Nutzt mein Handeln dem Weg oder den Illusionen?" Wenn wir blind handeln und ohne Unterscheidungskraft, sind wir wie eine Katze, die eine Papiertüte überm Kopf trägt und die deshalb inmitten der Ginza[28] Osten von Westen nicht unterscheiden kann und nicht weiß, was tun. Jemand sagte einmal: „Bis ich fünfzig war, ging ich von Dunkelheit zu Dunkelheit." Das ist ein ganz schön riskantes Leben!

Ich wiederhole immer wieder: Geld ist dazu da, ausgegeben zu werden. In unserem Zeitalter lassen hingegen viel zu viele Menschen zu, vom Geld manipuliert und versklavt zu werden. Wenn sie ein Vermögen von ihren Eltern erben, werden sie dessen Diener und führen fortan ein Leben als Wächter eines Geldschranks, ohne je etwas anderes zu tun.

In der Sôtô[29]-Schule des Zen lernen Kinder das *Gakudôyôjinshû* auswendig. Noch als Erwachsene haben sie den Text im Kopf, aber weil der Kern ihres Alltagslebens nicht auf dessen Worte gegründet wird, können sie diese nicht mehr verstehen. Sie sehen

---

[28] Geschäfts- und Vergnügungsviertel Tokios.

[29] Sôtô: eine der Hauptschulen des japanischen Zen neben der Rinzai- und der Ôbaku-Schule, von Dôgen mit Betonung des *shikantaza* begründet, im Gegensatz zur Kôan-Schulung im Rinzai.

die Worte, ohne ihre Bedeutung zu erfassen. Man muss aber die Worte wahrhaftig leben.

Einfach nur Worte zu vermitteln, Namen zu rezitieren, von morgens bis abends die Schätze anderer zu zählen, all das ist nichts wert. „Das Wort ist grün, das Wort ist nicht reif.“ Wie treffend diese Bemerkung ist! *Im Augenblick, wo man plötzlich das Zen aller Buddhas erkennt,* bedeutet laut Dôgen, „seine Übung in den Illusionen zu begründen und den Geist des Erwachens zu erlangen, bevor man ihn erkennt.“ Buddha zu werden heißt, mit ganzem Herzen in Zazen zu sitzen. Genau so, wie er ist, ist der Körper in der Haltung des Zazen Buddha. Den Weg zu erkennen heißt, ihm zu folgen. Übung und Erwachen sind eins. Es gibt kein Erwachen ohne Übung.

Im Üben, also im Praktizieren inmitten von Illusionen, wird Erwachen erzeugt, bevor man sich dessen bewusst wird. Ist das nicht eine wunderbare Praxis? Dann gibt jeder Moment der Übung ein sanftes Licht ab, das das fundamentale Erwachen erleuchtet. Dies ist gemeint mit dem Verwirklichen des Zens Buddhas. Es ist offensichtlich, dass Bücherlesen ohne Praxis dem Weg nicht nutzt.

Ich werde ständig gefragt, welches Buch man lesen soll, um Zen zu verstehen. Wenn ich mich dann ausgestreckt hingelegt habe, sage ich regungslos: „Ich bin beschäftigt. Komm jeden Tag zum Zazen vorbei.“ Eine solche Lektüre-Absicht fällt in die Kategorie der Leidenschaften. Zen bedeutet aber „zu machen“. Das Problem dabei ist, keinen Irrtum im Machen zu begehen. Meistens erkläre ich das, indem ich die Leute bei der Hand nehme und ihnen zeige, wie man sitzt. Ich bin sehr streng, was die Haltung angeht.

Im Dojo der Komazawa-Universität sind stets zweihundert Studenten anwesend, und es wundert mich immer wieder, dass bei so vielen Menschen eine so tiefe Stille herrschen kann. Normalerweise sind all diese jungen Leute laut und ungezogen, aber ich habe nie einen summend oder mit einer Zigarette im Mund ins Dojo kommen sehen. Sie sehen alle aus, als würden sie keiner Fliege was zuleide tun. Sie treten schweigend ein, machen *gasshô* und setzen sich hin. Wer am Ausgang wartend zusieht und noch kein Zazen gemacht hat, ist verblüfft.

Eine Gruppe funktioniert genau wie ein Kohlenfeuer. Wenn ein vereinzeltes Kohlestück keine Luft zugefächert bekommt, geht es von selbst aus. Ein großer Haufen Kohle wird zu einer großen Glut. Wer also hustet, sich schnäuzt oder das Bein wechselt, muss das diskret tun. Wenn so viele zusammenkommen, muss jeder dafür Verantwortung übernehmen, die anderen nicht zu stören, dadurch wird eine geschlossene Atmosphäre erreicht. Das hängt nicht von mir ab, sondern von jedem Mitglied der Gruppe.

In Zen-Tempeln kann man aufgrund der hohen Zahl von Teilnehmern nicht nachgeben. Dank der Schüler reiße ich mich selbst am Riemen, und das beruht auf Gegenseitigkeit. Wenn da fünfzig von euch sind, dann muss man mit fünfzig fertig werden, wenn da hundert sind, dann mit hundert, und die alles durchdringende Stimmung ist unbeschreiblich! Genau an dieser Atmosphäre erkennt man ein Dojo des Buddha-Weges. Indem wir diese Erfahrung, die Erfahrung des Zazen, leben, verkörpern wir die sechs Vollkommenheiten. „Das Mondlicht durchstößt das Wasser eines Herzens makellos. Selbst wenn die Wellen es brechen, strahlt es weiter." Das tägliche Leben wird transparent wie reines Wasser. Wenn Zazen unbewölkt ist, wird es unmöglich, die Atmosphäre des Dojo mit lautem Gesang zu unterbrechen, ein Glas Alkohol trinken zu gehen und unter Schmerzen aufs Gesicht zu fallen.

Zazen bedeutet, sich wunschlos hinzuhocken. Wir sprechen von Ewigkeit, doch dem Weg Buddhas gemäß bedeutet Ewigkeit, hier und jetzt zu praktizieren. Wenn es mir gelingt, euch dies im tiefsten Innern verständlich zu machen, werdet ihr nicht, bis ihr fünfzig seid, in Dunkelheit leben. Aber solange ihr diesen wichtigen Punkt nicht erfasst, könnt ihr dem Weg Buddhas nicht folgen. Zazen bedeutet auch, die Regeln hier und jetzt zu praktizieren. Jetzt! Jetzt! Jetzt! Das Leben ist eine Aufeinanderfolge von „jetzt".

Wenn du Zazen machst, bist du ein integraler Bestandteil des Universums und die Essenz aller Dinge, und folglich bist du ohne Ego. Legst du dein Ego ab, verkörperst du Geduld, weswegen man auch sagt, Zazen sei Geduld. Du musst tun, was im Weg begründet liegt, was deinem Alltag eine solide Grundlage gibt und große Sorgfalt erfordert. Indem du im Einklang mit dem Buddha-Dharma lebst, schaffst du erhellende Urteile voller Weisheit. So *sind die sechs großen Tugenden und zehntausend Übungen vollständig in uns verwirklicht.* „In uns" heißt im Körper des Zens Buddhas. Es läuft darauf hinaus, dass das Zen Buddhas die sechs Vollkommenheiten und zehntausend Übungen wie auch alle anderen Praktiken des Buddha-Weges enthält. Diese beiden Ausdrücke in diesem Vers sind sehr wichtig. Ich denke, sie stellen das Herz des Gedichtes dar.

7

In unserem Traum unterscheiden wir deutlich die sechs Daseinsbereiche. Nach dem Erwachen ist alles leer, nicht einmal das Universum verbleibt.[30]

Eintagspilz

Wenn sich jemand den Buddha vorstellt, dann denkt er sich, dass Buddha werden und *satori* haben zwei verschiedene Dinge seien. Novizen sind verwundert: „Sobald ich mich zum Zazen hinsetze, steigen Leidenschaften auf!“ Diese Bemerkung kann natürlich nur einer machen, der schon Zazen erfahren hat. Wenn während des Zazen Leidenschaften aufsteigen, in Ordnung, lass sie kommen! Egal, wie zahlreich sie sind, unsere Absicht ist, ihnen nicht hinterherzujagen. Durch die Übung des Zazen erkennen wir die offensichtliche Tatsache, dass alle Dinge gleich sind, Zazen wie auch die Phänomene.

Wenn Zazen uns für unsere eigene Transparenz öffnet, werden alle Dinge – *satori*, die Lehren Buddhas, sogar Zazen – zu illusionären Gebilden. Das ist mit dem Ausdruck gemeint: *In unserem Traum unterscheiden wir deutlich die sechs Daseinsbereiche.* Die sechs Wege oder Daseinsbereiche sind die Bedingungen der Existenz im Rad des Lebens: die Stadien der Höllenbewohner, Hungergeister, Tiere, kämpfenden Dämonen, Menschen und Himmelswesen.

Dôgen schrieb in einem Gedicht: „Dummkopf, du verschwendest deine Zeit in den sechs Daseinsbereichen, statt direkt zum Ziel vorzudringen!“ Wie kann man sich die ganze Zeit in den sechs Stadien im Kreis drehen, ohne je innezuhalten? Das ist unfassbar. So ein Mensch ist nichts. Vom Standpunkt der Biologie ist die menschliche Existenz so flüchtig wie die eines Pilzes. Jeder will seinen Nachbarn beeindrucken: einer ist ein hochrangiger Funktionär, ein anderer ist reich. Jeder von ihnen erfindet eine Hierarchie von Werten, die ihm selbst in den Kram passt. Doch all das sind nur Lappalien. Ein schwacher Luftzug, und alles fliegt

---

[30] Wenn nichts (jap. *mu,* chin. *wu*) verbleibt, ist damit die Abwesenheit von Gedanken, Begierden, Eigenschaften, Anhaften, Eigennatur usw. gemeint.

davon! Eintagspilze! Lasst uns weiter gehen und erkennen, dass alles der Welt der Träume angehört. Selbst Wahrheit existiert nicht und die Konzepte, die von unserem Geist erfunden werden, gehören ebenfalls dem Reich der Träume an.

In einem alten buddhistischen Text heißt es: „Zu erkennen, dass Gutes und Böses Träume sind, bedeutet, sogleich das Gesetz der Kausalität zu transzendieren und Leere zu verwirklichen, die Abwesenheit von Charakteristiken." Folglich sind die Konzepte, die das Menschenleben jeden Tag nährt, nur Träume. Was ich heute liebe, werde ich morgen hassen. Was auch immer sonst noch diese Liebe sein mag, ewig ist sie nicht; bald schon tritt Apathie ein. Das Leben ist ein Traum. Eine Luftblase. Ein Blitz. Die sechs Daseinsbereiche gehören der Welt dieses Traumes an, und wenn wir uns fragen, ob das auch nach dem Erwachen der Fall ist, lautet die Antwort: Nein. *Nach dem Erwachen ist alles leer, nicht einmal das Universum verbleibt.*

Kurz vor seinem Tod schrieb Takuan[31] Oshô ein Gedicht über den Traum, doch als einer seiner Schüler ihn dann noch bat, seine Abschiedsworte zu sprechen, antwortete Takuan: „Ich habe keine." – „Was? Du hast nichts zu sagen?" Daraufhin buchstabierte Takuan ein einziges Wort, „Traum", und starb. Hier ist Takuans Gedicht. Seine Kalligrafie wird im Tôkaiji in Shinagawa aufbewahrt.

Einhundert Jahre, sechsunddreißigtausend Tage.
Sind Miroku und Kannon gut? Sind sie böse?
Miroku ist ein Traum, Kannon ebenfalls.
Gutes ist ein Traum, Böses ist auch ein Traum.
Buddha sagte: „Alle Dinge sind genau so."

---

[31] Takuan ist der Spitzname, den sich der Rinzai-Meister Sôhô (1573–1645) gab, der für seine Gedichte, Kalligrafie und Malerei sowie den Teeweg bekannt war und einen berühmten Brief über den Geist des Schwertweges (jap. *kendô*) an den Kämpfer Yagyû Munenori schrieb; *takuan* ist getrockneter, in Salz und Reiskleie eingelegter Rettich, der zur Alltagsnahrung von Zen-Mönchen gehört.

Dadurch können auch wir die Dinge erkennen. Einhundert Jahre, sechsunddreißigtausend Tage … Man kann nicht behaupten, er wäre ein Mathegenie gewesen!

8

Da ist weder Unglück noch Glück, weder Verlust noch Gewinn.
Im Frieden des Auslöschens gibt es nichts mehr zu suchen.

Stille Wahrheit

Wenn wir uns der Realität bewusst werden, gibt es dort nichts mehr: *weder Unglück noch Glück, weder Verlust noch Gewinn.* In unserer Gesellschaft wird, je nach den Umständen, das Töten eines Menschen als abscheuliches Verbrechen oder als bemerkenswerter Heldenakt angesehen. *Im Frieden des Auslöschens gibt es nichts mehr zu suchen.* Dies zeigt, dass alles ausgelöscht wird: Selbst und andere, Liebe und Hass, Dualismus, Relativität. Wenn wir vom Frieden der Auslöschung sprechen, denken wir an den Tod, aber der hat nichts damit zu tun. Wenn ein Mensch zwischen dem, was er mag, und dem, was ihn anwidert, wählen soll, dann wählt er das, was er mag. Vergnügen ist jedoch eine Illusion. Du magst *satori*, Illusionen aber magst du nicht, also jagst du *satori* hinterher wie ein Blinder. Und was passiert? Du fängst dir eine Illusion ein. Du brauchst Mut und Haltung, um den Schleier loszuwerden, der dich blind macht. Haltung zu zeigen meint jedoch nicht, dreist die Schuldzuweisungen deines Gläubigers zu ignorieren, als wären sie ein Lied der Nachtigall. Ich spreche von einer Haltung, die die stille Stärke eines Menschen darstellt, der sich seiner sicher ist und für den es weder gut noch böse, keinen Buddha, kein *satori*, nichts zu suchen und nichts zu fliehen gibt.

Wir vergleichen uns ständig mit anderen: „Er verdient Respekt, weil er Geld hat. Ich bin unbedeutend, weil … Er ist stark, aber ich bloß eine Krabbe, und selbst wenn ich für vier esse, werde ich nicht größer." Vor langer Zeit lebte Gankai[32], der für seine herausragende Intelligenz bekannt war, mehr als zwanzig Jahre lang vom Betteln. Hätte er zu denen gehört, die sich schon über einen knarrenden Tisch beschweren, wäre er einer der unglücklichsten Menschen gewesen, doch so war es nicht. Egal, was Menschen besit-

[32] Gankai (chin. Yanhui, 514–483 v. Chr.), ein Schüler des Konfuzius.

zen oder wissen, sie sind ständig unzufrieden und beschweren sich. Die Geschichte kennt zahlreiche Beispiele. In den Taira-Chroniken[33] sagt ein bekannter Berater: „Wer nicht zu unserem Clan gehört, muss für weniger als ein Mensch angesehen werden." Tairo no Kiyomori wollte die absolute Macht und erlangte sie, doch zufrieden machte ihn das nicht. Das gleiche galt für Taira no Masakado und Minamoto no Yoritomi, die mehr als sechzig Provinzen eroberten, ohne dass sie das im Mindesten besänftigt hätte. All diese mächtigen Männer erregen mein Mitleid.

Als einst die Nonne Teishin dem Mönch Ryôkan[34] einen Besuch abstattete, traf sie ihn sterbend an, mit aufgrund seiner Krankheit verdrehten Augen. Als er sie hörte, murmelte er: „Manchmal fallen sie auf die Rückseite, manchmal auf die Vorderseite, die Ahornblätter." Sie drehen sich von einer zur anderen Seite, aber das ändert nichts: sie fallen. Was ich mit „Haltung" meine ist Ryôkans unerschütterliche Ruhe vor dem Tod, die er am Beispiel der Ahornblätter ausdrückte. Er hoffte und begehrte nichts, und er floh auch vor nichts, nicht einmal vor dem Leiden.

Ein Samurai sagte: „Ich bin ein Krieger, selbst wenn ich nur einen *gô*[35] verdiene." Hätte er gesagt: „Auch ich will eintausend *koku*[36] verdienen, es macht mich rasend, nur einen *gô* zu haben", wäre es ihm unmöglich gewesen, stolz auf seine Kriegerklasse zu sein. Sein Groll hätte dem entsprochen, den ein Arbeiter äußert, wenn er über seinen Chef sagt: „Dieser Bastard! Er gönnt sich selbst die besten Weine!" Der Ausdruck „Ich bin ein Krieger, selbst wenn ich nur einen *gô* verdiene" ist identisch mit „So wie

---

[33] *Heike Monogatari*, entstanden im 13. Jahrhundert, berichtet von Ereignissen der Jahre 1165–1185, dem Glanz und Verfall des Taira-Clans, der von den Minamoto bezwungen wurde.

[34] Ryôkan (1758–1831), Zen-Mönch der Sôtô-Schule, der sich nach zwölfjähriger Ausbildung in eine Klause zurückzog, der Poesie widmete und Haiku, *waka* sowie Gedichte im chinesischen Stil verfasste, die seine Zen-Erfahrung zum Ausdruck bringen und zu den schönsten der japanischen Zen-Literatur gehören.

[35] *gô:* entspricht 0,18 Litern Reis; der Lohn von Samurai wurde in Maßeinheiten für Reis bemessen.

[36] *koku:* entspricht 180 Litern Reis.

ich bin, bin ich Buddha."[37] Darum ist im Frieden der Auslöschung nichts mehr zu suchen. Dort gibt es nichts, auch nichts zu erbitten, und wenn wir etwas finden wollen, rennen wir in eine Sackgasse.

Dementsprechend ist man an allen Orten, in jedem Augenblick, unter allen Umständen, ruhig, erleichtert, friedlich. Es heißt auch: „Im Körper der Welt des reinen Dharma tauchen Phänomene weder auf noch verschwinden sie." Wenn man doch annimmt, dass sie auftauchen, kommt das unbegrenzte Mitleid Kannons[38] denen zu Hilfe, die sich an sie wenden. Das geschieht jedoch nur vorübergehend, denn ihre Rolle ist darauf beschränkt, sich mit allen Menschen zu identifizieren und ihre Tränen und ihr Lachen zu teilen.

Unbegrenztes Mitleid manifestiert sich denen, die es anrufen … Ist unser Dasein auf der Erde ein Glück oder Unglück? Ich weiß es nicht, aber *im Frieden des Auslöschens gibt es nichts mehr zu suchen.*

---

[37] *sokushin jôbutsu,* wörtlich „der Körper ist identisch mit Buddha", ein bekannter Ausspruch Kûkais, des Gründers der Shingon-Schule.

[38] Kannon (skt. Avalokiteshvara), „Empfänger der Klagen der Welt", ist nach dem Lotussutra ein – oft weiblich dargestellter – Bodhisattva, der dank seines tiefgründigen Mitleids dreiunddreißig verschiedene Formen annimmt und sich überall in der Welt manifestiert, um Menschen aus Gefahr und Leiden zu erretten.

9

Bis zu diesem Moment hat sich Staub auf dem Spiegel angesammelt.
Heute ist die Zeit, sein Strahlen wiederherzustellen.

Klar sehen

Wir haben kaum die absolute Ruhe der Auslöschung entdeckt, wo es kein Bedürfnis gibt, nach etwas zu suchen, schon kommt einer an und sagt uns: *Bis zu diesem Moment hat sich Staub auf dem Spiegel angesammelt.* Das ist wirklich ärgerlich. Gewiss müssen wir uns dem stellen, aber wir sind gerade erst im Zustand der Ruhe angelangt, und unser Knochengerüst weigert sich, noch eine Bewegung zu machen.

Oft höre ich: „Erlauben Sie mir, Ihnen zu gratulieren, ihre Rede war exzellent …" Was sie exzellent finden, sind nur die Worte, nichts als intellektuelles Verständnis. Gewisse Leute sagen auch: „Ich mag kein Zazen, aber was Sie sagen, ist in Ordnung." Manchmal bleibt mir die Stimme beim Versuch weg, Interessantes zu sagen, nur um nicht langweilig zu sein. Was kann ich noch tun? Ich hoffe auf diese Weise den Weg des Zazen herauszustellen. Trotzdem gibt es Fische, die mir entwischen. Neulich kam ein Schüler nach dem Zazen zu mir und meinte: „Was Sie sagen ist kraftvoll. Sehr interessant." Okay, sagen wir, der hat den Haken geschluckt.

Wir müssen unseren eigenen Spiegel polieren, und nur durch Wischen werden wir ihm seinen Glanz zurückgeben. Wenn er nicht sauber ist, wird er unpassende Bilder spiegeln. Ist er aber geputzt und strahlt, dann verzerrt er Buddha nicht. Poliert, kann er in aller Klarheit offenbaren, dass Himmel und Erde eine gemeinsame Wurzel haben und alle Dinge eins sind.

Wir besitzen einen schönen Spiegel, aber er ist durch den Dunst unserer Illusionen beschlagen. *Heute ist die Zeit, sein Strahlen wiederherzustellen.* Lasst uns hier und jetzt mit Mut und Energie Konzepte und Kategorien ablehnen und gefestigt in Zazen sitzen, und plötzlich wird das Zen Buddhas verwirklicht. Es heißt: „Indem wir die Fesseln des Karma[1] abschneiden, finden wir Frieden in allen Dingen; wir sind uns des Guten und Bösen nicht bewusst, wir unterscheiden das Wahre nicht mehr vom Falschen.“ Im *Yuikyôgyô*[2] werden die Mönche ermahnt: „All diese nutzlosen Diskussionen verwirren deinen Geist.“ In einem weiteren Textabschnitt heißt es: „Selbst wenn du die Robe angelegt hast, hast du noch nicht die Leidenschaften getilgt; darum musst du sofort diese eitlen Dispute aufgeben, die den Geist korrumpieren.“ Halte dich also konsequent fern von diesen Fantasiegespinsten aus Konzepten und praktiziere in Anwendung und Übereinstimmung des Dharma Zazen.

Das Gleiche gilt für die Bogenkunst. Es genügt nicht, Übungen zu vollziehen und eine Haltung im Einklang mit den Regeln einzunehmen, auch der Geist muss vollkommen stabil sein, denn die Qualität des Schusses hängt von der Haltung des Geistes ab, davon, ob er sich seiner sicher oder im Irrtum ist. Auch wir sind auf gewisse Weise Bogenschützen. Wir trainieren diesen großen Fleischklumpen, um die angemessene Haltung und den rechten Geist Buddhas zu erlangen. Wenn unser Spiegel geputzt und ohne Flecken ist, dann unterscheiden wir klar und deutlich, wo Illusionen auftauchen und wo *satori*, wo der Weg des Menschen und wo der Weg Buddhas. *Heute ist die Zeit, sein Strahlen wiederherzustellen.*

Um es anders auszudrücken: Wir müssen unseren Spiegel von der Kruste getrockneter Gelatine befreien, die ihn bedeckt.

---

[1] Jap. *shoen,* wörtlich „Beziehungen, Verbindungen“ wechselseitiger, kausaler Art; die Phänomene und Wesen existieren und manifestieren sich nur infolge ihrer Beziehungen mit anderen Wesen und Phänomenen, gemäß der zentralen buddhistischen Doktrin von der gegenseitigen Bedingtheit.

[2] *Yuikyôgyô,* „Sutra der letzten Lehren Buddhas“, das die letzte Rede Shâkyamunis an seine Schüler vor seinem Tod enthalten soll, darunter Anweisungen, die zur Kontrolle der Sinnesorgane und des eigenen Geistes beachtet werden sollen; von Kumârajîva ins Chinesische übersetzt und besonders in der Zen-Schule geschätzt.

Wer ist Nicht-Denken? Wer ist un-geboren?
Wenn Un-Geburt wahr ist, dann existiert nicht einmal Nicht-Geburt.

Auge und Brauen kennen einander nicht

Wer ist Nicht-Denken? Wer ist un-geboren? Die erste Strophe gibt uns die Antwort: *Dieser stille Mensch des Weges, der Erwachen erlangt und Grübeln wie Gehabe aufgegeben hat. Er legt weder Illusionen ab noch sucht er weiter nach der Wahrheit.*

Die Frage hätte auch so gestellt werden können: „Wer ist dieser stille Mensch des Weges, der Gelehrsamkeit und Geschäftigkeit aufgegeben hat? Wer legt weder Illusionen ab, noch sucht er länger nach Wahrheit? Wer begehrt keinen Reichtum und fürchtet keine Armut? Wer sucht kein Vergnügen und flieht vor keinem Schmerz?“

Eines Tages fragte ein Schüler Sôzan Daishis[1] diesen: „Kennen Augen und Brauen einander?“ Sôzan erwiderte: „Sie kennen einander nicht.“ Haben die Augen denn einen niedrigeren IQ als die Augenbrauen? Oder sind die Brauen größere Narren als die Augen? Wir können ihnen keinen Rang zuweisen. Die Augen ruhen still unter den Brauen und die Brauen ruhen still über den Augen: Sie machen sich keine Illusionen.

Im *Kegonkyô*[2] heißt es: „Die Ursache kennt die Wirkung.“ Wir sind nicht „Nicht-Denken und ungeboren“, wenn wir uns einreden, dass wir am Monatsende einen dicken Bonus verdient hätten. Menschen erzeugen Dinge von großer Macht, darunter die geistigen Fantasiegebilde, die wir in unserer heutigen Sprache „Konzepte“ nennen.

---

[1] Sôzan Daishi (chin. Ts’ao-shan Pen-chi, 840–901): Ch’an-Meister, der in Zusammenarbeit mit seinem Meister Tôzan Ryôkai (chin. Tung-shan Liang-chieh) die Ts’ao Tung (jap. Sôtô)-Schule in China initiierte, die ihren Namen von den ersten Schriftzeichen ihrer Gründer herleitet.

[2] *Kegonkyô* (skt. *Avatamsaka-sûtra*), grundlegender Text der Kegon-Schule, der lehrt, dass alle Dinge in ständiger Beziehung zueinander sind und einander hervorbringen.

Wenn deine Freunde mit einer Flasche Sake unterm Arm losziehen, um zu feiern, und du gehst nicht mit, dann fühlst du dich schlecht, weil es einen blöden Eindruck macht. Wenn sie eine *Hanami*-Party besuchen, um die Kirschblüten zu bewundern, und du gehst nicht mit, weil du kein Geld hast, dann fühlst du dich beschämt. Also tust du so, als gingest du auf ein Fest, isst aber nur eine billige Süßkartoffel unter den Kirschbäumen und gehst früh nach Hause. Nur weil andere etwas genießen, heißt das nicht, du müsstest das auch tun. Im Gegenteil, es könnte Leiden in dir verursachen.

Ich wuchs in „Japans Armut Nummer 1" bei meinen Stiefeltern auf, und auch heute bin ich arm, aber ärmer als sie kann ich nicht werden. Sie sind dank ihres Pfandhauses klargekommen, doch ich habe trotz meiner Armut nie etwas verpfändet oder mir Geld von anderen geliehen. Nur Menschen von geringem Verstand glauben, Glück bestünde im Verwalten ererbten Vermögens. Meine Eltern haben mir nicht nur keinen Cent hinterlassen, ich musste sogar noch eine Menge Schulden abbezahlen, indem ich während meines Studiums arbeitete. Ich möchte trotzdem so weit gehen, frei heraus zu sagen, dass es mehr Wert ist, Schulden zu erben und abzuarbeiten, als ein Vermögen durch Sauferei zu verprassen.

Der stille Mensch des Weges, der das Grübeln und Gehabe aufgegeben hat, ist ohne Denken und ohne Geburt. Obwohl dafür auch die Wendung „ohne Bewusstsein – ohne Gedanken" benutzt wird, heißt das nicht, in Trance zu verfallen. In Bezug auf Zazen höre ich oft: „Was mich angeht, ich schaffe das nicht, ‚kein Bewusstsein – kein Gedanke' zu werden." Es ist bloß ein Hirngespinst, dass sich unser Ego selbst entfliehen und ins elementare Universum projizieren kann, denn Himmel und Erde haben die gleiche Wurzel, und alle Dinge sind eins. Mein Selbst ist darin enthalten und kann nicht davon getrennt werden. Wenn jemand handelt, dann folglich nicht nur für sich oder nur für andere. Er tut einfach, was wahr ist, gleichzeitig für sich und für andere.

Einmal fragte jemand: „Ist dein Ziel, alle Lebewesen zu retten?" Was mich angeht, ich gehe einfach geradeaus und tue, was getan werden muss. Ob ich Menschen helfe oder nicht, soll später beurteilt werden, wie es beliebt. Ich tue, was getan werden muss, ganz einfach und ohne höheres Motiv. Folglich handle ich nicht zugunsten der Gesellschaft oder irgendeines Wesens im Besonderen. Ich will nichts erreichen. Ich lasse mich auf dem Strom der Alten davontragen, ich trete in ihre Fußstapfen. Das ist alles. So wie ich eines Tages meine Heimatprovinz verließ und Schritt für Schritt nach Tokio ging. Ohne Gedanken zu sein heißt, ohne dazwischenfahrende Absicht, ohne Ziel und für nichts zu handeln.

Ungeboren besagt, dass man keine Geburt hatte und darum keinen Tod erfahren kann. Geboren zu werden impliziert zu sterben, so wie Erzeugen Zerstören impliziert. So ist es auch mit unseren gedanklichen Konstrukten. Ideen sind, so schön sie auch sein mögen, Fantasiegebilde des Geistes und naturgemäß vergänglich. Alles, was geschaffen wurde, muss sterben, ohne Ausnahme. Wonach wir streben, ist ein Leben ohne Geburt, das in der Folge unzerstörbar ist.

Den Schleier lüften

Ninomiya Sontoku[3] schrieb diese Verse: „Ohne Ton oder Geruch wiederholen Erde und Himmel endlos ein wortloses Sutra." Es ist ein ungefertigtes Sutra, ein Sutra, das nie geschrieben wurde. Mäuse bauen sich in Sutren, die von Menschen fabriziert wurden, ihre Nester. Als ich von einer sechsmonatigen Reise zurückkam, sah ich entmutigt, dass Termiten Bücher im Wert von mehreren Tausend Yen verschlungen hatten. Sutren sind menschliche Produkte, also ist es normal, dass sie zerfallen. In alten Zeiten hat man sie in Indien auf Kupferplatten graviert, und dennoch wurden sie zerstört. Was man das Ungefertigte nennt, ist ungeschaffen. Es ist keine Erfindung des Geistes, sondern wahre Realität.

Wenn Un-Geburt wahr ist, dann existiert nicht einmal Nicht-Geburt. Wenn das Wort „geboren" nicht existiert, dann offensichtlich auch das Wort „un-geboren" nicht.

Satori existiert nur dank seines Gegenteils, der Illusion. Wer wirklich erwacht ist, für den hat der Dualismus Illusion/Nicht-Illusion keine Wirklichkeit mehr.

---

[3] Ninomiya Sontoku (1787–1856), japanischer Agrarreformer.

Auch der Ausdruck „nouveau riche“ lässt sich nur auf einen Armen anwenden, der kürzlich zu Reichtum gekommen ist. Er macht keinen Sinn für einen, der schon immer reich war. In einem Land, wo Geld nicht existiert, gibt es auch kein Wort für „arm“. In einem reichen Land ist man sich seines Reichtums nicht bewusst. Du sagst, du seist arm, wenn dein Bankkonto überzogen ist, aber das ist nur eine Redewendung. Folglich ist da, wo wirklich kein Erzeugen ist, auch kein Erzeugtes und kein Erzeuger. „Ohne Ton oder Geruch wiederholen Erde und Himmel endlos ein wortloses Sutra.“ Der Himmel, die Erde, das gesamte Universum sind Nicht-Denken und un-geboren, und da sie ungeboren sind, hat „Nicht-Geburt“ keine Bedeutung für sie.

Wenn wir je den Schleier lüften, der unsere Augen bedeckt, um über die Wirklichkeit der wahren Welt nachzusinnen, wird das großartig sein. Man entdeckt so viele Dinge dabei! Aber es ist absolut unmöglich, dies mit Menschen zu besprechen. Es gibt keine andere Lösung, als den Menschen zu töten, der in uns wohnt, denn sobald dieser Mensch tot ist, gibt es keine Probleme mehr.

Das Zen-Dojo ist der Ort, wo man Menschen tötet. Wir nennen es auch „Halle der toten Bäume“. Es stimmt, wenn wir alle zum Zazen aufgereiht sind, ähneln wir einem Wald mit abgestorbenen Bäumen. Mujû[4] Zenji schrieb: „Weil da Tod ist, ist da Leben. Wenn du leben willst, musst du sterben.“ Wenn dieser Mensch in uns nicht stirbt, erscheint das Leben dieser Welt nicht. Solange dieser Mensch in uns lebt, bleibt unsere Welt eine der Illusionen und Chimären. Der Mensch lacht, weint, liebt und hasst, freut sich und verzweifelt, ohne zu verstehen, was Glück und Unglück ausmacht. Alle seine Werte sind willkürlich.

Um über die Welt nachzusinnen, ist es wichtig, zu sterben. Das Spektakel der Welt aus einem Leichenhemd heraus zu betrachten ist interessant. Es gibt viele, die vor ihrem Tod ihren letzten Wunsch diktieren. Darunter findet man weise wie dumme Worte. Zum Beispiel: „Wie mein Besitz am siebten Tag nach meinem

---

[4] Mujû (oder Ichien oder Dokyû, 1236–1312), Rinzai-Mönch und Autor des *Shaseki-shû* („Sammlung von Sand und Stein“), das Legenden und Geschichten von oft humorvoller Art vereint, die bei Zen-Meistern sehr beliebt sind.

Tod aufzuteilen ist …", „Ich möchte ein Grab aus Naturstein …", „Ich will am Ort X beerdigt werden …", „Ich hinterlasse diese Summe Soundso …" Viele Wünsche sind genauso unsinnig wie diese. Dagegen hinterließ Toba Sôjô[5], unser Ahnherr des Comicstrips, der im Alter von über achtzig starb, ein wirklich originelles Testament. Er hatte einen Kaiser bekehrt, ich weiß nicht mehr, welchen, und genoss am Hofe hohes Ansehen und darum auch etliche Spendengaben. Ohne es zu wollen, sammelte er beachtlichen Reichtum an. In jeder Epoche wird materieller Reichtum geschätzt, und Sôjôs Schüler waren da keine Ausnahme. Das Geld interessierte sie mehr als der Buddha-Dharma. Im Buddha-Dharma existiert kein Begehren mehr, also gibt es keinen Grund für ein Testament, aber hier unten wird die Situation extrem angespannt, wenn Geld ins Spiel kommt.

Das Problem wurde drängend, als Sôjôs Krankheit sich verschlechterte. Seine Schüler hatten nichts mehr im Sinn als dessen Vermögen: Wer würde es erben? „Sicher bin ich es, es kann nicht dieser Kerl sein …" Manche gingen so weit, sich vorzunehmen, mit dem Schwert darum zu kämpfen, wenn das Geld nicht an sie ginge.

Schließlich schloss Sôjô seine Augen und seine Dharma-Schüler begannen, nach so etwas wie einem Testament zu suchen. Sie entdeckten es und erstarrten, als sie es lasen: „Was mein Vermögen angeht: Kämpft darum! Möge der Beste gewinnen!" Er hatte einen Sinn für Humor. Das Herz der Schüler war tief bewegt und ihr Streit verging von selbst. Es heißt, dass die ganze Sache einvernehmlich geregelt wurde. Hätte Sôjô ein gewöhnliches Testament hinterlassen, hätte er Chaos ausgelöst. Wer noch nicht den Sinn verstanden hat, den Mujû dem Wort „Leben" gab, sollte tief über diesen Satz nachsinnen: „Weil da Tod ist, ist da Leben. Wenn du leben willst, musst du sterben."

Eines Tages überquerte ein Mann einen Fluss auf einem Baumstamm, als ihn ein epileptischer Anfall überkam. Er fiel ins Wasser und wurde von der Strömung davongetragen. Bei Tagesan-

[5] Toba Sôjo (oder Kakujô, 1053–1140), Maler-Mönch, dem vier Bildrollen mit Tieren zugeschrieben werden, die Affen, Kaninchen, Frösche usw. in Bewegung zeigen und dabei menschliche Sitten karikieren.

bruch öffnete er die Augen und wusste nicht, wo er war. Wohin hatten ihn die Wellen getragen? Er war auf eine Sandbank geschwemmt worden, sein Körper lag noch halb im Wasser. „Wo bin ich? Im Jenseits oder noch auf Erden? Ich muss auf dem Weg zur Hölle sein, so kalt wie es ist!“[6] Dann erkannte er, dass er noch im Wasser lag. Nach und nach erinnerte er sich … er war in jenem Jahr geboren … im Monat … am Tag … in die Hijoi-Familie … er nahm sich eine Frau in … und im Jahr … im Monat … am Tag … ging er zur Arbeit im Nachbardorf … er überquerte den Fluss … dann: nichts. „Ah! Das ist mir schon einmal passiert. Ich erinnere mich, wie ein Mönch zu mir sagte: ‚Weil du tot bist, hast du Leben. Wenn du Leben willst, musst du sterben.‘“ Das ist die witzige Geschichte, die uns Mujû Zenji in der „Sammlung von Sand und Stein“ erzählt.

Wer würde uns Informationen über diese Welt geben, die wir erst verstehen können, wenn wir tot sind? Lasst uns die Welt der Menschen betrachten. Was finden wir da? Warmblütige Tiere, die aus Ansammlungen von Zellen bestehen. Sie rauchen und trinken Alkohol. Es sind eitle Lügner, Selbstdarsteller, Heuchler. Aus dieser Richtung gibt es nichts zu erwarten. Selbst Mönche, die für ihre Bildung bekannt sind, haben sexuelle Begierden und Appetit und sehnen sich nach dem ein oder anderen Ding. Es ist die größte Dummheit zu glauben, dass man es in dieser Welt zu etwas bringt.

---

[6] Laut einigen Sutren gibt es acht glühendheiße oder acht eiskalte Höllen.

11

Um zu erfahren, wann man durch Verdienstansammeln Buddha wird, frag eine Marionette.

Die Unbeständigkeit des Lebens

Wenn wir uns nicht an Menschen wenden können, diese nutzlosen Reisfresser, an wen sollen wir uns dann wenden? *Frag eine Marionette*, rät man uns. In Puppenaufführungen für Kinder rufen sie oft nach Jizô[1], denn er kennt die Wahrheit.

Wann würdest du wohl Buddha werden, wenn du es durch verdienstvolle Werke versuchtest? Sagst du: „Ich wünsche Buddha zu werden", dann wirst du keiner. Buddha zu sein heißt, Buddha nicht zu suchen. Die Menschen mögen glauben, dass Zufriedenheit ein Stadium ist, das wohlgetrennt von Unzufriedenheit ist, doch alles wandelt sich endlos in dieser Welt. Darum heißt es im Gedicht *Iroha*[2]: „Einmal jenseits der hohen Berge dieser flüchtigen Welt angelangt, gibt es keine berauschenden Träume mehr." Um es anders auszudrücken: Einmal über die hohen Berge von Ursache und Wirkung gelangt, gibt es keine Illusionen oder Belohnungen mehr. Dort können absurde Träume nicht wiederkehren, und man kann nicht mehr vom vergifteten Wein der Illusionen trunken werden.

Buddha suchen hat keinen Zweck, es ist ein Tanz im Kreis inmitten der Unbeständigkeit der Existenz. Früher sagte man: „Auch wenn du die Last auf die andere Schulter schiebst, trägst du sie

---

[1] Jizô (skt. Kshitigarbha): „mütterlicher Busen der Erde", ursprünglich die Göttin der Erde in der indischen Mythologie, im Buddhismus als Bodhisattva verehrt; im 12. Jahrhundert verbreitete sich in Japan rasch der Glaube, dass Jizô die Menschen vor den Qualen der Hölle bewahrt, toten Kindern hilft und Reisende schützt, weswegen man bis heute an Wegkreuzungen Steinstatuen von ihm findet, die einen Mönch auf Wanderschaft mit einem sechsfach beringten Stab darstellen.

[2] *Iroha* soll von Kûkai (774–835) verfasst worden sein, taucht aber erstmals in einem Sutra aus dem 11. Jahrhundert auf; das Gedicht ist so verfasst, dass jede Silbe der japanischen Silbenschrift ein Mal darin vertreten ist, und es wurde genutzt, um Kindern das Schreiben beizubringen.

noch." Heutzutage reden wir über Sorgen, Ärger, Qualen und gehen in den Tempel, um unsere Last loszuwerden. Einmal meinte ein Besucher zu mir: „Egal, um welche Religion es sich handelt, alle wirken aufs Leiden wie Alkohol. Wenn ich die Frau heirate, die ich liebe, werde ich kein Bedürfnis mehr nach Religion haben." Ich sagte mir, wenn die Liebe einer Frau für seine Zufriedenheit ausreicht, na gut, dann soll er sie heiraten und glücklich sein! Wenn ich daran denke, dass unglückliche Menschen ihrem Kummer entfliehen, indem sie „Amen" oder *„Namu Amida Butsu"*[3] rezitieren, aber einer sich glücklich fühlt, wenn er die Frau seiner Träume heiratet, bei Gesundheit ist und sich gut ernährt, dann betrachte auch ich Religion als vollkommen nutzlos.

Ich kannte eine solche Person aus Kumamoto. Diese Frau leitete eine Farm, die mehr als tausend Sack Reis produzierte. Ihr älterer Sohn war ein brillanter Geschäftsmann in Saga, und der jüngere, der das Examen für die Beamtenlaufbahn bestanden hatte, Anwalt in Hiroshima geworden. Eines Tages sagte sie zu mir: „Herr Sawaki, diese Welt hier unten genügt mir. Ich bin bei guter Gesundheit, ich habe keine Schmerzen, mein älterer Sohn verdient eine Menge Geld und der jüngere macht erfolgreich Karriere. Uns geht es gut, der Reispreis ist hoch, die Hennen legen Eier und die Mandarinen reifen." Das war in den Jahren 1919 bis 1920, während einer fruchtbaren Periode, die auf den Ersten Weltkrieg in Europa folgte. Damals wurde ein Farmer, der tausend Sack Reis produzierte, als wohlhabend angesehen. Und doch ist es naiv zu meinen, das sei Glück. Es waren kaum drei Jahre vergangen, als diese Frau starb, und in den beiden folgenden Jahren begannen die stürmischen Winde der Wirtschaftskrise zu blasen. Fraglos legen die Hennen Eier und die Mandarinen reifen, aber in einer Welt voller Unbeständigkeit.

---

[3] *Namu Amida Butsu,* „Ehre dem Amida Buddha", ist eine Anrufung der „Schule des Reinen Landes", die davon ausgeht, dass man durch diese Rezitation im Paradies wiedergeboren werden kann.

Man sagt, dass sogar Himmelswesen unter den fünf Arten des Abstiegs[4] leiden, ihr Glanz schwindet und ihre Federroben verschmutzen. Kurzum, das Licht des Glückes erlischt.

Wenn du Anstrengungen unternimmst, Buddha zu werden, wirst du es nicht. Man darf weder den Wunsch hegen, Buddha zu werden, noch Zufriedenheit herbeisehnen.

Im *Kongô Hannya-kyô*[5] heißt es: „Wer mein Gesicht sieht, meine Stimme hört oder mich sucht, praktiziert auf ketzerische Weise. Er stellt sich außerhalb des Weges und kann den Buddha nicht verwirklichen." Wenn wir uns den Buddha ausmalen, dann erzeugen wir innerlich eine Form – er ist soundso, wir sehen sein Gesicht, hören seine Stimme. Indem wir Buddha suchen, folgen wir also einem falschen Weg. Um wahre Wirklichkeit zu erkennen, müssen wir in eine andere Richtung schauen.

Wir dürfen nicht das als Buddha bezeichnen, was nicht Buddha ist. Das *Kongô Hannya-kyô* sagt uns, Buddha zu sein hieße, „das Verständnis der höchsten Weisheit zu erlangen." Anders ausgedrückt finden wir den Buddha nicht, indem wir ihn suchen. Er wird da sein, wenn du aufgehört hast, ihn zu suchen, wenn du nichts außer eins mit ihm bist und ihn vergessen hast, wenn du aufgehört hast, deinen armen inkompetenten Geist zum Fantasieren zu zwingen und wenn du in ein Dojo gehst, um mit einem Meister zu praktizieren, damit du das verstehst, was nicht in Worten erklärt werden kann.

Als ich ein junger Mönch war, bat ich häufig um Erklärungen, und sie antworteten mir immer, man könne nicht darüber reden. Nun weiß ich, dass man nichts dazu sagt. Es ist jedoch ein großer Unterschied zwischen nichts sagen und nichts sagen können. Als ich jung war, hatte ich mit einem alten Sake-Brauer zu schaffen,

---

[4] Jap. *gosui,* fünf Anzeichen für Verfall, die erscheinen, wenn das Leben eines Himmelswesens zu Ende geht: (1) seine Kleidung nutzt sich ab; (2) die Blumen auf seinem Kopf verwelken; (3) sein Körper wird schmutzig und riecht schlecht; (4) seine Achselhöhlen schwitzen; (5) er fühlt sich nicht glücklich, egal, wo er ist.

[5] *Kongô Hannya Haramitsu-kyô* (skt. *Vajracchedikâ prajnâ pâramitâ-sûtra*), das von Kumârajîva ins Chinesische übersetzte Diamantsutra, das Shâkyamunis Lehre vom andauernden Wandel aller Phänomene und vom Prinzip der Nicht-Substantialität enthält und grundlegend für das Zen ist.

der einen kühnen und innovativen Geist besaß. Eines Tages fragte er mich: „Sawaki, was ist Zen?“ Ich erwiderte: „Das kann man nicht in Worten erklären.“ Da meinte er: „Das gleiche gilt für Sake. Ich habe Physik, Chemie und die Forschungsergebnisse zur Fermentation von Alkohol studiert. Nun wende ich mein Wissen an und produziere guten Sake. Ich kann die Technik der Herstellung erklären, aber das reicht nicht aus. Man kann nur das Erklärbare erläutern. Dazu kommt all das, was man nicht mit Worten erklären kann. Auf diese Weise beginnt man zu verstehen.“ Dieser intelligente Mann hatte mir eine wertvolle Lektion erteilt. Was man nicht aussprechen kann, das kann man auf andere Art zum Ausdruck bringen. Selbst ein Gehörloser kann sich ausdrücken, wenn es um eine körperliche Erfahrung geht.

Egal, wie viele Worte von denen aufgesogen werden, die nicht mit ihrem Körper praktizieren, es wird alles nichts bringen. Folglich wirst du den Buddha nicht finden, wenn du ohne Praxis den Buddha suchst. Du kannst ihn weder visualisieren, noch nach ihm rufen, noch ihn mit dem Geist erfassen, noch hier und da suchen. Also, Buddha, wo bist du? Wo bist du?

Der Meister, mit dem ich in jungen Jahren übte, sagte einmal zu mir: „Du bist wie einer mit Scheiße auf der Nase, der alle anderen fragt: ‚Wer hat gefurzt? Wer hat gefurzt?‘“ Das sagte er zu mir, weil ich besessen davon war, *satori* zu erlangen und den Buddha zu finden. Sôtôba[6] schrieb dazu diese Verse:

> Tröpfelnder Regen auf dem Berg Lu,
> die Wellen des Flusses Zhi.
> Bevor ich sie besucht hatte,
> war ich auf vielerlei Arten unzufrieden.
> Nachdem ich dort war und zurückgekehrt bin,
> gibt es nichts Besonderes.
> Tröpfelnder Regen auf dem Berg Lu,
> die Wellen des Flusses Zhi.

Wir suchen in der Ferne, was schon immer nah war.

---

[6] Sôtôba (chin. Sou-tchan oder Sou Tong-p’o, 1025–1101), einer der meistgefeierten Dichter der Sung-Dynastie, der auch Zen praktizierte.

Lass die vier Elemente hinter dir, behalte nichts zurück.
Im Frieden des Nirwana esse und trinke, wie es dir beliebt.
Alle Phänomene sind vergänglich, alles ist leer.
Solcher Art ist das große und vollständige Erwachen Buddhas.

Mein Herz hat seine Behausung gewechselt

Lass die vier Elemente hinter dir, behalte nichts zurück. Im Buddhismus bilden die vier Elemente Erde, Wasser, Luft und Feuer die Bestandteile von Materie, einschließlich unseres Fleisches. Unser Körper ist die zeitweilige Vereinigung dieser vier Elemente. *Lass die vier Elemente hinter dir, behalte nichts zurück,* weil uns unser eigener Körper täuscht. Mit dem gleichen Gedanken sang ein Dichter: „Wenn ich in dieser Welt meinen Lebensweg allein durch meinen Geist ändere, dann wird es leicht, meinen Körper aufzugeben."

Im Frieden des Nirwana esse und trinke, wie es dir beliebt. Der Frieden von Nirwana, der Auslöschung, ist die höchste Glückseligkeit. Der Mensch verhält sich widersprüchlich: Er will *fugu*[1] essen, hängt aber am Leben; er will Karriere machen, hasst aber das Studieren; er will lobpreisen, schläft aber lange; er begehrt *satori*, will aber kein Zazen machen. Im absoluten Frieden der Auslöschung ist *satori* nutzlos und Zazen wird nicht abgelehnt. Selbst wenn sich jemand dabei die Knochen bricht, muss man ihn nicht loben. Man isst keinen *fugu,* hat aber dennoch keine Angst vorm Sterben. Meistens enthält sich jemand des *fugu,* weil er lange leben will. Er studiert, um gute Examensnoten zu bekommen, arbeitet, um einen Bonus zu erhalten, will für alles, was er unternimmt, im Gegenzug entlohnt werden. Wenn einer im absoluten Bereich der Auslöschung meint, etwas müsse erledigt werden, dann macht er es einfach und wartet oder hofft nicht auf einen materiellen Ausgleich.

---

[1] *fugu* (jap.): Kugelfisch, der ein tödliches Gift enthält.

Der Friede der Auslöschung ist eine ungeheuer weite Idee. Wenn es regnet, dann regnet es im Frieden der Auslöschung. Die Sonne scheint im Frieden der Auslöschung, und auch der Mond. Sie sagen nicht: „Ich tanze einen *kagura*[2] und singe ein Lied, weil ich scheine". Sie scheinen einfach in Stille.

Dies ist auch die Antwort der Marionette aus der vorherigen Strophe. Dann gibt es noch diese Verse: „Der hölzerne Mann singt, die steinerne Frau steht auf und tanzt." Wenn jemand ein hölzerner Mann oder eine steinerne Frau wird, befindet er sich in Harmonie mit den Umständen – er trinkt, er isst, alles ganz natürlich.

Alle Phänomene sind vergänglich, alles ist leer. Gyô bringt hier die Instabilität der Phänomene zum Ausdruck und schließt eine große Anzahl von Ideen ein, wie etwa Dauer, Ebene, Quantität, Richtung. Aus großer Entfernung betrachtet ist „Westen" ein seltsames Ding, da auch die Sonne sich zu bewegen scheint. Wenn „West" und „Ost" keine innewohnende Existenz haben, dann sind Richtungen und alle anderen darauf beruhenden Dinge nur auf gegenseitige Beziehungen gegründet. Das Gleiche gilt für „klein" und „groß". Wir sprechen von einer großen Fliege und einem kleinen Elefanten. Was ist bemerkenswerter, die große Fliege oder der kleine Elefant? Beide sind es. Ab wie vielen Millimetern können wir die Existenz von groß oder klein bestimmen? Es handelt sich um Variablen, genau wie bei unserer Auffassung von Dauer: Eine Stunde Zazen ist lang, während vier oder fünf Stunden, die wir mit unseren Kumpeln feiern oder *Go* spielen bis zum Morgengrauen, uns kurz erscheinen. Lasst uns auch die soziale Hierarchie betrachten: Ab welcher Stufe ist jemand wichtig? Die Gestaltungen unseres Geistes fluktuieren endlos: Alle Phänomene sind unbeständig.

Die fünf *skandha*, die ein Individuum ausmachen, sind ebenfalls *gyô*. Form, Gefühl, Wahrnehmung, Geistformationen und Bewusstsein sind alle miteinander verbunden und voneinander abhängig. Das Universum, der Körper, der Geist und das Herz verbinden sich zu einem untrennbaren Ganzen. Groß? Klein? Lang?

---

[2] *kagura:* Gesänge und Tänze, die vor Göttern aufgeführt werden.

Kurz? Warm? Kalt? Wir hängen Phänomenen Worte an, die keine Selbst-Existenz besitzen. Wir dürfen uns von unseren Eindrücken nicht foppen lassen, da alles relativ ist und von unserem Standpunkt abhängt: Ein großes Ding ist groß, verglichen mit einem kleinen, etwas Langes ist so, verglichen mit etwas Kurzem, und auch das Gegenteil ist wahr: *Alle Phänomene sind vergänglich, alles ist leer.*

Wenn wir der Realität von einem voreingenommenen und relativen Standpunkt aus begegnen, dann bringen wir uns in eine Lage, in der wir die Totalität der Dinge nicht mit einem einzigen Blick erfassen können.

Wenn du ein Foto von mir ausschneidest, worauf ich im Alter von einem Jahr fröstele, dann kannst du nicht behaupten, dies sei Sawaki in seiner Ganzheit. Seine „Ganzheit" besteht aus dem Augenblick, wo die Eizelle seiner Mutter befruchtet wurde, aus dem Tag, an dem sein Haar geschoren wurde und er die *okesa* anlegte, aus den täglichen Mahlzeiten und dem Tag seiner Beerdigung. Nur durch diese Elemente kann man eine Biografie Sawakis erwägen. Egal, wie exakt eine Kamera sein mag, ein Schnappschuss kann nicht die Totalität eines Individuums ausdrücken, und ein Porträt aus einigen Zeichnungen bedeutet nichts, weil in der Realität derjenige, den man Sawaki nennt, aus vielen Sawakis zusammengesetzt ist.

Heute kann ich nicht im Geringsten glauben, dass ich es war, der während des Russisch-Japanischen Krieges rief: „Feuer! Attacke!" Offensichtlich bin ich Mönch geworden, und siebenundfünfzig Jahre sind vergangen, seit eine Kugel meinen Hals durchschlug, doch es bleibt eine Tatsache, dass ich im Krieg gekämpft habe. Dennoch wäre es lächerlich, diesen Abschnitt meines Lebens zu isolieren und zu behaupten, er repräsentiere mich vollständig.

In allen Dingen ist Wahrheit und Falschheit, denn: *Alle Phänomene sind vergänglich, alles ist leer.* Ein klarer Blick nimmt gleichzeitig den Teil, der falsch ist, und den Teil, der recht ist, wahr. Dies ist der Geist des *hishiryô,* des Geistes jenseits des Geistes, des absoluten Geistes des *stillen Menschen des Weges, der Erwachen erlangt und Grübeln wie Gehabe aufgegeben hat.* Wenn jemand die Nicht-Dualität von Positivem und Negativem erfährt, hält er Liebe und Hass nicht mehr für getrennte Zustände. Mit einem Blick erfasst er das Universum in seiner Ganzheit. Bis in die Tiefen des unendlichen Raumes entwischt nichts seiner Aufmerksamkeit. *Solcher Art ist das große und vollständige Erwachen Buddhas.* Das ist die Antwort der Marionette.

13

Einen wahren Mönch erkennst du an seiner entschlossenen Sprache.
Wenn du nicht zustimmst, überprüfe es selbst.

Dringende Probleme

Indem du die vier Elemente aufgibst und nichts nachjagst, befreist du dich selbst von den Fesseln des Selbst, und es wird leicht, das Leben auf dieser Erde zu leben. Unsere Wahrnehmung der Welt ist irrig, weil wir sie durch unser Selbst betrachten, wo wir im Gegenteil unser Selbst vom Standpunkt der Welt betrachten sollten. Weil wir bei ihrem Anblick Gefangene unserer Gefühle sind, erscheint uns je nach unserer Stimmung der Mond an einem Tag melancholisch, am nächsten Tag erfreut. Könnten wir unser Selbst mit den Augen des Mondes sehen, würden wir nicht diese Irrtümer begehen. Das ist der Frieden der Auslöschung.

Ich wiederhole immer wieder: Im Erfassen des Universums durch einen einzigen Blick wird Wirklichkeit zur wahren Realität. Erwachen darf nicht zu einem Objekt der Begierde werden. Das Erwachen Buddhas ist nichts, was jemand auf die Haut aufträgt. Der Buddha schwindet als Tattoo genau wie das Gesicht einer schönen Frau. Die wahre Realität ist: *Alle Phänomene sind vergänglich, alles ist leer.*

Eine definitive Erklärung drückt eine offensichtliche Tatsache aus, eine unwiderlegbare Wahrheit wie „Wenn es regnet, ist der Himmel nicht klar“ oder „Mein älterer Bruder ist älter als ich“. Die Sprache ist dabei nicht vage oder zweideutig wie bei „ohne Zweifel … vielleicht …“ Kinder haben keine zweideutige Sprache, doch wenn sie erwachsen werden, verlieren sie sich in Spekulationen über Himmel und Erde. Bin ich Buddha oder nicht? Die Probleme des Lebens im Jenseits sind bloß ein Zeitvertreib der Müßiggänger. Werde ich nach meinem Tod in den Himmel oder die Hölle kommen? Wie können wir darum ein solches Tamtam machen, wenn wir von aktuellen Problemen bestürmt werden? Männer haben die Leiden von Männern, Frauen die Leiden von Frauen, die Armen die der Armen, die Reichen die der Reichen.

Eine Schönheit kennt das Leiden einer Schönheit, eine durchschnittliche Person das eines Durchschnittsmenschen. Diese unzähligen Leiden sind unsere gegenwärtigen Probleme, sie prasseln mit voller Wucht auf uns ein. Wer keine Niederlage einstecken muss, ist entweder schwachsinnig oder ein Narr. Wenn wir diese drängenden Fragen nicht bedenken, ist der Buddha-Dharma nur ein Marmeladenglas überlieferter Dogmen.

Shinran hat richtig gesagt: „Ich weiß wirklich nicht, ob das Rezitieren von Amidas Namen *(nembutsu)* die Ursache für meine Wiedergeburt im Reinen Land wird oder mich in die Hölle verdammt."

Als ich mich zum ersten Mal im Eiheiji[3] vorstellte, fragte man mich: „Warum willst du ein Mönch werden?" Ich antwortete: „Ich kenne keinen Grund." Das verstand mein Befrager nicht. Nur ein großer Literat oder, noch besser, ein bedeutender Redner hätte gewusst, wie meine Gefühle auszudrücken waren, die mich zu dieser Entscheidung gedrängt hatten. Ich wurde im Alter von acht Jahren Waise, und seit ich zehn oder elf war, hatte ich bloß einen Gedanken: den Leiden meines elenden Lebens zu entkommen. Und ich muss zugeben, dass der einzige Ort auf der Erde, wo ich Zuflucht finden konnte, bei den Mönchen war. Ich kam mit siebenundzwanzig *sen*[4] in meiner Tasche im Eiheiji an, nachdem ich zweihundertfünfundsiebzig Kilometer barfuß gelaufen war. War es unter solchen Umständen möglich, mit einem Wort zu erklären, wie mich zum ersten Mal das Bedürfnis überkommen hatte, Mönch zu werden? Ich konnte dem Eiheiji-Mönch nur antworten: „Ich weiß nicht warum …" – „Du verstehst nicht, warum du hierher gekommen bist, um Mönch zu werden? Hast du mir nicht erzählt, dass du deine Eltern verloren hast? Nun gut, dann ist es für ihre Seelenruhe, dass du hierher gefunden hast."

Was mich betraf, so hatte ich keine Zeit zu verschwenden mit den Seelen meiner Eltern oder irgendeinem anderen Quatsch dieser Sorte. Ich sagte dem Mönch: „Nein, für ihren Seelenfrieden ist

---

[3] Eiheiji: „Kloster des ewigen Friedens", einer der Haupttempel der japanischen Sôtô-Schule, im Jahr 1244 von Dôgen als Daibutsuji begründet und 1246 in Eiheiji umbenannt.

[4] *sen* (jap.): ein Hundertstel eines Yen.

es nicht." Der Mönch war verblüfft. „Erzähl keinen Unsinn! Von jetzt an wirst du jedem, der dir diese Frage stellt, antworten, dass du für das Seelenheil deiner Eltern hierher kamst." Er wollte mich dazu zwingen, das zu sagen.

Es war wirklich nicht mein Problem. Für mich liegt das Seelenheil von Verstorbenen in den kleinen Küchlein, die man auf den Familienaltar legt. Meine Eltern sind, wie so viele andere, den sechs Daseinsbereichen des Rads des Lebens gefolgt. Für mich liegt das Problem nicht dort, sondern hier bei uns. Das sind Dinge, die man nicht mit einem Wort erklären kann.

Jedes Mal erwiderte ich: „Nein, das ist es nicht", so dass er schließlich wütend wurde. Ich war damals siebzehn und er vierzig. Ich bin Mönch geworden, und er wurde dreiundachtzig, ohne je seine Meinung zu ändern. Er war wirklich stur wie ein Esel! Nicht zu verstehen, dass all dies Gedanken sind, die der Geist fabriziert, scheint mir der Gipfel der Dummheit zu sein.

Selbst Shinran Shônin hat nie ein *Namu Amida Butsu* für das Seelenheil seiner Eltern rezitiert: „Ich, Shinran, habe nicht ein Mal das *Nembutsu* zum Wohle meines Vaters und meiner Mutter rezitiert." Das geschieht nur für Amida Buddha. Und auch Dôgen sah eine Praxis fürs Seelenheil der eigenen Eltern als zu engstirnig an. Wenn wir konzentriert Zazen üben, dann beziehen wir grundlegender und entschiedener Stellung, und das hilft von selbst dem Seelenfrieden unserer Eltern.

Im *Daichidoron*[5] finden wir den Ausdruck: „Der Weg der Schlange ist der Schlange wohl bekannt." Ein japanisches Sprichwort sagt auch: „Der Weg der Schlange ist für die Schlange", und im selben Sinne meint das Lotussutra: „Nur unter Buddhas." Wenn ich Buddha werde, ist der Buddha-Dharma mein Weg. Wenn ich nicht Buddha werde, verstehe ich den Buddha-Dharma nicht. Der gewöhnliche Mensch betrachtet den Dharma wie ein Dichter den Horizont: „Jenseits des Flusses sehe ich in der Ferne Berge. Sind es Berge oder Wolken? Ist es das Land Wu oder das

---

[5] *Daichidoron* (skt. *Mahâprajnâpâramitâ-shâstrâ*), „Abhandlung zum Sutra der vollkommenen Weisheit", eines der Hauptwerke Nâgârjunas, ein Kommentar zum Makahannya Haramitsu Sutra, von dem nur eine chinesische Version erhalten ist, die von Kumârajîva übersetzt wurde.

Land Yue[6]?" Er versteht nichts, alles ist verschwommen und undeutlich. Sie sprechen zu ihm von *„satori"*, aber das hilft ihm nicht, klarer zu sehen, noch weniger tut es „der Frieden der Auslöschung". Diese Worte beunruhigen ihn mehr, als dass sie ihn beschwichtigen. Wenn sie ihn beruhigen wollen, wäre es da nicht besser, die Dinge ganz schlicht auszudrücken?

Dôgen sagt im *Gakudôyôjinshû:* „Wer den Weg praktiziert, muss zunächst aufrichtig an den Weg glauben. Wer in den Buddha-Weg Vertrauen hat, muss glauben, dass man (das Selbst) von Anfang an innerhalb des Weges war, frei von täuschenden Begierden, verdrehten Ansichten, Exzessen oder Mängeln und Fehlern." Hier ist etwas unschwer zu verstehen. Du bist du: Hab in dich Vertrauen! Sonst kennst du dich selbst nicht und bist nicht du. Wenn du du bist, bedeutet es nicht viel, ob andere dich beobachten oder nicht. Wenn du tust, was getan werden muss, machst du deine Sache gut. So hältst du dich auch ganz aufrecht im Zazen, wenn sich der *kyôsaku* hinter dir befindet, und wirst nicht zu einem weichen Lappen, wenn er an dir vorbeigezogen ist. Warum anders handeln? Ist es nicht unser eigener Körper? Weil es unser eigener Körper ist, muss er würdevoll behandelt werden.

Wer Glauben in den Buddha-Weg hat, muss Vertrauen in sich selbst haben. Du musst darauf vertrauen, dass dich nichts vom Buddha trennt. Mein Ausgangsmaterial hätte anders verwendet werden können. Ich hätte zum Beispiel ein Professor und eine Koryphäe auf irgendeinem Gebiet werden können. Oder ein Politiker, obwohl – was wirst du, wenn du ein Politiker bist? Wie oft wirst du in den Knast gesteckt? Vielleicht ein Clown in einem *chindon-ya*[7]-Kapelle? Ich denke, das hätte mir gefallen. Oder noch besser ein Ganove, obwohl ich mir nicht sicher bin, ob man da bedeutende Titel auf seinem Weg erwirbt. Jedenfalls wird man, egal was man tut, zu irgendetwas. Während des Russisch-

---

[6] Im Zeitalter der Hegemonien im fünften Jahrhundert v. Chr. dominierten in China zwei Königreiche im Südosten, Wu und Yue, nachdem sie die benachbarten Reiche besiegt hatten; dann kämpften sie gegeneinander, und Yue eroberte Wu.

[7] *chindon-ya:* Musiker in grellen Kostümen verursachen einen Aufruhr in den Straßen, um Kunden in einen Laden zu locken u. ä.

Japanischen Krieges zog ich als Hauptgefreiter an die Front. „Hauptgefreiter Sawaki: Präsentieren!“ Dann wurde ich Unteroffizier und später sogar Feldwebel, doch danach war die Karriere des Soldaten Sawaki zu Ende.

Wenn ich mich ärgere und das Blut in meinen Kopf schießt, bekomme ich ein wütendes Gesicht. Wenn ich lache, lacht es. Ich werde nicht zu einem anderen Mann, wenn ich Buddha werde. Ich werde ich selbst. Mein Rohmaterial wird, wenn es nichts daran hindert, Buddha.

Oft werde ich gefragt: „Kann ein armer Kerl wie ich Buddha-Natur haben?“ Ich erwidere: „Idiot! Wovon redest du? Befindest du dich nicht genau im Herzen von Buddha-Natur? Wenn du deine Illusionen aus dem Haus wirfst, bist du direkt im Zentrum von Zazen. Das Problem ist nicht, Buddha-Natur zu haben oder nicht. Wenn du Zazen machst, *ist* dein ganzer Körper Zazen. Das ist vollkommen wahr. Wenn du Alkohol trinkst, *ist* jedes Gelenk, jeder Muskel, noch die letzte Zelle, also dein ganzer Körper betrunken.“ Das nenne ich eine unwiderlegbare Wahrheit. Das meine ich mit entschiedener Stellungnahme.

Lasst uns nun einen Blick auf diese Lehre im Herzen des Buddha-Dharma werfen. Kanzan Kokushi[8] sagte: „In dieser Welt gibt es weder Geburt noch Tod.“ Das soll heißen: Die Welt des erwachten Menschen ist nicht die Welt des gewöhnlichen Menschen. Der Erwachte hat eine vollständige Vision des Universums. Aus dieser Perspektive werden alle Dinge, belebte und unbelebte, zum Weg: Pflanzen, Bäume, die Erde, Planeten sind Buddha, Berge und Flüsse seine Manifestation. In der Welt der unwissenden Menschen hört man nur Bemerkungen wie diese: „Ich habe gerade keine Zeit für Zazen …“ oder „Ich hab im Moment zu viel zu tun …“ Aus der Welt des Zazen betrachtet, ist die ganze Welt Zazen. Das Lied von Wind und Regen ist Zazen. Aus der Welt Buddhas betrachtet ist alles in der Welt Buddha. Für jemanden, der nicht Buddha ist, ist nichts Buddha. Darum kann man den Weg prakti-

---

[8] Kanzan Kokushi (Kanzan Egen oder Musô Daishi, 1277–1360), Rinzai-Meister, verbrachte viele Jahre in den Bergen, wo er sich tags als Arbeiter verdingte und nachts Zazen machte; wurde später Abt eines der größten Zen-Klöster in Kioto.

zieren, egal, wo man ist, und ohne dass einem etwas in die Quere kommt.

Jeder Ort kann zu einem Dojo werden. Um Schüler anzuziehen und Zazen zu praktizieren, brauche ich nur eine Mitteilung auszuhängen. Wenn ich wieder gehe, wird der Ort erneut zu einer Wohnung oder etwas anderem. So kann ein Mensch Dinge durch sein Handeln verwandeln. Wenn wir begreifen, dass unser eigenes Handeln die Welt verändern kann, sind wir gezwungen, uns selbst Respekt und Beachtung zu schenken.

So ist die klare und exakte Lehre, die den wahren Mönch offenbart. Darin gibt es keinen Platz für Ausflüchte. Du zielst ohne Zögern aufs Schwarze. *Wenn du nicht zustimmst, überprüfe es selbst.* Ob ein entlaufener Stier angreift oder der Himmel herabfällt, wir rühren uns nicht. Was existiert, existiert; was nicht existiert, existiert nicht. Was einer tun kann, tut er; was einer nicht tun kann, lässt er. Man tut, was getan werden sollte, und lässt, was nicht getan werden sollte. Gedanken und Taten sind klar und eindeutig. Das ist gemeint mit einer genauen und besonderen Lehre. Es ist die tiefe Überzeugung, dass das, was einer sagt, der Wahrheit entspricht und diese Wahrheit ewig ist.

14

Das Schwert Buddhas dient dem Abschneiden an der Wurzel.
Was bringt es schon, Blätter zu zupfen und nach Ästen zu suchen?

Ein künstliches Leben

Ein Kommentar zum *Shôdôka* trägt den Titel: „Direkt an der Wurzel abschneiden". Die Wahl eines solchen Titels zeigt das Interesse, das die obigen beiden Zeilen wecken.

Oft wird gesagt: „Ich möchte mit dem Trinken aufhören, aber es gelingt mir einfach nicht." Das sagen Menschen, die gewiss das Böse nicht an der Wurzel abschneiden. Wenn Frauen und Alkohol ihre Feinde darstellen, warum rennen sie ihnen dann ständig nach? Zweifellos werden sie nie damit aufhören. Es ist wichtig, ohne Zögern und ohne das kleinste Bedauern abzuschneiden.

Einst lebte eine sehr schöne Nonne namens Ryônen, die für ihren tiefgründigen Geist bekannt war. Die Mönche staunten vor Bewunderung. Eines Tages gestand ihr einer von ihnen seine Liebe. Sie antwortete: „Ich werde dir deinen Wunsch erfüllen, bitte dich aber, noch ein paar Tage Geduld zu haben." Es nahte der Tag der Feiern von Buddhas Erleuchtung. Viele Menschen waren anwesend, und die Mönche betraten die imposante Buddha-Halle in geschlossener Reihe, ernst und würdevoll, wie es dem Protokoll für bedeutende Zeremonien entsprach.

Als die Halle voll war, zog sich Ryônen nackt aus und näherte sich jenem Mönch. „Verzeih mir, dass ich dich warten ließ", sagte sie. „Nun kannst du hier deinen Wunsch erfüllen." Der Mönch ergriff jäh die Flucht, und keiner hat je wieder von ihm gehört. Vage, zögerliche, halbseidene Ausdrücke wie „Möglicherweise … es ist denkbar … ich würde nicht so weit gehen, zu sagen …" bedeuten, nicht wahrhaftig zu sprechen.

Das *Abschneiden an der Wurzel* bedeutet, du selbst zu sein, authentisch. Ein Novize ist kein Abt, er muss sich wie ein Novize benehmen, und sollte er zum Abt werden, wird er sich in Einklang mit seinem neuen Stand bringen und die nötigen Anpassungen vornehmen, um ein authentischer Abt zu sein. Jedes Stadium im

Leben muss wahrhaftig und authentisch gelebt werden. Ein junges Mädchen muss ein wirklich junges Mädchen sein und sich darauf vorbereiten, eine wahre Frau zu werden, dann eine wahre Großmutter und eine wahre Witwe, die sich darauf vorbereitet, wahrhaftig zu sterben. Leben ist ein ewiges Werden. Was gestern war, ist heute schon verschwunden. So dreht sich das Rad des Lebens.

Wir müssen stets den gegenwärtigen Moment ergreifen, stets auch uns selbst. Die Gegenwart beinhaltet Ewigkeit; Ewigkeit ist eine Abfolge von „jetzt“. In jedem Moment müssen wir grundsätzlich wir selbst sein und unsere eigene Buddha-Natur verwirklichen. In jedem Moment müssen wir uns in Harmonie mit den Kennzeichen unseres gegenwärtigen Stadiums befinden. Wahres junges Mädchen, wahrer junger Mönch, wahrer Abt.

Was bringt es schon, Blätter zu zupfen und nach Ästen zu suchen? Wenn ich nicht das Ganze erfasse, verfehle ich das Ziel. Yôka Daishi kommt direkt zum Punkt. Unbedeutende Dinge und kleinere Details interessieren ihn nicht. Das Ganze nicht zu umfassen ist, als hätte mir jemand ein Auge herausgerissen und gesagt: „Hier ist Sawaki“. Doch ein Auge ist nicht Sawaki. *Blätter zu zupfen und nach Ästen zu suchen* heißt, sich mit Kleinigkeiten aufzuhalten. Zum Beispiel eine tiefgehende Analyse jedes Wortes in einem Text des Buddha-Dharma vorzunehmen, wenn es ein paar kurze Kommentare getan hätten, selbst wenn sie nur rasch an den Rand des Textes hingeworfen wären. Um zu verstehen, was ein Text uns sagen will, müssen wir zum Kern der Sache vorstoßen, die ursprüngliche Wurzel, die wahre Quelle erfassen.

15

Der Mensch erkennt das kostbare Mani-Juwel
tief in seiner Buddha-Natur nicht.

Das Mani-Juwel

Das Mani-Juwel[1] symbolisiert die Buddha-Natur. Im Englischen haben wir das Wort „money“ für Geld und im Sanskrit *„mani“,* eine magische Perle. Ich kenne den Ursprung dieser beiden Worte nicht, aber sie ähneln einander. Wo ist dann dieser Schatz? Er liegt in unseren Händen, nirgendwo sonst. Wenn dein Daumen und dein Zeigefinger einen Kreis bilden, bezeichnet das „Geld“, aber davon reden wir hier eigentlich nicht. Dennoch liegt der Schatz wirklich in deinen Händen.

Daichi Zenji[2] sagt: „Der feine Schatz ist im Berg Gyôsan versteckt.“ Gyôsan[3] ist ein Bild, das für unseren materiellen Körper steht. Der Dichter Ninomiya Sontoku singt davon auf seine Art: „Der Sonnenstern verbreitet seinen unerschöpflichen Schatz: Kultiviere ihn mit der Hacke, ernte ihn mit der Sichel.“ Wo aber ist dieser Schatz, wenn wir uns auch überall umschauen? Wo ist die Buddha-Natur? Yôka Daishi wählt das Bild einer Perle, um die gleiche Sache auszudrücken.

Buddha-Natur ist prinzipiell in uns, doch *der Mensch erkennt das kostbare Mani-Juwel nicht.* Alle Meister wiederholen: „Hör auf, nach Worten zu suchen und sie verstehen zu wollen!“ Menschen messen nur Worten Wert zu, und doch ist nichts in den Worten. „Wende dich von den Spiegelungen und Echos ab!“ Du musst selbst den Buddha-Dharma praktizieren. Nur deine Praxis ist wichtig. Selbst wenn wir für unbegrenzte Zeit das Wort „Feuer“ schrieben, und sei es auch in gotischer Schrift, würden wir so

---

[1] Skt. *cintamani,* ist gemäß einer chinesischen Legende eine Perle, die alle Wünsche ihres Besitzers erfüllt.

[2] Daichi Zenji (Daichi Sokei, 1290–1366), Sôtô-Zenmönch und Dichter; seine Werke umfassen einige „Anmerkungen“ *(Goroku)* und eine Sammlung von Gedichten (*Kaninshû,* „Dürre und Flut“).

[3] *gyôsan,* wörtlich „Form-Berg“.

nie eine Flamme erlangen. Vor nicht allzu langer Zeit, als ich das große Heiligtum von Izumo besuchte, sah ich „Feuerzypressen“. Sie stecken einen Stock in ein Loch im Baum, reiben ihn heftig, und Feuer schießt heraus. Ohne Feuer anzurufen oder auch bloß zu nennen, machen sie Feuer. Es genügt, mit dem passenden Stock zu reiben. So ist es auch mit der Übung des Buddha-Weges. Die magische Perle, die der Mensch besitzt, ruht in seiner Buddha-Natur wie das Feuer in der Zypresse. Es ist offensichtlich, dass man reiben muss, um die Flamme hervorspringen zu lassen.

Die wundersamen Fähigkeiten der sechs Sinne
sind sowohl leer als auch nicht leer.
Das vollkommene Licht der Perle ist eine Form ohne Form.

Mysteriöse Beziehungen

Die sechs Sinne – Auge, Ohr, Nase, Zunge, Körper, Bewusstsein – haben jeweils ihren eigenen Bereich: Form. Ton, Geruch, Geschmack, Berührung und mentale Objekte. Die Nase weiß nichts von dem, was das Auge sieht. Wenn ein abstoßender Geruch an den Ohren vorbeizieht, verstehen sie nichts davon, doch die Nase erkennt ihn. Die Funktionsweise dieser Organe ist wirklich seltsam. Genauso überraschend sind die Beziehungen, die zwischen der Wahrnehmung und dem Objekt der Wahrnehmung oder, um es buddhistisch zu sagen, zwischen den sechs Wurzeln der Wahrnehmung und den sechs Feldern der Aktivität bestehen. Das *Hannya Shingyô* sagt: „Form unterscheidet sich nicht von Leere, Leere nicht von Form; Leere ist Form, Form ist Leere[1]." Das Problem ist nicht, zu erkennen, ob Dinge existieren oder nicht: Sie sind leer, und doch sind sie nicht leer.

Zuvor haben wir gesehen: *In unserem Traum unterscheiden wir deutlich die sechs Daseinsbereiche. Nach dem Erwachen ist alles leer, nicht einmal das Universum verbleibt. Da ist weder Unglück noch Glück, weder Verlust noch Gewinn.* Von der Meiji-Ära[2] bis heute hat unsere Kultur Wesenszüge der Tokugawa-Zeit[3] erhalten. Wir haben nun gesehen, was, zusammen mit dem Guten unserer eigenen Kultur, in anderen Kulturen auf dem Globus von Wert ist. Doch dabei gibt es keinen großen Unterschied; es ist nicht so, dass Städter intelligent und Landbewohner dumm wären. Eine solch

---

[1] Siehe *Hannya Shingyô: shiki soku ze kû, kû soku ze shiki.*

[2] Meiji-jidai (1868–1912): Ära, in der Japan sich dem Westen öffnete, Industrie und Wirtschaft entwickelte.

[3] Tokugawa-jidai oder Edo-jidai (1660–1868): Ära, in der die Tokugawa-Shogune die Macht hatten, Japan sich vom Ausland abschottete und eine feudal strukturierte Gesellschaft war.

dualistische Sicht ist ein Irrtum, der aus der Müllhalde unserer Leidenschaften aufsteigt.

Ohne Ausnahme leiden alle Menschen aufgrund ihrer Begierden und ihres Karmas. „Form ist Leere, Leere ist Form.“ Um es anders auszudrücken: Selbst wenn man es hat, ist es nicht; selbst wenn man es nicht hat, ist es. Im „gegen“ ist „für“; das Gute enthält das Böse, und das Böse enthält das Gute. Man liebt, was man ablehnt; man lehnt ab, was man liebt, obwohl das Geliebte sich nicht verändert hat – aber je nach Zeit, Ort und Umständen gewinnt das eine oder andere Gefühl die Oberhand.

Das vollkommene Licht der Perle ist eine Form ohne Form. Es wurde schon an anderer Stelle gesagt: „Das gesamte Universum ist eine kostbare Perle.“ Wenn alles, was unsere Sinne erfassen, leer und nicht-existent ist, dann gilt dasselbe für das gesamte Universum, das *eine Form ohne Form* ist. Dieser Ausdruck illustriert den Kernsatz des *Hannya Shingyô:* „Form ist Leere, Leere ist Form.“ Unsere Leidenschaften und unser Karma verzerren unseren Blick. Was wir sehen, ist nicht die Wahrheit. Was wir denken, ist nicht die Wahrheit. Wir sehen und denken durch die Nebelwand unserer Begierden hindurch.

17

Durch das Läutern der fünf Sichtweisen erlangt man die fünf Kräfte.
Wer Erwachen verwirklicht hat, kennt das Unfassbare.

Die Nebelwand auflösen

Die fünf Sichtweisen sind das Auge des Buddha, des Dharma, der Weisheit, des Göttlichen und des Fleisches[1]. *Durch das Läutern der fünf Sichtweisen erlangt man die fünf Kräfte.* „Läutern" beschreibt ein Handeln, das Nebel daran hindert, die Sicht zu behindern. Dies bedeutet, Zazen zu üben und den Weg zu praktizieren, wodurch man die fünf Kräfte erlangen kann.

Es gibt alle möglichen Kräfte: die Macht des Geldes, der Schönheit, der Tränen, der Impulse. Doch in diesem Fall geht es um diejenigen, die vom Buddha-Dharma verliehen werden: Glaube, Vitalität, Entschlusskraft, Konzentration und Weisheit. Wir erlangen sie, indem wir unsere fünf Sichtweisen läutern.

Wer Erwachen verwirklicht hat, kennt das Unfassbare. Wenn eine Nebelwand deine Sicht behindert, kannst du nichts unterscheiden; Worte und schöne Reden werden dir dann nicht helfen, klarer zu sehen. Die fünf Sichtweisen zu läutern bedeutet, die fünf Kräfte zu erlangen und der zu sein, *der Erwachen verwirklicht hat.*

Menschen verstehen sexuelle Lust und Hunger, ohne dass man sie ihnen erklären müsste, und wenn sie die Reife von fünfzig Jahren erlangt haben, wissen sie über diese Dinge vollkommen Bescheid. Das gilt auch für Zazen. Zu behaupten, dass einer es versteht, ohne es am eigenen Leib zu erfahren, oder das einer *satori* ohne Übung hat, ist völlig absurd. Durch das Läutern der fünf Sichtweisen erlangt man die fünf Kräfte, und der Nebel lich-

---

[1] Das Auge Buddhas erfasst die Natur des Lebens in Vergangenheit, Gegenwart und Zukunft; das Auge des Dharma erlaubt Bodhisattvas, alle Lehren zu durchdringen, um Menschen zu retten; das Auge der Weisheit gibt die Möglichkeit, zu erkennen, dass alle Phänomene ohne Substanz sind; das göttliche Auge hat die Fähigkeit, jenseits von körperlichen Grenzen, Dunkelheit, Entfernung oder Hindernissen zu sehen; das Auge des Fleisches ist das des gewöhnlichen Sterblichen, der Farben und Formen unterscheidet.

tet sich von selbst. In Wahrheit sind wir Gefangene in den dunklen Wolken unserer Unwissenheit; wir ertasten unseren Weg im Schatten. Sobald die Wolken beiseite gewischt sind, und sei es nur für einen Moment, verwirklichen wir Erwachen.

Einmal bestieg ich den Berg Aso. Sein immenser Krater war von Wolken bedeckt. Enttäuscht blieb ich sitzen und beobachtete den Fleck, der mir der Grund des Kraters zu sein schien. Plötzlich hörte ich ein Donnern aus den Tiefen heraufsteigen, dann teilte sich der Dunstschleier und ich sah den Grund, vollkommen klar. Ich hatte ihn kaum erkennen können, als die Wolkendecke darüber lag. So steht es auch mit: *Wer Erwachen verwirklicht hat, kennt das Unfassbare.* Um dies zu schaffen, gibt es kein anderes Mittel, als Körper und Geist hinzusetzen.

Es ist nicht schwer, in einem Spiegel eine Form zu erkennen,
doch wie könnte einer das Spiegelbild des Mondes im Wasser ergreifen?
Stets alleine gehend, alleine wandernd,
so sind die Verwirklichten, die gemeinsam auf dem Weg des Nirwana reisen.

Der Weg des Nirwana

Es ist nicht schwer, eine Form in einem Spiegel zu sehen, doch wie können wir die Reflexion des Mondes im Wasser ergreifen? Wenn wir den echten Mond anschauen, verstehen wir, dass der Glanz im Wasser nur eine Spiegelung ist.[1] Im Nanzenji[2] in Kioto gibt es ein bekanntes Gemälde, auf dem eine Reihe Affen einander an den Händen hält und von einem Ast herabhängt. Sie versuchen, das Spiegelbild des Mondes in einem Fluss zu erhaschen. Diese Anekdote stammt aus einem Sutra. Wenn auch wir die Wahrheit erhaschen wollen, müssen wir sie zunächst anschauen, um zu erkennen, dass das, was wir im Wasser sehen, nur eine Reflexion ist.

In der Welt der Übung reist man allein. Mann und Frau haben, außer im Theater, nie dieselben Träume, wie intim sie auch miteinander sein mögen. Ihr Vergnügen ist also verschieden. Die Welt der Übung ist nicht wie der Trieb der Ackerwinde, der eine Stütze braucht.

Alleine gehend, alleine wandernd. Ôbaku Kiun[3] sagte: „Den ganzen Tag lang lehne dich an nichts an." Ohne Stütze. Die Reichen stützen sich aufs Geld, andere auf eine Person. Das ist ein Irrtum. Wir müssen wahrhaftig wir selbst sein, authentisch und unabhängig, und mit sicherem Schritt auf der Schnellstraße wan-

---

[1] Einer der zahlreichen Vergleiche, mit denen die Leere aller bedingten Phänomene ausgedrückt wird: Magie, Spiegelung, Reflexion des Mondes im Wasser, Echo, Traum, Schatten, Spiegelbild, Metamorphose, Wasserblase, Blitz, Wolke etc.

[2] Nanzenji: Tempel des Rinzai-Zen, in dem sich zahlreiche Archive und Fresken befinden.

[3] Ôbaku Kiun (chin. Huang-po Xiyun, gest. 850), einer der größten Ch'an-Meister, Nachfolger von P'ai-chang Huai-hai (jap. Hyakujô Ekai) und Meister von Linchi I-hsuan (jap. Rinzai); er war ein Vorläufer der Rinzai-Schule.

dern, ohne die Hilfe eines Assistenten und ohne Furcht. Wer das erreicht, ist ein vollständiger Mensch, ohne Geburt und ohne Vorstellung. Er ist dem Wandel des Lebens, den Freuden und Sorgen gegenüber gleichmütig, während er *auf dem Weg des Nirwana* reist. Nirwana ist das Ungefertigte, Unzerstörte, wo es weder Zufriedenheit noch Unzufriedenheit, weder Freud noch Leid gibt.

Die Leute fragen mich immer, was ich mag. Seit ich geboren wurde, habe ich stets das gegessen, was man mir gab, ohne ein besonderes Gericht zu verlangen. Ich schätze alles, was ich esse. Ich bin nach nichts verrückt, nichts stößt mich ab. Ich habe keine Vorliebe, was meinen Wohnort angeht. Wie der Dichter sagt: „Wo ich bin, ist mein Haus – die Schnecke." Hier oder anderswo, das ist mir alles gleich. Weder Zufriedenheit noch Unzufriedenheit, so ist der Weg des Nirwana – und des Glücks im Sinne des Buddhismus.

19

Seit alters entspricht die Reinheit ihres Geistes einer natürlichen Vornehmheit.
Ausgemergelte Gesichter, hervorstehende Knochen ziehen unbemerkt vorüber.
Die Söhne Shâkyamunis bezeichnen sich selbst als arm.
In Wahrheit sind sie zwar körperlich arm, doch ihr Weg ist es nicht.
Sie sind arm, weil sie grobe Kleidung tragen.
Sie sind reich, weil sie in sich einen unermesslichen Schatz besitzen.
Sie verwenden diesen Schatz, ohne ihn je zu verbrauchen,
überhäufen damit andere, jeden nach seinem Bedarf.

Lumpen und eine angeschlagene Schale, Friede und Gelassenheit

Man erkennt den Reisenden auf dem Weg des Nirwana an der Zurückhaltung und Bescheidenheit seiner Erscheinung, die es der Reinheit seines Geistes und Herzens erlaubt, zu erstrahlen. Mit eingefallenen Wangen und hervorstehenden Wangenknochen ähnelt er den *arhat*[1]. Niemand dreht sich nach ihm um, wenn er vorbeikommt – nur ein armer Mensch.

Reichtum schafft seinen Besitzern Probleme, aber nicht denen, die keinen haben. Ich höre Mönche fortwährend zetern: „Übung! Übung!“, wenn sie doch damit beginnen sollten, erst einmal ihren eigenen Besitz loszuwerden, ehe sie anderen die Praxis predigen. Die gleichen Mönche empfinden Mitleid mit den Armen, tun aber nichts, um ihnen zu helfen. Mönche sollten ein einfaches Leben führen, ihren Reichtum aufgeben und an die Armen verteilen. So würden sie im Einklang mit diesen leben, und ihre Praxis wäre verdienstvoll. Im Gegenteil häufen diese Mönche jedoch Geld für sich selbst an, leisten sich das beste Essen und geben üblen Reisschleim an die Armen aus. Ich denke, wir sollten tief über das

---

[1] *arhat* (jap. *rakan*): „er, der einer Religion würdig ist“, repräsentiert ein Theravâda-Ideal, weil er die höchste der vier Stufen erklommen hat, die ein Hörer (skt. *shrâvaka*) erreichen kann, und damit Vollkommenheit in seiner Praxis erlangt, seine Unreinheiten getilgt, seine Gelübde erfüllt, seine Last abgelegt, seinen Geist wirklich befreit hat; ursprünglich war *arhat* ein Synonym für Buddha, aber nach der Entwicklung des Mahâyâna-Buddhismus bezeichnete es die Heiligen des Theravâda, denn im Mahâyâna tadelt man diese für ihren Egoismus.

Beispiel von Shâkyamuni nachdenken, der sein Prinzenschloss hinter sich ließ.

Vor langer Zeit schrieb Zôga Sôzu[2] diese Verse:

> Wächter der Berge und der Reisfelder, Abt von Beruf,
> mit der ersten Herbstmelancholie
> empfängt er keine Besucher mehr.

Zôga war Mönch auf dem Berg Hiei[3], hatte einen hohen Rang in der Hierarchie inne und war ein gebildeter Dichter. Er lehnte jeden Ruhm ab und zog sich von der Welt zurück, weil er – so hieß es – sein Leben als hoher Würdenträger hasste. Man stellte ihn als Förster an.

Tôsui Oshô hinterließ dieses Gedicht:

> So geht mein Leben dahin, so mein Wohlergehen:
> Alte Kleidung und eine angeschlagene Schale,
>   Friede und Gelassenheit.
> Wenn ich hungrig bin, esse ich.
> Wenn ich durstig bin, trinke ich.
> Das ist alles, was ich weiß.

Diese Menschen lebten in Armut, doch in Wahrheit war ihr Geist mit Armut nicht vertraut. Yôka Daishi legt Wert auf die materielle Armut derjenigen, die dem Weg des Nirwana folgen. Abgerissene Kleidung bedeutet wenig, wenn ihr Herz einen Schatz birgt. Dieser Schatz ist ungeboren, er nimmt weder zu noch ab. Man kann ihn unendlich nutzen, und er kann nicht gestohlen werden. Dieser unermessliche Schatz dient der Unterstützung menschlicher Wesen.

---

[2] Zôga Sôzu (917–1003), jap. Mönch der Tendai-Schule, der während der Heian-Zeit in die berühmte Tachibana-Familie geboren wurde.

[3] Hieizan, Berg nahe Kioto, wo im neunten Jahrhundert Saichô den Muttertempel der Tendai-Schule begründete, der zum wesentlichen Zentrum des Buddhismus im mittelalterlichen Japan wurde.

Die drei Körper[1] und vier Weisheiten sind in ihrem Leib vollkommen.
Die acht Befreiungen und sechs Unterscheidungen sind in ihren Geist eingeprägt.

Rettiche in Salzwasser

Die obigen Zeilen beschreiben den Inhalt des unerschöpflichen Schatzes, den die Vollendeten je nach den Bedürfnissen des Einzelnen ohne Hintergedanken anwenden.

Die drei Körper sind die drei Körper Buddhas. Buddhistische Gelehrte glauben in ihrem gefesselten Geist, dies sei eine Frage von drei unterschiedlichen Einheiten. Doch selbst wenn wir von drei Körpern sprechen, gibt es keine drei Körper. Wollen wir das Konzept Buddhas analysieren, sind wir gezwungen, dies unter seinen drei Aspekten zu tun: Dharma-Körper *(Dharmakâya)*[2], Belohnungskörper *(Samboghakâya)*[3] und Wandlungskörper *(Nirmânakâya)*[4]. Nur weil wir uns von den Worten gefangen nehmen lassen, denken wir an drei unterschiedliche Körper, wo sie doch eine Einheit bilden. Frage Buddhisten, wer der eigentliche Buddha ihrer Sekte ist. Einige antworten: „der Dharma-Körper", andere: „der Belohnungskörper", und wieder andere: „der Wandlungskörper". Wäre ich Buddha, würde ich denen sagen: „Euer Buddha ist ganz schön schäbig!"

Wir haben sogar Mönche aus der gleichen Schule, die die gleichen Ideen teilen, Debatten organisieren sehen, die bestimmen

---

[1] Skt. *trikâya,* eine Idee des Mahâyâna, um die verschiedenen Konzepte Buddhas in den Sutren zu organisieren; im Zen sind die drei Körper drei Ebenen der Realität, die ein Ganzes bilden, da sie sich in ständiger Beziehung miteinander befinden.

[2] Dharma-Körper oder „vom Körper befreiter Buddha" (skt. *dharma-kâya,* jap. *hosshin*), die Wahrheit des grundlegenden Gesetzes, das kosmische Bewusstsein, das sich rationalen Erklärungen entzieht.

[3] Belohnungs-, Freuden- oder Weisheitskörper (skt. *sambogha-kâya,* jap. *hôjin*), die Belohnung für die Bodhisattva-Praxis, die Übertragung erlaubt.

[4] Wandlungs-, Ausstrahlungs- oder Praxiskörper (skt. *nirmâna-kâya,* jap. *ôjin*), die körperliche Form, in der ein Buddha in der Welt erscheint, um Wesen zu retten, inkarniert durch Shâkyamuni.

sollten, ob der Buddha, das Objekt ihres Kultes, Dharma, Belohnung oder Wandlung ist. Ihre Dispute führen offensichtlich zu nichts, was auch nicht möglich ist. Für mich war der Buddha von Beginn an der Weisheitskörper, er sprach zu mir nicht als Dharma-Körper oder einer der anderen. Aber als ich die nicht-dualistische Natur des unermesslichen Schatzes und *diesen stillen Menschen des Weges, der Erwachen erlangt und Grübeln wie Gehabe aufgeben hat,* in Alltagssprache übersetzen wollte, erkannte ich, dass diese Natur mir von drei verschiedenen Standpunkten entgegentrat.

Zu diesem Thema schrieb der sechste Patriarch Enô Zenshi[5]: „Der Körper des reinen Dharma ist deine Natur, der Körper der vollkommenen Belohnung deine Weisheit und der Körper der unendlichen Wandlung deine Übung." Was wir Buddha nennen ist also unsere Natur, unsere Weisheit, unsere Praxis. Wenn jemand die Essenz des Menschenwesens bedenkt, so ist sie der Dharma-Körper. Ist seine Weisheit von allen Unreinheiten geklärt, ist sie der Körper der vollkommenen Belohnung. Wenn dies in seinem Verhalten sichtbar wird und sich durch die Wirkung verschiedenster Transformationen zeigt, ist dies der Körper unendlicher Wandlung. Kurzum, es ist ein wertvoller Stein, den man aus unterschiedlichen Blickwinkeln betrachten sollte.

Nehmen wir als Beispiel einen Mann, der Familienoberhaupt ist. Aus seiner Sicht ist er der Dharma-Körper. Aus dem Blickwinkel seiner Frau ist er der vollkommene Belohnungskörper, da er den Erhalt der Familie garantiert. Er ist Briefträger von Beruf, aber um den monatlichen finanziellen Bedarf zu decken, verwandelt er sich in einen Flechter von Bambuskörben. Von dieser Warte aus ist er der Körper unendlicher Wandlungen. Wie auch immer, Debatten über solch offensichtliche Tatsachen zu organisieren ist sinnlos.

---

[5] Enô Zenshi (chin. Hui-neng, 638–713): der sechste Patriarch und einer der wichtigsten Ch'an-Meister, der dem indischen Buddhismus seine chinesische Prägung verlieh; hatte zahlreiche Schüler und bestätigte in seinem Kloster Pao-lin auch Yôka Daishi; sein „Plattform-Sutra" ist das einzige Werk auf Chinesisch, das den Titel „Sutra" trägt, und enthält die tiefsinnigsten Texte aller Zen-Literatur.

Darum sind *die drei Körper und vier Weisheiten in ihrem Leib vollkommen.* Wir brauchen einen Körper, um welchen Körper geht es hier also? Um Verständnis für diesen Körper zu erlangen, muss unsere Sicht seine drei Dimensionen umfassen: Dharma-Körper, Weisheits- oder Belohnungskörper, Wandlungskörper.

In buddhistischen Worten wird dieser Körper „Soheit"[6] genannt, das heißt wahre Realität. Zuvor hatten wir die Verse: *Im Augenblick, wo man plötzlich das Zen aller Buddhas erkennt, sind die sechs großen Tugenden und zehntausend Übungen vollständig in uns verwirklicht.* Gutei Oshô weigerte sich einst, Fragen seiner Schüler über die Natur Buddhas zu beantworten. Er hob nur seinen Finger und zeigte so, dass sie unbeschreiblich sei. Als er starb, sagte er seinen Schülern: „Ich habe es mein ganzes Leben benutzt, ohne es zu erschöpfen." Die drei Körper und vier Weisheiten waren vollständig in seinem Körper verwirklicht.

Die meisten Menschen mögen den Praxis-Körper nicht, ziehen aber gern Gewinn aus ihm. Darum besteht im Buddhismus der „Schule des Reinen Landes" dieser Körper aus der Rezitation der Formel *Namu Amida Butsu.* Man spielt nicht verrückt, wenn man sie rezitiert, wünscht sich aber, ins Paradies zu kommen. Lasst uns annehmen, dass dieses Paradies der Köder ist, der einen den Haken schnappen lässt.

Als ich ein Kind war, mochte ich den Namen Amida Buddhas nicht rezitieren. Er bestand aus sechs Schriftzeichen, und als ich einen Priester des Reinen Landes fragte, ob Amida Buddha nur die rette, die seinen Namen skandieren, meinte dieser, nein, Amida würde auch die retten, die nicht rezitieren. Also sagte ich dem Priester, wenn das so ist, dann wäre es angenehmer, wenn ich nicht skandiere. Solche Gespräche hatte ich des Öfteren mit Priestern des Reinen Landes.

---

[6] Soheit (skt. *tathatâ,* jap. *shinnyo*), wörtlich „die Wahrheit, sie ist so", von Étienne Lamotte als „die wahre Art des Seins" übersetzt, welche Abwesenheit von Eigennatur, ohne Geburt und Tod sein bedeutet und für alle gleich ist; weitere Synonyme in buddhistischen Texten lauten: Eigennatur der Dinge, Leerheit/Nicht-Leerheit, das Absolute, Punkt der Wirklichkeit, wahre Buddha-Natur, Nicht-Dualität, wahre Realität, letztgültige Realität, Undenkbares, Undefinierbares, Unbegreifliches, essentielle Wahrheit usw., also die Natur aller Dinge, die in allen Wesen weilt, selbst den unbelebten.

Mit Zazen steht es genauso. Können wir *satori* ohne Zazen haben? Während der Meiji-Ära meinte ein Arzt: „Ich habe gehört, dass jemand *satori* erfuhr, als er mit gekreuzten Armen auf seinem Bett ausgestreckt lag und auf einen Riss in der Decke starrte. Das klingt einfach, also habe ich beschlossen, es ihm gleich zu tun."

Was *satori* angeht, begehen wir den Fehler, den Körper der Übung von seiner Verwendung zu trennen. Wir halten ihn für ein wirksames Erzeugnis und wollen aus ihm Gewinn ziehen: „Wenn ich Zazen mache, was habe ich davon?" So zu fragen bedeutet, vom *satori* gelackmeiert zu werden.

Viele Leute behaupten, sie hätten *satori* ohne Zazen erlangt. Tatsächlich bilden sie sich nur ein, *satori* gehabt zu haben. Es ist, als würdest du einige Rettiche *takuan* nennen, die du bloß mit Salz, Geschmacksstoff und Reiskleie bestreut hast. Doch für echte *takuan* brauchst du *daikon*-Rettiche und musst sie an der Sonne trocknen lassen. Dann werden sie sorgfältig in einem Bottich aufgereiht und mit einer genau abgestimmten Mischung aus Salz und Reiskleie besprenkelt. Danach deckt man das Ganze ab und legt einen Stein darauf. So vermischen sich der Geschmack des Rettich, das Salz und die Kleie harmonisch und durchdringen sein Fleisch bis ins Innere. Es steht außer Frage, dass sein köstlicher Geschmack von der Zubereitungsweise abhängt. Die Übung des Zen ist genau wie dieses Einlegen von Rettich. Sagen wir, der Geschmack sei das *satori* des Rettichs und Zazen die Salzlake, in die er eingelegt wird. Der Geschmack ist das Ergebnis einer guten Salzlake. Wenn du fragst: „Was hat der Rettich davon, eingelegt zu werden?", nun, dann heißt die Antwort: ein eingelegter Rettich zu sein.

Von frühester Zeit an leben wir Mönche das Leben von „Wolken und Wasser", und so wie beim Einlegen von Rettich können viele Dinge geschehen. Wenn zu viel Druck auf den Rettich ausgeübt wird, verliert er seinen Saft und sein Fleisch wird hart. Wenn die Reiskleie unzureichend ist, wird er zu salzig, und wenn sie zu reichhaltig ist, zu süß. Zu lange getrocknet, nimmt er ein hässliches Aussehen an. Jede Phase der Vorbereitung muss genau beachtet werden: rechtes Trocknen, rechtes Salzen, rechter Druck.

Der Körper des Zazen ist die ausgewogene Balance der Salzlake. Wer andere *takuan* schmecken lassen möchte, täte gut daran, einige Rettiche einzulegen, damit die anderen erkennen, dass der Körper der Salzlake das Ergebnis einer genauen Abmessung von Salz, Kleie und Druck ist, und dass der *takuan* seinen Geschmack von der ausgewogenen Balance dieses Körpers erhält. Ein gelungener *takuan* ist nicht zu süß, nicht zu salzig, nicht zu trocken. Er behält seine Nährstoffe, ist schön anzuschauen und schmeckt genau so, wie es sein soll. Ein Mahl ist gelungen, wenn es grundlegenden kulinarischen Kriterien genügt: Es enthält Nährstoffe, ist eine Augenweide und schmeckt gut. Diese drei Prinzipien müssen in Harmonie sein, denn wenn eines aus dem Gleichgewicht gerät, ist das Mahl nicht perfekt. Sind diese drei Prinzipien aber bei einer Mahlzeit in Harmonie, dann können wir sagen, dass ihr Körper vollkommen ist. Sekitô Daishi[7] drückte dies poetisch in seinem Werk *Sôan*[8] aus, wo er den Körper mit einer Einsiedelei vergleicht: „Selbst wenn die Hütte schmal ist, enthält sie die Welt des Dharma."

Ein tastendes Leben

Eine Analyse der Weisheit Shâkyamunis offenbart vier Aspekte: die Erkenntnis des wundersamen Beobachtens, die Erkenntnis der Gleichheit, die Erkenntnis des Vollendens einer Aufgabe und die Erkenntnis des großen runden Spiegels.

Der erste Aspekt ist unmittelbares und intuitives Verständnis. Wir wissen sofort, dass wir die Wahrheit erkannt haben. Menschen, die von ihren Illusionen geblendet sind, tasten sich auf ihrem Weg voran, ohne gut von böse unterscheiden zu können.

Menzan Oshô[9] sagte in einem Gedicht: „Nach so vielen Jahren in einem stockdunklen Raum ist ein Licht aufgeflammt." Plötzlich

[7] Sekitô Daishi (chin. Shi-t'ou Hsi-ch'ein, 700–790), Ch'an-Meister und Autor des *Sandôkai* („Harmonie von Unterschied und Einheit"), einer der vier Texte, die in Klöstern des Sôtô-Zen rezitiert werden: *Sandôkai, Hôkyô zanmai, Shinjinmei, Shôdôka.*

[8] *Sôan:* Grass-Einsiedelei.

[9] Menzan Zuihô (1683–1769), jap. Sôtô-Mönch.

hast du ein Streichholz angezündet, oder eher eine Öllampe, da Streichhölzer in der Tokugawa-Ära nicht existierten. Blitzartig verstehst du.

Als ich im Russisch-Japanischen Krieg an der Front kämpfte, lief ich in einer stockfinsteren Nacht Patrouille. Es gab nicht einmal einen Stern, an dem ich mich orientieren konnte. Ich verirrte mich und wanderte im Kreis umher, in dieser unendlichen Ebene, die wir Mandschurei nennen. Plötzlich hörte ich in der Nähe jemanden spucken. Sofort wusste ich, dass es kein Russe war, denn die Japaner und die Russen spucken nicht auf die gleiche Art; dies war ein japanisches Geräusch. Erleichtert machte ich mich bemerkbar. Es war ein Wachposten der benachbarten Kompanie! Unter solchen Umständen, wo man nicht einmal einen Stern am Himmel als Anhaltspunkt hat, kann jedes Zeichen dein Leben retten. Intuition erfasst Realität.

Als nächstes kommt die Erkenntnis der Gleichheit. Du siehst es als normal an, wenn ein Moskito deinen Nachbar sticht, aber wenn er dich piekst, findest du das unerträglich. So sind die Menschen. Wenn du hörst, dass dein Nachbar eine Lungenentzündung hat, setzt du ein besorgtes Gesicht auf, vielleicht tut er dir sogar leid, aber wenn du dir selbst eine Erkältung einfängst oder dein Magen ein bisschen weh tut, was für eine Tragödie!

Es heißt, Menschen hätten vier Eigenschaften: Dummheit, Voreingenommenheit, Stolz und Eitelkeit. Sie sind dumm, weil sie sich selbst nicht kennen; voreingenommen, weil sie parteiische Entscheidungen treffen; stolz, weil sie sich immer mit anderen vergleichen, um ihre Überlegenheit zu beweisen; eitel, weil sie selbstzufrieden sind und sich an sich selbst erfreuen, wie verkommen sie auch sein mögen.

Alle menschlichen Handlungen sind, von Anfang an bis zum heutigen Tag, nur Eitelkeit und Vorurteile. Wenn ein Schimmer der Weisheit in den Augen eines Menschen erscheint und ihm erlaubt, die Gleichheit von selbst und anderen zu sehen, dann erkennt er nicht mehr, wo sein Feld endet und das des Nachbarn anfängt. Ein einziger Lichtblick würde genügen, damit Dummheit, Stolz, Voreingenommenheit und Eitelkeit, die Quellen seines Elends, verschwänden. Wer solch ein Licht gesehen hat, und sei es nur für einen Augenblick, mag vielleicht exzentrisch erscheinen, doch wird dies der Beleg sein, dass er darum weiß.

Die Entwicklung der Erkenntnis des Vollendens einer Aufgabe korrespondiert mit der Herstellung von eingelegtem *takuan*. Es ist die Erkenntnis von Weisheit. Einige Menschen sind bemerkenswert, andere weniger, einige überhaupt nicht, doch jeder von ihnen hat einen Körper. Für diesen Körper gibt es nur eine vollkommene Haltung: diejenige, die dem Buddha-Dharma Eintritt erlaubt. Bis zu diesem Punkt war das Wissen nur intellektueller Natur, aber nun werden wir, mit dem Wissen um die Verwirklichung, durch unseren Körper Buddha. Zazen zu machen heißt, Buddha zu werden.

Im Kapitel „Zazengi" seines *Shôbôgenzô* definiert Dôgen die vier Aspekte der Weisheit. Intuitives Verständnis: „Aus den Tiefen des Geistes ohne Gedanken denken."[10] Erkenntnis der Gleichheit: „Es bedeutet wenig, ob jemand intelligent ist oder nicht. Es gibt keinen Unterschied zwischen den Dummen und den Scharfsinnigen." Erkenntnis des Vollendens einer Aufgabe: „Wenn du erst das Herz des Zazen erfasst hast, ähnelst du dem Drachen, der ins Wasser eindringt, und dem Tiger, der in die Berge zieht." Erkenntnis des großen runden Spiegels: „Der Weg ist grundsätzlich vollkommen."

Die vier Bereiche von Buddhas Weisheit bilden einen einzigen Körper, den des Dharma. All diese Kommentare zu den drei Körpern und vier Erkenntnissen sind langweilig, aber lasst uns daran denken: *Die drei Körper und vier Weisheiten sind in ihrem Leib vollkommen.* Alles, wirklich alles im Universum bildet nur einen einzigen Körper.

[10] Jap. *hishiryô*, „mit dem Verstand unvereinbar", ein Stadium der Achtsamkeit: Gedanke/Nicht-Gedanke, jenseits des Denkens.

Eine einzigartige Haltung

Die acht Befreiungen[11] werden auch acht Befreiungen von Bürden genannt. Die Zahl acht deutet auf die Ebenen, die zu durchschreiten sind, um von allen körperlichen oder unkörperlichen Anhaftungen befreit zu werden und das vollständige Aufheben von Ansichten und Gefühlen zu erlangen. Diese Ebenen korrespondieren mit den acht Bereichen der Konzentration, wobei die ersten vier von der materiellen Welt befreien und die anderen vier von der immateriellen Welt: grenzenloser Raum, grenzenlose Erkenntnis, Nicht-Existenz des Seins und der Bereich von „weder Standpunkt noch Nicht-Standpunkt", der zur Zerstörung von Ansichten führt. Das Leben in den drei Welten ist nichts als Schmerz und Leiden, „ein Haus in Flammen", wie es heißt. Die drei Welten sind die Welten der Begierde, der Form und der Nicht-Form. Die Welt der Begierden ist die der sechs Wege[12] oder Stadien des Bewusstseins, die unseren Fortschritt behindern. Auf einer höheren Ebene folgt die Welt der Form und auf einer noch höheren die spirituelle Welt.

Du wirst eine detaillierte Erklärung dieser Terminologie in jedem buddhistischen Lexikon finden, aber grundsätzlich braucht der Buddhismus keine Worte. Jeder Bewusstseinszustand, z. B. ein aggressiver, wird jedem sofort ersichtlich, und das Gleiche gilt für die vier körperlichen und metaphysischen Ebenen. Ihnen einen Namen geben zu können beweist, dass sie im Bereich der Leidenschaften liegen. Alle Namen drücken ein Begehren aus. Wer zum Beispiel einen Raub begeht, ist ein Räuber; wer aus einem Kaufhaus stiehlt, ist ein Ladendieb. Wenn diese Menschen aber mit dem Raub oder Ladendiebstahl aufhören, dann werden sie davon „befreit" und können nicht mehr Räuber oder Ladendieb genannt werden. Indem wir uns von den Fesseln der Welt der Begierde befreien, treten wir glücklich in die Welt der Form ein, die sich auf einer höheren Ebene befindet. Indem wir uns von der materiel-

---

[11] Skt. *ashta-vimoksha,* jap. *hachi ge, hachi gedatsu* oder *hachi haisha,* acht Arten der Meditation, um verschiedene Anhaftungen loszuwerden.

[12] Vgl. Kapitel 7; die sechs Wege (jap. *rokudô*) sind die sechs Existenzstadien Hölle, Gier, Tierhaftigkeit, Wut, Menschsein, Göttlichkeit, in denen man noch auf externe Stimuli reagiert und deshalb nie gänzlich frei ist.

len Welt befreien, treten wir noch glücklicher in die noch höher befindliche spirituelle Welt ein. Indem wir also die vier materiellen und vier immateriellen Ebenen durchschreiten, verwirklichen wir die acht Befreiungen.

Wenn wir Zazen machen, besteht unser Körper aus dem rechtmäßigen, wahren Buddha-Dharma, und wir überschreiten die acht Befreiungen und drei Welten. Einfach in Zazen sitzend, im rechten Zustand der Aufmerksamkeit und der korrekten Haltung, werden die acht Befreiungen erlangt, *sind in ihren Geist eingeprägt.* Wir sind vollständig von allen Fesseln befreit.

Auf den vier Ebenen von Form und Nicht-Form sind wir mit Illusionen einer erhabeneren Dimension beschäftigt. Es ist, als hättest du bis jetzt zu viele Süßkartoffeln gegessen und zu viel Alkohol getrunken und würdest dich nun leidenschaftlich nach ausgefallenerem Vergnügen sehnen, dem Sammeln von Antiquitäten oder der Teezeremonie zum Beispiel; dann erhebst du dich noch etwas und beginnst dich für Philosophie zu interessieren. Und dann steigst du auf eine noch höhere Ebene auf und erlangst das Bewusstsein von *zanmai*[13], Bewusstsein jenseits von Bewusstsein. Hier bist du auf der letzten Stufe angelangt, verweilst aber noch immer im Reich der Leidenschaften. Im Zazen, von dem wir sprechen, gibt es nichts mehr. Das Zazen, das wir praktizieren, überschreitet alle Stufen der Leidenschaftsleiter.

Die sechs Unterscheidungen lauten wie folgt: das himmlische Auge, das das Erkennen aller Orte erlaubt; das himmlische Hören, dass grenzenloses Hören ermöglicht; das Verständnis grenzenlosen Raumes; das Verständnis des Schicksals; das Verständnis der Gedanken anderer und die Macht, Befleckungen zu beseitigen. Unbegrenzte Sicht erlaubt, alle Dinge in der Welt klar und deutlich zu erkennen, auch die Taten von Hungergeistern und Tiergeistern hinter deinem Rücken und die deiner Bediensteten in der Küche. Man sieht alles.

Ich sehe, was meine Mönche in meiner Abwesenheit im Schilde führen, und die Tücken meiner Studenten, wenn sie bei einer Prü-

---

[13] *zanmai* (skt. *samâdhi*), steht im Mahâyâna für inneres Gleichgewicht, Ruhe, Konzentration; ein nicht-dualistisches Stadium der Achtsamkeit, das Verschwinden aller Unterschiede zwischen Subjekt und Objekt.

fung betrügen wollen. Und so wie ich alles sehe, so höre ich alles. Das Verständnis unbegrenzten Raumes erlaubt mir, wo immer ich will, hinzugehen, während ich sitzen bleibe, wo ich bin. Durch das Verständnis des Schicksals verstehe ich, was ich in einer früheren Welt getan habe, und durch das Verständnis von anderen, was andere denken. Am wichtigsten ist die Kraft, Befleckungen zu beseitigen, weil sie die Leidenschaften des Körpers und des Herzens vollständig verschwinden lässt.

Dôgen schreibt im Kapitel „Zazengi" des *Shôbôgenzô*, dass die Augen stets offen bleiben müssen, aber nichts tun. Selbst wenn sie auf normale Art geöffnet sind, sind sie mit nichts beschäftigt. Augen, die eifrig nach einem Floh suchen, sind die Augen eines Killers. Augen, die einen Teller mit leckerem Essen sehen und nach Besteck Ausschau halten, sind die Augen eines Hungergeistes. Dasselbe gilt für die Ohren. Wer seine Ohren spitzt, um einem Gespräch zu lauschen, weil er sich fragt, ob jemand etwas über ihn erzählt, hat die Ohren eines leicht Erzürnbaren. Dôgen sagte auch: „Die Ohren müssen in einer Linie mit den Schultern und die Nase in einer Linie mit dem Nabel sein."

Für das Verständnis des unbegrenzten Raumes gilt: „Wert hat nichts mit einem Akzent oder mit der Gesichtsfarbe zu tun." Das soll mahnen, sich nicht von zweitrangigen oder unbedeutenden Details verführen zu lassen.

Das Verständnis des Schicksals bedeutet, mit vorher und nachher zu brechen und im ewigen „Jetzt" zu leben. Vergangenheit, Gegenwart und Zukunft haben keine individuelle Existenz. Wenn wir ein einzelnes Bild aus dem Lebensfilm eines Menschen herauslösen, kommen wir zu seltsamen Schlüssen. Der Mensch ist ein Wesen, das lacht und weint. Schau dir den alten Mann an, der die Rikscha zieht: Ein breites Lächeln erleuchtet sein Gesicht. Du sagst dir, dieser Mann ist glücklich, und fragst dich, warum. Nun, er ist glücklich, weil man seine Nummer gezogen hat. Er hat vergessen, dass er zehn Jahre warten muss, um an sein Geld zu kommen. Das Geld ist vor seinen Augen und der Reiz dieses Gewinnes lässt ihn lächelnd vorangehen – kurzum, ein Typ, der nichts übers menschliche Schicksal verstanden hat. Wenn einer mit dem vorher und nachher bricht und nur die Ewigkeit des „Jetzt“ existiert, dann hat er ein echtes Verständnis des Schicksals.

Das Verständnis der anderen bedeutet, keinen Unterschied zwischen selbst und anderen zu erzeugen und den gewöhnlichen Menschen wie den Heiligen als identisch zu betrachten. Man ist im Einklang mit Buddha.

Die Kraft, Befleckungen zu beseitigen, bringt dir das Bewusstsein, dass nichts dich in der Hand hat. Jeder Tag ist ein guter Tag. Es heißt, in diesem Zustand würde „das Schatzhaus sich dir öffnen, und du verwendest es nach Belieben.“

Von übernatürlichen Kräften zu sprechen legt Magie nahe, Dinge wie Unsichtbarmachen oder auf Wasser gehen wie Tenjiku Tokubei[14], aber diese Dinge haben nichts zu tun mit den übernatürlichen Kräften, von denen wir hier reden.

Um es zusammenzufassen: Dieser stille Mensch *des Weges, der Grübeln und Gehabe aufgegeben hat*, ist vollständig mit den drei Körpern und vier Weisheiten ausgestattet, und *die acht Befreiungen und sechs Unterscheidungen sind in seinen Geist eingeprägt.* Dies ist der Schatz, den ein Mensch besitzt, der einfach in der rechten Haltung und der rechten Aufmerksamkeit in Zazen sitzt.

[14] Tenjiku Tokubei (1612–1692), ein Händler, der mit 15 Jahren per Schiff nach Indien aufbrach, drei Jahre dort und bei seiner Rückkehr zwei Jahre in Macao blieb, worüber er einen Reisebericht verfasste, der zwar verschollen ist, aber zur Quelle zahlreicher Unterhaltungsprogramme im 18. Jahrhundert wurde.

21

Ein überragender Geist schneidet mit einem Hieb durch
und erlangt Verständnis von allen Dingen.
Ein mittelmäßiger oder minderer Geist studiert und hinterfragt vieles.

Gründlich leben

Im *Shinjinmei* heißt es: „Der Weise hört auf zu handeln, der Narr bindet sich selbst." Der Weise folgt einer geraden Linie, und sogleich sind *die drei Körper und vier Weisheiten in seinem Leib vollkommen.* Der Narr hält sich in „Warum?" und „Wie?" gefangen und geht große Umwege, ohne je anzukommen. Haben Intellektuelle einen überragenden oder minderen Geist? Ich weiß es nicht. Der überragende Geist springt geradewegs zum Ziel, während der mindere alle Arten von Zweifel und Erwägungen hegt. Sein Weg des Studiums ist seltsam, er denkt, er könne nichts ohne Umwege verstehen.

Gelehrte sind gänzlich vom bloßen Lesen von Worten besessen, und sie sterben, noch bevor sie die Bedeutung der Worte für ihr Leben erkannt haben. Täuschende Unterscheidungen sind zahllos. Und wir sind genauso und nutzen Umgehungsstraßen, ehe wir die definitive Entscheidung treffen, Zazen zu praktizieren. Wenn jemand sich auf Anhieb erlaubt, eine gerade Linie mittels reiner Intuition entlangzugleiten, indem er Zazen macht, dann schneidet er alle Ausflüchte ab.

Als Bashô[1] an der Schwelle des Todes stand und man ihn um ein letztes Wort bat, erwiderte der alte Dichter: „All meine Verse sind letzte Worte." Wie bewundernswert ein solch tiefer Geist ist! Er schrieb, als wäre jedes Gedicht sein letztes, und ergründete die

---

[1] Bashô (1644–1694): bedeutendster Dichter von Haiku (die aus 17 Silben im Rhythmus 5-7-5 Silben bestehen); wurde bereits zu Lebzeiten hochgeschätzt, da er die Schönheit der einfachsten Aspekte des täglichen Lebens genauso wie höchstes Seelenglück in einer Versform auszudrücken vermochte, die vor ihm nur als Zeitvertreib gegolten hatte; zu seinen zahlreichen Werken gehört *Oku no hosomichi* (dt. als „Auf schmalen Pfaden ins Hinterland").

Tiefen seines Selbst. Er lebte das ewige „Jetzt“, ohne gestern und ohne morgen.

Ein überragender Geist ist stets tiefgründig. Er bleibt nicht auf halbem Wege stehen. Er tut, was notwendig ist, nicht, was unnötig ist. Er entscheidet sich, zu handeln oder nicht zu handeln, doch in jedem Fall handelt er bestimmt und klar, ohne Ausflüchte und ohne sich selbst zu täuschen. Wenn er etwas anfängt, gibt er sein Bestes, um es zu Ende zu bringen. Wenn er scheitert, beschuldigt er niemanden, da ungeschickte Kritik einen Menschen fürs ganze Leben verwunden kann. Wenn wir klar unterscheiden, was wir tun sollten und was nicht, entstehen keine Leidenschaften. Das ist die Bedeutung von: *Ein überlegener Geist schneidet mit einem Hieb durch und erlangt Verständnis von allen Dingen.*

Ein reicher Mann, der plötzlich ruiniert wird, leidet große Qualen, bis er seine neue Situation akzeptiert. Früher tadelte man diejenigen, die sich für reich hielten. Menschen von mittelmäßigem oder minderem Geist trotten um Konzepte herum wie Mäuse in einem Laufrad, ohne je am Ziel anzukommen. Sie sind Sklaven ihrer gedanklichen Bemühungen. In Kagoshima, wo einige herkommen, hört man dauernd von Saigô[2] und Tôgô[3]. Fraglos waren das bemerkenswerte Männer, und alle Schulkinder lernen, dass sie im Dorf Soundso geboren wurden. Doch statt einfach stolz auf sie zu sein, wäre es nicht besser, man würde selbst Saigô und Tôgô übertreffen? Es genügt völlig – ohne die Arroganz der örtlichen Samurai oder die Hoffnung auf Auszeichnungen –, authentisch man selbst zu sein. Man ist auf keine Weise unterlegen. Das Gleiche gilt für Shâkyamuni und Maitreya[4]. Wir räumen ihnen nicht

---

[2] Saigô Takamori (1822– 877), Nachkomme eines Kriegergeschlechts aus dem Satsuma-Clan, der am Ende der Edo-Zeit zum Helden in Schlachten zwischen den Lehnsherren und der Zentralregierung des Tokugawa-Shoguns wurde.

[3] Tôgô Heihachirô (1847–1904), entstammte ebenfalls einem Kriegergeschlecht aus dem Satsuma-Clan, kommandierte die Flotte während des Russisch-Japanischen Krieges und wurde 1904 zum Admiral ernannt.

[4] Skt. Maitreya (jap. Miroku), wörtlich „der, der liebt“, Inkarnation universeller Liebe; der Glaube an Maitreya entwickelte sich im Mahâyâna-Buddhismus, insbesondere in Tibet: Maitreya würde in 30.000 Jahren wiederkehren, laut manchen Texten auch in 5 Milliarden 670 Millionen Jahren nach dem Tod Shâkyamunis.

den Platz, denn wir sind Nachfahren des einen und Ahnherren des anderen. Dennoch zweifelt und zögert der mittelmäßige oder mindere Geist, weil er nicht praktiziert.

Laotse drückte es ganz einfach aus. Wenn ein überragender Geist dem Weg begegnet, nimmt er ihn mit Begeisterung an und praktiziert ihn. Der Weg wird zu seinem täglichen Leben. Wenn ein mittelmäßiger Geist dem Weg begegnet, nimmt er ihn und lässt ihn wieder los, aus Angst zu leiden, sich zu verletzen oder selbst zu täuschen. Wenn ein minderer Geist dem Weg begegnet, bricht er in Lachen aus, weil für ihn die Übenden des Weges lächerliche Exzentriker sind.

Zieh deinem Geist einfach die schmutzige Wäsche aus,
aber gib vor anderen nicht mit deinen Fortschritten an.

Ein Juwel in der Tasche

Die obigen Verse spielen auf die Parabel vom „Juwel, das in den Kleidern versteckt war" im Lotussutra an.

Eines Tages trafen zwei Kindheitsfreunde, die sich lange nicht gesehen hatten, zufällig aufeinander. Einer war reich geworden, der andere war arm. Der Reiche lud seinen Freund zu einem üppigen Mahl ein. Dieser trank und aß im Übermaß, bis er einschlief. Der Reiche, der es eilig hatte, steckte dem Freund vor seiner Abreise heimlich ein Juwel in die Tasche. Nach dem Aufwachen führte der Arme sein elendes Leben jedoch fort, weil er nichts von dem Schatz in seiner Tasche wusste. Jahre vergingen, bis sie sich eines Tages wiedertrafen: „Letztes Mal habe ich dir ein unschätzbares Juwel in die Tasche gesteckt, hast du es nicht gefunden?" Der Arme steckte seine Hand in seine Tasche, und zu seinem Erstaunen war es da.

Es genügt, authentisch du selbst zu werden. Sawaki wird der wahre Sawaki. Wirkte er nicht lächerlich, wenn er die Maske Shâkyamunis trüge? Sawaki ist keinesfalls Shâkyamuni oder Maitreya unterlegen. Der Sawaki-Markt ist keine Kopie des Kannon- oder Shâkyamuni-Marktes. Er imitiert niemanden, er ist originell und einzigartig. Wahrhaftig zu sein bedeutet, man selbst zu sein. Wohnt dieses Ding, das „Selbst" genannt wird, nicht in allen von uns? Es genügt, es zu finden; es wartet auf ewig im Verborgenen, abgeschirmt von Aufmerksamkeit. Es ist eindeutig unser wertvollster Besitz. Vom Augenblick an, wo wir uns seiner wahren Natur bewusst werden, ist es recht egal, was passieren könnte. „Mein Haus ist, wo ich bin, sagte die Schnecke." Wir erfassen unser wahres Selbst, indem wir ihm seine versifften Klamotten ausziehen.

Aber gib vor anderen nicht mit deinen Fortschritten an. Es ist sinnlos, von den Dächern zu rufen, dass du den wahren Weg gefunden hast, oder stolz auf deinen Eifer zu sein, diesen Weg zu praktizieren. Es ist nicht nötig, daraus Ruhm abzuleiten.

23

Nimm Kritik und Beleidigungen an.
Ihre Absicht ist das Erzürnen der Himmel, doch sie bewirken nichts.
Ich höre und genieße sie wie süßen Nektar.
Sie schmelzen in mir, und sogleich trete ich ins Unfassbare ein.

Kritik mit dem Geschmack von Nektar

Lass sie reden, sorg dich nicht wegen ihrer Kritik. Auch Shâkyamuni wurde zu Lebzeiten kritisiert. Dazu gibt es eine interessante Anekdote. Eines Tages kam, als er lehrte, ein Brahmane herbei und kritisierte ihn offen. Shâkyamuni hörte ihm mit großer Aufmerksamkeit zu. Sein Gesicht blieb sanft und zeigte keine Reaktion. Als der Brahmane seine Tirade beendet hatte, fragte Shâkyamuni ihn: „Ist das alles?" – „Ja, ich bin fertig." – „Wenn du mir ein Stück Seide darbieten würdest und ich es verweigerte, was würdest du dann tun?" – „Ich würde es zurücknehmen." – „Nun gut, du hast mir gerade Kritik dargebracht, die ich ablehne. Bitte nimm sie zurück."

Es ist offensichtlich, dass man seine Waren wieder mitnehmen muss, wenn sie nicht angenommen werden. Dies ist die Bedeutung von: *Nimm Kritik und Beleidigungen an.* Lasst uns wie der Himmel gleichmütig gegenüber Lob wie Tadel sein. Wer brennende Fackeln in den Himmel wirft, um diesen in Brand zu setzen, wird sich gewiss dabei erschöpfen. *Ihre Absicht ist das Erzürnen der Himmel, doch sie bewirken nichts.*

Es ist sogar möglich, großes Vergnügen daran zu empfinden, von anderen beleidigt zu werden. Manchmal geschieht das unerwartet, manchmal schlagen sie mit voller Wucht zu und werden von der Presse dabei unterstützt. Beleidigen ist ein menschlicher Instinkt, und dieser Instinkt existiert auch in uns. Wenn ich das nicht tue, dessen man mich bezichtigt, dann nur, weil ich Zurückhaltung übe und mich unter Kontrolle habe.

Jemand behauptet zum Beispiel, ich hätte unter der Hand Geld angenommen. Tatsächlich mache ich das nicht, weil es mir nie in den Sinn kommt. Theoretisch existiert diese Möglichkeit aber in mir. Der Verleumder bringt einen Aspekt zur Sprache, der latent in allen Individuen enthalten ist, denn jeder ist ein Mikrokosmos der Gesellschaft. Es ist offensichtlich, dass auch ich so etwas tun könnte, wenn es ein anderer kann. Sie behaupten auch, Soundso hielte sich eine Mätresse. Diese Möglichkeit besteht für mich ebenso. Verleumdungen amüsieren mich, *ich höre und genieße sie wie süßen Nektar. Sie schmelzen in mir, und sogleich trete ich ins Unfassbare ein.* Dieser Ausdruck entspricht: „Der Dharma-Körper tritt in uns ein und wir in den Dharma-Körper." Es ist interessant festzustellen, dass die schlimmsten Verleumdungen wie süßer Nektar werden, wenn man die Position von Subjekt und Objekt vertauscht. Das Objekt tritt in dich ein und löst sich dort vollkommen auf.

Meditiere über schmähende Worte und mach sie zu deinen Freunden,
das wird dich auf dem Weg des Guten leiten.
Wenn eine Verleumdung in dir Hass erzeugt,
wie kannst du da die Weisheit und das Mitempfinden
des Ungeborenen manifestieren?

Freund und Feind sind gleich

Verleumdungen erzeugen Ärger und Aufbegehren in dir, weil die Lügen dir Aufmerksamkeit aufzwingen. Ich denke jedoch, dass dies eine Warnung des Himmels ist, die uns in Zukunft aufmerksamer für die Möglichkeit sein lässt, dass wir in uns die Möglichkeit tragen, die Tat zu begehen, die man uns anlastet. Diese Kritik erlaubt uns, durch und durch zu erkennen, dass der Freund ein Feind und der Feind ein Freund ist.

Wenn dich zum Beispiel Feinde umzingeln und du nicht weißt, aus welcher Richtung der tödliche Schlag kommen kann, dann bist du äußerst wachsam und dein Geist ist hochkonzentriert. Von daher halte ich es für einen Glücksfall, nicht auf der Sonnenseite des Lebens zu stehen. Da sie mich ständig verunglimpft sehen, werden viele Menschen zornig und beklagen mein Schicksal, aber es ist sinnlos, an meiner Stelle Tränen zu vergießen. Unter allen Umständen soll man seine Praxis konzentriert aufrechterhalten, auch wenn man aus allen Himmelsrichtungen von Feinden umringt wird.

Ich umgebe mich ständig absichtlich mit Laienschülern, auf deren Anforderungen ich eine Antwort finden muss. Denn Laien folgen dir nicht nur, alten Kriegern gleich, wie Schatten, sondern du bist auch von feindlichen Spionen umzingelt; so übst du von morgens bis abends, ohne deine Wachsamkeit nur einen Moment aufzugeben. Es ist also gut, mit Kritik übergossen zu werden, es erweckt deine Inbrunst. Freilich danken mir die anderen nur selten, wenn ich – wie so häufig – unfreundliche Bemerkungen ihnen gegenüber mache. Ich werde nicht oft wütend, und wenn, dann soll das jemanden auf den rechten Pfad zurückbringen. Im Gegenzug mag ich es, wenn jemand das Gleiche für mich tut und die Kritik zu meinem Freund wird, der mich zum Guten zurückführt. Die Menschen, die mich kritisieren, sind bessere Stützen als diejenigen, die mich loben.

Wenn eine Verleumdung in dir Hass erzeugt, wie kannst du da die Weisheit und das Mitempfinden des Ungeborenen manifestieren? Verleumdungen erwecken keinen Hass in Bodhisattvas, während ein gewöhnlicher Mensch sofort in Zorn gerät. Das Ungeborene, Unzerstörte ist das *satori* des Bodhisattva, die Erfahrung des Unbegrenzten. Bezüglich Mitempfinden und Geduld möchte ich einen Text von Fukakusa no Gensei[1] vorstellen, der aus seiner Sammlung von Gedichten und Prosa mit dem Titel *Sôzan shû* stammt.

> Seiko, ich gebe dir den Namen Jinen, Mitempfinden und Geduld, und ich möchte dir sagen, was er bedeutet. Wenn ein Bodhisattva anderen den Weg zeigt, ist dies Mitempfinden. Wenn er für sich selbst übt, ist dies Geduld. Wenn du kein Mitempfinden besitzt, kannst du keine Geduld praktizieren, und das Gegenteil trifft ebenso zu. Wenn du Mitempfinden hast, wirst du geduldig; wenn du geduldig bist, wirst du mitempfindend. Die vier großen Bodhisattva-Gelübde zeigen den Weg. Das erste lautet: ‚So zahllos die Wesen auch seien, ich gelobe, sie alle zu befreien.' Und das letzte lautet: ‚Der Buddha-Weg ist unübertrefflich, ich gelobe, ihn zu verwirklichen.' Um das erste Gelübde zu verwirklichen, musst du mitempfindend sein, für das letzte geduldig.
>
> Wichtig ist, nicht mit der Wimper zu zucken, wenn die Winde der acht Richtungen losgelassen werden, und nicht zu erzittern, wenn die drei Gifte deinen Geist be-

[1] Fukakusa no Gensei oder Sugawara Gensei (1623–1668), Nichiren-Mönch, Historiker und Dichter, der sich 32 Jahre lang in eine Klause zurückzog und ein enthaltsames Leben führte, bei dem er alle freundlich empfing, die mit ihm studieren wollten; er dichtete in japanischem und chinesischem Stil, seine Werke wurden im *Sôzan Wakashû* („Sammlung der Grashügel") und *Fusô in'itsu-den* („Biografien der Einsiedler Japans") gesammelt.

stürmen, sondern den Blick auf die Wahrheit gerichtet und den Geist auf die Essenz des Dharma konzentriert zu halten. Wenn du trotz deiner Übung nicht die erwarteten Resultate erzielst, wirst du doch die Wahrheit unterscheiden können, solange dein Glaube tief ist. Sollte deine Geduld nicht stark genug sein, ist das, wie Eis in kochendes Wasser zu werfen. Nicht nur wirst du anderen nicht helfen können, du wirst dich auch selbst nicht retten, sondern ein besiegter und ausgelöschter Bodhisattva sein.

Ist deine Geduld jedoch stark, wenn du Mitempfinden übst, dann befreist du dich von aller Knechtschaft, und keine Fesseln können dich mehr daran hindern, deine Hilfe allen Wesen im Universum anzubieten. Deine Mission ist, Menschen von ihrem Leiden zu befreien und ihnen so Friede und Freude zu bringen. Wenn du das bezweifelst, schau dir einfach die Pflanzen an: Sie werden im Frühling geboren, erblühen im Sommer, geben im Herbst Früchte und erneuern ihre Kräfte im kalten Winter. Ohne je an sich zu zweifeln, erreichen sie Großes. Glaub an meine Worte, Seiko. Indem du sie in die Praxis umsetzt, wirst du vollständiges Verständnis und höchste Erleuchtung erlangen. Man wird dich dafür ehren, allen Menschen nützlich gewesen zu sein. Seiko, bitte bringe dich begeistert ein!

25

Das Durchdringen der ursprünglichen Realität
und das Durchdringen der Lehre gehen Hand in Hand.
Wenn Konzentration und Weisheit vollkommen klar sind,
versauert man nicht in der Leere.

Wortlose Worte

Buddhismus bedeutet, ursprüngliche Wirklichkeit vollständig zu durchdringen und darzulegen. Diese beiden Aspekte des genauen Durchdringens der ursprünglichen Realität und des genauen Lehrens sind sehr wichtig. Ursprüngliche Wirklichkeit zu durchdringen bedeutet, nicht über ursprüngliche Wirklichkeit getäuscht zu sein. Es bedeutet, sie so wahrzunehmen, wie sie ist. Dies ist etwas, das wir selbst erleben müssen. Die Lehre zu durchdringen heißt, provisorische Bezeichnungen beizubehalten, selbst wenn wir die wahre Realität erfassen, weil wir nur so den Dharma mit anderen teilen können. Buddhismus ist kein Gedankenkonstrukt. Würde auch nur ein Partikel erzeugt, würde die Wahrheit verschwinden. Das basiert auf dem Grundsatz, dass alles, was erzeugt ist, zerstört wird.

Tenkei Oshô[1] sagte treffend: „Wenn du *satori* haben willst, ist es am besten, den Schleier von deinen Augen zu nehmen." Das Auge eines Menschen ist vom Schleier eines Menschen umhüllt, das Auge einer Frau vom Schleier einer Frau, auch Reiche und Arme haben ihre jeweiligen Schleier. Solange wir diesen nicht von unseren Augen nehmen, können wir wahre Realität nicht erkennen. Zu den Verhüllungen, die am schwersten abzulegen sind, gehören „Feind" und „Freund".

Haben wir all solche Verhüllungen entfernt, ist da wahre Realität. Der Ort, an den wir gehen, also derjenige, an dem wir alle Schleier von unseren begrenzten Sichtweisen lüften, ist nicht schwer zu erreichen. Wenn sich die Nebel lichten und der Horizont erscheint, entdecken wir die echte Quelle der Lehre Buddhas.

---

[1] Tenkei Denson (1648–1735), japanischer Sôtô-Mönch.

Diese ursprüngliche Wirklichkeit kann man auch als etwas Hohes und Würdiges wie Berge bezeichnen, als etwas Edles und Verehrungswürdiges oder etwas Wesentliches und Unbewegliches. Die zentrale Angelegenheit für uns ist, keine Besitztümer zu haben, frei von Anhaftungen zu leben und ohne engstirnige Vorlieben. Dies ist die edle Art des Lebens. Wir verehren ursprüngliche Realität, folglich ist sie für unsere Praxis grundlegend.

Im Kapitel „Hotsu-bodaishin" („Den Bodhi-Geist erwecken") des *Shôbôgenzô* sagt Dôgen: „Bevor ich selbst den Fluss überquere, der Samsara von Nirwana trennt, werde ich allen Wesen beim Übersetzen helfen." Es ist hingegen nicht sicher, ob diejenigen, die ursprüngliche Wirklichkeit noch nicht durchdrungen haben, anderen dabei helfen können, ans andere Ufer überzusetzen. Anderen durch Lehren von Nutzen sein macht erst Sinn, wenn man sich selbst von Nutzen war, indem man die ursprüngliche Realität durchdrungen hat.

Viele Fehler werden auf diesem Gebiet gemacht. Manche sagen, sie hätten keine Zeit, sich um andere zu kümmern, und sie müssten sich darauf konzentrieren, selbst ursprüngliche Wirklichkeit zu durchdringen. Dies ist auch die Sicht des Theravâda-Buddhismus, der allein auf persönliche Befreiung abzielt, was darauf hinausläuft, Schwimmen nur für sich selbst zu lernen, aber damit anderen nicht zur Hilfe zu kommen. Wenn wir hören: „Andere müssen noch vor mir selbst gerettet werden", empfinden wir wohl, dass wir uns für andere opfern sollten, und das ist ein Gedanke, der für selbstsüchtige Menschen, die nur mit ihrer eigenen Situation beschäftigt sind, unerträglich ist.

Wenn wir dem Altruismus mit Egoismus widerstehen, also nicht bereit sind, alles für andere zu opfern, enden wir im Irrtum. Ursprüngliche Realität zu verstehen bedeutet, Extreme abzulehnen und die perfekte Balance zwischen Altruismus und Egoismus zu finden.

Grob ausgedrückt ist ursprüngliche Wirklichkeit *satori*, es wäre aber ein großer Irrtum, sie darauf zu reduzieren. So viele Menschen täuschen sich selbst und behaupten, sie hätten *satori* erlangt. Ich verabscheue solch unausgegorenes *satori*. „Ich habe *satori* …

Ich habe Erleuchtung …“ Ihr *satori* besteht darin, Illusionen über dessen Inhalt zu fabrizieren.

Einst sagte jemand: „Wenn du ursprüngliche Realität nicht durchdringen kannst, wirst du anderen nicht helfen können.“ Anderen zu helfen und ursprüngliche Realität zu durchdringen sind nicht zwei verschiedene Dinge, man kann sie nicht voneinander trennen. Lasst uns die ursprüngliche Realität „Selbst-Interesse“ und das Durchdringen der Lehre „Altruismus“ nennen. So werden Selbst-Interesse und Altruismus eins.

Einige Menschen sagen, wenn sie zum Dharma befragt werden: „Er kann nicht in Worten ausgedrückt werden.“ Das offenbart nur, dass sie es selbst nicht können. Wollen wir unsere Erfahrungen anderen vermitteln, können die meisten Dinge ausgedrückt werden, selbst wenn wir nicht eloquent sind. Wenn ich mich zum Beispiel verliebe und dieses Geheimnis für mich behalte, entflammen doch meine Ohren und meine Achselhöhlen schwitzen. So gut es auch sein mag, zu schweigen, meine Gefühle manifestieren sich von selbst. Hat also jemand was zu sagen, so sage er es. Worte sind nur Worte, vorübergehend und von keiner Bedeutung.

Tôzan Daishi sagte: „Wenn du meine Worte nicht verstehen kannst, gehörst du nicht zu meiner Verwandtschaft.“ Er hatte ein Codewort fürs Schlachtfeld, wer das kannte, war ein Freund, wer nicht, ein Feind. Ich denke, wer gemeinsam mit dir den Weg geht und die gleichen Gedanken teilt, versteht genau, was du sagen willst. Wer von den Wolken der Täuschung befreit ist, kann in Worten kommunizieren.

Manche glauben, das Prinzip des Buddhismus könne wie eine Theorie als Grundlage für eine Diskussion herhalten, aber im *Sandôkai* heißt es: „Mit dem Prinzip übereinzustimmen, ist noch kein Erwachen.“ Man kann nicht über Liebe theoretisieren. Wenn ein Junge ein Mädchen mag, dann ist das so. Andere Faktoren können ihn nicht davon abbringen. Wenn das Mädchen den Jungen nicht liebt, wird keine theoretische Diskussion das ändern. Unsere Tendenz, von Theorien abzuhängen, führt zur Täuschung. Darum benötigen wir sowohl das Durchdringen der ursprünglichen Realität wie auch das Durchdringen der Lehre.

Buddhismus ist die Harmonie zweier Prozesse: ursprüngliche Wirklichkeit wie auch die Lehre durchdringen. Das eine steigt an, das andere ab. Das eine inspiriert dich zu Höhenflügen, das andere erdet dich. Das richtige Gleichgewicht wird in der Verbindung von beiden gefunden: Du erfasst das Ewige, lehnst aber das Flüchtige nicht ab; du erfasst das Flüchtige, lehnst aber das Ewige nicht ab. So ist der Ausdruck gemeint: *Das Durchdringen der ursprünglichen Realität und das Durchdringen der Lehre gehen Hand in Hand.*

Dies, es ist so

Das Verschmelzen von Konzentration und Weisheit zu einem klaren Ganzen geschieht nicht im Bereich der Vernunft. Zen-Konzentration umfasst Raum und Zeit und alle Dinge in der gleichen Transparenz. Doch diese klare Einheit von formloser Form, die unveränderlich und unbeweglich ist wie Ewigkeit, wandelt und erneuert sich unaufhörlich in unbegrenzte Vielfalt. Dieser Aspekt unaufhörlichen Wandels ist Weisheit. Zen-Weisheit ist dieser ewige Wandel. Da ist nicht auf der einen Seite Konzentration und auf der anderen Weisheit – sie sind eins!

Unter den Schriften von Takuan Oshô ist eine, die die Essenz des Zen zum Ausdruck bringt: „Mysterium der unbewegten Weisheit". Unbewegt heißt hier Konzentration; Weisheit ist ein Aspekt der unbegrenzten Vielfalt, die stets neu und im Wandel begriffen ist; Mysterium bedeutet das totale Verschmelzen der Unbewegtheit des konzentrierten Geistes mit der Weisheit, die sich permanent verändert und erneuert.

Unbewegte Weisheit stellt auch den Geist der Kampfkünste dar, wenn sie im authentischen Sinn des Weges praktiziert werden. Wenn während eines Kampfes jemand denkt, einen zuvor erfolgreichen Schlag wiederholen zu müssen, dann ist das kein wahrer Kampf, sondern eine Theateraufführung. Eine bestimmte Situation wiederholt sich nie. Das Ergebnis eines Kampfes hängt von zwei Faktoren ab: Der erste, der von vornherein feststeht, ist die Fertigkeit des Schwertkämpfers, die darüber Auskunft gibt, wer der Stärkere ist. Ich ziehe mit Sicherheit den Kürzeren, wenn ich einem fünften Dan im Kendô begegne. Doch der zweite Faktor steht nicht fest, und er wird schließlich über den Ausgang des Kampfes entscheiden.

Das Gleiche gilt für den Judo-Praktizierenden, der sicher verliert, wenn er unbedingt den exzellenten Griff anwenden will, den er gerade gelernt hat. Und es gilt auch für den Sohn des reichen Mannes, der sein Erbe verprasst hat und zum Betteln gezwungen ist. Er streckt sein hübsches Händchen aus, aber weil er sich nur darauf verlässt, ist er schon geschlagen, bevor er sie ausgestreckt hat.

Weisheit ist Schöpferkraft, spontane Kreativität. Konzentration ist der Faktor, dessen Grad von vornherein feststeht. Der Stärkste möge gewinnen, doch dafür muss er kreativ sein und einen erfinderischen Geist beweisen. Wenn es ihm daran mangelt, wird er stets gegen Kämpfer unterer Grade verlieren. Ein Sieg basiert demnach auf der Verschmelzung dieser beiden Faktoren: Es ist das Mysterium unbewegter Weisheit. Wir lassen eine ewige Wahrheit erscheinen, die endlos durch Weisheit erneuert wird. Und da wir Zazen nicht von Weisheit trennen können, müssen diese beiden sich harmonisch vereinen. Wir dürfen dabei weder dem Zazen noch der Weisheit zuneigen.

Natsume Sôseki[2] schrieb: „Lass dich vom Lernen leiten, und du wirst trocken und steif; lass dich von Gefühlen leiten, und du wirst deine Spur verlieren. Was auch immer man tut, das Leben ist schwierig.“ Ich würde sagen, wenn du zu sehr dem Zazen zuneigst, wird dein Leben monoton, und auch wenn dies eine Frage von ewiger und universeller Wahrheit ist, liegt die Sache nicht so einfach. Bist du dem Lernen zu sehr zugeneigt, wird alles kompliziert, und du wirst mit einer Nervenkrankheit enden. Damit das Leben weder monoton noch kompliziert wird, ist der einzige Weg, der zu befolgen ist, wenn wir ihm schon unbedingt einen Namen geben wollen: *satori*.

---

[2] Natsume Sôseki (1867–1916), Autor verschiedener Gattungen, der eine spezifisch japanische Ästhetik wiederbeleben wollte, das menschliche Bewusstsein auslotete und der Einsamkeit und Schwierigkeit des Seins Ausdruck verlieh; zu seinen bekanntesten Werken zählen *Kokoro, Der Tor aus Tokio* und *Ich, der Kater.*

Gelehrte sind wie Apotheker, die Süßholz in der einen Schublade verstauen und Pfeilwurz in der anderen, oder wie Angestellte eines Pfandhauses, die Objekte mit Aufklebern versehen und sie nach Abgabedatum oder ihrem Wert kategorisieren, falls sie einen haben. Gelehrte zerlegen die Komplexität der Dinge, ohne je die Dinge selbst zu erfassen; sie neigen dem Lernen zu, ohne Zen-Konzentration zu besitzen.

Philosophen nennen reine Intuition die Fähigkeit, die es uns erlaubt, direkt die Nicht-Dualität aller Dinge zu erfassen, ohne dass wir der unwandelbaren Nichtunterscheidung oder der wandelbaren Komplexität anhingen. Sie verwenden noch viele andere Ausdrücke, aber weil sie nur in Worten denken, kann ich nicht viel Vertrauen in sie haben. Wie dem auch sei, das Wichtigste ist, unsere eigene Realität direkt zu betrachten und Zen-Konzentration und Weisheit in perfekte Harmonie zu bringen, wobei wir weder in Monotonie noch Komplexität leben sollten. Im Buddhismus nennen wir dies „wahre Freiheit". Im Großen Weisheitssutra heißt es: „Der Bodhisattva, der wahre Freiheit kennt", verweilt nirgendwo, weder in Form noch in Leere, weder im Ego noch im Dharma. So ist der Weg, dem wir folgen.

Zen-Mönche zeichnen diesen Weg, indem sie einfach einen Kreis malen und fragen: „Was ist das?"

Wenn sie ihn ohne Verständnis malen, ist der Kreis bedeutungslos. Doch bedeutende Mönche zeigen den Weg, der weder unwandelbar noch kompliziert ist, indem sie ein einziges undefinierbares Wort verwenden. Man kann die Wahrheit nicht benennen. Kein Ausdruck kann sie fassen, und doch existiert sie in der vollendeten Verschmelzung und perfekten Einheit von Konzentration und Weisheit. Sie ist „so", womit wir auf die Realität verweisen, die nicht benannt werden kann, obwohl sie tatsächlich hier ist.

Es gibt eine interessante Anekdote bezüglich „jemandem". Eines Tages kam ein Besucher zum Tempeltor und klopfte an: „Mach auf!" – „Wer bist du?", fragte ein kleiner Mönch hinter dem Eingang. „Ich bin's. Ich will den Abt sehen." Es war ein Krieger mit straffer Haltung, der häufig den Tempel aufsuchte. Also rannte der junge Mönch schleunigst zum Abt. „Herr! Herr!" – „Was ist los?" – „Äh …" – „Ein Besucher?" – „Es ist jemand …" – „Was für ein jemand? Wie? Menschen haben Namen! Dummkopf, du hast ihn schon vergessen!" Bevor das Tor geöffnet wurde, versteckte sich der Abt in einem Gebüsch, von wo aus er den Eingang durch die Zweige sehen konnte. Auch er hatte den Namen des Besuchers vergessen. „Ja, es ist tatsächlich ‚jemand' …"

Die Natur von „jemand" oder von „was" ist wahrlich eine komplizierte Angelegenheit. Es ist genau dies, was kein Wort und kein Studium erfassen kann. Es ist dies, was man nicht übertragen kann, außer „von Herz zu Herz" oder „von Geist zu Geist". *Wenn Konzentration und Weisheit vollkommen klar sind, versauert man nicht in der Leere.* Mangels eines besseren Wortes wollen wir diese klare Verschmelzung „so" nennen.

Monotonie macht dumm und Kompliziertheit niedergeschlagen, doch wenn man beide verschmilzt, findet man Friede und Stille und fühlt sich dem Alltagsleben gewachsen. Indem man diese Einheit verwirklicht, wird man „so" – zu einem, der die wahre Freiheit zu handeln begreift. Dies ist, was Shâkyamuni vierzig Jahre lang lehrte und sein Leben lang praktizierte.

Die Sprache ist klar und einfach: Ich tue, was getan werden sollte, ich tue nicht, was man lassen sollte. Buddhismus ist perfekte Harmonie ohne Hindernisse, wie der Vollmond. Zugleich ist er von unfassbarer Feinheit, wie diese Verse zeigen: *Das Durchdringen der ursprünglichen Realität und das Durchdringen der Lehre gehen Hand in Hand. Wenn Konzentration und Weisheit vollkommen klar sind, versauert man nicht in der Leere.*

Alles wird mit ein paar Worten gesagt. Es ist zu ein und derselben Zeit *Sandôkai* (Harmonie von Verschiedenheit und Gleichheit), *Hôkyô Zanmai* (Kostbares Spiegel-*samâdhi*) und *Shôdôka* (Lied des Erwachens). Diese beiden Verse enthalten die gesamte Weisheit des Buddhismus.

Mit diesem Verständnis bin ich nicht allein.
Alle Buddhas, so unzählig wie die Sandkörner des Ganges, sind wie ich.
Der Löwe brüllt von der furchtlosen Lehre.
Sie zertrümmert die Schädel der Tiere, die davon hören.
Auf der Flucht verliert der Elefant seine Würde.
Nur der Drache lauscht entzückt in der Stille.

Grundsätzlich ist da nichts

Mit diesem Verständnis bin ich nicht allein. Nur ein Buddha erkennt einen anderen Buddha, weil er das Verständnis Buddhas hat, das nur von Buddha an Buddha übertragen werden kann. Er hat verstanden, dass seine wahre Natur das Universum füllt: *Alle Buddhas, so unzählig wie die Sandkörner des Ganges, sind wie ich.*

Den Weg Buddhas zu praktizieren ist weder monoton noch kompliziert, es ist Alltagsleben in der Einheit von beidem: Leben wird zur Lehre Buddhas und die Lehre Buddhas wird Leben. Alle Buddhas sind von derselben Essenz und erlangen die völlige Verschmelzung von Konzentration und Weisheit. Der Körper aller Buddhas ist das wahrhaftig freie Leben, das alle Knechtschaft los ist.

Diese furchtlose Lehre gleicht dem Brüllen eines Löwen. Sie ist sich ihrer sicher, ohne Zweifel und Zögern. Ein Mensch, der glaubt, es sei vielleicht dies oder vielleicht das, zeigt nicht auf den Weg Buddhas. Wir haben zuvor gesehen, dass ein wahrer Mönch durch eine feste und eindeutige Lehre offenbart wird. Buddhismus heißt, ein Leben zu leben, das direkt auf das klar definierte Ziel zugeht, das man sich gesetzt hat. Wenn Konzentration und Weisheit in perfekter Harmonie sind, dann bleiben wir nicht in der Leere stecken. So ist der Weg des sechsten Patriarchen Hui-neng (jap. Enô): „Grundsätzlich ist da nichts." Dann ist nicht mehr die Frage, ob man die Zeit verschwendet, indem man einen Spiegel abwischt, damit sich kein Staub auf ihm ansammeln kann, oder ob es besser wäre, nicht über dies und jenes zu sprechen.

Die furchtlose Lehre, die der Löwe herausbrüllt, ist der Geist der ewigen Einsamkeit von unfassbaren Tiefen und unbegrenztem, unbegreiflichem Raum, den kein geliehener Begriff ausdrücken kann. Es gibt Dinge, die existieren, aber nicht in Worte gefasst werden können, zum Beispiel der Geschmack von Zucker. Wie soll man diesen in Worten erklären? Zu schmecken ist der einzige Weg. Gleichsam ist es fürs Verständnis notwendig, die Erfahrung von „Grundsätzlich ist da nichts“[1] zu haben. Wer diese Wahrheit offenbart, zerschmettert die Schädel der Tiere, die sie vernehmen.

Heutzutage lassen Buddhologen alles durchs Sieb der Geschichte, der Archäologie und der Linguistik laufen. Nehmen wir an, wir würden ihnen sagen: „Vergesst mal die Linguistik, wendet kein Englisch, Deutsch, Italienisch, Sanskrit oder Pali an. Nur Japanisch. Vergesst die historischen Daten. Und sprecht bitte erst dann von wahren buddhistischen Lehren.“ Dann hätten sie nichts mehr zu bereden. Vielleicht würde sogar der Name „Buddhismus“ verschwinden.

Hat Shâkyamuni seine Familie im Alter von neunzehn Jahren verlassen? Oder mit fünfundzwanzig? Oder mit neunundzwanzig? Das wird heiß diskutiert. Doch was ist daran wichtig, ob er hundert oder tausend Jahre gelebt hat? Lasst sie darüber streiten, ob er vor zweitausendfünfhundert Jahren oder zweitausendachthundert Jahren gestorben ist. Tausend oder zehntausend Jahre – wo ist da die Verbindung zum lebendigen Buddhismus?

Dieser Typ von Disput, der nichts mit der lebendigen Realität des Buddhismus zu tun hat, fällt unter das Stichwort Illusionen. Alle Studien dieser Art, ob auf Deutsch, Englisch, Pali, Sanskrit oder anderen Sprachen, stinken vor Langeweile. Stoppt den ganzen Aufruhr! Der klare, authentische, reine, unveränderte, unbeschmutzte und unerzeugte Buddhismus besagt, dass da nichts ist. Diese ungefertigte, unerzeugte Wahrheit ist die furchtlose Doktrin des Löwengebrülls. Wir können kaum behaupten, der Löwe Shâkyamuni hätte nicht verstanden, sich Gehör zu verschaffen.

---

[1] Jap. *mu itchi motsu,* wörtlich „kein Ding“, bekannter Zen-Ausdruck, der darauf hinweist, dass Phänomene keine Substanz haben.

Für Gelehrte ist charakteristisch, dass sie nur Zahlen und Daten im Kopf haben. Wie die Westler verbringen unsere Forscher ihre Zeit mit dem Tippen auf Rechnern. Sie wurden von den Wissenschaftlern im Westen verhext. In Wahrheit sind ihre Buddhismusstudien schwach und von keinem Nutzen für das Leben der Menschen. Der Buddhismus, den sie fabrizieren, ist himmelweit verschieden vom wahren, lebendigen Buddhismus.

Dennoch sind mir ihre Studien dienlich, und ich mache sie mir oft zunutze. Aber wann immer es möglich ist, rede ich schlecht von ihnen. Ich bin ganz schön eigennützig. Das *Shôdôka* sagt: *„Das Löwengebrüll zertrümmert die Schädel der Tiere, die davon hören."* Gelehrter Buddhismus hingegen zertrümmert niemandes Schädel.

Auf der Flucht verliert der Elefant seine Würde. In der alten Terminologie symbolisierte der Elefant das Hînayâna-Prinzip, also denjenigen, der viel von sich hält und sich nur um sich kümmert. Wenn eine solch naive Seele das Löwengebrüll vernimmt, ist sie bestürzt und schreckt zurück. Sie ist nach dem Bilde Sekkôs gemacht, der eine Leidenschaft für Drachen hegte und ihre Abbilder sammelte, bis er eines Tages vor Schreck erstarrte, als er einem echten Drachen begegnete.

Nur der Drache lauscht entzückt in der Stille. Der Drache symbolisiert die große Disziplin. In diesem Bereich war es vielleicht Seigen oder Nangaku[2] oder Yôka Daishi selbst. Gewiss ist es eine Anspielung auf Enôs Schüler und indirekt auf ihn selbst, da er eine unbeschreibliche Freude erfährt, als er den Löwen den Dharma herausbrüllen hört.

Die furchtlose Lehre ist authentisches Dharma. Wenn du reinen und wahren Buddhismus umarmst, wird eine solche Wonne in dir ausgelöst, dass du dich direkt in ihn werfen willst. Manche Leute, die mir zuhören, denken, ich würde mir einen Spaß mit ihnen erlauben, und sind beunruhigt; doch ich bin nur ein gewöhnlicher Mensch, der lacht und weint, und wenn ich mich über jemanden lustig mache, dann nur über mich selbst.

---

[2] Seigen Gyôshi (chin. Qingyuan Xingsi, 660?–740) und Nangaku Ejô (chin. Nanyue Huairang, 677–744) waren zwei prominente Schüler Enôs (chin. Huineng) und begründeten jeweils bedeutende Zen-Linien.

27

Ich habe Flüsse und Ozeane durchquert, bin über Berge gezogen
und durch Ströme gewatet.
Auf der Suche nach dem Weg habe ich Meister befragt
und Zen praktiziert.
Nun, da ich den Weg Sôkeis gefunden habe,
weiß ich, dass mich Geburt und Tod nicht kratzen.

Den Tod nicht fürchten

Es ist nicht so einfach, den wahren Dharma zu hören und dem rechten Weg zu folgen. *Ich habe Flüsse und Ozeane durchquert, bin über Berge gezogen und durch Ströme gewatet. Auf der Suche nach dem Weg habe ich Meister befragt und Zen praktiziert.*

Daichi Zenji bezeugt dies in einem Gedicht: „Ich bin durch Jiang-Hu gereist und habe immer wieder verweilt." Jiang ist die Abkürzung für Jiangsi und Hu für Hunan. Diese beiden Provinzen liegen südlich des Jangtsekiang, der Nord- und Südchina trennt. Im Japanischen bedeutet der Ausdruck Jiang-Hu, dass ein Novize für hundert Tage zum Zazen in einem Tempel bleibt. Es war Tradition, das Land auf der Suche nach einem Meister zu bereisen.

In unserer Zeit belegen die jungen Leute, selbst wenn sie es hassen, einen Kurs beim Professor, um ein Examen zu bestehen. Das Examen ist ihr einzige Sorge, und sie sind bereit, alles zu ertragen, um ihr Diplom zu bekommen. Früher waren Studenten interessanter. Sie machten sich zu Fuß auf die Suche nach einem Meister, verbrachten die Nacht in einem Tempel, frühstückten dort, hörten sich eine Lektion des Meisters an und sagten: „Tut mir leid, das gefällt mir nicht." Dann zogen sie ohne zu zögern weiter, so wie wir aus einem großen Kaufhaus kommen, ohne etwas gekauft zu haben. Sie schnallten sich ihre Strohsandalen um und begaben sich auf den Weg zu einem anderen Tempel. Fanden sie einen Meister, der ihnen zusagte, blieben sie ihr ganzes Leben bei ihm.

Nun, da ich den Weg Sôkeis gefunden habe: Sôkei spielt auf den Tempel des sechsten Patriarchen Hui-neng an, der lehrte, dass da grundsätzlich nichts ist. Im Sôkei-Tempel hörte Yôka Daishi das

Löwengebrüll, die furchtlose Lehre, und seitdem wusste er, dass Geburt und Tod ihn nicht bekümmern, weil Geburt und Tod nicht existieren. In einem Land, wo es kein Geld gibt, existieren keine Reichen und Arme, weil es Geld ist, dass Arme und Reiche erschafft. In einem Land, wo man nicht geboren wird, tauchen keine Vorstellungen von Geburt und Tod auf. Wenn jemand folglich die materielle Wirklichkeit seines Körpers als leer und illusionär betrachtet, dann gibt es weder Geburt noch Tod. Wenn wir darüber recht nachdenken, dann hat der physische Körper keine wirkliche innewohnende Existenz. Er ist wie ein Traum. Es genügt, sich dessen bewusst zu werden, dann verstehen wir, dass Geburt und Tod sich nicht unterscheiden.

Kanzan Kokushi, Begründer des Myôshinji, bewahrte keine Aufzeichnungen seiner Lehren auf. Als Ingen[1] in Japan ankam, suchte er nach Kanzans Notizen und war erstaunt, keine zu finden. „Wie konnte es passieren, dass niemand seine Lehren aufschrieb?“, fragte er. „Was waren seine wesentlichen Gedanken?“ Sie antworteten ihm: „Er sagte stets, dass weder Geburt noch Tod in uns seien.“ Es ist nicht nötig, noch mehr zu sagen. Wenn in uns weder Geburt noch Tod sind, dann leben wir in einem Land ohne Reiche und Arme, denn Geld existiert ebenfalls nicht. Da ist kein *satori*. Da sind keine Illusionen. Wir sind nicht geboren, wir sterben nicht. Wir haben keine Angst vor der Geburt, wir haben keine Angst vorm Tod. Wir wissen, dass Geburt und Tod nicht unsere Angelegenheit sind.

Dies verstehst du, wenn du Sôkeis Weg gefunden hast.

---

[1] Ingen Ryûki (chin. Yinyuan Longch'i, 1592–1673), Meister in der Lin-chi (jap. Rinzai)-Schule des Zen, der 1654 nach Japan kam und die Ôbaku-Schule begründete; seine Lehren sind in zahlreichen Werken erhalten.

Gehen ist Zen, Sitzen ist Zen.[1]
Reden, Schweigen, Sichbewegen, Ruhen – der Körper ist in Frieden.
Beim Anblick der Schwertklinge bleibt der Geist abgeklärt,
angesichts von Gift gelassen.

Gefahr des Todes

Zazen bedeutet nicht nur die Sitzhaltung. *Redend, schweigend, sich bewegend, ruhend, ist der Körper in Frieden.* Dennoch dürfen wir nicht naiv schließen, dass jedes alte Ding Zen genannt werden kann: Schlaf-Zen, Ess-Zen, Heul-Zen!

Selbst Westler bezeichnen ihren Gott als „Quelle des Lebens". Gott ist der eine, der die ewigen alten Dinge der Vergangenheit wiederbelebt und ihnen ein neues Leben gibt. Unser alter und ewiger Buddha ist ebenfalls immer neu. Wenn wir mit seinem präzisen Geschmack zu unterscheiden lernen, dann schmecken wir so bei jeder täglichen Aktivität. Hat jemand Geburt und Tod transzendiert, dann versteht er, dass Geburt und Tod sich nicht unterscheiden. Er fühlt sich ermutigt, und ob der Körper spricht oder still ist, ob er sich bewegt oder nicht, er verweilt in Frieden.

Es ist nicht schwer, das eigene Leben zu riskieren. Es gibt sogar Liebende, die sich den Tod als Ausdruck ihrer Leidenschaft anbieten. Der Krieger Kamakura Gongorô Kagemasa[2] erwürgte seine Feinde noch mit einem Pfeil in seinem Auge. Sein Freund versuchte, den Pfeil herauszuziehen, doch es misslang. Schließlich trat er Kagemasa mit dem Fuß aufs Gesicht und konnte so den Pfeil entfernen. Doch Kagemasa fauchte ihn an: „Du hast diesen Samurai beleidigt, indem du deinen Fuß auf sein Gesicht gestellt hast!" In dieser Ära war der Tod kein Problem. Krieger dachten, sie sollten im Kampf sterben.

---

[1] Der vollständige Ausdruck lautet *gyô-jû-za-ga,* wörtlich „beim Gehen, Stehenbleiben, Hinsetzen, Niederwerfen" und zeigt, dass Zen unter allen Umständen im täglichen Leben zu praktizieren ist und sich nicht auf die Haltung des Zazen beschränken lässt.

[2] Kamakura Gongorô Kagemasa (geb. 1069) war ein Samurai des Taira-Clans.

Das kann sogar Leuten wie mir passieren. Während des Russisch-Japanischen Krieges gab ich wirklich nichts auf mein Leben. Jedenfalls fühlte ich mich an der Front so. Doch als ich nach Hause zurückkehrte und Zazen praktizierte, wurde mir plötzlich klar, dass ich mich wie ein vulgärer Schwertkämpfer im Stile Kunisada Chûjis verhalten hatte. Keineswegs war ich ein ritterlicher Held gewesen, der der Nachwelt wie Banzuin Chôbei[3] erhalten bliebe, sondern bloß ein Tôken Gonbei, sein Gehilfe. Unter gewissen Umständen wollen wir immer unsere Grenzen ausloten. Weil Menschen es nicht ertragen können, unterlegen zu sein, riskieren sie ihr Leben in Kriegen. Wenn sie gewinnen, tun sie sich hervor und steigern ihre Bedeutung. Ich denke, dies war die wesentliche Motivation der alten Krieger.

Beim Anblick der Schwertklinge bleibt der Geist abgeklärt, angesichts von Gift gelassen. So sollte man dem tödlichen Augenblick begegnen, doch dafür ist es nötig zu verstehen, dass geboren werden und sterben nicht verschieden sind und dass die Urquelle stets weiter fließt. Der Geist wird nur besänftigt, wenn Konzentration und Weisheit in ein klares Ganzes verschmelzen. Ist diese Bedingung nicht erfüllt, befindet man sich schlicht in Todesgefahr.

---

[3] Banzuin Chôbei (1622–1657) war Anführer einer Bande in Asakusa, einem Stadtteil des heutigen Tokio, der oft zum Gegenstand von Geschichtenerzählern wurde; er praktizierte *bushidô,* den Ehrenkodex der Samurai, und war ein ausgezeichneter Schwertkämpfer; er kam bei einem Anschlag im Bad eines Gegenspielers um.

29

Mein Meister ist dem Buddha Nentô[1] begegnet,
als er während zahlloser Kalpa der Asket Ninniku war.

Die Erfahrung von „ohne Ego“

Wir erlauben uns ständig, von der Realität getäuscht zu werden. Wir hassen das Leiden und lieben das Vergnügen, wir hassen Arbeit und lieben Schlaf. Wir befinden uns dauernd auf der Flucht oder verfolgen etwas im Wirbelwind der Aktivitäten. Wir handeln dem stillen Menschen entgegengesetzt, der angesichts von Schwert oder Gift unbewegt bleibt.

Was bedeuten gut und böse? Wenn du eine Mahlzeit mit einem leckeren Gericht beginnst, wirken die darauf folgenden Gerichte flach, doch wenn das erste karg ist, werden die folgenden lecker schmecken. Für sich selbst genommen bedeuten gut und böse nichts. Und doch wollen wir dauernd Spaß haben.

Wie können wir diese Realität im Einklang mit dem Buddha-Dharma leben? Der Mensch ist unglücklich, wenn er all die guten Dinge verliert, an die er sich gewöhnt hat, und glücklich, wenn er das Elend los ist, das ihn so grausam leiden ließ. Nach dem Leiden kommt das Vergnügen, nach dem Vergnügen das Leiden. Warum in alle Richtungen rennen und dem einen entfliehen, das andere suchen? So benimmt sich der gewöhnliche Sterbliche, wo das größte Glück doch genau das ist, sich nicht zu bewegen. So lautet die Lehre der Buddhas der Vergangenheit.

„Mein Meister“ bedeutet hier Shâkyamuni Buddha. Buddhistische Sutren berichten, dass in einer weit entfernten Zeit Shâkyamuni als Asket Ninniku[2] ein Schüler des früheren Buddha Nentô war, bei dem er Geduld und Langmut übte.

---

[1] Nentô (skt. Dipankara), wörtlich „Fackelbrenner“, ein legendärer Buddha, der für die Buddhas der Vergangenheit steht und der Legende nach mindestens 96 Meter groß gewesen sein und 100.000 Jahre gelebt haben soll.

[2] Ninniku (skt. Kshântivâdin-rishi) war der Name Buddhas, als er in einem früheren Leben Askese praktizierte.

Eines Tages sprach Kari, der König des Landes, zum Asketen Ninniku: „Du behauptest, Geduld zu üben. Bedeutet das, dass du niemals wütend wirst, egal, was dir passiert?" – „Genau so ist es", erwiderte der Asket. „Ich besitze die Fähigkeit, alles auszuhalten." – „Wir werden sehen, ob du die Wahrheit sprichst."

Der König ergriff seinen Säbel und hieb Ninniku Hände und Füße ab, dann zerteilte er ihn in fünf Stücke und diese wiederum in kleine Würfel von drei Zentimeter Umfang. In den Texten heißt es, Ninniku sei unbewegt geblieben. Man sollte denken, dass er gestorben sei, nachdem man ihm den Kopf abgeschnitten hatte, doch es heißt, er hätte keine Verletzungen gehabt, selbst als man ihn zu Grabe trug. Wie kann ein solches Wunder erklärt werden? Nur durch die Tatsache, dass der Asket Ninniku „ohne Ego – ohne menschliche Sichtweise – ohne gewöhnliches Bewusstsein – ohne Alter" war. Er war sich also weder seines „Selbst" bewusst noch seines Menschseins, und doch war er keine gewöhnliche, unerwachte Person. Geburt und Tod bekümmerten ihn nicht. Demzufolge hat er – pssst! –, egal, was ihm begegnete, seinen ursprünglichen Zustand wiedererlangt.

Wenn ein Mensch leidet, sich freut, begehrt, flieht, weint, lacht und so weiter, dann kommen seine vier Aspekte ins Spiel: Ego, Körper, gewöhnliches Bewusstsein und Zeit. Der Asket Ninniku war diese vier Hindernisse losgeworden, die die Ursache all unserer Leiden sind, und blieb deshalb unverletzt. Sein Stadium der Konzentration wird „Diamantkonzentration"[3] genannt, oder „ohne die vier Aspekte".

Ein Monster will mich fressen, der Fürst des Todes will mich in seine Höhle ziehen, doch solange ich ohne Ego bin, ohne menschliches Antlitz, kann niemand mich fangen, denn ich bin erwacht und der Tod ist nicht mein Problem. Das ist die unterhaltsame Seite des Buddhismus und seine mysteriöse Kraft.

Es heißt, Shâkyamuni hätte sich eine lange Zeit gedrillt und während unzähliger Kalpa „ohne die vier Aspekte" geübt. Ein Kalpa ist die Zeit, die eine Fee braucht, um einen Steinwürfel von

---

[3] Jap. *kongô-zanmai,* skt. *vajra sâmadhi,* die höchste Stufe der acht Konzentrationen, die von einer totalen Abwesenheit von Hindernissen gekennzeichnet ist und in der nur Unempfindlichkeit und Geistesschärfe verbleiben.

achtzehn Kilometer Umfang abzutragen, indem sie ihn einmal in hundert Jahren mit ihrem Federschweif streift. In diesem Fall sprechen wir von einem Stein-Kalpa, aber es gibt auch das der Mohnblumen. Es beschreibt die Zeit, die es braucht, ein mit Mohnsamen gefülltes Silo von achtzehn Kilometer Höhe zu leeren, indem nur alle hundert Jahre ein Samenkorn herausgepickt wird.

Für Ninniku bedeutete Geduld und Langmut nicht, die Zähne zusammenzubeißen, während Moxa auf der eigenen Haut verbrannt wird. Unsere eigene Praxis ist „ohne Ego, ohne menschliche Sichtweise, ohne gewöhnliches Bewusstsein, ohne Alter". Es ist das Wohlbefinden, das wir spüren, wenn unsere Schultern geschmeidig und entspannt sind.

Mit einer Portion Humor verfasste Fukakusa no Gensei folgendes Sterbegedicht:

> Der Mönch Gensei aus Fukakusa ist gestorben.
> Auch wenn es sich um mich selbst handelt,
> möchte ich mein herzlichstes Beileid ausdrücken.

Eine solche Bemerkung wäre ohne seine tiefe Erfahrung von „ohne Ego" nicht möglich gewesen.

Bei Ryôkan klang das so:

> Seine Vorder-
> und seine Rückseite zeigend –
> ein fallendes Ahornblatt.

Hätte er nicht die Erfahrung von „ohne Ego" gemacht, dann hätte er auch seinen sterbenden Körper nicht mit den fallenden Ahornblättern vergleichen können.

Miura Dôsun[4] hinterließ diese Verse, bevor er *seppuku* beging: „Wenn die Urne zerbricht, werden Sieger und Besiegter zu einem Dreckklumpen." Das ist so gut, wie nichts zu sagen. Ob die Urne

---

[4] Miura Dôsun (?–1516) wurde in einen Kriegerclan geboren, der von den Minamoto abstammte, und nahm an einer Verschwörung gegen den Hôjô-Clan teil, bei der er besiegt wurde.

bricht oder nicht, man ist bereits ein Dreckklumpen. Weiß man das im Voraus, macht man nicht so ein Aufhebens darum.

Wie viele Male wurde ich geboren? Wie viele Male bin ich gestorben?
Geburt und Tod kommen und gehen ohne Ende.

Die Kraft des Karmas und die Kraft der Gelübde

Man sagt, im Tod würde man in die Zyklen der Wiedergeburt eintreten. Wir fragen uns, ob wir als Menschen wiedergeboren werden, doch niemand kann diese Frage beantworten. Wenn ich in diesem Leben Gutes tue, wird mir dann eine angenehme Wiedergeburt zuteil? Es ist das Ego, das diese Frage stellt. Existiert das Paradies wirklich? Es ist der Mensch in seiner Blindheit, der sich darum Sorgen macht. In den obigen Versen begegnen wir Leben und Tod: *Wie viele Male wurde ich geboren? Wie viele Male bin ich gestorben?*

Es gibt zwei Wege, sich dieser Frage zu nähern: sich der Macht des Karma zu überlassen und sich von der Macht der Bodhisattva-Gelübde[1] tragen zu lassen. Ein einziger Fehltritt, und man findet sich im Wasser wieder und droht unterzugehen; ein anderer springt vielleicht hinein, um Geld herauszufischen, das dort verloren wurde und mit dem er jemandem helfen will. Beide sind dann im Wasser, aber der eine durch ein Versehen, der andere freiwillig. Das macht den ganzen Unterschied aus.

Angst vor dem Wasser zu haben ist ein Kennzeichen des Kleinen Fahrzeugs. Es bedeutet, Angst vor Leben und Tod zu haben. Vor langer Zeit schrieb man: „Leben-und-Tod sind der Lustgarten und Spielplatz der Bodhisattvas." Mit anderen Worten, man springt aus eigenem Antrieb ins Leben und in den Tod. Es liegt ein wesentlicher Unterschied darin, ob jemand der Gnade des Karma ausgeliefert ist oder frei handeln kann.

---

[1] *shiguseigan,* die „vier großen Gelübde", die ein Bodhisattva nach dem Zazen in den Klöstern rezitiert: Die Wesen sind zahllos, ich gelobe, sie zu befreien; die Illusionen sind unerschöpflich, ich gelobe, sie zu beenden; die Dharma-Tore sind unermesslich, ich gelobe, sie zu durchschreiten; der Buddha-Weg ist unübertrefflich, ich gelobe, ihn zu verwirklichen.

Die gewaltige Energie, die das Universum erfüllt und die in Wirklichkeit selbst das Universum ist, kann mit einem immensen Ozean verglichen werden. Das Wasser dieser Unermesslichkeit kann, gemäß der Macht des Karma oder der Gelübde, zu einer heilsamen Augenwäsche oder einem tödlichen Gift werden, zu Dampf oder Eis, genau wie Wellen endlos geboren werden und sterben und dabei einzigartig und stets verschieden sind. *Wie viele Male wurde ich geboren? Wie viele Male bin ich gestorben?* Niemand kann das Rätsel des Todes lösen. Als ein Schüler Dôgo Oshô[2] dazu befragte, antwortete er: „Ich werde es nicht sagen, ich werde es nicht sagen."

Ich meine häufig: „Im Großen und Ganzen ist es das …", doch hier organisieren sich die Dinge nicht „im Großen und Ganzen". Gestern kommt vor heute und heute vor morgen und morgen vor übermorgen und so weiter. Jeder Tag ist einzigartig und verschieden. Gewissheit kommt nicht von einem festen und hübsch ausgedachten Konzept. Man kann diejenigen, die den Tod fürchten, nicht mit einer Phrase beruhigen. Es heißt sogar: „Wenn eine Lehre zum fixen Objekt wird, ist sie nicht echt."

Gestern war ich glücklich … heute bin ich unglücklich. Gestern habe ich geweint … heute lache ich.

Zufriedenheit, Traurigkeit, Wohlstand, Elend sind allesamt so unberechenbar wie das Pferd, das den alten Meister Saiô zunächst ruinierte, indem es davongaloppierte, Monate später aber mit einem wunderbaren Vollblüter zurückkehrte. Wenn ich auf meine Kindheit zurückblicke, halte ich sie für bedauernswert. Ich wurde nicht nur in Armut geboren, ich habe meine Eltern schon in jungen Jahren verloren und hatte nicht einmal Adoptiveltern, die sich um mich kümmerten. Ich verbrachte meine Zeit heulend und an meinen Fingern nuckelnd, schloss mich auf dem Klo ein, bis meine Tränen trockneten. Später bin ich mitten im Winter in einem Yukata[3], der mir kaum bis zu den Knien reichte, zur Arbeit in einen Laden gegangen. Um vier Uhr früh stand ich auf, der gefrorene Boden knackte unter meinen Füßen; in der Nacht kehrte ich

---

[2] Dôgo Enchi (chin. Taowu Yuanchi, 769–835): Ch'an-Meister, Nachfolger von Yakusan Igen.

[3] Yukata: dem Kimono ähnliches, aber preiswerteres Kleidungsstück.

bei Mondschein zurück. Dank dieser Umstände habe ich meinen Körper gestählt und hole mir nie eine Erkältung. Für eine gute Gesundheit gibt es keine bessere Erfahrung.

Wenn man durchs Elend geformt wurde, ist die Mehrheit der Leiden kein Leiden mehr. Man kann beinahe alles aushalten und zieht daraus Gewinn. Ein Mensch mit reichen Eltern wird sein ganzes Leben dem Versuch weihen, sein Erbe zu erhalten, und wenn es nur ein bisschen abnimmt, wird er sich seiner Eltern unwürdig fühlen. So wird sein Leben verschwendet sein.

Wenn du arm geboren wirst, hast du auch weniger Sorgen. Ein Stipendium gibt es nur, wenn man eine Waise ist, und in meinem Fall habe ich den Antrag selbst gestellt. Ich hatte ein reguläres dreijähriges Stipendium und habe doch von keinem Unterstützung bekommen. Sie haben mir nicht genug Stifte gegeben, also übte ich auf der Erde, weshalb ich auch so armselig schreibe. Ich hatte auch keine Hefte mit Schreibmustern, weil sie angeblich nutzlos waren. Ist das gut? Ist das schlecht? Die Menschen täuschen sich auf diesem Gebiet, und Eltern sind Idioten. Sie legen Geld für ihre Kinder beiseite, indem sie sich selbst etwas vorenthalten, weil sie befürchten, dass ihre Kinder sie für ihre Vergeudung tadeln werden. Dann geben die Eltern ihren Kindern Geld, und was machen die damit? Sie genießen die Freuden des Lebens, holen sich sofort einen Schnupfen und schniefen herum. Sie haben Begierden und wollen eine Mätresse. Diese Dinge sollten wir bedenken.

Geburt und Tod kommen und gehen ohne Ende. Dank der Kraft der Gelübde lebt der Bodhisattva diesen kontinuierlichen Prozess mit Klarheit und steckt seine überschüssige Energie in den Dienst an anderen. Menschen, die vom Karma geleitet werden, häufen Schulden auf oder sind ständig untreu und schädigen andere. Zu leben, um Menschen zu helfen, oder zu leben, um Menschen zu schaden, sind Pferde von unterschiedlicher Farbe. Wer nichts tut außer Geld leihen, das Leben genießen, seine Gesundheit durch Völlerei ruinieren, Alkohol trinken und auf Pump leben oder Dinge beim Pfandleiher versetzen, der wird vom Strom davongetragen und ertrinken. Er ist es auch, der schreit: „Hilfe! Hilfe!“, aber im Moment, wo ihn das Rettungsboot herausfischt, wütend wird, weil es nicht schnell genug da war. Keiner liebt ihn. Auf der anderen

Seite bedeutet anderen zu helfen, unbegrenzt wiedergeboren zu werden: ihnen Essen spendieren, sie unterrichten, ihnen nützlich sein, ihre Last tragen, sich selbst einfach ernähren und ihnen das Bessere anbieten. So sieht das Leben von einem aus, der von der Kraft der Gelübde geleitet wird.

Geburt und Tod kommen und gehen ohne Ende, so wie am Himmel Wolken dahinziehen, ohne sich zu fragen, was aus ihnen wird, oder sich daran zu erinnern, dass sie nichts daran ändern können. Sie ziehen vorüber, jagen nichts nach und vor nichts davon. Dies ist nicht das Verhalten eines Normalsterblichen, sondern die Praxis der Bodhisattva-Gelübde.

Wie viele Male wurde ich geboren? Wie viele Male bin ich gestorben? Shinran sagte in einem Gedicht: „Der Ferge fährt endlos von einem Ufer zum anderen." Er überquert den Fluss und kehrt zurück. Leben und Tod kommen ohne Ende. Nichts kommt je zu einem Stillstand. Selbst wenn jemand das Bewusstseinsstadium erreicht, in dem Geburt und Tod sich nicht unterscheiden, bedeutet dies nicht, dass alles auf einmal anhält.

Hat Kanzan nicht stets wiederholt: „In uns ist weder Leben noch Tod"? Das ist eine andere Ausdrucksweise für: *Geburt und Tod kommen und gehen ohne Ende.* Leben und Tod sind „der Lustgarten, der Spielplatz" des Bodhisattva, wo er vor nichts flieht, weil er nichts ablehnt, und nichts verfolgt, weil er auf nichts hofft und weil da nichts ist. Es gibt also nichts, wovor man weglaufen, nichts, wovor man sich verstecken muss. Ohne Hindernis und ganz natürlich wird er, je nach Laune der Wellen, vom Strom von Leben und Tod davongetragen.

31

Und doch, wenn jemand plötzlich das Ungeborene versteht,
freut er sich nicht über Lob und ist nicht über Tadel bekümmert.

Unglück wird zu Glück

Was lebt, muss sterben. Wenn es Geburt gibt, gibt es auch Tod. Alles, was erzeugt wird, vergeht. Das Ungeborene und Unerzeugte wurde schon angesprochen: *Wenn eine Verleumdung in dir Hass erzeugt, wie kannst du da die Weisheit und das Mitempfinden des Ungeborenen manifestieren?*

Genau dieses Problem von Leben und Tod führte Yôka Daishi zum Sôkei-Tempel, um den sechsten Patriarchen Hui-neng (jap. Enô) zu fragen: „Leben und Tod sind eine große Angelegenheit. Das Leben ist unbeständig und vergeht schnell." – „Warum erkennst du nicht: Ist Erzeugen im Leben abwesend, dann auch Schnelligkeit."

Um Leben und Tod zu verstehen, ist es wesentlich, das Ungeborene zu erfassen. Im Kapitel „Shôji" des *Shôbôgenzô* präsentiert Dôgen ein *mondô*[1], das sich zwischen Kassan und Jôsan ereignete:

„Wenn Buddha in Leben und Tod existiert, dann existieren Leben und Tod nicht", sagt Kassan[2]. „Wenn Buddha weder im Leben noch im Tod existiert, dann existiert der Irrtum von Leben-Tod nicht mehr", erwidert Jôsan[3].

Dieser Austausch zeigt, wie tiefgründig diese beiden würdigen Kontrahenten das Ungeborene erfahren hatten. Jeder ist so gut wie der andere, nur in ihren Formulierungen unterscheidet sich ihr Verständnis. „Wenn Buddha in Leben und Tod existiert, dann gibt es kein Leben und keinen Tod." Das heißt: Leben ist Buddha, Tod

---

[1] *mondô:* Dialog zwischen Schüler und Meister; wörtlich „Frage-Antwort", der Schüler stellt eine Frage zu einem existentiellen Problem, das ihn umtreibt, der Meister antwortet, indem er alle Theorie und vernunftmäßiges Erwägen meidet, derart, dass im Fragenden eine Antwort aus den Tiefen seines Seins provoziert wird; zahlreiche *mondô* wurden später in Kôan aufgegriffen.

[2] Kassan (chin. Chia-shan, 815–881): Ch'an-Meister.

[3] Jôsan (chin. Ting-shan): Ch'an-Meister.

ist Buddha. Wenn alles Buddha ist, dann haben Leben und Tod keine Existenz an sich. Jôsan meint umgekehrt: „Wenn Buddha weder im Leben noch im Tod existiert, dann gibt es auch den Irrtum von Leben-Tod nicht mehr.“ Das heißt, das Universum selbst ist Leben und Tod, und Buddha kann nicht davon getrennt werden. In einer Welt, in der es nur Arme gibt, existiert kein Gegensatz reich/arm. Deshalb gibt es weder reich noch arm. Ohne Reichtümer keine Armut. Ohne Schönheit keine Hässlichkeit. Ohne Hässlichkeit keine Schönheit. Hässlichkeit erhöht den Wert von Schönheit, und Schönheit hebt Hässlichkeit hervor.

Ohne Begierden keine Abneigungen, ohne Widerwillen keine Präferenzen. Ohne Buddha kein Leben, kein Tod: „Leben und Tod verblüffen mich nicht mehr.“ Wie mal einer sagte, „kam eines schönen Tages dieser Halunke Shâkyamuni in die Welt und setzte den Menschen Flausen in den Kopf“. Er ist derjenige, der den Menschen zu einem Bewusstsein ihrer Fehler verhalf. Der ganze Himmel, die gesamte Erde, das ganze Universum ist Leben-Tod.

Auf einer Konferenz zum Herz-Sutra gab ein französischer Buddhologe bedauerlicherweise dem Wort *„shiki“* aus der Wendung „Form ist Leere“ die Bedeutung „Farbe“.[4] *Shiki* beinhaltet aber die ganze physische Welt, alles, was Form hat, und im Ungeborenen sind das alle Phänomene und nicht nur Farbe. „Form ist Leere“ besagt, dass begrenzte Realität zugleich unbegrenzt ist. Glück ist auch Pech und Armut Reichtum. Der Makrokosmos unterscheidet sich nicht vom Mikrokosmos. Das Gute ist böse und das Böse gut. Der Himmel ist die Erde und die Erde der Himmel. Es gibt keine guten Dinge auf der einen und schlechten auf der anderen Seite. Diese Sichtweise, die das Ganze beachtet, ist sehr feinsinnig. Es ist sehr interessant, die Welt im Lichte des Ungeborenen zu kontemplieren.

Das Ungeborene muss richtig verstanden werden. Wenn da Ungeborenes ist, dann ist da Nicht-Unterscheidung. Wenn da Nicht-Unterscheidung ist, dann gibt es kein Glück und Pech mehr, kein Vergnügen und Leiden, keine Liebe und keinen Hass, weder gut noch böse, weder Geburt noch Tod.

---

[4] Verschiedene *kanji* (Schriftzeichen) werden jeweils als *„shiki“* gelesen, mit den unterschiedlichen Bedeutungen „Form“ und „Farbe“.

Vom Augenblick an, wo jemand das Ungeborene versteht, *freut er sich nicht über Lob und ist nicht über Tadel bekümmert.* Ehrungen bedeuten Ruhm und Reichtum; Schmach bedeutet Scham und Erniedrigung. All dies ist relativ. Die Menschen wollen immer ihr Schicksal kennen, weil sie denken, dass es auf der einen Seite Glück und auf der anderen Unglück gibt. Kaga no Chiyo[5] schrieb diese Verse unmittelbar vor ihrer Hochzeit: „Ich pflücke mir die erste Kakifrucht des Jahres, obwohl ich nicht weiß, ob sie bitter ist." Sie dachte wohl, dass eine Ehe riskant sei, und fragte sich, ob sie bitter oder süß würde. Eine Frau mit solch einer Einstellung zu heiraten dürfte den Bräutigam nicht ganz glücklich gemacht haben.

Glück wird aus Unglück geboren und umgekehrt. Wenn du in einem überheizten Raum schwitzt, holst du dir danach draußen in der Kälte einen Schnupfen; wenn du aber, wie ich, ohne Heizkörper lebst, dann bist du an die Kälte gewöhnt. Glück? Unglück? Ich weiß es nicht. Es gibt sogar Leute, die sich eine Erkältung holen, weil sie zu lange schlafen. Würden sie jeden Tag mutig um drei Uhr nachts aufstehen, wären sie kräftiger und nie krank. Also ist es vielleicht Glück, wenn man nicht in der Lage ist, lange im Bett herumzulungern. Man kann nicht parteiisch Glück und Pech bewerten. Gäbe es keine Freude, dann auch keine Trauer. Wir wollen uns recht benehmen und recht handeln, dann ist es in Ordnung, wenn dies oder jenes eintritt. Wenn du das Unerzeugte verstehst, dann wirst du immun gegen Tadel und Lob. Du suchst nichts, du fliehst vor nichts.

---

[5] Kago no Chiyo (1703–1775), Haiku-Dichterin, die zwei Sammlungen hinterließ: „Gedichte der Nonne Chiyo" und „Lied der Kiefern".

Ich dringe tief in die Berge vor, lebe in einer Klause
unter einer hohen Kiefer auf einem steilen Gipfel über dem Abgrund.
Ich sitze friedlich und sorglos in meiner bescheidenen Bleibe.
Stille Einkehr, heitere Einfachheit.

Weitab von der Welt

Es ist ein Fehler zu denken, die Berge seien ein idealer Ort, um Ruhe zu finden. Ich kenne einen Abt, der diese Wahl getroffen hatte. Er gähnte ständig: „O, wie lange die Tage sind! Wenn bloß mal ein Besucher vorbeikäme und mir etwas Sushi brächte!“ Es könnte eine gute Idee sein, tief in den Bergen zu leben, wären sie nicht von Dämonen heimgesucht, die permanent die Gegend durchstreifen. Schon bald schauen sie herein, und vorbei ist es mit der Einsamkeit. Die Einsiedelei, von der wir nun reden, ist so abgelegen, dass man nicht einmal das Muhen einer Kuh hört, geschweige denn menschliche Spuren sieht. Dôgen Zenji sagte: „Der Staub der Welt erreicht sie nicht.“ An diesem Ort fällt still der Schnee und der Mensch ist bewegungslos.

Was für eine Welt ist dies? Eine Welt, in der ein Mensch tief in den Bergen mit sich alleine ist, wo er sich weit von den Geräuschen und Handlungen des Alltags zurückgezogen hat. Eine Welt, in der er niemanden trifft. Wenn man von einem isolierten Ort spricht, denke ich immer an ein Klo. Auch das ist der Berg. Keiner da, keine Verbindung zu irgendjemandem. Allein mit sich selbst. So ist der Weg authentischer Religion. Wenn wir jemandem von Angesicht zu Angesicht gegenüberstehen, betreten wir die Bühne und spielen eine Rolle. Das Meiste tun wir unter den Augen anderer, doch der Ort, wo dich niemand sieht, wo du dich mit dir selbst auseinandersetzt, das ist dein abgelegener Berg.

Es gibt keinen Grund mehr, deine Eltern, deine Kinder, deine Frau anzulügen. In dem Moment, wo du andere nicht mehr belügen kannst, bist du du selbst. Du bist tief in den Bergen, wenn du dich selbst nicht mehr belügen kannst, und dieses „Selbst“ kann dich nicht länger täuschen. Daichi Zenji sagte: „Wo auch immer du sein magst, wenn es Nicht-Denken ist, dann ist dies der Berg. Egal, wo sich dieser blaue Berg befinden mag, du bist daheim." Dies ist genau die Bedeutung von *tief in die Berge vordringen.* Ein solcher Ort muss nicht isoliert sein oder fernab von allen Geräuschen. Inmitten der Ginza, im Bus, im Zug – was macht das für einen Unterschied? Man setzt sich mit sich selbst auseinander und lässt nicht locker!

In der Universität kenne ich nicht einmal die Namen der Studenten. Es macht mir nicht viel aus, dass die vermeintliche Antwort, die sie mir geben, von einem Stellvertreter kommen könnte. Ich lasse es geschehen. Ich kümmere mich nicht um den Wahrheitsgehalt der Unterschrift auf der Anwesenheitsliste. Sie dürfen auch Geräusche machen. Obwohl sie ihren Professor an der Nase herumführen können, gelingt das nicht mit ihren Kommilitonen. Wenn jemand Aufmerksamkeit will, täuscht er seine Kameraden nicht, denn die würden ihn dafür verachten. Genau wie an der Börse würde niemand seine Aktie kaufen. Wer aber von seinen Kameraden geschätzt wird, wird an Bedeutung zunehmen, und das kann man noch toppen, wenn man durch die Übung des Zazen Ruhe und Ausgeglichenheit erlangt.

Wir sollten in der Lage sein, tief in die Berge einzudringen, wo immer wir sind, selbst in einem Zug. Das Klo ist nicht der einzige Ort, an dem wir Abgeschiedenheit finden und ganz wir selbst sein können. Diese Berge sind überall. Ist jemand ohne Geburt und ohne Gedanken, dann sucht er nichts. Da ist keine Freude und keine Trauer mehr, weder Anziehung noch Ablehnung. Wenn die Dinge nach wie vor aufgeteilt werden in das, was man liebt, und das, was man nicht liebt, dann entspricht das dem Dorf, nicht den abgelegenen Bergen.

Unter einer hohen Kiefer auf einem steilen Gipfel über dem Abgrund: Das Bild einer Klippe evoziert Höhe, das eines Abgrundes Tiefe. Die Menschen benötigen beides, Höhe wie Tiefe. Soundso ist ein guter Redner, aber nicht tiefgründig, aber ein anderer wird für seine profunden Ansichten geschätzt. Der Grund dieser Tiefe sollte nicht sichtbar sein. So ist der Weg Buddhas, von unbegrenzter Höhe und unauslotbarer Tiefe. Diese prachtvolle Aussicht eignet sich gut zum Insichgehen. Sie könnte Gegenstand eines Gemäldes sein, das einen sehr hohen Berg durch helle Wolken um den Gipfel andeutet und ein tiefes Tal durch Nebelschleier. Zwischen den beiden ist eine große Kiefer zu sehen, an deren Fuß ein Meister sitzt. *Unter einer hohen Kiefer auf einem steilen Gipfel über dem Abgrund sitze ich friedlich und sorglos in meiner bescheidenen Bleibe.* Mir hat mal jemand erzählt, dass er das erlebt hat und sich dabei eine Erkältung holte. Wenn man so in die Berge zieht, ist es ja auch kein Wunder, dass man mit leerem Magen wieder heim kommt. Wo auch immer du bist, solltest du „unter einer Kiefer auf einem steilen Gipfel in Stille sitzen“. Solcher Art ist die Würde, die man nicht beschreiben kann.

Eine einzige Mission

Kein Geräusch erreicht die Person, die in rechter Haltung sitzt, bei der die Knie auf den Boden gedrückt sind: *Stille Einkehr, heitere Einfachheit.* Die Menschen sind ständig am Machen. Sie benehmen sich, als würden von allen Seiten Feuerwerkskörper abgeschossen und als wüssten sie nicht, wohin mit sich. „Ich hab keine Zeit … bin beschäftigt … bin ausgelastet …“ Ihr Kopf ist voller Widersprüche, und sie nehmen sich nie die Zeit, das in Ordnung zu bringen. Je komplizierter die Welt wird, desto wichtiger wird es, sie zu vereinfachen, zu vereinen und ihre grundlegende Einheit wiederzuentdecken.

Wenn du dich fragst, warum du isst oder Alkohol trinkst, antwortest du: „Weil ich es will, das ist alles.“ Die meisten Menschen wissen nicht einmal, warum sie handeln; darum ist ihr Leben unzusammenhängend. Das ist wie bei einem Verrückten, der lacht und weint, ohne zu wissen, warum. „Ich hab es gemacht, weil ich es so wollte … ich bin da hin, weil ich Bock drauf hatte …“ Dies ist das Verhalten eines Kindes.

Ich sitze friedlich und sorglos in meiner bescheidenen Bleibe. Stille Einkehr, heitere Einfachheit. Sawaki isst, um Zazen zu machen, er schert sich das Haupt und trägt die *okesa*, um seinem Zazen mehr Kraft zu geben. Das ist alles. Er praktiziert Zazen und bringt andere dazu, Zazen zu üben. Er besitzt nur einfache, unverzichtbare Dinge. Der Rest ist nur Geschwätz, selbst wenn man ein Jahr oder ein Jahrhundert lang darüber redet.

Wenn sie Texte studieren, werden manche Menschen seltsam: „Dieses Zeichen bedeutet dies … und jenes das … also heißt dieser Satz …" Dann sprechen sie über wundervolle Dinge, die weder ich noch sonst jemand versteht. Sie arbeiten so viel, dass keine Zeit für Zazen bleibt. Sie essen nicht mehr und füllen ihre Mägen mit ihren Studien. Sie sagen: „Es ist nicht einfach, Zen zu erklären, also müssen wir schwierige Texte übersetzen." Mit vor Aufregung hochrotem Kopf verbringen sie die Nacht mit Studien und den Tag mit Diskussionen. All dies ist nutzlos. Man braucht nur eine Sache im Kopf behalten: In der Stille und jede Aufregung meidend müssen wir unsere einzigartige und schlichte Mission erfüllen: *Ich sitze friedlich und sorglos in meiner bescheidenen Bleibe. Stille Einkehr, heitere Einfachheit.*

Nachdem er seinen Fürsten wegen einer Beleidigung gerächt hatte, zog sich Ôishi Yoshio[1] in den Senkakuji zurück und erklärte: „Nie hat ein Schatten des Zweifels die Reinheit meiner Absichten bedeckt." Die Situation erforderte seine Selbsttötung durch *seppuku.* In diesem Wissen tat er, was getan werden musste, bei vollem Bewusstsein und mit zielgerichtetem Geist, ohne die Risiken abzuwägen oder diesen entfliehen zu wollen. Wessen Geist voller Widersprüche ist, der lebt in Angst. Wo aber Gedanken vereint sind, da wird alles einfach: Ich habe ein bisschen Geld? Gut. Etwas zu essen? Schön. Sie bieten mir Pokale und Medaillen an? In Ordnung. Die Ansprachen, die dazugehören? Okay. Lasst uns diesen Schnickschnack als das annehmen, was er ist.

Dagegen gibt es etwas, das äußerst wichtig ist, selbst wenn sonst alles im Leben schwinden sollte, etwas, dem alle Aufmerksamkeit gehört: Friedlich und zufrieden weilt der Mönch in der Stille seiner Klause. Wer diese Einheit nicht findet, ist stets unglücklich.

---

[1] Ôishi Yoshio (Ôishi Kuranosuke, 1659–1703) führte die berühmten 47 Samurai an, die *seppuku* begingen; sein Fürst Asano hatte in der Edo-Burg Kira Yoshinaka nach einer Beleidigung mit seinem Schwert niedergeschlagen und war deshalb zum Tode verurteilt worden; Yoshio und 46 weitere Krieger beschlossen, ihren Herrn zu rächen, töteten Yoshinaka und waren dann zum gleichen Tod wie ihr Herr verurteilt.

Niemand weiß, warum wir als Menschen geboren wurden. Eltern bringen uns zur Welt, daran können wir nichts ändern, und nun sind wir hier. Wie bei den Vögeln sammelt das männliche Wesen die Nahrung ein, und das weibliche sitzt auf den Eiern. Wenn die Wärme ihre Wirkung getan hat – piep! piep! –, schon fliegt das Kleine davon. Tiere sind nicht ganz verschieden von uns, wir sind bloß ein bisschen komplizierter. Der Mensch ist das Tier, das raucht, sonst nichts. Er würde nicht mehr im Kummer leben, wenn er einen einzigen Ort hätte, wo er in Stille und Gleichmut verweilen könnte. Dies wollen wir als das große Ziel ansehen, für das wir geboren wurden und leben.

Kusunoki Masashige[2] wollte nicht sterben, als er auf dem Schlachtfeld *seppuku* beging, doch weil der Kampf verloren war, hatte er seine Verpflichtung gegenüber dem Kaiser Go-Daigo nicht erfüllt. Für einen loyalen und aufrechten Mann wie ihn, der vollkommen mit sich eins war, gab es nur eine Möglichkeit: sich das eigene Leben zu nehmen. Dies war beispielhaft. Masashige wird auf ewig in der japanischen Seele fortleben.

---

[2] Kusunoki Masashige (1294?–1336) nahm am gescheiterten Aufstand von 1336 teil, den Kaiser Go-Daigo gegen die Shogunats-Regierung angezettelt hatte, und beging auf dem Schlachtfeld *seppuku;* seine Loyalität und Integrität wurden bis zum Ende des 2. Weltkrieges oft als beispielhaft zitiert.

33

Wenn wir erwachen, begreifen wir, dass Verdienste nicht existieren.
Alles ist von der bedingten Welt verschieden.

Jeder in der ersten Reihe

Schon zu Beginn des Gedichtes sind wir dem Sinn obiger Zeilen begegnet: *Wenn wir zum Dharma-Körper erwachen, gibt es nichts mehr.* Zu erwachen bedeutet, sich seiner selbst bewusst zu werden, der eigenen wahren Realität. Unsere höchste Mission ist, uns selbst zu verstehen. Unser Ziel ist, ein wahrer Mensch zu werden: *Dieser stille Mensch des Weges, der Erwachen erlangt und Grübeln wie Gehabe aufgegeben hat.* Dieser wahre, freie und unabhängige Mensch geht mit sicherem Schritt und folgt der universalen Ordnung. Er weiß, dass eine Suche mit Blick auf Verdienste eine fruchtlose Anstrengung ist. Seine persönliche Mission ist nicht in der flüchtigen Natur bedingter Phänomene enthalten.

Bedingte Realität bestimmt unser Handeln: Eine Tat setzt die Aussicht auf Gewinn voraus, der Gewinn führt zur Tat, genau wie die Ehren an diejenigen ganz oben in der Hierarchie gehen. So leben wir im Spiel um illusorische Werte.

Bedeutet ein Ehrenplatz, dass einer bemerkenswerter ist als ein anderer in der letzten Reihe? Wir wissen nicht, woran sich Geschichte in zehntausend Jahren erinnern wird. Vor dreihundert Jahren wusste man das genauso wenig. Als der Krieger Teraoka Heizaemon sagte: „Ich verdiene nur ein *go,* aber ich bin ein Krieger", war er ein wahrer Mensch, der nicht nach Verdienst verlangte und dessen Geist in Frieden war. Hätte er auch nur ein *go* mehr begehrt, wäre er ins System des Bedingten eingetreten. Mit dem eigenen Los unzufrieden sein bedeutet, jeden Tag einen Marathon zu laufen. Wenn jemand friedlich und zufrieden lebt, *sorglos in seiner bescheidenen Bleibe,* dann denkt er nicht, dass Soundso hervorragend ist, weil er einen höheren Lohn erhält, oder dass ein anderer ein Nichtskönner ist, weil er nichts bekommt. Alle Menschen sitzen ausnahmslos in der Loge: Jeder Mensch ist Buddha.

Ein Geschenk, das man aus dem Wunsch macht,
in hohen Gefilden wiedergeboren zu werden,
ist ein Pfeil, der in den leeren Himmel geschossen wird.

Nur den Weg suchen

Die vorhergehenden Verse zeigten klar die Bedingungen des Gesetzes vom Nicht-Handeln auf: *Wenn wir erwachen, begreifen wir, dass Verdienste nicht existieren.* Dieser Satz ist unmissverständlich: Es ist unnötig, nach Verdienst zu streben. Wenn man etwas zu erlangen hofft – Gewinn, Profit, Vorteile –, dann unterwirft man sich dem Gesetz des Handelns: Du liebst, du liebst nicht, du fliehst, du verfolgst. Du rennst einem Mädchen hinterher, flüchtest aber vor ihrer Mutter. Wenn du wirklich du selbst bist, dann wirst du dich nicht in solch aberwitzigen Situationen wiederfinden! Einfach so sein, wie man ist, so ist das Gesetz des Nicht-Handelns. Es geht gewiss nicht darum, *„Namu Amida Butsu ... Namu Amida Butsu"* zu rezitieren, damit man nicht in die Hölle kommt, während man die Auberginen des Nachbarn verschlingt. Einfach so sein, wie man ist, heißt, ohne den Geist des Profits und Erlangens zu handeln, ohne ein höheres Motiv der Bereicherung, so wie die Nase die Nase ist, die Augen die Augen, der Mund der Mund und der Nabel der Nabel.

Das „mit einem Wunsch verbundene Geschenk" in obigen Versen ist eine Vereinfachung, die der poetischen Form des Textes geschuldet ist, und bedarf einer Erklärung. Hier betrifft sie die sechs Vollkommenheiten oder Tugenden, die vom Bodhisattva verkörpert werden: Geben, Verhaltensregeln, Geduld, Energie, Konzentration und Weisheit. Da sie untrennbar sind, zitiert Yôka Daishi nur die erste, doch jede Vervollkommnung, die mit irgendeiner Absicht betrieben wird, fällt unter das Gesetz des Handelns.

„Warum befolgst du die Regeln?" – „Weil ich nicht in die Hölle kommen will." Wir wissen nicht, was nach dem Tod passieren wird, aber sollten wir in die Hölle müssen, wird es dort schon in Ordnung sein. Für einen befriedeten Geist gibt es keinen schlechten Ort. Nur weil wir uns vor der Hölle fürchten, wollen wir ins Paradies. Doch was wissen wir schon über Himmel und Hölle? Beide sind Ausgeburten menschlichen Denkens ohne absoluten Wert. Der Mensch existiert innerhalb zufälliger Umstände und weiß nicht, wohin er geht. So ist die Lage des Menschen.

Wenn jemand dir im Namen des Buddha-Dharma anbietet, dich für zehntausend Yen irgendwohin zu bringen, kannst du dir sicher sein, dass er mehr an deinem Geld als am Buddha-Dharma interessiert ist. Geben, das in der Absicht geschieht, etwas zu erlangen, verweist darauf, dass eine Praxis, eine Moral oder eine Handlung sich als nützlich und effizient erweisen soll. Da führt jemand Buch. Er bewertet Geben, Verhaltensregeln, Geduld, Energie, Weisheit und Konzentration und rechnet sich dann ihren Nutzwert aus. Was ist effektiv? Meine Antwort ist, keinen Profit anzustreben. Alle Sutren wiederholen das ständig. Am Anfang verrannte sich Shâkyamuni selbst, indem er sich in Askese übte, um Tugend zu erlangen. Sein Versuch scheiterte, weil er nach einem Gewinn strebte. Darum betonen die Schriften diese Gefahr.

Im Buddha-Dharma geht es nicht darum, sich damit abzumühen, eine Geliebte zu verführen oder in der Gesellschaft aufzusteigen. Hat jemand auch nur die Spur von Profit im Hinterkopf, ist das nicht der Buddha-Dharma. Jede Handlung wird zu einer bedeutenden – so lächerlich sie auch erscheinen mag –, wenn sie wahrhaftig geschieht, ohne den Wunsch etwas zu erlangen, ohne an sich selbst zu denken, sondern indem man das eigene Ego abwirft. Meistens handeln die Menschen jedoch nur aus Eigeninteresse.

Wir anderen handeln nicht des Geldes wegen, selbst wenn wir nichts zu essen haben. Wir werden unsere Spur nicht verlieren, selbst wenn wir des Hungers stürben, denn wir hängen weder am Geld noch an Leben oder Tod. Das heißt nicht, dass wir das Leben ablehnen, sondern dass wir ohne Rücksicht auf unser Ego handeln. Es ist interessant, die Augen des Berges auf uns und unsere Gedanken zu richten. Der Berg sagt mir nicht: „He, du da unten, Sawaki! Du bist echt klasse!“ Weder bewundert er mich noch mäkelt er an mir herum. Dôgen Zenji sagte: „Der Schüler des Buddha-Dharma muss hart daran arbeiten, nicht nur für sich selbst zu praktizieren.“ Dann ergänzte er: „Man darf den Buddha-

Dharma nicht mit dem Ziel praktizieren, daraus Vorteile zu ziehen."

Wofür ist Zazen gut? Auf diese ewige Frage antworte ich: „Zazen ist für nichts gut." Wer diese Frage stellt, kehrt natürlich nicht zum Zazen zurück, doch das ist egal, denn er wird immer ein Nichtsnutz bleiben. Dôgen meinte auch: „Man darf den Buddha-Dharma nicht praktizieren, um ein Wunder zu erfahren." Auch wenn wir uns darüber lustig machen, haben wir seit unserer Kindheit Wundergeschichten gelesen und angefangen zu träumen: „Wäre es nicht toll, als ein ganz anderer in dieser Welt wiederzukommen?"

Die *Jâtaka*[1]-Legenden haben ungewöhnliche Geschichten aus den Vorleben von Shâkyamuni in Bezug auf die Gebefreudigkeit überliefert. Prinz Satta[2] bot seinen Körper einer hungrigen Tigermutter und ihren Jungen dar. Sessan Doji hörte die erste Hälfte eines Gedichtes über Unbeständigkeit und opferte seinen Körper einem Dämon, damit dieser auch die zweite Hälfte des Gedichtes rezitierte. Es lautet:

> Alle bedingten Dinge sind unbeständig.
> Dies sind die *dharma* des Entstehens und Vergehens.
> Wenn sowohl Entstehen als auch Vergehen schwinden,
> wird diese stille Auslöschung Nirwana genannt.

Sind das nicht erstaunliche Geschichten? Diese Leute suchen den Weg so leidenschaftlich, dass sie dabei ihren eigenen Körper aufgeben, ohne an ihrem Leben zu hängen.

Als Prinz Fuse in die Berge ging, hatte er alles hinter sich gelassen: Frau, Kinder, Besitz und seine hohe Stellung. Er entsagte allem, aber nicht, weil er etwas erlangen wollte, sondern einfach, weil er sich seiner wahren Natur bewusst geworden war. Solange die eigene Praxis nicht von materiellem Gewinn unabhängig ist, kann sie nicht Buddha-Dharma genannt werden.

---

[1] *Jâtaka* (skt.): „Geburtsgeschichte", moralisch-lehrreiche Geschichten aus den Vorleben Buddhas; im Suttapitaka Teil des Palikanons.

[2] Satta (skt. sattva) oder Makasatta war Buddhas Name in einer früheren Existenz, von der im *Konkômyô Saishôô* („Sutra des goldenen Lichtes") erzählt wird.

Der Kreislauf der Sechs Wege

Wir lehnen die Barbarei ab und wollen zu Kultur und Zivilisation aufsteigen. Am Fortschritt zu arbeiten ist ein mit einem Wunsch verbundenes Geschenk. Die sechs Wege oder sechs Bestimmungen sind die sechs Grade menschlichen Fortschrittes, nämlich: Hölle, Gier, Tierhaftigkeit, das Stadium der Wut, das Stadium des Menschen und zeitweilige Glückseligkeit. Darunter existiert massive, bewegte Magma, darüber reine Klarheit, doch diese beiden Extreme sind jenseits der Norm und gehören nicht zu der Welt, in der sich das Rad des Lebens dreht.

Die untere Ebene ist zum Beispiel die eines kleinen Kindes, das barfuß im Matsch herumtrampelt, ohne an etwas Böses zu denken, oder mit schmutzigen Schuhen auf eine Tatami läuft. Darin ist es einer Katze ähnlich, doch sobald es älter wird, ist solch ein Verhalten nicht mehr statthaft, und es wird dafür getadelt. Wir haben dauernd den Wunsch, zu erziehen und das Benehmen zu kontrollieren. Wir betreiben ständig Augenwischerei, weil wir ans Prinzip der Zivilisation glauben.

Wenn wir geben, geschieht es nicht ohne Hintergedanken. Es heißt, ein Samenkorn könne sich zehntausendfach vermehren, ein Hirsesamen Hunderte weitere Samen hervorbringen; jetzt also etwas zu entbehren würde später hundertfach belohnt. Dies bedeutet, mit Hintergedanken zu geben. Indem man Barbarei unterdrückt und sich zu einer zivilisierteren Gesellschaft entwickelt, erhebt man sich auf eine höhere Ebene. Wir wollen dem Leiden des Höllenstadiums entfliehen, in dem unersättliche Begierden und Brutalität herrschen, und in einer idealen Welt leben, die unübertroffen rein ist. Zu den Armen sagen wir: „Arbeitet! Arbeitet! Dann wird etwas aus euch werden. Ihr werdet Spaß haben und gut essen." Dann arbeitet einer bis zum Umfallen, um was auf die Seite zu legen. Die Gesellschaft wird reicher, und am Ende ist keiner mehr da, um das Unkraut zu zupfen, das die Reisfelder übersät. Was nun?

So wie die Augen einfach die Augen sind, so ist der Mund der Mund und der Nabel der Nabel, und ein Farmer muss ein wahrer Farmer, ein Buchhalter ein wahrer Buchhalter sein, die Sekretärin sich um die Korrespondenz kümmern und der Kämmerer Belege und Ausgaben im Blick behalten.

Die Zivilisation dreht sich im Kreis und führt in Sackgassen, wie ein armer Mann, der jedes Jahr die heißen Quellen genießen will. Er spart etwas Geld, Münze für Münze, während er sich bei der Arbeit tiefe Schnitte in seinen Händen zuzieht. Dann reist er zu den Quellen, doch so groß sein Vergnügen auch sein mag, es hält nicht an und sein Geld geht zur Neige. Er muss wieder nach Hause und arbeiten, und wieder schuftet er sich ab, um im nächsten Jahr erneut verreisen zu können.

Das ist das Problem mit Geben aus Eigeninteresse. Wir gestatten uns einige Umstände, solange wir für unsere Bemühungen belohnt werden. Wir rechnen uns aus, dass das Befolgen der Verhaltensregeln anständig vergolten wird. Auch Geduld und Zazen erzielen gute Resultate. Wir kalkulieren, wie wir am günstigsten ins Paradies kommen, und ertragen, was nötig ist, um unser Ziel zu erreichen. Doch schon bald geht uns das Geld aus, die Reise ist vorbei und wir kehren nach Hause zurück. Es ist wie mit einem Ballon, der trotz beim Start guter Befüllung nicht endlos in die Atmosphäre aufsteigt. Es kommt stets der Moment, wo er weich wird und herabfällt. Genau wie ein Pfeil, den man gen Himmel schießt und der bis zum Umkehrpunkt aufsteigt, aber schließlich doch wieder herunterfällt. *Ein Geschenk, das man aus dem Wunsch macht, in hohen Gefilden wiedergeboren zu werden, ist ein Pfeil, der in den leeren Himmel geschossen wird.* Ein Geschenk, das bedingt gegeben wird, ist eine Investition in zukünftiges Glück, doch wie ein Pfeil fällt sie wieder auf die Erde zurück.

35

Wenn seine Energie verbraucht ist, fällt er auf die Erde zurück und riskiert, eine unerwünschte Wiedergeburt zu provozieren.

Das Verdienst der Gabe

Viele Menschen verwechseln den Buddha-Dharma mit Morallehre. Der Buddha-Dharma und seine Praxis sind unbegrenzt. Wollen wir einen Nutzen aus unserer Praxis ziehen, dann begrenzen wir sie, wodurch sie nicht länger der Buddha-Dharma ist. Es heißt, Menschen seien sehr interessiert daran, aufzusteigen, und zögerten mit dem Abstieg. Sie lieben das Hohe, aber das Niedere nicht. Aber selbst wenn du *Namu Amida Butsu* rezitierst, musst du es ohne Ziel tun, ohne den Wunsch nach einer hohen und ohne Furcht vor einer niederen Wiedergeburt, genau wie es illusorisch ist, Zazen mit dem Ziel zu praktizieren, etwas erlangen oder vermeiden zu können.

Das Verdienst der Gabe wird mit einem Gleichnis im *Maka Kashôdo hinnyo-gyô* illustriert. Der ehrwürdige Kâshyapa[1] war gekommen, um eine Versammlung von Armen über den Buddha-Dharma zu belehren. Er legte ihnen das Prinzip der Armut dar: „Ihr seid arm, weil ihr in eurem früheren Leben geizig wart, und eure Armut wird noch größer, weil ihr Neid empfandet." Der ehrwürdige Ânanda lehrte den Dharma reichen Bürgern und erzählte ihnen, ihr Reichtum sei die Frucht eines tugendhaften Vorlebens, und um ihn nicht einzubüßen, sollten sie Spendenfreudigkeit praktizieren.

Kâshyapa schaute sich die Menge an und suchte nach den Ärmsten darunter. Wenn einer mit den Armen zu tun hat und selbst in einer besseren Position ist, dann bringen ihm deren Gaben nicht

---

[1] Kâshyapa oder Mahâkâshyapa (skt., jap. Daikashô): einer der bedeutendsten Schüler Shâkyamunis, der für seine asketische Disziplin und moralische Strenge angesehen war und der Glaubensgemeinschaft nach dem Tode Buddhas die Richtung vorgab; wird als erster Patriarch der indischen Linie angesehen; war der Sohn eines reichen Brahmanen, der auf Wunsch der Eltern heiratete, aber die Ehe nicht vollzog, sondern mit seiner Gattin ordinierte.

viel. Er schaute nach rechts, nach links – nichts als arme Menschen! Schließlich erkannte er eine faltige, halbtote Alte, die schmutzbedeckt und ohne einen Fetzen Kleidung am Leib war. Ihr nackter Körper bot keinen schönen Anblick, und ihr Herz schlug kaum noch.

Kâshyapa blieb vor der alten Frau stehen. „Himmlischer Meister …", sagte sie zu ihm. In hundert Millionen Kalpa hatte sie nicht so ein Gefühl gehabt, und ihr kam der Gedanke, dass sie ihm so gern eine Gabe gereicht hätte, wäre sie nur eine Konkubine oder etwas ähnliches. Kâshyapa mit seinen übernatürlichen Kräften verstand die Gefühle der Frau genau. Er beschloss, seine magischen Fähigkeiten einzusetzen: Er drückte auf die Tube und – schwupps! – stand er neben ihr. Die Alte war von Freude erfüllt. Noch einmal drückte er auf die Tube und erhob sich plötzlich in die Lüfte. Er schlug Salti wie ein Blatt, Looping auf Looping. Flammen und Wasser spritzten von seinem Körper, eine sehr ausgefeilte Technik namens „oben Feuer – unten Wasser". Dann stürzte er sich in die Tiefe und landete wieder direkt neben der alten Frau.

Angesichts dieses unvorstellbaren Spektakels war sie in Ekstase geraten, als hätte himmlische Gnade sie erfasst. In Glückseligkeit getaucht, war sie überwältigt vor Dankbarkeit. In diesem Moment drückte Kâshyapa erneut auf die Tube und fragte sie: „Nun, Großmütterchen, willst du mir nicht eine Gabe darbringen?" Die Alte war so bewegt, dass es ihr den Atem raubte. „Das würde ich gern tun, aber wie Ihr seht, habe ich nicht mal einen Fetzen Stoff am Leib, geschweige denn ein Reiskorn zum Essen." Neben ihr stand in einer angeschlagenen Schale sauer stinkende Reissuppe, in der sich Insekten tummelten. Beim Anblick der Schale meinte Kâshyapa: „Warum bietest du mir nicht diese Suppenschale an?" – „So einen widerlichen Fraß würdet Ihr annehmen?" – „Na klar", antwortete er.

Mit zitternden Händen übergab sie ihm die Schale. Der Ehrwürdige nahm die Gabe entgegen und fragte sich, was er nun tun solle. „Wenn ich sie mitnehme, wird die Alte denken, ich hätte sie am Straßenrand entsorgt, und sich erniedrigt fühlen. Also gut, runter damit!" Und vor den Augen der Alten trank er die Schale in einem

Zug leer. „Ich bin dir unendlich dankbar“, sagte er zu ihr, und im gleichen Augenblick hauchte sie ihr Leben aus.

Zu genau dieser Zeit wurde eine Prinzessin im Königreich der Himmel geboren. In der himmlischen Welt geht die Geburt schmerzlos vonstatten, man wird wie ein Gespenst geboren. Plötzlich erstrahlte also eine übernatürliche Gestalt in einem Lichtermeer und parfümierte die Luft mit feinen Düften. Die Vasallen, die das sahen, rätselten über ihre Herkunft: „Ich frage mich, wer ihre Eltern sind?“ – „Sie ist sicher von edler Abstammung.“ Sie blickten wieder in die Höhe, konnten aber nichts mehr sehen. „Dann ist sie wohl doch ganz gewöhnlich.“ Dann senkten sie ihren Blick zum Horizont, doch ohne Erfolg. „Vielleicht ist sie eine Adlige aus der Menschenwelt?“ Also stürzten sie sich in die Menschenwelt herab, fanden aber nichts. „Vielleicht ist sie eine Bürgerliche?“ Wieder nichts. „Könnte sie gar aus der niedersten Gesellschaftsschicht stammen?“ Genau so war es. Sie entdeckten, dass sie von einer alten Frau abstammte, die nur Dreck als Kleidung trug. Daraufhin geleiteten die himmlischen Vasallen die Prinzessin zur Erde und brachten sie dazu, den Lehren Shâkyamunis zu folgen.

Nur die Gabe, die uneigennützig erfolgt, trägt Verdienst. Man bekommt den Eindruck, dass der Geist des Gewinnstrebens in China entwickelter ist als in Japan. In Japan notiert man beispielsweise bloß die Summe einer Geldspende in den Tempelbüchern, während in China der Name des Staatsministers, der Geldbetrag und der Name des Spenders aufgeschrieben werden. So ein Geschenk schreit natürlich nach einer Belohnung. Das Verdienst des Buddha-Dharma liegt freilich darin, ohne Ziel und ohne einen Erwerbsgeist zu praktizieren. Man ist an so etwas schlicht nicht interessiert.

Ein Mönch sagte zu Sôchô[2]: „Der klare und unbeschwerte Mond scheint so weit oben am Himmel!“ Sôchô erwiderte: „Weil du so weit hier unten bist.“ Der Mönch sagte: „Ich bitte Euch, helft mir in die Höhe!“ – „Warum willst du ihn erfassen? Kommt er nicht zu dir?“ Strengt man sich noch so sehr in der Hoffnung auf Ge-

[2] Sôchô (chin. Seng-chao, 374/378–414), Taoist, der zum buddhistischen Mönch wurde, nachdem er das Vimalakîrti-Sutra gelesen hatte.

winn an, so ist es doch nur, als würde man an einem Seil zum Mond hochklettern wollen. Es ist wichtig zu verstehen, dass man sich selbst annehmen muss, hier und jetzt, so wie man ist, ohne nach etwas zu suchen. Wenn du das nicht mit deinen Eingeweiden erfasst, trittst du nicht in den Buddha-Dharma ein. Es ist wie in diesem Gedicht: „Wer das ‚hier' flieht, um das ‚anderswo' zu finden, der brütet ohne Unterlass ‚morgen' aus." Anderswo existiert nicht.

Wie kann man das mit dem Tor der unbedingten Wirklichkeit vergleichen, die man mit einem Sprung klärt, indem man das Land Buddhas betritt?

Der Maßstab des Menschen

Das Unbedingte ist das, was nicht geboren wird und nicht vergeht. Das Bedingte ist das Vergängliche, die flüchtige Welt der Phänomene.

Ich erinnere mich an eine kurze Geschichte über einen Bettler, die ich als Kind gelesen habe: „Ich schrie ihn an: ‚Geh weg! Geh weg!' Aber je mehr ich ihn abwies, desto mehr belästigte er mich. Ich war schon bereit, ihm nachzugeben, und drehte mich um – da war er verschwunden." In uns ist ein Bettler, wenn wir während des Zazen denken: „*Satori* … *satori* … um Himmels willen … *satori* …" Oder wenn wir unsere Hände rechts und links ausstrecken: „Paradies … *Namu Amida Butsu* … schenk mir das Paradies … *Namu Amida Butsu* …" Tief im Innern wissen wir, dass dies falsch ist, aber je mehr wir den Gedanken verscheuchen, desto mehr nimmt er uns gefangen. Der Bettler lauert und kauert in den Schatten vor dem Tor des Unbedingten.

Dies wird auch im Gedicht *Iroha* ausgedrückt: „Einmal jenseits der hohen Berge dieser flüchtigen Welt angelangt, gibt es keine berauschenden Träume mehr." Oder wie Dôgen im *Fukanzazengi* sagt: „Halte alle Bewegungen des bewussten Denkens an, stoppe die Funktion deiner Intelligenz, lass den Gedanken fallen, ein Buddha zu werden."

Vom Augenblick an, wo Geistesaktivitäten ruhen, tritt man mit einem Sprung in die Welt Buddhas ein. Zen-Mönche geben mit ihrer Methode an und denken, sie sei von unvergleichlicher Wirksamkeit: „Mit uns trittst du durch einen Sprung in die Welt Buddhas ein." Doch diese Art, in Begriffen des Gewinns zu denken, ist völlig untauglich.

Der Ausdruck „die Welt Buddhas" ist schwer zu verstehen, doch wenn jemand das Wort „Buddha" mit „Dieb" ersetzt, wird alles klar. Nehmen wir zum Beispiel an, Sawaki wolle ein Dieb werden.

Er kann sich jahrelang darauf vorbereiten oder sein Ziel unverzüglich erreichen. Dann geht er in den Supermarkt und klaut mit dem Schwung seines Ärmels ein Ding, das dann in seiner Tasche verschwindet. Ein Angestellter sieht ihn, stellt ihn zur Rede und ruft den Manager herbei. Ein furchtsamer alter Mann taucht auf und befiehlt ihm, ins Büro mitzukommen. Sawaki leert seine Taschen, und im Nu ist die Sache erledigt. Sie bringen ihn ins Gefängnis und – rumms! – schließt sich die Tür hinter ihm. Sawaki ist zum Dieb geworden, in einem Augenblick hat er die Welt der Diebe betreten.

Man muss sich nicht abschuften, um ein Dieb zu werden, noch weniger, um ein Buddha zu werden. Es ist nicht sinnvoll, allmählich die zweiundfünfzig Stufen des Bodhisattva-Weges zu durchschreiten. Das ist keine Frage von Zeit und Anstrengung. Wenn jemand in einem bestimmten Moment etwas im Einklang mit Buddha tut, dann ist er Buddha. Dôgen sagte es deutlich im Kapitel „Zanmai ô zanmai" des *Shôbôgenzô:* „Zazen überschreitet sogleich diese Welt, lässt uns ins Geheimnis der Patriarchen eindringen und Buddha werden. Zazen allein erlaubt uns, das vollständige Erwachen Buddhas zu erlangen, ohne etwas anderes zu tun. Wir müssen uns darüber im Klaren sein, dass es zwischen Zazen und anderen Übungen einen großen Unterschied gibt und dass Buddha durch die rechte Übung des Zazen ins Nirwana eintrat."

Der Mensch, der sich besäuft, und der Mensch, der Zazen übt, gehören zu zwei verschiedenen Welten. Wenn jemand mit einem Sprung in die Welt der wahren Realität eintritt, wird er zum wahren Menschen des Nicht-Handelns. Wenn ich noch einmal das Bild von Sawaki und dem Dieb verwenden darf: Es ist ein und der gleiche Mann, er ist Sawaki und er ist der Dieb. Der gewöhnliche Mensch und Buddha sind nicht zwei räumlich getrennte Individuen. Sie bilden eins und sind von der gleichen Dimension. Diese Dimension ist die des Menschen, des unbegrenzten Raumes und der Ewigkeit. Ich würde schätzen, dass meine Dimension, in Begriffen der Zeit, dreihundert große Kalpa umfasst, und in Begriffen des Raumes, eine Billiarde Kilometer, aber das ist bloß eine ungefähre Angabe.

Tettsû Zenji[1] schrieb diese Verse zu einem Porträt von ihm: „Jeder von uns wird mit einem anderen Karma geboren, aber ich habe nie daran gezweifelt, dass ich Buddha war. Bis heute haben wir zusammen gelebt, ohne das Gesicht des anderen zu kennen, aber seit heute weiß ich nicht mehr, welches das eine und welches das andere ist."

„Jeder ist mit einem anderen Karma geboren" besagt, dass jeder Mensch ein Wesen mit eigenem Gesicht, Charakter, Schicksal und eigener Lebensdauer ist. In jeder Hinsicht unterscheiden wir uns. Wir sind die Frucht einer langen Abfolge von Ursachen: Nahrung, Klima, Lebensweise, Überernährung, Unterernährung. Manche treiben Sport und achten auf ihre Gesundheit, andere vernachlässigen sie. All diese Faktoren unterscheiden die Menschen.

Jemand sagte zu mir: „Du bist nun sehr beschäftigt, was, seit du von Tokio aufs Land kamst?" Ich bin tatsächlich manchmal so eingespannt, dass ich keine Zeit habe, aufs Klo zu gehen oder mir die Nägel zu schneiden, und das kann tagelang anhalten. Ich steh so etwas durch, indem ich mein gesamtes Hirn nutze, meinen Mund und meine Hände, und weil ich in jungen Jahren meine körperlichen Widerstandskräfte gestählt habe. All dies macht ebenfalls den Unterschied zwischen Individuen aus. Kein Mensch ist mit einem anderen identisch, keiner kann völlig imitiert werden. Wenn jedes Wesen einzigartig ist, muss jedes Wesen sich selbst entschlossen erfassen und darf nicht locker lassen.

„Ich habe nie daran gezweifelt, Buddha zu sein." Wir leben mit uns selbst zusammen: Der gewöhnliche Sawaki lebt mit dem Buddha-Sawaki. „Heute weiß ich nicht mehr, was das eine und was das andere ist." Zusammen ergeben wir nicht mehr als „eins". So ist die Übung des Buddha-Weges: Heute bin ich es, dem ich begegne.

[1] Tettsû Gikai (1219–1309), Schüler von Dôgens Nachfolger Koun Ejô, den Ejô vor seinem Tod zum dritten Abt des Eiheiji ernannte; ein weiterer Schüler, Gien, der von Ejô die Gelübde empfangen hatte, beanspruchte ebenfalls die Nachfolge, was zur Vertreibung Gikais aus dem Eiheiji führte.

37

Ergreife die Wurzel, mach dir keine Sorgen um die Zweige,
genau wie das durchscheinende Juwel das Licht des Mondes schluckt.

Der Geist des Weges

Dies sind die wichtigsten Verse im *Shôdôka*. Ein altes Sprichwort sagt: „Im Zeitalter des letzten Dharma suchen die Menschen nicht wahre Realität, sondern begehren himmlische Kräfte." Wahre Realität ist die Essenz und die ursprüngliche Quelle, während himmlische Kräfte Verdienst darstellen. Wir mögen Verdienste und missachten die Essenz. Wir lieben unser Gehalt, aber nicht unsere Arbeit, wir schätzen Belohnung, nicht aber die Anstrengung. Das Wesentliche ist jedoch wahre Realität. Himmlische Kräfte sind nur ein Anhängsel. *Ergreife die Wurzel, mach dir keine Sorgen um die Zweige.* Wir müssen die Wahrheit suchen, ohne uns um die himmlischen Kräfte zu scheren. Lasst uns die Essenz der Dinge erfassen, der Rest ist zweitrangig und unwichtig. Wenn wir einen angemessenen und weiten Blick auf unsere Natur haben, was bedeutet es da noch, ob andere uns kritisieren oder bewundern? Doch die Mehrheit der Menschen sucht nur Lob.

Im *Gakudôyôjinshû* heißt es: „Sie werfen die Wurzel weg und jagen den Blättern nach … Wenn etwas den Leuten gefällt, praktizieren sie es, selbst wenn sie wissen, dass es dem Weg widerspricht. Das, was nicht gepriesen und berühmt ist, wollen sie nicht üben, obwohl sie wissen, dass es sich um den wahren Weg handelt. Wie bedauerlich!" Später erklärt Dôgen den Grund dafür: „Manchen wurde beigebracht, Erwachen außerhalb des Geistes zu suchen, anderen, die Wiedergeburt in einem anderen Land zu erstreben. Solche Lehren sind die Ursache für Irrtum und Konfusion, sie sind für falsche Gedanken verantwortlich. Nehmen wir an, jemand gibt dir eine gute Medizin, zeigt dir aber nicht, wie sie einzunehmen ist – das wird deine Krankheit verschlimmern, als hättest du Gift eingenommen. In unserem Land scheint es, dass seit alters keine guten Ärzte da waren, die nützliche Medizin gegeben, oder andere, die deren Wirksamkeit bestätigt hätten. Es ist schon schwer genug, die Leiden und Krankheiten des Lebens auszulöschen, doch wie wir erst der Pein des Alterns und Sterbens entfliehen möchten! All dies ist der Fehler der Meister und nicht der Schüler."

Nur der Geist des Weges ist wichtig. Ob die theoretische Lehre tiefgründig ist oder nicht, wird nicht bedacht. *Ergreife die Wurzel, mach dir keine Sorgen um die Zweige.* Gehe direkt zum Geist des Weges. Der Rest ist zweitrangig. Ohne sich mit Äußerlichkeiten aufzuhalten oder Gewinn zu suchen, stelle deine eigene Praxis in Frage, und wenn sie völlig korrekt ist, dann werden Lob und Tadel anderer ohne Bedeutung sein. Diese Verse beinhalten die Essenz des *Shôdôka.*

Eine umfassende Sicht der reinen Wahrheit

Genau wie das durchscheinende Juwel das Licht des Mondes schluckt. Dieses Bild symbolisiert jemanden, der der die Wurzel ohne Gedanken an die Zweige erfasst. Wenn wir im Gedicht stromaufwärts gehen, kommen wir zu dieser Stelle: das *Tor der unbedingten Wirklichkeit, die man mit einem Sprung klärt, indem man das Land Buddhas betritt ... die drei Körper und vier Weisheiten sind in ihrem Körper vollkommen ...* und wir gelangen an die Quelle: *Diesen stillen Menschen des Weges, der Erwachen erlangt und Grübeln wie Gehabe aufgegeben hat?*

Was ist dann dieses transparente Juwel, dessen Breite, Höhe und Tiefe grenzenlos sind und in dem sich Vergangenheit, Gegenwart und Zukunft ereignen? Das Zen Buddhas natürlich. Dieses reine Juwel ist unser ursprünglicher Körper, unsere Essenz, das Ziel unserer Suche.

Für Zen-Schüler sind Ko und Kan[1] sechs von einem und ein halbes Dutzend vom anderen. Wenn der Barbar Ko auftaucht, ist es Ko. Wenn der zivilisierte Kan erscheint, ist es Kan. Der Schüler heißt Schönheit ebenso wie Hässlichkeit willkommen, so wie ein Spiegel ein Objekt vor sich reflektiert, ohne darüber wertend zu

[1] *Kokan:* ein altes Sprichwort; *„ko"* steht für Barbaren aus dem Westen Chinas, *„kan"* für das China der Han; damit soll ausgedrückt werden, dass es keinen Unterschied macht, aus welcher Richtung das Leiden kommt.

urteilen. Für den Spiegel ist Schönheit nicht Schönheit und Hässlichkeit nicht Hässlichkeit. „Es gibt Gefilde, die das Mondlicht nicht erreicht, aber es erleuchtet das Herz des Menschen, der es empfängt", heißt es in einem Gedicht. Es sind die Unterscheidungen des Menschen, die das Juwel beflecken. Wenn wir einen Moment über all unsere Vorurteile und Werturteile nachdenken, über das, was wir als gut und schlecht bezeichnen, unsere Vorlieben und Abneigungen, dann erkennen wir, dass sie im Grunde keine innewohnende Existenz haben und Illusionen sind.

Im *Daijôkishin-ron*[2] steht das reine Juwel für die Essenz des Geistes, die wahre Realität. Jedes Individuum sieht die Realität anders, gemäß seinen Fähigkeiten und seiner Situation. Frag die Leute nach dem Durchmesser der Sonne, und einer wird antworten: „Etwa fünf Hand breit", ein anderer: „Ein Fuß breit". Je nach Vorstellungskraft wird er einen Kilometer leicht für fünf halten. Er könnte genauso gut antworten: „Da die Sonne in mein Auge dringt, gleicht sie einem Millimeter." Wegen unserer Sinne haben wir eine irrige Sicht auf die Realität. Ein Sutra sagt: „Der ursprüngliche Körper des wahren Dharma ist weder erzeugt noch zerstört. Er manifestiert sich selbst dank der Kraft der Gelübde des großen Mitempfindens. In unserem ursprünglichen Geist gibt es weder Kommen noch Gehen, während in unserem illusorischen Körper alles Erzeugen und Zerstören ist."

Genau wie das durchscheinende Juwel das Licht des Mondes schluckt. Wir verstehen diesen Satz intellektuell, aber nicht in der Tiefe unseres Herzens. Geistige Konstrukte verschleiern die Transparenz des Kristalls, so wie getöntes Glas das Licht der Sonne aufhält. Ziel unserer Praxis ist, das Juwel zu reinigen, seine ursprüngliche Reinheit und Transparenz wiederherzustellen, so dass seine farblose und transparente Tönung auf einem grünen Stück Stoff grün leuchtet, auf einem roten Stück Stoff rot und auf einem weißen weiß. Tatsächlich erscheint dieser Kristall, obwohl er farb- und fleckenlos ist, jedes Mal anders.

---

[2] *Daijôkishin-ron* (skt. *Mahâyânashroddotpâda-shâstra*), wörtlich „Abhandlung über das Erwachen zum Glauben ans Mahâyâna", gilt als chinesisches Werk aus dem Jahr 557, erklärt die wesentlichen Ideen der Lehre und spricht Zen die bedeutendste Stellung zu.

Shigetsu Zenji[3] schrieb: „Wenn der Ozean aufgewühlt ist, wird es schwer, einen Edelstein aus seinen Tiefen zu bergen.“ Solange dein Geist von den Wellen der Illusion aufgewühlt wird, wirst du die wahre Realität nicht wiedererlangen. Es ist die Aufgabe der Religion, uns die Existenz dieser ewigen Transparenz aufzuzeigen.

Ein Gedicht lautet: „Wenn mein Geist in Frieden ist, ist alles um mich herum still. Der Tag dehnt sich vor mir mit der Unschuld eines kleinen Kindes aus. Die Stille des Berges ähnelt vergangenen Tagen.“ Den Tag auszudehnen verleiht dem Leben Sinn und macht uns glücklich. Die Länge eines Tages ist variabel. Es gibt Menschen kurzer und Menschen langer Tage. Einige haben das ganze Jahr über einen vollen Zeitplan, und trotzdem ist die Bilanz ihres Handelns sehr erfreulich. Andere haben keine Freizeit und beschweren sich, ihre Tage seien zu kurz, doch wenn man sich anschaut, was sie in den vorangegangenen Jahren erreicht haben, ist da nichts.

Im April 1937 benötigte der Pilot Iinuma vier Tage und Nächte, um London in seinem Flugzeug *Kamikaze* zu erreichen, und er schrieb in seinem Tagebuch, dass diese vier Tage und Nächte ihm länger vorgekommen waren als die zwanzig Jahre seit seiner Geburt. Seine Eindrücke sind sehr interessant, zweifellos hatte er trotz seines Martyriums sehr intensive Augenblicke.

Zeit auszudehnen bedeutet Glück, und die Zeit wird extrem lange, wenn man Zazen macht, während ein paar Stunden oder die ganze Nacht im Nu vergehen, wenn man mit Freunden quatscht und sich besäuft. Wenn sich der Tag wie ein kleines Kind ausstreckt, dann weil er mit reichem Inhalt gefüllt ist.

Man sagt, dass während Zazen reichlich Illusionen im Bewusstsein vorhanden sind, doch tatsächlich sind das keine Illusionen. Es handelt sich um die Inhalte unseres Geistes, die sich manifestieren, und wir haben allen Grund, darüber erstaunt zu sein. „Das bin ich? Wie unbedeutend ich bin!“ Es gibt allerlei Dinge in uns, den Teufel und Buddha, Lust und Bestialität, doch in Wahrheit ist unsere Essenz sehr reichhaltig. Es gibt darin keine Vorstellung von Zeit oder Raum, kein Paradies und keine Hölle. So wie das Licht des

---

[3] Shigetsu Zenji (auch: Ein): Sôtô-Mönch in der Mitte des 18. Jahrhunderts.

Mondes das durchscheinende Juwel durchdringt, werden wir vollkommen im Spiegel unseres Geistes reflektiert. Unser Geist enthält Milliarden Gedanken und nicht nur dreitausend, wie es in den Schriften heißt. Wie ein Kaleidoskop erzeugt der Geist unbegrenzte Kombinationen von Bildern. Im Frieden des Zazen erkennt man, dass alle buddhistischen Philosophien, ob Tendai[4] mit seinen dreitausend Gedanken oder Kusha[5] mit seinen fünfundsiebzig Kategorien, nicht in der Lage sind, eine Liste der Geistesinhalte zu erstellen. Die psychischen Phänomene sind grenzenlos.

Widersprüche umarmen

Der Mensch misst der Intelligenz zu viel Bedeutung bei. Er denkt, es sei wichtig zu wissen, dass Feuer heiß ist. Es ist trivial und sinnlos, darüber zu reden. Wichtig ist zu verstehen, wie man sich Feuer zunutze machen kann. Wenn du zum Beispiel sagst: „Gib mir Feuer!“, weil du eine Zigarette rauchen willst, und jemand dir eine Fackel reicht, dann wäre das unangemessen. Wärst du aber ein Brandstifter, käme dir das gerade recht. Wenn es kalt ist und du sagst: „Gib mir Feuer!“, dann willst du, dass dir jemand einen *kotatsu*[6] voller glühender Kohlen bringt, und brächte man dir da eine Fackel, wärst du sehr verärgert. Ein einziger Ausdruck nimmt also alle möglichen Bedeutungen an, je nach Kontext, und die Art, wie einer Feuer verwendet, ist jeweils verschieden. Alles ist stets neu. Das Zen Buddhas besteht darin, die Welt mit völlig neuen Augen anzuschauen, mit der Unschuld und dem Staunen eines Kindes.

In der Zazen-Haltung stellen wir die Stille der Berge aus alten Zeiten dar. Zazen ist die grundlegende und ewige Haltung, die ohne Unterbrechung Vergangenheit, Gegenwart und Zukunft

---

[4] Tendai (chin. T'ien-tai): im 8. Jahrhundert in Japan eingeführte Schule, deren Doktrin auf dem Lotussutra basiert.

[5] Kusha: im siebten Jahrhundert in Japan eingeführte Schule, die lehrte, das Selbst sei ohne Substanz, Phänomene würden jedoch in Wirklichkeit existieren; teilte alle Dinge in 75 Phänomene ein und diese in 5 Gruppen.

[6] *kotatsu:* traditionelle Heizvorrichtung; eine Art Fußwärmer in einem abgesenkten Bereich unter einem mit einer dicken Decke bedeckten Tisch.

durchschreitet. Sie hat sich seit Shâkyamuni nicht geändert. Der Tag, der sich wie ein kleines Kind ausstreckt, ist ewig neu, und im Frieden der Berge wirst du zu einer ewigen Figur aus der Vergangenheit. Einfach sitzend, verwandelst du dich in einen Buddha, der genau so lebt *wie das durchscheinende Juwel das Licht des Mondes schluckt.* Dieser eine Ausdruck enthält die Essenz des Buddhismus.

Der Dualismus des ewig Neuen und ewig Alten führt nicht in eine ausweglose Situation. Im reinen Juwel ist nicht auf der einen Seite das unbegrenzt Große und auf der anderen das unendlich Kleine. Das Juwel umfasst alles ohne Unterscheidung, sowohl Makro- als auch Mikrokosmos, so wie ein kleiner Tautropfen den Mond reflektiert. Wenn einer zum Zen Buddhas erwacht, werden „die drei Körper und vier Wissen" verwirklicht und vollständig im Körper harmonisiert. Dank ihnen sind der Glauben an einen Abstieg des Menschen in die Hölle und der Glauben an einen zukünftigen Buddha, der die Menschen rettet, keine Widersprüche mehr. Was auch immer jemand tut, er kann die Illusionen nicht loswerden. Wenn du sie tilgen wolltest, könntest du es nicht, du würdest in einer Sackgasse feststecken. Man kann also nicht begrenzen, was grenzenlos ist. Weil das durchscheinende Juwel alles in sich aufnimmt, gibt es in ihm nicht länger den geringsten Widerspruch.

Es herrscht ein enormer Widerspruch zwischen dem Gesetz der Unbeständigkeit, das die flüchtige Welt der Phänomene regiert, und dem Gesetz der Kausalität, das die Dinge auf lange Sicht miteinander verbindet. Aber *der stille Mensch, der Erwachen erlangt und Grübeln wie Gehabe aufgegeben hat,* umarmt diesen Widerspruch im Geiste des Zazen, der das Rationale übersteigt, *genau wie das durchscheinende Juwel das Licht des Mondes schluckt.*

Die flüchtige Welt der Phänomene ist ein Prozess des Erzeugens und Zerstörens. Was zuvor da war, ist nicht mehr da, und was nun da ist, ist nicht das, was da sein wird. Was gestern war, ist nicht mehr das, was heute ist. Die Mahlzeit, die du gestern zu dir nahmst, ist das Magengrummeln von heute. Zen-Meister Nishiari Bokusan Zenji sagte einst zu Murakami Senshô[7]: „Ihr Urin

[7] Murakami Senshô (1851–1929): Gelehrter und Mönch des Ôtani-Zweiges der Jôdô-Shinshû-Schule, der zahlreiche Werke publizierte, darunter eine Geschichte

stinkt!“ Es scheint, der Professor nahm ihm das übel. Nach dem Gesetz der Kausalität variiert der Geruch des Urins je nachdem, was man zu sich genommen hat. Wenn du dir Rindfleisch und Zwiebeln reinstopfst, wird dein Urin – auch wenn du es heimlich gemacht hast – am folgenden Tag schlecht riechen. Heute ist also eine Fortsetzung von gestern und morgen eine Fortsetzung von heute. Dieses Jahr ist die Fortsetzung von letztem Jahr und nächstes Jahr wird die Fortsetzung von diesem Jahr sein. Und doch ist laut dem Gesetz der Unbeständigkeit alles auf ewig neu. Wenn jemand diese Widersprüche ruhig annimmt, durchquert er das Tor des Unbedingten und springt mit einem Satz in die Welt Buddhas.

des Buddhismus; er war der Ansicht, der Buddha habe keinen Mahâyâna-Buddhismus praktiziert, was zu einem Skandal und seiner Entrobung führte.

Ich weiß jetzt, dass dieses Wunsch erfüllende Juwel
mir selbst und anderen ein unerschöpflicher Schatz ist.
Der Mond funkelt auf dem Fluss, der Wind spielt in den Kiefern.
Reines Dämmerlicht einer langen Nacht – warum all dies?

Der Gegenschlag des Egoismus

Ich weiß jetzt, dass dieses Wunsch erfüllende Juwel: Er hat nicht mittels Intelligenz verstanden, er ist zur wahren Realität erwacht, die nicht in eine Sackgasse führt. Er ist zum „Bodhisattva, der wahre Freiheit kennt", geworden, wie es im *Hannya Shingyô* heißt.

Wir treiben uns bei jeder Abbiegung in einer Sackgasse in die Enge. Die Reichen schließen sich in der Sackgasse des Geldes ein, die Armen in der von Frustration. Wir stopfen uns mit Delikatessen voll, bis wir uns krank gemacht haben, und beschweren uns, wenn etwas nur ein bisschen geschmacklos ist. Der Mensch ist der Gefangene seines Karmas. Es ist die Natur seines menschlichen Zustandes. Indem wir uns von dem befreien, was uns bindet, entdecken wir einen offenen und unbegrenzten Raum. Es heißt: „Der Weise hat kein Ego, für ihn ist alles Ego." Ohne Ego ist er der Himmel und die Erde, das gesamte Universum. Da ist nicht er und dann andere: Er ist die anderen und die anderen sind er. Du bist ich, und ich bin du.

Musô Kokushi[1] schrieb diese Verse: „Wirf dieses winzig kleine Ding ab, das ‚ich' heißt. Dann sind die dreitausend Welten dein Selbst." Wenn du das Klo benutzt, wirst du zu der Person, deren Aufgabe es ist, das Klo zu reinigen, im Bad sollst du an denjenigen denken, der es nach dir benutzt. Wenn du einen Freund bei dir übernachten lässt, dann versetzt du dich in die Lage des Gastes,

---

[1] Musô Soseki (1275–1351): „Kokushi" ist ein Ehrentitel für einen buddhistischen Meister, der einen japanischen Kaiser als Schüler hatte; berühmter Rinzai-Lehrer und einer der wichtigsten Autoren der „Literatur der Fünf Berge", sein bekanntestes Werk ist *Muchû mondô* (dt. „Gespräche im Traum").

und wenn dir jemand eine Mahlzeit anbietet, in die Lage des Gastgebers.

Wenn du dieses Prinzip auf das Wirtschaftsleben anwendest, wirst du automatisch Kunden anziehen, dein Geschäft wird florieren. Der Käufer identifiziert sich mit dem Verkäufer und umgekehrt. Es ist erniedrigend für einen Kunden, wenn er mit unfreundlichem Blick in einem Laden empfangen wird, und genauso unannehmbar, wenn ein Kunde die Waren durchwühlt und so beschädigt, dass sie unverkäuflich werden, und dann noch sagt, er habe nicht gefunden, wonach er sucht.

Heutzutage identifiziert sich der Verkäufer nicht mit dem Kunden und der Kunde nicht mit dem Verkäufer, weshalb wir in einem Paradies für Gauner leben. Sie bereiten Güter ohne Wert auf, damit sie nach etwas aussehen, oder legen Kekse nur in der obersten Schicht in die Box, damit sie voll wirkt. Dann bist du zunächst gerührt, weil dir jemand eine große Box mit Keksen schenkt, aber wenn du sie aufmachst – schock! –, ist sie voller Leere.

Lasst uns etwas anbieten, indem wir uns in die Lage der Person versetzen, die es empfängt, und etwas mit dem Gefühl empfangen, dass die Person hat, die es gibt. Dann werden wir in einer Welt leben, die in alle Richtungen erstrahlt. Wenn wir uns mit anderen identifizieren, dann entdecken wir, dass unser Ego überall ist und das Universum füllt. Der Ehemann ist in vollkommener Einheit mit seiner Frau und die Frau mit ihrem Mann, Eltern mit ihren Kindern, Freunde und Nachbarn durchdringen einander gegenseitig und so fort. Wenn du am Bett deines fieberkranken Kindes stehst und eine Packung Eis auf seine Stirn legst, wird dein Nachbar gegenüber aufhören, Trompete zu spielen. Genauso drehst du dein Radio nicht laut, wenn deine Nachbarn schlafen. Versetzt du dich in die Lage anderer, dann erstrahlt dein Licht im ganzen Universum, erleuchtet die gesamte Vergangenheit und glänzt im gegenwärtigen Augenblick.

Unser Verhalten im täglichen Leben, in jedem Moment des Alltags, wirft auch ein Licht auf unsere Vorfahren. Wenn wir den gegenwärtigen Moment verdunkeln, dann betrüben wir alle, die uns bis heute etwas gegeben, uns genährt und gebildet haben. Wenn andererseits unsere Haltung wahrhaftig und edel ist, sind auch alle, die uns zu dem gemacht haben, was wir sind, wahrhaftig und edel. Unser Licht erleuchtet sowohl Vergangenheit wie Gegenwart. Obwohl es seltsam klingt, wird das Ego, das man an den Zenit befördert, universell. Absolut alles im Universum wird dann man selbst.

Am Ende der Meiji-Ära gab es einen beliebten Ausspruch: „Wissenschaft überwindet Natur". Einige Dekaden danach sprechen wir nun vom „Gegenangriff der Natur". Wenn du Zivilisation als ein Mittel ansiehst, Natur zu unterwerfen, dann musst du mit einem Gegenschlag der Natur rechnen. Zahlreiche Beispiele zeigen auch, wie jemand, der beim Handeln nur an sich selbst denkt, von einer gegen ihn gerichteten Erschütterung getroffen wird.

Wenn unser „ich" keinen Gegenschlag erfahren soll, muss es in Symbiose mit Himmel und Erde leben. Ich habe lange über das Problem der Armut nachgedacht. Wenn Eltern ihren Kindern kein Geld hinterlassen, wird das unangenehm für die Kinder, aber es gibt keine bessere Erziehung zu mutigen und unabhängigen Menschen. Habe ich einen kleinen Kopf, aber starke Beine, könnte ich Briefträger werden; ist alles, was ich habe, meine Stimme, wie wär's dann mit Straßenhändler?

Der andere ist man selbst

Um die weitestmögliche Ausdehnung von „man selbst" zu erreichen, die „der oder die andere" ist, genügt es, nicht an sich selbst zu denken und einzig für andere zu leben. Eine egoistische Handlung setzt eine Reaktion in Gang, dies tut jedoch auch ein Akt der Güte.

Im Dorf Takegahana in der Provinz Mino gab es einen Händler namens Hotoke[2] no Sakichi. Er glaubte an das Prinzip der Gegenseitigkeit beim Handeln. Die Praxis von Herrn Hotoke war es, teuer zu kaufen und billig zu verkaufen, doch das gleiche Prinzip galt für seine Kunden, die zum besten Preis kaufen mussten. Darum gab man ihm den Spitznamen „Herr Buddha". Er benutzte keine Waage, um Dinge zu wiegen, er hatte nie irgendwelche In-

---

[2] Hotoke (jap. für Buddha oder „der Erwachte").

strumente zum Maßnehmen besessen. So brachte er sein Geschäft in Schwung.

Eines Tages sagte seine Mutter, sie würde gern ein paar Reiskuchen verkaufen, die sie selbst gemacht hatte. Sakichi erwiderte, sein Geschäft würde genug für sie beide abwerfen, doch wenn sie einfach den Spaß beim Verkaufen erleben wolle, solle sie selbst in den Laden kommen, um die Reiskuchen zu verkaufen. Er sagte sich, der Gewinn würde wohl nicht sehr hoch ausfallen. Um das Geschäft des Reiskuchenverkäufers an der Ecke nicht zu stören, sorgte seine Mutter dafür, dass ihre Reiskuchen unverkäuflich waren, da sie schlicht und unappetitlich aussahen und noch dazu teuer waren. Damit waren alle Bedingungen erfüllt, dass sie nicht verkauft würden. Dennoch wurden sie ein Erfolg. Sakichi beschloss, einen Teil seines Ladens für den Verkauf von Reiskuchen einzurichten. Es war die kleinste Theke, die man sich vorstellen kann, die Kuchen waren wertlos, sie waren teuer, und er versuchte nicht, sie zu verkaufen.

Doch der Verkäufer an der Ecke verkaufte immer weniger und Sakichis Mutter immer mehr. Sakichi rechnete sich aus, dass die Theke mit den Reiskuchen zu viel einbrachte und es keinen guten Grund für eine solche Gewinnspanne gab. Er nahm das Geld, entschuldigte sich bei seinem Nachbarn und sagte, er habe es für ihn zurückgelegt, um ihn für die erlittenen Verluste zu entschädigen.

Der Reiskuchenverkäufer aber versetzte sich ganz und gar nicht in Sakichis Lage. Er war so wütend, dass er Sakichi tadelte, dieser sei nichts als ein Scheißhaufen Buddhas, der ihm alle Kunden stehle. Nun sei er bankrott, obwohl seine Kuchen groß, lecker und günstig, während die von Sakichi wertlos und teuer seien. Das sei unfair, zumal er der einzige Ernährer in seiner Familie war.

Sakichi erwiderte: „Du hast recht. Deshalb bin ich hier, um dich zu entschädigen. Ich habe mich jeden Tag gefragt: ‚Sollte ich heute zu ihm gehen? Oder morgen?‘ Ich entschuldige mich aufrichtig.“ Der andere Händler hatte schon die Faust geballt, um Sakichi eine zu donnern, ließ sie aber plötzlich sinken und sagte: „Nein, das macht es nicht ungeschehen …“ – „Aber doch, ich bitte dich, nimm das Geld!“, insistierte Sakichi. Da packte den Händler die

Scham und er rannte davon, verfolgt von Sakichi, der mit dem Geld in der Hand wedelte.

Sakichi verhielt sich ständig so, selbst als er einem Dieb gegenüberstand. An einem Neujahrsabend hatte ihm gerade jemand seine Schulden bezahlt, als er die Grenze zur Provinz Hida passierte und ein Wegelagerer ihm mit dem Ruf entgegensprang: „Geld oder Leben!“ Sakichi sagte: „Hier, nimm es. Auch wenn es der letzte Tag des Jahres ist und ich nicht viel Geld ins Haus bringe, habe ich genug zum Leben. Also nimm es, nur zu! Und weißt du was, deine Kleidung sieht ziemlich abgenutzt aus. Nimm noch das“, während er sich den pelzbesetzten Kimono auszog. Der verdatterte Räuber schaute ihn sich näher an. „Du erinnerst mich an jemanden. Du bist nicht zufällig der Buddha von Takegahana? Es heißt, wenn man den Buddha beklaut, würde man von dessen Verbündeten zur Strecke gebracht. Ich geb dir lieber alles zurück“, und schon war er auf und davon. Sakichi rannte ihm nach: „Nein, nein, ich hab’s dir doch freiwillig gegeben …“, aber der Strauchdieb rannte so schnell, dass Sakichi nicht nachkam.

Sakichi machte keine halben Sachen. Er brach alle Rekorde, als er einen Tempel zu Ehren der fünfhundert Schüler Buddhas erbaute und siebenhundert Schüler dort versammelte. Sein Dorf wurde auch für eine Brücke berühmt, die er gestaltet hatte, ohne seinen Namen darauf zu verewigen. Um für seine Mutter sorgen zu können, heiratete er nie. Seine Schwester tat es ihm nach. Beide lebten zölibatär, um Hindernisse bei der Übung kindlicher Loyalität zu beseitigen. An seinem achtzigsten Geburtstag erhielt Sakichi eine Belobigung des Provinzfürsten und verfasste daraufhin ein Gedicht: „Ich hatte das große Glück, in diese flüchtige Welt zu kommen, und ich habe ohne die geringste Unzufriedenheit mein Leben verbracht.“ Er besaß keine Schulbildung und gestaltete sein über achtzigjähriges Leben im Dienst für andere. Er war sehr umgänglich und stets zufrieden. Er schottete sich nicht ab wie andere, die mit dem Schwert in der Hand die Zähne bleckten und ihre Bereitschaft andeuteten, jeden abzuschlachten, der sich ihnen näherte. Man hatte bei Sakichi das Gefühl, dass er entspannt und gelassen war. Nachdem er fünfzig Jahre seines Lebens auf das Verwenden des ihm *selbst und anderen unerschöpflichen Schatzes* gesetzt hatte, stellte sich dieses Gefühl des Gleichmutes, der Ruhe und des Friedens ein. Der höchste Grad unseres Selbst ist der andere, und der höchste Grad des anderen ist unser Selbst. Es ist wirklich ein seltsames Mysterium. Man nennt es *das wunscherfüllende Juwel* oder *die kostbare Perle.*

Dieser ihm *selbst und anderen unerschöpfliche Schatz*, die magische Perle, der kostbare Stein oder das durchscheinende Juwel, wird auch in der schönen Wendung ausgedrückt: *Der Mond funkelt auf dem Fluss, der Wind spielt in den Kiefern. Reines Dämmerlicht einer langen Nacht – warum all dies?* Der Mond leuchtet am klaren Himmel, der kühle Wind singt ein seltsames Lied in den Kiefern. Ich habe Mitempfinden mit jenen Menschen, die unsere Welt für hart und mitleidlos halten und glauben, wir müssten das geringere von zwei Übeln wählen. Sie misstrauen jedem und leben in ständiger Furcht, jemand könne ihnen ihren Geldbeutel klauen.

39

Buddha-Natur, das Juwel der Gebote,
ist in den Tiefen unseres Wesens eingeschrieben.
Niesel und Tau, Nebel und Wolken kleiden unseren Körper.

Dreifache Übung: Verhaltensregeln, Konzentration und Weisheit

Buddha-Natur wird zu unserer, wie ein reiner Kristall ohne Trübung, wenn sie in den Tiefen unseres Wesens eingeschrieben ist.

Doch was bedeutet dieses „Juwel der Verhaltensregeln[1]“? Wir finden diesen Ausdruck in der Wendung „Zuflucht nehmen“, das heißt die Regeln annehmen, was ein Synonym für die Ordination ist. Die Regeln sind die Form, in der sich der Buddhismus selbst manifestiert, die rechte Form, die Buddha-Natur annimmt, die Form des reinen Dharma, die weder deformiert noch verändert wurde.

Konzentration ist der friedvolle Ort, wo jemand ohne Anstrengung in der wahren Realität lebt. Wahre Realität ist nicht in einer Box gefangen und kein ausgedachtes Objekt. So wie die Nase unter den Augen ruht und der Mund unter der Nase, ist wahre Realität die Art des Seins der Dinge, so wie sie sind.

Weisheit ist die Klarheit, die erlaubt, Wahres vom Falschen zu unterscheiden. Regeln, Konzentration und Weisheit bilden die „dreifache Übung“. Der Buddhismus ist der übliche Weg, diese zu praktizieren. Die dreifache Übung erlaubt uns, den Buddha in seinen drei Dimensionen zu erkennen. Ein Mensch sieht ganz verschieden aus, je nach dem Blickwinkel, aus dem wir ihn betrachten.

Nehmen wir mich als Beispiel. Ich würde wohl nicht so weit gehen zu behaupten, dass ich in den Augen meiner Eltern ein rosa Zuckerstückchen wäre, aber ich bin doch recht liebenswert. Wenn

---

[1] Verhaltensregeln (jap. *kai,* skt. *shîla*): Gelübde oder Vorschriften der Disziplin; „die Gelübde empfangen“ (jap. *jukai*) bedeutet, die buddhistischen Gebote bzw. Richtlinien anzuerkennen, die diesbezügliche Zeremonie bedeutet die offizielle Annahme des Buddhismus.

ich Kinder hätte, würden sie mich als einen Vater ansehen, meine Enkel als Großvater, und zugleich wäre ich ein Schwiegervater für meinen Schwiegersohn. Wenn ich Bitten wie ein Bettler intonieren würde, ginge ich zweifellos als Bettler durch. Die gleiche Person erscheint unter verschiedenen Aspekten. Buddha-Natur aus allen Blickwinkeln zu sehen bedeutet, ein einziges, gleiches Ding aus verschiedenen Perspektiven zu betrachten.

Woraus bestehen die Regeln? Es ist schwierig, eine umfassende Analyse zu machen, und ehrlich gesagt ärgert es mich, als unermüdlicher Gelehrter wahrgenommen zu werden, denn das ist nicht mein Stil. Ich versuche also zu vereinfachen, indem ich die Regeln in zwei Gruppen einteile: die grundlegenden und die speziellen Verhaltensregeln.

Die grundlegenden Regeln[2] werden von allen Menschen empfangen: Laien/Mönche, Männer/Frauen, Junge/Alte. Die speziellen Regeln gelten für bestimmte Gruppen wie etwa Laien, Novizen oder männliche und weibliche Hauslose.

Die fünf grundlegenden Regeln:

1. Nicht töten.
2. Nicht stehlen.
3. Keine unzulässigen sexuellen Beziehungen haben.
4. Nicht lügen.
5. Keinen Alkohol trinken.

Die acht Regeln[3], die zur Reinigung führen, umfassen die obigen fünf plus:

6. Keine erhöhten Sitzgelegenheiten nutzen.
7. Sich nicht mit Blumen, Haarschmuck, Kettchen schmücken.
8. Von Gesang, Tanz, Schauspiel und Musik Abstand nehmen.

---

[2] Die ersten fünf Regeln sind im Theravâda und Mahâyâna gleich.
[3] Die acht und die zehn Regeln entstammen dem alten Buddhismus.

Die zehn Regeln für Novizen umfassen die obigen acht plus:

9. Kein Geld und keine Wertsachen annehmen.
10. Nicht außerhalb der vorgeschriebenen Zeiten essen.

Die vollständigen Vinaya(Ordens)-Regeln für *bhikkhu* und *bhikkhuni* (Mönche und Nonnen) umfassen 250 bzw. 348 Vorschriften. Die Regeln sind identisch, ihre Zahl unterscheidet sich aufgrund des Geschlechts, da Frauen aus körperlichen Gründen mehr Einschränkungen unterliegen. Sie können zum Beispiel nicht stehend urinieren, aber sie können im Gegensatz zu Männern Kinder gebären. Heutzutage gibt es auch Männer, die Make-up tragen, aber sie gehen damit nicht so sorgsam um wie Frauen. Im Ganzen ist das Leben einer Frau komplizierter als das eines Mannes. Weil sie ein Präzisionsinstrument ist, deren Verwendung besondere Sorgfalt benötigt, muss sie knapp hundert Regeln mehr beachten als Männer.

Ein Mann ist ein Mann, eine Frau eine Frau, und jede/r hat eigene Regeln. Die Vorschriften für Mönche und Nonnen im Vinaya sind Beispiele für spezielle Regeln, während die zehn Regeln oben von allen, unabhängig vom Geschlecht, als grundlegende Regeln empfangen werden.

Dann folgen die drei Schätze[4] oder drei Zufluchtnahmen.

Ich nehme Zuflucht zum Buddha.
Ich nehme Zuflucht zur Lehre (Dharma).
Ich nehme Zuflucht zur Gemeinschaft (Sangha).

Die drei reinen Regeln lauten:

Verletze nicht die Vorschriften.
Tue Gutes.
Rette alle lebenden Wesen.

---

[4] Drei Schätze (jap. *sanpô* oder *sanbô,* skt. *triratna*): während der Ordinationszeremonie gelobt der Initiierte, den drei Schätzen zu dienen.

Die zehn Bodhisattva-Gelübde[5] bestehen aus den ersten vier grundlegenden Regeln plus:

5. Keinen Alkohol verkaufen.
6. Nicht schlecht von anderen sprechen.
7. Nicht eigenes Verdienst loben und andere niedermachen.
8. Nicht gierig oder unehrlich sein.
9. Nicht wütend sein.
10. Nicht schlecht von den drei Schätzen reden.

Was die grundlegenden Regeln angeht, bemerkte der sechste Patriarch der Tendai-Schule: „Es gibt keine kleinen oder großen Regeln, ihre Anwendung hängt von der Person ab, die sie empfängt." Heute mögen wir sagen, dass sie eine Funktionsweise der Kompetenz ihres Anwenders darstellen.

Vor langer Zeit lebte ein Reicher namens Hôgen. Eines Tages sagte der Buddha zu ihm: „Du sollst nicht nehmen, was dir nicht gehört." Dieser Satz prägte sich Hôgen ein, er konnte nicht aufhören, darüber nachzudenken: „Ich sollte nicht nehmen, was mir nicht gehört, aber was gehört mir denn? Ich weiß es nicht!" Er dachte lange darüber nach: „Ist dieser Geldbeutel meiner? Ist es das Geld? Wenn sie mir gehörten, wären sie in ihrer Natur fixiert und kein Wandel würde eintreten. Doch der Geldbeutel, der gestern noch voll war, ist heute leer, also gab es Verlagerung und Bewegung. Zuvor war ich reich. Ich besaß eine Residenz, Getreidespeicher, Waren. Heute bin ich ein Mönch. Ich besitze nichts mehr. Daraus schließe ich, dass mir nichts von Natur aus gehört. Früher hatte ich eine Frau, Kinder, Eltern, Diener; nun, da ich in die Religion eingetreten bin, ist das vorbei. Sie alle gehören mir also nicht." Er fragte sich, ob seine drei *kesa* und die Schale wirklich ihm gehörten.

Es gibt drei Arten von *kesa*, eine besteht aus fünf, eine aus sieben Bahnen und eine weitere ist die große *kesa*. Diese Robe dient als Priestergewand und Arbeitskleidung. Sie ist sich selbst genug. Die Schale ist eine Bettelschale, auch wenn sie noch anders ver-

[5] Dies sind die zehn Gelübde, denen die Zenmönche folgen.

wendet wird. Sie heißt *ho* auf Sanskrit und besteht aus Eisen oder Ton. Man benutzt sie für das Betteln um Nahrung von Tür zu Tür. Die *kesa* wird auch *funzô-e* genannt, „aus dem Müll gesammelt". Sie besteht aus Kleidungsfetzen, die auf dem Müll landeten und aufgrund von Schimmel, Mausbissen, Brandspuren und anderen Ursachen als nutzlos galten. Diese Lumpen werden gesammelt und die brauchbaren Fetzen zusammengenäht. So wird eine wahre *kesa* hergestellt. Doch das bedeutet absolut nicht, dass sie durch den Müll beschmutzt wurde. Man macht einfach nutzbar, was zu Abfall wurde. Ich wiederhole stets, dass eine *kesa* aus Lumpen zu schaffen bedeutet, die wahre Buddha-Natur der Kleidung zu verwirklichen, weil man wahrhaftig einen toten Stoff ins Leben zurückbringt.

Die *kesa* wird aus Lumpen hergestellt wie eine Schürze aus Sackleinen, aber man trägt sie nicht wie eine Schürze. Sobald sie eine *kesa* wird, ist sie ein Symbol und kein bloßes Flickwerk von Stoffstücken mehr. Wenn du schicke Seide tragen willst, musst du diesen Gedanken aufgeben, sonst wird deine Kleidung wirken, als sei sie zur Schau gestellt. Das Gleiche gilt für die Nahrung. Du kannst nicht sagen: „Heute will ich dies und das." Du musst essen, was dir in die Schale getan wird. Einer sagte: „Der Mund eines Mönchs ist wie ein Ofen." Ein Ofen weiß nicht, was man in ihn schiebt. Wir denken, dass die *kesa* und Schale unser sind, aber sie gehören uns genauso wenig wie die Dinge, die wir essen oder am Leib tragen.

Wenn wir auch einräumen, dass die *kesa* und Schale uns nicht gehören, könnten wir dennoch glauben, dass uns wenigstens unser nackter Körper als einziges bleibt. Der nackte Körper gehört uns jedoch auch nicht. Der Mensch ist wie eine Filmrolle, die abgespult wird, eine Folge ununterbrochener Bilder. Er ist ein Baby, dann trägt er plötzlich die ausgezehrte Visage eines alten Heiligen aus dem Altertum. Seine Haut ist faltig und er kann sie nicht einmal bügeln; er trägt ein Gebiss, seine Hände und Füße sind tote Zweige, sein Kopf ist schneebedeckt. Dieser nackte Körper gehört uns nicht.

Eine schöne Frau? Was ist eine schöne Frau? Noch keiner hat eine schöne Frau von achtzig Jahren gesehen! Alle Mädchen sind mit achtzehn schön, eine kurze Zeit lang. Mit zwanzig oder dreißig können sie noch diese Illusion erzeugen, aber wenn sie siebzig oder achtzig werden, bleibt nichts von ihrer vergangenen Schönheit. Auch ein Sumo-Ringer erblüht nur für kurze Zeit, doch wo ist seine Stärke mit siebzig oder achtzig Jahren? Gelähmt oder diabetisch flattert er mit seinen Flügeln. Und doch glaubt sogar einer mit schlechter Durchblutung, sein Blut gehöre ihm.

Nichts gehört uns. Wir sind Teil einer Kette bedingten Entstehens. Wir fließen wie das Wasser in einem Fluss. Eine Abfolge von „Ich“ treibt je nach Laune der Strömung vorbei. Nichts gehört uns an und für sich. Unser Milieu, unsere Umgebung, das Klima, die Sitten, alle möglichen Faktoren schaffen eine Situation, in der wir ständig in Bewegung sind.

Bedingtes Entstehen

Als ich dreißig war, fragte mich jemand, ob ich auf die siebzig zuginge. Ich hatte mich damals schlecht ernährt, wie ein Verrückter studiert, kaum geschlafen; ich war nervenschwach und mein Gesicht von Falten der Mangelernährung durchzogen. Kein Wunder, dass ich wie ein Siebzigjähriger wirkte. In Relation dazu müsste ich nun also ungefähr hundert bis hundertfünfzig Jahre alt sein, auch wenn mich noch keiner danach gefragt hat. Wir sind ein bedingtes Produkt, darum wandeln wir uns je nach unserer Nahrung. Wer einer trockenen Rübe ähnelte, würde seinen Glanz wiedererlangen, wenn er seinen Magen mit anständigen Portionen Reis und gerösteter Gerste füllte. Er würde sich verjüngen. So wirke auch ich heute, obwohl einst wie siebzig, als inzwischen Sechsundsechzigjähriger keinen Tag älter als siebzig.

Wenn der Körper sich aufgrund unserer Ernährungsweise wandelt, altert oder verjüngt, dann weil wir ein Produkt von Bedingungen sind, was beweist, dass unser Körper abhängig ist und nichts, was wir an und für sich besitzen.

Hôgen fragte sich, ob das einzige, was er besitzt, spirituell sei. Existiert dieses Spirituelle auf ewig? Absolut nicht. Hätten wir ein unveränderliches „Ich“, das allen Wandel überschritte, dann wäre Erziehung sinnlos. Eben weil das „Ich“ veränderbar ist, kann sich ein böser Junge bessern oder ein guter Junge ohne Erziehung in einen bösen verwandeln. Ganz allmählich wird unser „Ich" vom Milieu, von der Erziehung, von der Kultur und vielen anderen Faktoren transformiert.

Wir sprechen oft von der innewohnenden Natur des Menschen, doch was ist das?

Es gibt einen großen Unterschied zwischen einem Baby, das seinen ersten Schrei ausstößt, und dem schamlosen Kerl, der aus ihm geworden ist. Stück für Stück hat er seine Ungekünsteltheit eingebüßt. Zu Beginn war er unschuldig und ohne Scham, wenn man über ihn lachte. Er pinkelte überall hin und rief „Wah! Wah!" Doch als er heranwuchs, begann er zu begreifen, dass man sich lustig über ihn machte, und er schämte sich. Es wurde ihm bewusst, wie idiotisch es war, sich so zu benehmen, und allmählich verschwand seine Unschuld. An deren Stelle setzte er ein ausgeklügeltes System von Schutzwällen, damit man sich nicht mehr auf seine Kosten über ihn lustig machen konnte; damit er stattdessen bewundert würde, stattete er sich mit einem Waffenarsenal aus. Er ist sogar so weit gegangen, Strahlen zu erfinden, die ihn in den Magen von Menschen sehen lassen. Er ist total unverschämt geworden.

Doch nun ist dieser schamlose Kerl, von dem wir uns vorstellen können, dass er endlos auf diesem Weg fortfahren würde, plötzlich geschwächt wie die Flamme einer heruntergebrannten Kerze und ähnelt bloß noch einem Schimmer, der kaum das Klo erleuchtet. So wandeln sich Körper und Geist gemäß ihres Milieus, ihrer Erziehung und vielen anderen Faktoren. Weder das eine noch das andere ist fixiert und unwandelbar.

Obwohl es früher Schlafwagen im Zug nach Shinano gab, konnte ich keine Reservierung ergattern und saß die ganze Nacht über aufrecht da. Der Zug schwankte und ruckelte und machte es unmöglich, auch nur für ein Weilchen ein Auge zuzudrücken. Wenn man endlich auf dem Bahnhof tief in den Bergen aus dem Zug stieg, dachte man nur noch daran, ins Bett zu gehen und den ganzen Tag zu schlafen. Aber dann hätte man außer Acht gelassen, wofür Shinano so berühmt war. Plötzlich wurde man sich nämlich der Klarheit der Luft bewusst und verlor das Bedürfnis nach

Schlaf. Selbst die Sonne scheint dort in vollstem Glanz und ist nicht in Dunst gehüllt wie in Tokio. Der Dichter Kobayashi Issa[6] schrieb: „In Shinano sind der Mond, Buddha und ich ganz dicht beieinander.“ Weil die Luft transparent ist, wirkt der Mond schöner, und auch die eingelegten Rettiche sehen besser aus als anderswo. Selbst die Männer sind hübscher. Vielleicht liegt es am Klima? Oder der Luftqualität? An der Umwelt? Alles, wirklich alles ist anders. Es ist seltsam.

Menschen werden auch durch Erziehungsmethoden verwandelt. Darum ist ein Chinese ein Chinese und ein Japaner ein Japaner. Ihre Empfindsamkeit ist verschieden. Auch das Gemüt ist das Ergebnis bedingten Entstehens. Nichts gehört uns von Natur aus. Nichts ist fixiert und unveränderlich. Alles ist abhängig und vorübergehend. Es gibt keine innewohnende Selbst-Natur.

Durch die Regel „Nicht nehmen, was dir nicht gehört“ verstand Hôgen, dass er nicht für sich beanspruchen sollte, was ihm nicht gehörte, also: seine Unterkunft, seine Schätze, seinen Besitz, seine Frau, seine Kinder, seine Familie, seine Bediensteten, seine *kesa*, seine Schale, seinen Körper, sein Gemüt. Er erkannte plötzlich, dass er nichts hatte: Alles war leer von Selbst-Natur. Er hatte seine Nicht-Geburt verstanden und musste den Tod nicht mehr fürchten. Es genügt, an dem Ort zu verweilen, wo einer kein Wissen von Geburt hat; gibt es keine Geburt, dann kann es keinen Tod geben. Man sagt, Hôgen habe in diesem Augenblick *satori* gehabt.

Die Regeln des „Eigengeistes“ nach Bodhidharma

Ein Text Bodhidharmas trägt den Titel „Eigengeist-Regeln“. Er führt den Ausdruck „Eigengeist“ ein, um das zu beschreiben, was wir heute als „Buddha-Natur“ bezeichnen. In der Einführung sagt er: „Zu empfangen bedeutet zu übertragen. Zu übertragen bedeutet zu erwachen. Zum Buddha-Geist erwachen heißt, wahrhaftig die Gebote zu empfangen.“

Wenn du zum Beispiel die Regel empfängst, nicht zu töten, dann fragt der Lehrer: „Willst du, von jetzt an bis du den Buddha-

---

[6] Kobayashi Issa (1763–1827): Haiku-Dichter, der zahlreiche Sammlungen hinterließ, darunter *Ora ga haru* („Mein Frühling“).

Körper erlangst, fortwährend diese Regel beachten?“ Und du antwortest: „Ja, ich will.“ Dieses „Ja, ich will“ bedeutet das „Empfangen“ der Gelübde. Zu empfangen bedeutet zu übertragen, und zu übertragen bedeutet, dazu zu erwachen. Die wahre Bedeutung vom Empfangen der Gelübde ist darum, zum Buddha-Geist zu erwachen. Es ist sinnlos, unaufrichtig zu sagen: „Ja, ich will.“ Die Gelübde zu empfangen bedeutet, den Buddha-Geist als deinen eigenen Geist zu empfangen.

Wenn du den Geist Buddhas erkannt hast, genügt es zu fragen: „Lügt der Buddha? Besäuft er sich? Verbirgt er etwas?“ Die Antworten sind offensichtlich. Natürlich wirst du mir erwidern: „Ich weiß, dass das eine der Regeln ist, aber kann ich nicht eben mal Fisch essen? Kann ich nicht heiraten?“ Ich möchte das so beantworten, dass dies in der Zeit, wo der Buddha-Dharma übertragen wurde, kein Problem war. Die Essenz des Buddha-Geistes begreifen bedeutet nicht, nur ein ins Universum eingebettetes Fragment zu sein, sondern das Universum selbst.

Ein Kapitel der „Eigengeist-Regeln“ beginnt so: „Selbst-Natur ist wundersam und unbegreiflich.“ Dies bedeutet, das ganze Universum ist dein Reich, und ich bin darin enthalten. Folglich bedeutet ein Wesen zu töten, dass man sich selbst attackiert. Man unterlässt das Töten also nicht, weil es verboten ist, sondern weil man keinen Teil seiner selbst töten kann. Aus dem gleichen Grund stiehlt man nicht, neidet man nicht und wird man nicht wütend. Es gibt keine Grenze zwischen einem selbst und anderen. Wir sind aus einem Stück, ohne Verbindungsgelenk oder Naht. Die Regel Buddhas zu verstehen bedeutet zu erkennen, dass unsere Natur unbegrenzt ist.

Die Regeln sind ausgiebig und aus allen Blickrichtungen studiert worden: Substanz, Erscheinung, Übung, Dharma. Laut den Spezialisten ist die Analyse der Substanz der Gelübde sehr schwierig. Sie behaupten, als Hônen Jônin[7] ein junger Mönch war, habe er

[7] Hônen Shônin (1133–1212): Begründer der Jôdo (Reines Land)-Schule in Japan, dessen bekanntestes Werk das *Senchaku -shû* ist, in dem er behauptet, die Wiedergeburt im Reinen Land würde ausschließlich durch die Rezitation des Namens Amidas *(Namu Amida Butsu)* erreicht; forderte die Ablehnung und das

seinen Meister zu diesem Problem befragt und dieser sich damit entschuldigt, er wisse nichts darüber zu sagen.

Die Substanz der Gelübde ersteht aus den Samen, die im *âlaya*[8]-Bewusstsein enthalten sind, aus dem sich alle psychischen Phänomene entwickeln. Dies ist schwer zu verstehen. Aus der Sicht des Zen ist es Glaube, der die Substanz der Gelübde erzeugt. Was ihre Erscheinung angeht, so zeigen sie sich in zahlreichen Formen, doch dank Konzentration und Weisheit haben wir einen breiten Spielraum für Freiheit. Für den Novizen geht es darum, das eigene wahre Gesicht zu finden. Die Übung der Regeln beruht auf Zazen und auf Weisheit. Im Lehrsystem sind die Kategorien der Regeln die 5-8-10 Regeln und die vollen Vinaya-Vorschriften. In der Sôtô-Tradition gibt es nur eine Art, die 16 Gelübde (3 Zufluchtnahmen, 3 reine Gebote, 10 Verbote).

Im *Shôbôgenzô*-Kapitel „Den-e" über das Empfangen der Gebote schreibt Dôgen: „In Indien und China haben alle Buddhas und Patriarchen, die den Dharma übertrugen, stets bestätigt, dass das Empfangen der Gebote eine Voraussetzung für den Eintritt in den Dharma ist. Man kann nicht als Schüler gelten, als Erbe der Patriarchen, wenn man nicht die Gelübde empfängt. Das Beachten der Regeln ist nötig, um Zazen praktizieren und dem Weg folgen zu können, da sie den Schutz vor Bösem fördern, einen selbst davon abbringen und es transzendieren. Die Gebote zu empfangen bedeutet bereits, der Schatz des Auges des Wahren Dharma zu werden. Ohne Zweifel haben alle Buddhas und Patriarchen, die den wahren Dharma erhielten und übertrugen, die Gebote empfangen und befolgt. Folglich darf niemand, der den Lehren Buddhas folgt, sie verletzen."

Ignorieren aller Sutren mit Ausnahme der drei, die in der Schule des Reinen Landes Bedeutung hatten.

[8] *âlaya* (skt. *âlaya-vijnâna,* jap. *araya-shiki*): das achte der neun Bewusstseinsarten, das sich auf einer tieferen Ebene des Bewusstseins befindet und in dem alles Karma von Vergangenheit und Gegenwart gespeichert ist; es bildet den Rahmen einer individuellen Existenz und beeinflusst die Funktion der anderen Bewusstseinsebenen.

Das Gelübde des gesamten Universums

Lasst uns zur Bedeutung des Körpers der Regeln zurückkehren. Stell dir vor, ein Samenkorn, das im Bewusstsein begraben ist, erwacht zum Leben und bringt weitere Samen hervor, und diese wiederum neue Samen, und dies geht endlos das ganze Leben so weiter.

Die Substanz der Regeln hat verschiedene Ursprünge, die man in verschiedene Kategorien einteilen kann. Die erste wird „Der Wohlgekommene“ genannt. Laut den Sutren berührte Shâkyamuni den Kopf seiner Schüler und sagte: „Der Wohlgekommene ist da.“ Im gleichen Augenblick fielen ihnen die Haare ab wie große Wassertropfen, und eine *kesa* umhüllte ihren Körper. Es genügte, dass Shâkyamuni einen Menschen berührte, um ihm die Substanz der Regeln zu offenbaren. So etwas existierte nur zu Shâkyamunis Lebzeiten. Nach seinem Verschwinden kam das „persönliche Gelübde“ auf, bei dem man Abbilder und äußere Formen der Religion pflegt – man praktiziert, während man darauf wartet, dass der Buddha einen berühre. Eine weitere Kategorie ist die der „drei Zufluchtnahmen“. Die Gebote manifestieren sich selbst dank der „drei Schätze“ Buddha, Dharma und Sangha. Die nächste Kategorie ist die plötzlichen Erwachens: eine Sekunde lang erhascht man einen Blick auf die Wahrheit, und die Substanz der Gebote ist erzeugt. Dies nennt man „Sekunden-*satori*“. Die folgende Kategorie lautet „begleitet von Zazen“. Wenn du ins Bewusstseinsstadium des Zen Buddhas eintrittst, kannst du die Gebote nicht brechen. Außerdem sind da noch die drei Meister und sieben Zeugen. Diese sind die Meister der Regeln, Studien und Übung sowie ihre sieben Gehilfen. Unter ihrer Anleitung und ihrem Beispiel folgend wird man dazu gebracht, die Gebote anzunehmen.

Die ersten Ordinationen in Japan gehen zurück auf die Nara-Zeit[9]. Der chinesische Mönch Ganjin Oshô[10] wurde nach Japan eingeladen, um die klösterliche Ordnung zu reformieren, und ließ die erste Ordinationsplattform nahe des Großen Buddhas im

---

[9] Nara-jidai: Ära, in der Nara Hauptstadt Japans war (710–784).

[10] Ganjin (chin. Kien-tchen, 688–763): auf den Ordenskodex (skt. *vinaya*) spezialisierter Tendai-Mönch.

Tôdaiji in Nara errichten. Es kostete Ganjin fünfzehn Jahre, nach Japan zu kommen. Er unternahm fünf Anläufe, die in Schiffbruch, falschen Routen und anderen Zwischenfällen endeten. Erst nach dem sechsten Anlauf konnte er erfolgreich nach Japan übersetzen und seine Füße auf japanischen Boden setzen. Blind und geschwächt kam er an. Kaiser Shômu hieß ihn willkommen, und Ganjin übertrug ihm die Gebote ebenso wie dessen Frau Kômyô und allen zivilen und militärischen Würdenträgern des Hofes. Die Regierung glaubte, eine Ordinationsplattform in der Hauptstadt würde nicht ausreichen, und ließ zwei weitere bauen: östlich im Yakushiji in der Provinz Shimonotsuke und westlich im Kanzeonji in Chikuzen. Als der Mönch Dôkyô[11] aus dem Hofstaat verbannt wurde, wurde er zum Abt des Yakushiji, später residierte der ins Exil verbannte Sugawara no Michizane[12] im Kanzeonji.

Das grundlegende Prinzip, auf dem unsere Religion beruht, ist die Unbegrenztheit unserer eigenen Natur. Wir erlangen das Mahâyâna nicht, indem wir das Theravâda loswerden, *satori* nicht, indem wir Illusionen eliminieren, Gutes nicht, indem wir Böses unterdrücken – sondern indem wir unsere grenzenlose Natur erfassen, die den Himmel, die Erde und das gesamte Universum erfüllt. Man versteht nicht durch Vernunft, sondern durch Übung, indem man sich sich selbst zuwendet und mit dem eigenen Körper praktiziert. *Buddha-Natur, das Juwel der Gebote, ist in den Tiefen unseres Geistes eingeschrieben.*

Das gesamte Universum, alle Wesen und alle Dinge sind unsere eigene unbegrenzte Natur. Das *Shinjinmei* sagt: „Ohne die Wahrheit zu suchen, gib einfach deine Vorlieben auf." Ein Gedicht drückt es so aus: „Die Wolken lichten sich, der Mond, von dem ich dachte, er sei verschwunden, scheint am hellen Himmel der Morgendämmerung." Wir müssen nicht die Vernunft anrufen, um

---

[11] Dôkyô (?–772): Mönch der Hossô-Schule, der an den Kaiserhof gerufen wurde und das Vertrauen der erkrankten Kaiserin gewinnen konnte; mischte sich ehrgeizig in die Politik ein, wurde zum Meister und erhielt den Titel *hôô* („König des Dharma"), der üblicherweise abdankenden Kaisern vorbehalten war, die ins religiöse Leben eintraten; da er versuchte, an den Thron zu gelangen, wurde er nach dem Tod der Kaiserin vom Hof ins Exil gejagt.

[12] Sugawara no Michizane (845–903): hoher Würdenträger und Dichter in der Heian-Zeit, Opfer von Intrigen am Hof.

zu erkennen, dass unsere eigene Natur grenzenlos ist und nie zu scheinen aufgehört hat, genau wie der blasse Mond am frühen Morgen. Wenn wir uns bewusst werden, dass der Buddha und wir nur eins sind, verstehen wir die Vergeblichkeit, mit der sich Menschen in ihrem Gefängnis abstrampeln. Wir werden zum *stillen Menschen des Weges, der Erwachen erlangt und Grübeln wie Gehabe aufgegeben hat.* Dieser Mensch ist uns sehr nahe, denn *Buddha-Natur, das Juwel der Gebote, ist in den Tiefen unseres Geistes eingeschrieben.*

Buddha-Natur wird auch im *Bonmô-kyô*[13] erklärt: „Dieses Licht der Gebote ist weder geistiger noch materieller Art. Es ist weder Sein noch Nicht-Sein, es ist weder in Ursache noch in Wirkung begrenzt. Dieses Licht der Gebote ist die ursprüngliche Quelle aller Buddhas und die Wurzel aller Bodhisattvas. Es ist auch die Wurzel aller Kinder Buddhas in dieser großen Versammlung." Was so viel bedeutet wie: Unsere Buddha-Natur ist uns eingeschrieben, Buddha und ich sind nur eins. So lautet das Gebot der Buddha-Natur.

Der ins „Reisfeld des Glücks" gekleidete Körper

Niesel und Tau, Nebel und Wolken kleiden unseren Körper. Die *kesa* ist dieses Gewand. Wir haben gelernt, Buddha-Natur aus der Sicht der Gebote zu betrachten, nun werden wir sie aus einem anderen Blickwinkel ansehen: dem der *kesa*.

Eines Tages fragte mich ein Novize, was die *kesa* symbolisiere. Ich antwortete ihm: „Die *kesa* ist etwas Unklares." Er starrte mich verdutzt an und dachte sich wohl, ich würde irgendetwas daherplappern, was mir gerade in den Sinn gekommen war. Tatsächlich ist die *kesa* undefinierbar, sowohl durch ihre „abgetragene" Farbe, die Farbe von Verfall und Lumpen, als auch durch ihre Abmessung, die keiner präzisen Regel folgt. Sie ist nicht durch eine endgültige Form begrenzt. Darum hat man sie als „des Glü-

[13] *Bonmô-kyô* („Brahmanetz-Sutra"): im Jahr 406 von Kumârajîva ins Chinesische übersetzt, beschreibt im Detail die Gelübde für Mahâyâna-Bodhisattvas und wurde in China wie Japan hoch geachtet und zur Ablehnung der Regeln aus dem Theravâda herangezogen.

ckes“ bezeichnet. Es heißt, Shâkyamuni sei einen Meter sechsundachtzig groß gewesen und Miroku (Maitreya) würde tausend Fuß hoch sein. Doch die *kesa*, die Shâkyamuni Miroku überträgt, ist weder groß noch klein. Es handelt sich um eine formlose Robe und „ein Reisfeld des Glücks“. Tatsächlich ist sie etwas Unbegreifliches.

Die *kesa*, das Gewand aus „Niesel und Tau, Nebel und Wolken“, ist ein Symbol der Substanz des Buddha. Der Himmel, die Erde, das gesamte Universum sind diese eine und selbe *kesa*. Nichts existiert außerhalb davon. Man steigt nicht ins Paradies auf oder in die Hölle ab. Man geht nirgendwo hin, kommt nirgendwo an. Es gibt nur eine *kesa*, und der Mensch ist es sich schuldig, sie zu tragen.

Prinz Shôtoku[14], der den Buddhismus in Japan einführte, trug die *kesa*, um Staatsangelegenheiten zu vollziehen und die drei Mahâyâna-Sutren[15] zu kommentieren. Auch Kaiser Shômu[16] trug sie, und viele weitere Generationen von Kaisern hatten Vertrauen in die *kesa*. In der Welt der Krieger kamen ihre unbegrenzten Tugenden den Kriegern Kikuchi Taketoki[17], Takeda Shingen[18] und Uesugi Kenshin[19] zugute. Die *kesa* zu tragen und zu übertragen ist des Menschen höchstes Glück. Wer denkt, es handele sich bloß um Kleidung, die eng begrenzten Formalismus repräsentiere, ist

---

[14] Prinz Shôtoku (574–622): weiser Herrscher und wichtiger Reformer, der diplomatische Beziehungen mit China etablierte und den Weg für die weite Verbreitung von Buddhismus und chinesischer Kultur ebnete.

[15] Prinz Shôtoku verfasste Kommentare zum Lotus-, Shrîmâlâ- und Vimalakîrti-Sutra.

[16] Kaiser Shômu (706–756): trug wesentlich zum Ansehen des Buddhismus bei, glaubte selbst an dessen Schutzmacht für die Nation und ließ in jeder Provinz einen Tempel und ein Nonnenkloster bauen.

[17] Kikuchi Taketoki (1293–1334): in eine angesehene und mächtige Familie aus Kyûshû geboren, diente zur Zeit der Bürgerkriege den Truppen von Kaiser Go-Daigo und wurde in einer Schlacht getötet.

[18] Takeda Shingen (1521–1573): Militärgouverneur der Provinz Kai, der zur Zeit der Provinzkonflikte an zahlreichen Schlachten teilnahm und später Mönch wurde.

[19] Uesugi Kenshin (1530–1578): Militärgouverneur der Provinz Echigo, der gegen Takeda Shingen kämpfte und später Mönch wurde.

ein Spielzeug seines schlechten Karma; doch wer sich daran erfreut, sie zu tragen, zieht daraus eine Menge Zufriedenheit.

Daichi Zenji hat das große Glück, das von der *kesa* des gesamten Universums gesichert wird, schön zum Ausdruck gebracht:

> Gekleidet ins Reisfeld des Glücks, ist mein Körper froh.
> Ein stiller Mann, habe ich das Universum erlangt.
> Ich gebe mich ihm hin,
> gehe oder bleibe nach seinem Willen.
> Eine frische Brise begleitet die weißen Wolken.

Die Schale[1] hat die Drachen unterworfen, der Stab[2] die Tiger getrennt.
Seine angehängten Metallringe klingen laut und klar.
Wir tragen diese Wahrzeichen nicht vergebens.
Aufs Engste folgen wir den Abdrücken von Buddhas Stab.

In den Fußspuren Buddhas

Neben der *kesa* spricht man üblicherweise von Schale und Stab als Ausrüstung eines Mönchs. *Die Schale hat die Drachen unterworfen* verweist auf eine alte Geschichte aus China. Sie spielt im Lande Shin, wo eine schreckliche Dürre die Region Tch'ang-ngan heimsuchte, weil die Drachen den Regen zurückhielten. Um die Drachen herbeizulocken, nutzte der Einsiedler Shôkô seine magischen Kräfte und vollzog das Ritual für den Königsdrachen aus dem Meer. Als die Drachen herbeigekommen waren, schloss er sie in seiner Schale ein, und sogleich fiel heftiger Regen. Diese Anekdote ist der Ursprung der Symbolkraft der Schale, die dafür steht, dass wir das gesamte Universum in unseren Händen halten. Sie überträgt uns die ungeheure Kraft, die Welt zu bewegen.

Die Geschichte um den Stab handelt vom Mönch Chû Zenji aus Shantong, der seinen Stab zwischen zwei kämpfende Tiger pflanzte. Sie zeigten ihre Zähne, fauchten und flohen. Die Metallringe an der Spitze des Stabes rasseln, um die Anwesenheit eines Mönches anzuzeigen. Sowohl Schale als auch Stab haben symbolischen Wert. Sie zeigen, dass wir nach dem Bilde Buddhas leben, dessen Fußstapfen wir folgen. *Buddha-Natur, das Juwel der Gebote, ist in den Tiefen unseres Geistes eingeschrieben.* Die *kesa*, Nebel und Wolken, Niesel und Tau, kleiden unseren Körper. Die Schale hat

---

[1] Die Schale eines Zenmönchs (jap. *hatsu* oder *hatchi*) besteht aus Holz oder Metall und wird zum Empfang von Almosen bzw. Nahrung benutzt.

[2] Der Mönchsstab (jap. *shakujô,* wörtlich „Metallstab“) ist ein Holzstab mit Metallringen an der Spitze, die beim Laufen erklingen, womit man Insekten, Schlangen und kleine Tiere vorwarnen zu können glaubte, damit der Mönch nicht auf sie trat und sie tötete.

den Drachen unterworfen, der Stab die Tiger befriedigt. All diese Traditionen wurden von Shâkyamuni geerbt.

41

Suche nicht nach Wahrheit, trenne dich nicht von Täuschung.
Verstehe, dass beide leer und frei von Eigenschaften sind.

Der Schatz ist genau hier

Diesem Ausdruck sind wir schon in der ersten Strophe des *Shôdôka* begegnet. Der stille Mensch, der Erwachen erlangt hat, *trennt sich nicht von Illusionen und sucht nicht länger nach der Wahrheit.* Die meisten Menschen suchen Wahrheit und meiden Illusionen. Sie befinden sich in einem Loch und drehen sich im Kreis, um einen guten Platz zu finden und einem schlechten zu entkommen. Das eine ist nicht mehr wert als das andere, doch sie drehen sich weiter im gleichen Loch.

Jeder würde sich gerne gut an das erinnern, was andere gesagt und getan haben, aber indem wir bloß in Gedanken wiederholen, was ausgesprochen wurde, leben wir von importierten Gütern und reduzieren unnötig unsere Individualität und Originalität. Auf der anderen Seite ist es recht ärgerlich, alles zu vergessen. Ist es also besser, ein gutes oder ein schlechtes Gedächtnis zu haben? Soll man es vorziehen, zu vergessen, was gesagt wurde? Oder sich doch besser erinnern? Wo liegt die Wahrheit? Ich weiß es nicht.

Shâkyamuni sagte: „Du darfst dein Leben nicht auf der Suche verbringen. Du hältst nach einem Zuhause Ausschau, wo du schon eines hast. Erschaffe kein weiteres." Die Menschen verbringen ihre Zeit mit Umherschweifen, sie machen das klein, was sie haben, und begeben sich auf die Suche nach etwas anderem. Das kann man verstehen, wenn man ein Kind beobachtet. Ein Kind hat eine Puppe, doch wenn ein anderes ein Karamellbonbon besitzt, will das erste Kind das Bonbon haben; hat es das Bonbon und sieht eine Trillerpfeife, will es die Pfeife. Für kurze Zeit ist die Pfeife klasse, dann geht das Spiel von vorn los. Sobald das Kind etwas anderes sieht, ist das, was es hat, nicht mehr von Interesse. Das meint Shâkyamuni mit „auf der Suche". Wir halten nach dem Ausschau, was uns Vergnügen bereitet, doch unsere Sichtweise ändert sich ständig.

Shâkyamuni ermahnt uns: „Du hast bereits ein Haus. Baue kein weiteres." Werden wir nicht alle mit einem Gesichtsausdruck, einem Gehirn, einem Körper geboren? Nun, dann ruhe friedlich in deiner Bleibe und mach dich nicht anderswo auf die Suche. Wir Leutlein unterschätzen, was wir sind, wir unterschätzen den Augenblick und den Ort, in dem wir leben, und schon brechen wir auf, um etwas anderes zu finden.

Im Lotussutra heißt es: „Der Schatz ist dir ganz nah." Der letztgültige Ort des Friedens ist hier, nicht am Ende der Welt. Es heißt auch: „Obwohl er genau hier ist, siehst du ihn nicht." Die Wahrheit ist so nah, und du erkennst sie nicht! Der Schatz ist so nah, und du siehst ihn nicht! Der Buddha ist so nah, und du entdeckst ihn nicht! Du reist weit, weit in die Ferne, um nach Buddha oder *satori* zu suchen, und kommst nur in der Hölle an. Verwirrt und in stürmischer Hast eilst du dahin, und wenn du ankommst, ist da nichts. Plötzlich lichtet sich der Nebel, und alles war nur eine Fata Morgana. Dann willst du in deine Heimat zurückkehren, musst aber erkennen, dass du von Bergen umzingelt bist, die scharf wie Schwerter sind, und dass es kein Zurück mehr gibt. Dies ist die Hölle eines Menschen, der in der Wüste an Durst stirbt.

Wir wollen einer Welt entfliehen, die wir als widerwärtig einstufen, doch nachdem wir sie verlassen haben, vermissen wir sie wie ein verlorenes Paradies. Die Menschen wollen immer irgendwohin entfliehen, und wenn sie am Ziel ankommen, fühlen sie sich wie eine Ratte im Abflussrohr. Nun erscheint ihnen ihr Heimatland endlich als wundervoll.

Je mehr wir suchen, desto mehr bleiben wir im Morast stecken. Je mehr wir darin versinken, desto mehr leiden wir. Ich habe den folgenden Satz in der Biografie des Malers und Dichters Buson[1] gelesen: „Er war eine verspielte und sorglose Natur, seine friedvolle Seele strebte nicht nach neuen Horizonten."

Wenn einer nichts sucht, nicht einmal *satori*, dann ist er nicht angespannt, sondern locker. Es ist sehr wichtig, dieses Wohlbefinden zu erfahren. Wenn jemand kein Bedürfnis nach Geld, Bekanntheit, sozialem Status, *satori* oder dem Leben selbst hat, er-

---

[1] Buson (1716–1784): Haiku-Dichter und Maler, der dank seines feinen Sinnes für Farbe und Töne den Wandel der Natur in klare Bilder umzusetzen wusste.

lebt er ein Wohlbefinden sondergleichen. Auf der anderen Seite gibt es Menschen, die gleichzeitig *satori*, lange schlafen und gut essen wollen oder sich wünschen, keine Begierden zu haben, aber doch das Geld und das Vergnügen lieben. Es gibt auch Faule, die davon träumen, bei der Arbeit Wunder zu vollbringen. Diese endlose Kette von „Ich will dies, ich will jenes" führt unaufhaltsam zum Leiden. In einem Sprichwort heißt es: „Du willst *fugu* essen und doch lange leben." Kurzum, man will an allen Fronten gewinnen.

Der Funke zwischen zwei Feuersteinen

Suche nicht nach Wahrheit, trenne dich nicht von Täuschung. Wir müssen die Welt sehen, wie sie ist. Ich kannte einen Philosophie-Professor, der an Tuberkulose litt und seine Zeit mit der Lektüre von Büchern über Philosophie verbrachte. Er sagte mir, er ringe um die Wahrheit. Dann starb er plötzlich an einer Lungenblutung und spuckte Blut auf seine Notizen. Vielleicht starb er auf seinem Schlachtfeld, aber er kämpfte mit Chimären, nicht mit der Wahrheit.

Wahrheit ist kein festes Konzept. Du kannst daraus keine Liste machen und sie in einem Kästchen wegschließen. Du kannst nicht behaupten, sie sei hier oder dort. Wahrheit ist das, was ist, die Art der Dinge, zu sein, wie unvollkommen auch immer. Die Wahrheit ist da, ohne dass man nach ihr sucht oder vor ihr flieht. Wahrheit? Illusion? Das sind nur zwei flüchtige Worte, Hilfsmittel, die den Umständen geschuldet sind, von denen wir uns aber schröpfen lassen. Mehr als von der faktischen Wirklichkeit lassen sich Menschen von der Terminologie unserer Zivilisation übers Ohr hauen.

Der chinesische Dichter Hakurakuten[2] schrieb ein interessantes Gedicht zu diesem Thema:

[2] Hakurakuten (chin. Po Chu-i, 772–846): Bekannter Dichter der Tang-Zeit, der epische, satirische und lyrische Poesie verfasste, die für ihre Umgangssprache und ihren schnörkellosen Stil geliebt wurde.

Wieso soll ich mit den Hörnern einer Schnecke kämpfen?
Ich bin ein Funke zwischen zwei Feuersteinen.
Ich akzeptiere Glück wie Unglück,
ja, ich erfreue mich daran.
Ich wirke wie ein Trottel mit offenem Mund, der nicht lacht.

Ein Schlag nach rechts, und es verschwindet, ein Schlag nach links, und es verschwindet. Wie kannst du mit den Hörnern einer Schnecke kämpfen, wo diese sich doch zurückziehen, sobald du sie berührst? Wahrheit und Täuschung sind Worte, so flüchtig wie die Fühler einer Schnecke. Die Wahrheit wird nicht in einem feststehenden Vokabular gefunden, das du aus einem Philosophiebuch lernst. Diese Wahrheit ist bloß ein Haufen Wissen, das dazu dient, Examen zu bestehen.

„Ich bin ein Funke zwischen zwei Feuersteinen." Als sei es plötzlich aus seiner Unterkunft hervorgesprungen, leuchtet das Feuer auf, wenn du zwei Steine hart zusammenschlägst. Ist das Glück? Unglück? Zufriedenheit? Unzufriedenheit? Wir machen uns ständig Sorgen um das, was später kommen mag, aber was nutzt dies, wo unser Leben doch so kurz wie ein Funke ist?

„Ich akzeptiere Glück wie Unglück, ja, ich erfreue mich daran." Ich bin zufrieden, wenn ich reich bin, bin aber auch zufrieden, wenn ich arm bin, denn dann wird mein Gepäck leichter. Ich sage stets: Wenn einer keinen Besitz hat, dann hat er auch keine Angst, dass man ihm diesen wegnehmen könnte. Wenn du keinen Cent besitzt, wird dich keiner belästigen. Außerdem macht dich nichts stärker als Geldmangel. Ich glaube zwar auch, dass Geld nützlich sein kann, rede aber nicht von lächerlich kleinen Summen, sondern von Millionen und Milliarden, mit denen einer Gutes tun könnte.

„Ich wirke wie ein Trottel mit offenem Mund, der nicht lacht." Er bleibt angesichts von Glück und Unglück gleichmütig. Er lacht zwar nicht, er heult aber auch nicht. Er sieht aus wie ein Idiot. Er ist ein Mensch, der die Wahrheit verstanden hat.

Beispiele gewöhnlicher Menschen

Verstehe, dass beide leer und frei von Eigenschaften sind. Dualismus ist Wahrheit/Illusion, Glück/Unglück, Reichtum/Armut, Gesundheit/Krankheit, Liebe/Hass, Gutes/Böses. Wenn du täglich feine Speisen isst, wird allmählich der leckere Geschmack nachlassen und du wirst seiner überdrüssig; was anfangs köstlich war, ist es am Ende gar nicht mehr. Nimmst du jeden Tag geschmacklose Nahrung zu dir, wird auf die gleiche Art die Geschmacklosigkeit allmählich nachlassen. Sowohl schmackhaft als auch geschmacklos sind bedingte und abhängige Erzeugnisse. Jedes bedingte Erzeugnis ist leer. Gut/böse, groß/klein, angenehm/unangenehm, hell/dunkel, ich mag/ich mag nicht – all diese haben weder einen festen Charakter noch Selbst-Existenz. Egal auf welchem Gebiet, allem, was erzeugt und erdacht ist, fehlt es an Charakter. Obwohl alle Phänomene in sich leer sind und da nichts ist, bleiben wir an etwas hängen. Etwas hält uns gefangen, als wären wir in ein Netz verheddert, und darum lachen und weinen wir, werden wir wütend und sprechen wir schlecht von anderen. All diese Phänomene haben keine Selbst-Existenz. Um uns davon zu überzeugen, lasst uns an unser eigenes Leben vor zwanzig, dreißig oder vierzig Jahren denken. Was bleibt von dieser Vergangenheit, die aus einem Traum herauszutreten scheint? Erinnerungen sind allesamt relativ und bedeutungslos. Nur die Gewissheit des Todes ist kein Traum. Das einzig Wichtige, worüber wir uns nicht täuschen können, ist die Tatsache, dass wir eines Tages in unseren Sarg steigen werden.

Dennoch wissen wir nicht, wo wir herkommen und wohin wir gehen, und unser Todesdatum steht nicht fest. Folglich ist das einzig Wichtige, dass wir uns so akzeptieren, wie wir sind, in unserer gegenwärtigen Realität. Lasst uns uns selbst an die Hand nehmen, festhalten und nicht loslassen. Wenn wir uns selbst fest erfassen, können wir weder etwas nachjagen noch vor etwas fliehen.

Man bewahrt unerschütterliche Ruhe, wenn man weder die Wahrheit sucht noch sich von Täuschungen trennt. Würdevoll sitzend, die Beine auf den Boden gepresst, der Rücken gerade und die Eingeweide entspannt, bleibt der Körper ruhig und der Geist still. Gestern war ein guter Tag, heute ist auch einer, morgen wird ein guter Tag sein und übermorgen ebenso. Wenn ich eine Gehaltserhörung erhalte, umso besser. Wenn nicht, was soll's.

Einmal erzählte mir jemand seine Geschichte zu diesem Thema. Er begann zur gleichen Zeit wie einer seiner Kameraden zu unterrichten. Als seine erste Gehaltserhöhung anstand, erhielt der Freund eine, er jedoch nicht. Beim zweiten und dritten Mal geschah das gleiche. Beim vierten Mal verspürte er Verbitterung. Doch es gab keine Notwendigkeit dafür. In meinem Fall gab es niemanden, der mich anstellen wollte, bis ich mit sechsundfünfzig eine Professur an der Komazawa-Universität erhielt, und ich hatte auch kein Bedürfnis nach einer Anstellung. Obwohl ich hart arbeitete und damit beschäftigt war, an viele Orte zu reisen und dort zu lehren, suchte ich nach nichts. Ich lebte ein friedliches und annehmbares Leben.

Weil das Geld eines Millionärs weit über sein Tor hinausreicht, wird keine wahre menschliche Persönlichkeit offenbart. Er trägt eine Maske aus Geld. Unsere größte Lebensaufgabe ist, in Frieden mit uns selbst zu leben, ohne Betrug und Fälschung, egal, was unser Job ist. Wir müssen uns ganz der Gegenwart hingeben, nicht zurücktreiben, sondern fest im Hier und Jetzt verankert sein.

Wenn du dies oder jenes werden willst, wird dich das nicht weiterbringen, es bedeutet nur Unruhe. Es gibt Mönche, die ins Laienleben zurückkehren, dann wiederkommen, und sich erneut verabschieden. Nishiari Zenji nannte sie *„tororo"*[3], weil diese Mönche ihren Kopf scheren, ins Haushälterleben zurückkehren, ihr Haar wachsen lassen, erneut ihren Kopf scheren, ins Laienleben zurückgehen und so weiter – genau wie wir die *tororo* zerreiben, mit Sojasoße gewürzte Brühe dazugeben, erneut die *tororo* zerreiben, wieder Brühe dazugeben und so fort. Diese Leute haben nicht verstanden, dass Wahrheit und Illusion nicht verschieden sind, da Dualismen leer sind; darum drehen sie sich von einer Seite auf die andere, ohne Ruhe zu finden.

---

[3] *tororo,* auch *yamaimo:* Yamswurzel.

Die Abwesenheit von Eigenschaften ist weder Leere noch Nicht-Leere.
Es ist die tatsächliche Realität Buddhas.
Der leuchtende Spiegel des Geistes erleuchtet ohne Hindernis.
Seine immense Strahlkraft durchdringt unzählige Welten.

Das Bild im Spiegel

Die Abwesenheit von Eigenschaften ist weder Leere noch Nicht-Leere. Die Abwesenheit von Eigenschaften impliziert Eigenschaften, so wie Vielfalt Einheit beinhaltet. Das eine bezieht das andere ein und existiert problemlos mit ihm. Das Gleiche gilt für Lieben und Nicht-Lieben, Makrokosmos und Mikrokosmos, Gutes und Schlechtes. Wenn wir uns fragen: „Wo ist das Gute? Wo ist das Böse?“, dann können wir uns sagen, dass sowohl das eine wie das andere nicht fern ist, denn sie sind untrennbar. Sie sind unsere Seinsweise, unser menschlicher Zustand. Sehen wir sie nicht mehr als gegensätzliche Einheiten an, dann erfassen wir den Körper Buddhas in seiner Essenz. *Es ist die tatsächliche Realität Buddhas.* Es ist das *satori* Buddhas.

Dôgen Zenji verfasste dieses Gedicht:

> Blumen, purpurne Blätter,
> weißer Winterschnee.
> Nachsinnend bedauere ich,
> sie nur als Form zu sehen und zu bewundern.

In der Natur sieht er gleichzeitig die Farben der Illusion und die des *satori* und bewundert sie noch mehr, weil sie prinzipiell leer und ohne Eigenschaften sind. Wenn man die Schönheit der Natur und anderer Dinge in ihrem Doppelaspekt wahrnimmt, verliert man sich nicht in Träumen.

Der leuchtende Spiegel des Geistes erleuchtet ohne Hindernis. Der Spiegel unseres Geistes unterscheidet nicht. Weder liebt noch hasst er dies oder das. Für ihn ist alles licht, er begegnet bis in die tiefsten Tiefen des Ozeans keinerlei Hindernissen. Einst gab es in

China einen Mönch namens Gensha no Shibi[1]. Eines Tages wollte er sich gerade aufmachen, um einem Meister einen Besuch abzustatten, als er mit einem Fuß gegen einen Stein stieß und sich dabei die Haut aufriss. Er spürte einen intensiven Schmerz und dachte: „Woher kommt dieser Schmerz, da mein Körper doch ohne Substanz ist?“ In diesem Moment hatte er das *satori* Buddhas. Er verstand, dass die Abwesenheit von Eigenschaften weder leer noch nicht-leer ist. Es ist das wahre Gesicht Buddhas. Er drehte sich auf der Stelle um und kehrte in sein Kloster zurück. Das überraschte Meister Seppô, der ihn fragte: „Was ist aus deiner Reise geworden?“ In dieser Zeit war es üblich, von Kloster zu Kloster zu ziehen. Genshas Antwort war verblüffend: „Bodhidharma kam nicht aus China, der zweite Patriarch Eka[2] ging nicht nach Indien.“ Da forderte Seppô ihn auf: „Sprich! Erkläre dich!“ Gensha fuhr fort: „Die Welt der zehn Richtungen ist rein und ein einziges Juwel.“ Er meinte damit, das ganze Universum sei ein einziges durchscheinendes Juwel, das Einheit symbolisiert. Folglich war es sinnlos, irgendwohin zu gehen – es gab nichts zu suchen und nichts zu fliehen.

Im *Kegon-kyô*[3] heißt es: „Alle Phänomene erstehen, wie die verschiedenen Wellen des Ozeans, aus demselben Prinzip und sind eins mit dem Geist Buddhas.“ Also: „Das Einzelne ist mit dem

[1] Gensha no Shibi (chin. Hsuan-sha Shih-pei oder Xuansha Shibei, 835–908): Ch'an-Meister, Schüler von Seppô Gison (chin. Hsueh-feng I-ts'un).

[2] Eka (chin. Huik'o, 487–593): zweiter Ch'an-Patriarch, Nachfolger von Bodhidharma, der als belesen in Schriften des Konfuzianismus, Taoismus und Buddhismus galt, aber, davon unbefriedigt, durch Meditation nach Verständnis suchte; nach dem Tode Bodhidharmas ging er auf Wanderschaft und lebte unter einfachen Arbeitern, um sich in Demut zu schulen, ehe er sich als Yeh-tu im Norden Chinas niederließ und auf unorthodoxe Weise zu lehren begann; sein großer Erfolg weckte den Neid traditioneller buddhistischer Mönche, weshalb er nach Südchina fliehen musste und nach Chang-an zurückkehrte, der Hauptstadt des Reiches, wo man ihn angeblich der Häresie bezichtigte und im Alter von 106 Jahren hinrichtete.

[3] *Kegon-kyô* (skt. *Buddhâvatamsaka-sûtra,* „Blumengirlandensutra“): traditioneller Text, der für die Lehre Buddhas unmittelbar nach seinem Erwachen gehalten wird und besagt, dass alle Dinge sich in ständiger Beziehung zueinander befinden und einander gebären – eins durchringt alles und alles ist in einem enthalten.

Vielfachen identisch, das Vielfache mit dem Einzelnen.“ Das *Hôkyô Zanmai* drückt dies mit größerer Feinheit durch Poesie aus: „Wenn du in einen Spiegel schaust, erzeugt dies eine Reflexion, die dich anschaut. Sie ist genau wie du. Sie ist nicht du, und doch ist sie genau wie du.“ Zufriedenheit ist Unzufriedenheit, Reichtum ist Armut, du bist ich und ich bin du. So koexistieren die beiden problemlos im Einen. Wie im Spiegel bist du meine Reflexion.

Wo wir gerade vom Spiegel sprechen, fallen mir diese alten Verse ein: „Das Bild, das mir der Spiegel still zurückgibt, schmollt, wenn ich schmolle, und wird wütend, wenn ich wütend werde.“ Nicht nur der Spiegel reflektiert unser Bild, auch Menschen tun dies. Wenn ich wütend werde, verändert sich das Gesicht meines Gesprächspartners und wird ebenfalls fies. Lächle ich, dann ernte ich ein Lächeln, als würde Strom zwischen uns fließen. Wer dieses Prinzip nicht versteht, führt ein zu beschränktes Leben. Andere hingegen erlangen die geheimnisvolle Kraft, zu erspüren, was ihr Gesprächspartner denkt. Die Welt wird transparent wie eine Kristallbox. *Der leuchtende Spiegel des Geistes erleuchtet ohne Hindernis. Seine immense Strahlkraft durchdringt unzählige Welten.*

43

Hier geschieht es, dass die zahllosen Phänomene widerspiegeln.
Dies ist ein Juwel vollkommenen Lebens, ohne Innen noch Außen.
Plötzlich offenbart, vernichtet Leere die Ketten von Ursache und Wirkung,
die Verwirrung, Chaos und Unglück anziehen.
Doch das Existierende abzulehnen
und sich an die Leere zu hängen, ist ebenfalls eine Krankheit,
als würdest du dich in ein Feuer stürzen, um Ertrinken zu vermeiden.
Die Illusion ablegen wollen, um die Wahrheit zu erfassen,
deutet auf einen Geist mit Vorlieben, der zu trügerischen Entscheidungen führt.
Einem Schüler, der so übt, mangelt es an Einsicht,
so dass er wahrhaftig einen Dieb für seinen Sohn halten könnte.

Sich ins Feuer werfen, um Ertrinken zu vermeiden

Hier geschieht es, dass die zahllosen Phänomene widerspiegeln. Schatten sind keine Ausnahme, da der kostbare Spiegel, rein und transparent, alle Dinge klar und neutral widergibt. Die Schönheit eines schmalen Gesichtes oder die Hässlichkeit eines runden Gesichtes taucht im Spiegel nicht auf. Ein schmales Gesicht ist ein schmales Gesicht, ein Schatten ein Schatten, sonst nichts. „Schön, hässlich, gut, böse“ sind relative, bedingte Erzeugnisse unseres Geistes.

Dies ist ein Juwel vollkommenen Lebens, ohne Innen noch Außen. Unser Geist hat die gleiche Wurzel wie der Himmel und die Erde, wo alle Dinge eine einzige Einheit darstellen. Er hat kein Äußeres und kein Inneres, seine Klarheit enthält das gesamte Universum. Es gibt da nichts auszuschließen und nichts zu suchen. Aber hier entsteht ein Problem, das uns in eine Falle tappen lassen könnte.

Es wäre in der Tat falsch, zu glauben, das Prinzip der Kausalität existiere nicht mehr. Doch wenn einer behauptet, dass es weder Glück noch Unglück, weder gut noch böse, weder Ursache noch Wirkung, weder Paradies noch Hölle gebe, ist es verlockend, anzunehmen, Übles zu tun bliebe ohne Konsequenzen. Dies wäre freilich eine armselige Interpretation der Leere: „Warum sollte ich, wenn da nichts ist und alles leer ist, Samen des Guten säen, wo ich doch kein Verdienst ernten werde? Und die Zukunft? Es genügt doch, sie dem Zufall zu überlassen, sie ist bloß eine Frage von Glück!" So fällt einer der Häresie anheim, weil er das Prinzip der Kausalität leugnet.

Für die Beziehung von Ursache und Wirkung gibt es einen unwiderlegbaren Beweis. Stiehl etwas, und du wirst sehen, ob Ursache und Wirkung existieren. Leih dir Geld und zahle es nicht zurück – steht der Gerichtsvollzieher erst vor deiner Tür, wirst du begreifen, was Kausalität ist, und die Hölle entdecken, wenn du dich nackt auf der Straße wiederfindest.

Plötzlich offenbart, vernichtet Leere die Ketten von Ursache und Wirkung, die Verwirrung, Chaos und Unglück anziehen. Doch das Existierende abzulehnen und sich an die Leere zu hängen ist ebenfalls eine Krankheit, als würdest du dich in ein Feuer stürzen, um Ertrinken zu vermeiden. Qualen, Leiden, Unheil und Katastrophen sprießen kräftig in die Höhe auf diesem Komposthaufen. Die Vegetation ist da ganz schön üppig. Sich um die Kausalität zu erleichtern lädt Unheil ein. Alles loszuwerden und alles zu leugnen, weil nichts existiere, führt ebenso ins Chaos. Wenn du dich in die Flammen wirfst, um dem Wasser zu entfliehen, das dir Angst einjagt, dann wirst du zwar nicht ertrinken, aber verbrennen.

Die Illusion ablegen wollen, um die Wahrheit zu erfassen, deutet auf einen Geist mit Vorlieben, der zu trügerischen Entscheidungen führt. Einem Schüler, der so übt, mangelt es an Einsicht, so dass er wahrhaftig einen Dieb für seinen Sohn halten könnte. Um es buddhistisch auszudrücken, lasst uns festhalten, dass es nur eine Regel gibt, das Tor Buddhas zu durchschreiten: nichts abzulehnen. Man stellt nichts hintenan, ergreift nichts, flieht vor nichts, jagt nichts nach. Wenn man auswählt, indem man eine Seite wegwirft und an der anderen festhält, führt das zu wertenden Einteilungen. Jede Unterscheidung ist künstlich und falsch.

Wer die Wahrheit zu finden hofft, indem er eine Seite herausgreift und die andere ablehnt, täuscht sich selbst und praktiziert, ohne die Essenz des Weges verstanden zu haben. *Einem Schüler, der so übt, mangelt es an Einsicht, so dass er wahrhaftig einen Dieb für seinen Sohn halten könnte.*

Wir vergeuden die Reichtümer des Dharma und zerstören sein Verdienst,
indem wir uns auf unterscheidendes Denken verlassen.
Darum lehnt ein Zen-Schüler dies ab,
um durch die Kraft unmittelbarer Erkenntnis
sogleich ins Ungeborene eintreten zu können.

Die Kraft, die im Zazen liegt

Wir vergeuden die Reichtümer des Dharma und zerstören sein Verdienst, als unvermeidbare Konsequenz unserer geistigen Aktivität, als Schöpfer von Illusionen. Als Erzeuger von Zufriedenheit und Unzufriedenheit. Es ist ein nachgeschobenes Argument, zu behaupten, in Armut geboren zu werden sei ein Unglück. Das Baby sagt sich bei der Geburt nicht: „Was für ein Unglück, geboren zu sein!" Es erlebt keine Frustration. Erst viel später taucht dieser Gedanke auf. Nichts davon existiert für das Baby, weil es kein Bewusstsein davon hat, geboren worden zu sein.

Später wird es an Gott, an Geister oder das Paradies glauben, oder auch nicht. Dies sind alles Illusionen, manche enden damit, die Grundlagen des Buddha-Dharma zu untergraben.

Darum lehnt ein Zen-Schüler dies ab. Illusionen sind gleichbedeutend mit geistiger Aktivität. Für einen Menschen ist Wasser Wasser, für einen Fisch sein Zuhause. Die Erscheinung der Dinge ist eine Funktion des Karmas. Wenn jemand am Verdursten ist, gibt es nichts Schöneres als eine Tasse Tee, doch dieses Vergnügen ist viel geringer, wenn man gerade an Kopfschmerzen leidet. Unsere geistige Aktivität kann ein und der gleichen Sache alle möglichen Gesichter geben. Es kann sie sogar vollkommen ausblenden. Hört der Intellekt auf, auf diese Art zu erwägen, erscheint Wahrheit offen in all ihrem Glanz. Doch dafür müssen wir unsere Zerebralmaschine anhalten, sie außer Betrieb setzen.

Daichi Zenji schrieb: „Die Verwirklichung letztgültiger Wahrheit in der Praxis überschreitet rationales und analytisches Verständnis." Die Verwirklichung der Realität geschieht jenseits von

Worten und Formulierungen. Sie nimmt weder zu noch ab. Sie ist einzigartig.

Während des Zazen legen wir analytisches und konzeptuelles Denken beiseite, jenen Produzenten von Illusionen, den unser Karma gefestigt hat. Wir machen das Haus sauber und fegen Konzepte hinweg. Indem wir all diesen Staub loswerden, schaffen wir auch den Bewusstheitszustand des gewöhnlichen Menschen ab. Danach gibt es nichts zu tun. Der Mond ist der Mond, der Berg der Berg, der Ozean der Ozean und nichts anderes. Himmel und Erde haben die gleiche Wurzel, alle Dinge sind nur ein einziger Körper, und dieser Körper ist vollkommen unbedingt von irgendetwas anderem. Er ist wahre Realität. Durch die Kraft des Erkennens erlaubt Zen den Eintritt ins Ungeborene.

Was nicht erzeugt ist, kann nicht zerstört werden, das Ungeborene kann nicht sterben. Mit anderen Worten, man erwacht zum Unerzeugten. Werden die Illusionen des gewöhnlichen Menschen nicht zerstreut, kann man Buddha nicht entdecken. Im Buddha-Dharma ist es besonders wichtig, Zugang zur Essenz Buddhas zu haben. Darum müssen zuerst die Illusionen zerstört werden, und dafür gibt es keine andere Methode als durchs Tor des Zen zu treten. Dies bedeutet, sich mit Zazen zu identifizieren.

Wenn wir uns mit Zazen identifizieren, existiert nichts mehr. Sawaki und Zazen sind eins. Außerhalb von Zazen – kein Sawaki. Gibt es keinen Sawaki mehr, dann auch keinen Intellekt mehr, der Illusionen fabriziert. Sind die Illusionen ausgelöscht, bleibt nichts als Zazen. Während des Zazen ist man in Harmonie mit Shâkyamuni, Bodhidharma und allen Patriarchen und Vorfahren. Man wird zum gesamten Universum. Dank der Macht Buddhas treten wir ins Ungeborene ein. Diese Macht liegt im Zazen. Durch Zazen verschwinden Illusionen, und plötzlich ist man das Ungeborene. Keizan sagt zu Beginn des *Zazen Yôjinki:*

> Zazen öffnet sofort den Geist des Menschen und erlaubt ihm, im Essenziellen Frieden zu finden. So erscheint das wahre Gesicht des Geistes und gibt seine wesentliche Klarheit frei. Wer seinen Geist öffnen will, muss alles Gelernte und alles rationale Erwägen

ablegen, auf das Gesetz der Menschen wie auf den Buddha-Dharma verzichten und sich von allen Illusionen lossagen. Wenn er im Herzen der einzigartigen Wahrheit ankommt, werden die dunklen Wolken seiner Hirngespinste sich auflösen, und der Geist wird strahlend wie das Mondlicht sein. Zazen zerreißt die Dunkelheit, und im Stadium von „so wie wir sind“ werden wir Buddha. Wir entdecken den Buddha nicht mittels der Vernunft, sondern dank der Kraft des Zazen.

45

Ein bedeutender Mensch ergreift das Schwert der Weisheit
aus diamantener Flamme und prajnâ[1]*-Spitze.*

Die Energie des wahren Menschen

Mit unserem plötzlichen Eintreten ins Ungeborene des vorangehenden Verses ist der erste Teil des *Shôdôka* beendet. Wir befinden uns in der Mitte des Gedichtes. Es begann sanft mit *diesem stillen Menschen des Weges, der Erwachen erlangt und Grübeln wie Gehabe aufgegeben hat*, und dieser Ton wurde im ersten Teil beibehalten. Von nun an verändert sich alles. Der Ton wird schärfer, und alles wird erstaunlich stark: *Ein bedeutender Mensch*[2] *ergreift das Schwert der Weisheit.*

Unser Held ist ein Mensch wie jeder andere und wird zu keinem streitlustigen Rohling, nur weil er ein Schwert trägt. Er ist dennoch das Gegenteil von einem, der sich erniedrigt. Ein bedeutender Mensch ist der, der Buddha-Natur kennt. Ein bedeutender Mensch bleibt bescheiden und setzt nicht sein Leben aufs Spiel. Er nimmt sich fest in die Hand, ohne sich zu verletzen. Es ist das größte und wertvollste *satori*. Er gestattet den Illusionen nicht, das Rad seines Lebens in Unordnung und Aufregung zu steuern. Unser Held ist ein Mann oder eine Frau, die einfach wahrhaftig sind.

Die ersten Zeilen des *Hannya Shingyô* lauten: „Als er tief *prajnâ pâramitâ* praktizierte, erkannte Avalokiteshavara Bodhisattva klar, dass alle fünf *skandha* leer sind. So linderte er alles Leiden.“ Dies verweist auch auf *ein bedeutender Mensch ergreift das Schwert der Weisheit.*

---

[1] *prajnâ* (skt.): allumfassende Weisheit.

[2] Jap. *daijôbu,* chin. *ta-chang-fu,* skt. *mahâpurusa:* Beiname für solche, die zur Buddha-Natur erwacht sind; die Übersetzung „bedeutender/großer Mensch“ geht auf Étienne Lamotte zurück; A. L. Coles zitiert in *Zen Poems of the Five Mountains* Jakushitsu Ginkô (1290–1367): „Die Übung des Zen ist das Geschäft solider Menschen *(daijôbu)*; Schwachen oder überzarten Gemütern gelingt es nicht.“; er merkt an, dass der Ausdruck *daijôbu* verwirren könnte, gemeint sei ein gesunder Geist, der sich moralisch standhaft von den üblichen Leidenschaften der Menschen zu befreien wüsste.

Yamanaka Shikanosuke[3] machte sich sein ganzes Leben lang Missgeschick zunutze. Es heißt sogar, er habe dem Neumond einen Kult gewidmet. Ich mag diesen Krieger sehr, weil er sich nichts daraus machte, Toyotomi Hideyoshi zu dienen, dem mächtigsten Feldherrn seiner Zeit. Statt ein reicher Lehnsherr mit Zuwendungen von dreißig- oder vierzigtausend *koku* zu werden, wollte er sich nicht an die Zurschaustellung der Macht gewöhnen. Das Leben zu lieben bedeutet, das Schwert der Weisheit zu ergreifen. Ich verwende das Wort „Leben" nicht im Sinne von körperlicher Langlebigkeit, denn „Leben" im Chaos der Illusionen zu verbringen, mit nichts außer dem Auf und Ab des Glücks vor Augen, ist nicht Leben. Der wahre Mensch lebt anders.

In seinem *Buch der fünf Ringe* schreibt Miyamoto Musashi im Kapitel „Leer": „Der Körper verlässt sich auf die Irrtümer des Geistes, und die Augen verlassen sich auf die Verzerrung der Sicht." Es sind nicht nur die Augen, die Dinge deformieren, dies gilt auch für Nase und Mund. Lass vor einer Hundenase einen fahren, und er wird das erfreulich finden und nach mehr verlangen, während ein Mensch so reagieren dürfte: „Dieser Kerl ist widerlich!" Wo liegt die Verzerrung, beim Menschen oder beim Hund? In Buddhas Lehre heißt diese Verzerrung „Karma". Karma ist der Ursprung unserer Verzerrungen, und wenn sie auftauchen, trennt der wahre Mensch sie mit seinem Schwert der Weisheit ab.

Ohne das Schwert der Weisheit kennt die Gegenwart keine Substanz. Die Jungen sagen: „Du wirst sehen, eines Tages werde ich erfolgreich sein." Sie träumen von der Zukunft: Ehre, Ruhm, Reichtum. Obwohl sie nicht wissen, was sie tun werden, erstreben sie Berühmtheit. Die Alten wiederum wenden sich, ohne Ehrgeiz bezüglich der Zukunft, der Vergangenheit zu: „Ah! Zu meiner Zeit lief das nicht so … man war wie … und machte …" Wenn du sie nach der Gegenwart fragst, antworten sie, dass heutzutage alles schlecht laufe. Das ist wirklich Nonsens! Die gegenwärtige Realität abzulehnen widerspricht gänzlich der Haltung des wahren

[3] Yamanaka Shikanosuke (1545–1578): Samurai aus der Zeit der Streitenden Reiche, einer der treuen Vasallen des Amako-Clans, den er wiederzubeleben suchte.

Menschen. Der Weg muss in der Gegenwart gelebt werden, so wie sie ist. Das Leben muss hier und jetzt all seine Funken schlagen.

Das erinnert mich an ein Porträt von Miyamoto Musashi. Er hatte große Augen, einen kahlen Schädel und trug zwei Holzschwerter. In seinem ausdrucksstarken Gesicht fand sich ein respekteinflößender Blick. Wenn ich den Satz *Ein bedeutender Mensch ergreift das Schwert der Weisheit* lese, kommt mir stets das Bild von Musashi in den Sinn, wie er sein großes Schwert beim Angriff auf einen Gegner schwingt. Ich denke, wenn jemand mutig und authentisch ist, trägt er das Schwert der Weisheit. Um es handhaben zu können, muss alles in sich authentisch sein, sonst hat man nicht die Kraft, es zu schwingen. Authentizität und schlüssige Urteilskraft erlauben einem, gegenüber Kritik oder Lob gelassen zu bleiben. Hält man eine Handlung für gerecht und wahr, erzeugen Tadel oder Lob weder besonderen Schmerz noch besondere Freude.

So heißt es auch: „Der Mond oben am Himmel wird von den Winden aus den acht Richtungen nicht gestört." Dies bezieht sich auf die acht Elemente, die Liebe und Hass schüren und darum „Winde" genannt werden. Diese sind: Gewinn, Verlust, Verleumdung, Ruhm, Lob, Tadel, Schmerz und Vergnügen. Ob Lob oder Kritik, Glück oder Missgeschick – du gibst und empfängst, du fühlst dich in allen Lebensumständen gelassen und bewahrst stets deine Haltung, egal, was geschieht. Wenn du das Schwert der Weisheit erfasst, dann verlierst du nicht die Fassung darüber. Du lebst das Leben in Fülle.

Yoshida Shôin[4] wurde wegen seines Widerstandes gegen die Öffnung des Landes zum Tode verurteilt. Seine letzten Worte waren: „Ich wusste, dass es so endet, aber ich wurde vom Geist Yamatos getrieben." Man kann nicht behaupten, dass er mitten auf dem Weg sein Anliegen aufgegeben hätte. Genauso verhielt es sich mit Sakura Sôgorô[5], der 1655 gekreuzigt wurde, weil er dem

---

[4] Yoshida Shôin (1830–1859): geboren in ein Kriegergeschlecht aus Chôshû, hielt er in einer Zeit, als Japan sich dem Handel mit dem Westen öffnete, an der Funktion des Kaisers fest und plädierte für ein Ausweisen von Ausländern.

[5] Sakura Sôgorô: Dorfvorsteher in Kôzu, Shimôsa; da die Steuererhöhungen des Lehnsfürsten großes Elend unter den Bauern erzeugten, wurde Sakura auserko-

Shogun eine Beschwerde über das große Elend der Bauern vorgetragen hatte. Etwas vollständig zu erreichen bedeutet, nicht zu behaupten, es könne nichts getan werden, oder aus Eigeninteresse nichts zu tun. Der wahre Mensch erzählt sich keine Märchen und geht den ganzen Weg bis zu dem Ziel, das er sich gesetzt hat.

In einem Text der Unkô-Schule des Weges der Krieger heißt es: „Das Geheimnis der Unkô-Künste beruht gänzlich auf diesen Prinzipien: nicht nachsinnen, nicht suchen, nicht hoffen, nicht anhäufen, nicht nehmen, nicht ablehnen. Indem die wahre Substanz des geeinigten Geistes erfasst wird, erschafft man den Atem, den ewigen Atem." Weiter heißt es: „Wesentlich ist, dass man sich selbst erlangt, ohne der Außenwelt gefallen zu wollen." Das Ziel ist also unsere eigene Wesensnatur. Ob reich oder arm, Mann oder Frau, der Geist ist unbesorgt, das Schwert der Weisheit fährt fort zu glühen und alles niederzustrecken und aufzuschlitzen, was den Geist verdunkeln kann. Wer das kann, der ist beeindruckend und geht den Weg mit hoch erhobenem Kopf. Ein Altehrwürdiger sagte einst: „Bevor du die Dämonen unterwirfst, musst du dich selbst unterwerfen." Nährt man den Geist des Weges, verlassen die Dämonen den Audienzsaal.

Zazen erfüllt den Raum

Zazen zu machen bedeutet, das Schwert der Weisheit zu tragen. Die Zazen-Haltung löst Furcht aus. Ich erinnere mich an einen Abend, wo ich etwa eine Stunde allein im Dojo in Zazen saß und meine Haltung die Aufmerksamkeit der Leute auf sich zog, die im Gang vorbeiliefen. Als sie mich sahen, blieben sie sprachlos wie angewurzelt stehen und fühlten sich unwiderstehlich in den Raum gezogen. Was sie offensichtlich sahen, war nicht bloß ihr freundlicher Priester. Es scheint eher, als sei ich ein ganz anderer Mensch, wenn ich Zazen mache.

Ein anderes Mal saß ich im Zimmer eines Freundes in Zazen. Er öffnete die Tür und sagte: „Das Abendessen ist fertig!" Als er

---

ren, dem Shogun in Edo eine Petition zu überbringen, wofür sich der Lehnsfürst rächte, indem er Sakura und seine Frau kreuzigen und seine Kinder enthaupten ließ; der Fürst wurde enteignet und ins Exil geschickt.

mich sah, verstummte er und verließ still den Raum. Später meinte er zu mir: „Wir sind alte Freunde und ich gehe ungezwungen mit dir um, aber als ich die Tür öffnete, erfüllte Zazen den Raum, und ich fiel draußen im Flur zu einer Niederwerfung auf den Boden." Es ist nicht nur mein Zazen, das den Raum erfüllt, das gilt für alle. Das Schwert der Weisheit ist das Symbol des Zazen; wer auch immer Zazen macht, der ergreift dieses Schwert.

Als ich ein junger Gehilfe im Eiheiji war, ließen sie mich Zucker holen, und als ich mit einer Schale in meiner Hand zurückkam, bemerkte ich vier oder fünf Silhouetten, die in unbeweglicher Haltung hinter einem Wandschirm in Zazen saßen. Mein Herz machte einen Sprung und meine Beine blieben stehen. Ich beendete meinen Botengang auf Zehenspitzen. Zazen ruft die gleiche Ehrfurcht hervor wie ein Krieger mit angespannten Muskeln, der bereit ist, mit seiner drei Fuß langen polierten Klinge zuzuschlagen. Unter allen Haltungen des menschlichen Körpers ist die des Zazen die würdevollste, sie besitzt die größte Ausstrahlung. Zu Beginn des *Shôdôka* begegneten wir der Freundlichkeit *dieses stillen Menschen des Weges, der Grübeln wie Gehabe aufgegeben hat*. Nun entdecken wir den strengen Ernst des bedeutenden Menschen, der *das Schwert der Weisheit* ergriffen hat.

Von innen betrachtet bedeutet Zazen Klarheit und Transparenz. Macht jemand Zazen, hat er keine zu hohe Meinung von sich, denn die würde ihn bloß davon abhalten, den Kopf gerade aufzurichten. Zazen ist kein glückverheißender Augenblick, der dir zu klären hilft, was nicht mit dir stimmt. Wenn wir uns in einem häuslichen Streit aufreiben oder mit Geishas feiern, sind wir uns dem Kommen und Gehen eines Flohs nicht bewusst. Doch wenn wir Zazen üben und ein Floh mit aller Macht versucht, unsere Wäsche zu kriechen, kommen wir nicht umhin, das zu spüren, und halten es nicht mehr aus, bewegungslos zu sitzen. Im Zazen sind wir transparent und fühlen sogar die kleinste Stimulation. Ein Typ inmitten einer Schlägerei spürt den Nagel nicht, der seinen Fuß aufreißt, und ein anderer schrammt sich besoffen das Knie auf, rollt auf dem Boden herum und suhlt sich im Dreck, ohne dass er es bemerkt. Während Zazen erscheinen Illusionen, aber das ist gar nichts. Man weiß, dass die Dinge sind, wie sie sind.

In unserem Zazen können wir klar den Abstand zwischen Buddha und dem gewöhnlichen Menschen erkennen, der im Buddha sitzt. Ein Schild an der Wand vieler Dojos lautet: „Die Warte, von der aus man das Universum mit einem Blick erfasst.“ Dank dieses Panoramablickes ist der Inhalt des Zazen von unerhörtem Reichtum. Man ist in Harmonie mit dem Buddha, und zugleich schultert man das Geschäft des gewöhnlichen Menschen. Man besteht aus allen Widersprüchen. Es heißt, Religionen fürchteten Widersprüche nicht, doch keine kommt dem Zazen gleich in dieser Fähigkeit, alles zu umarmen.

Der gewöhnliche Mensch trägt eine Vielzahl Angelegenheiten mit sich herum, aber während Zazen fragt er sich nicht, ob das gut oder schlecht ist. Er nimmt alles, wie es kommt … Wolken ziehen vorüber … ist das da ein Dämon? Oder eine Schlange? Sie ziehen weiter, ohne eine Spur zu hinterlassen. Ein schönes Mädchen taucht auf und schwindet wie eine Fata Morgana. Zehn Jahre lang, zwanzig Jahre lang, das ist egal!

Fähigkeiten sinnvoll einsetzen

Im weiteren Verlauf des Gedichtes finden wir diesen Ausdruck: *Ketzer besitzen Intelligenz, aber keine Weisheit.* Buddhismus ist die Religion der Weisheit. Der wahre Mensch trägt das Schwert der Weisheit. Weisheit ist unser einziger Ehrgeiz. Unser höchstes Ziel ist, ein wahrer Mensch zu werden. In unserer Welt sagt man: „Kein Heilmittel für Dummheit.“ Der Buddha meinte auch: „Du solltest dich nicht mit Narren anfreunden.“

Hier ist die Geschichte eines dummen Sohnes, der seinem Vater sehr ergeben war und mit Eifer kindliche Loyalität praktizierte. Sein Vater war kahlköpfig wie ein Ei. Eines Tages zeigten sich die Fliegen besonders aggressiv, als er einen Mittagsschlaf hielt. Sie hörten nicht auf, seinen haarlosen Kopf heimzusuchen (manche Texte sprechen gar von Moskitos). Der ergebene Sohn jagte sie fleißig davon, aber das brachte nichts, sie kehrten sofort zurück. Es erschöpfte ihn, und schließlich wurde er wütend. Er griff nach einem Holzstock, hob ihn hoch über seinen Kopf und ließ ihn mit einem Klatsch auf die Fliegen niedersausen. Die Fliegen flüchteten und der Schädel zersplitterte. In diesem Moment intonierten die Götter in den Bäumen diesen Refrain: „Besser einen Weisen zum Feind haben als einen Idioten zum Verbündeten.“ Wenn der Feind weise ist, wirst du davon bereichert, seine Absichten zu deuten. (Wir sprechen hier natürlich nicht von falschen Heiligen.)

Selbst wenn es aus Mitempfinden geschieht, um die Natur eines wahren Menschen zu unterstreichen: Du musst dich auf grausame Enttäuschungen gefasst machen, solltest du die Freundschaft mit einem Schwachkopf suchen.

Es ist entscheidend, das Schwert der Weisheit zu erfassen, ein wesentlicher Faktor in der Kette der Kausalität. Dies muss das einzigartige Ziel jedes Menschen sein, auch wenn er ohne Geld und ohne Rang ist: das Schwert der Weisheit erstrahlen lassen, ohne dass das kleinste Partikel Falschheit oder Irrtum es beschmutzt.

Die menschliche Rasse hebt sich durch ihre Intelligenz und ihr manuelles Geschick hervor, aufgrund derer sie alle Arten von Maschinen konstruieren kann. Sie hat auch eine Neigung zum Streit und benutzt Sprache sehr gewandt. Der Mensch ist also mit allen Arten Talenten ausgestattet. Leider stellt sich heraus, dass ein Individuum, das seine Fähigkeiten sinnvoll einsetzt, unter den Menschen selten anzutreffen ist. Die Moral der Geschichte ist, dass man seine Talente nicht verkümmern lassen sollte, und ich ergänze noch, sein Äußerstes geben sollte, diese Talente zum Besten einzusetzen. Ein Gauner nutzt seine Fertigkeiten schlecht. Das gilt auch für einen Wucherer und einen mehrfachen Hausbesitzer, der sich viele Geliebte hält. Alle sind auf ihre Art ein Beispiel für schlecht eingesetzte Talente. Wenn ich mich selbst betrachte, dann erkenne ich nur einen erbärmlichen Anwender. Wege ohne Irrtum sind sehr selten.

Das meiste aus den eigenen Fähigkeiten zu machen bedeutet, sich mit Buddha oder mit Gott zu identifizieren. Wir sollten uns bis auf den Grund erkennen, dann unsere größte Anstrengung unternehmen, um die Leidenschaften abzulegen, die verhindern, dass wir unsere Talente anwenden. Auf diese Weise stehen wir auf unserem eigenen Gipfel, einer Spitze, die vor Licht schillert, das das gesamte Universum enthält, und schwingen die schneidende

Klinge der Weisheit. Das Schwert der Weisheit zu erfassen bedeutet, menschliche Fähigkeiten auf ihr höchstes Level zu erheben.

Der Mensch, der diesen höchsten Seinszustand erlangt, wo Himmel und Erde die gleiche Wurzel haben und er eins mit allen Dingen und dem gesamten Universum ist, besitzt auch die Fähigkeit, anderen zu Hilfe zu kommen. Auch wenn er nicht offiziell patentiert ist, ist er nicht weniger als ein Buddha: „Belebte und unbelebte Wesen werden der Weg, Gräser, Bäume, Länder und Welten werden alle ausnahmslos Buddha."

Ich habe mich lange mit diesem grundlegenden Ausdruck beschäftigt: *Ein bedeutender Mensch ergreift das Schwert der Weisheit.* Das Schwert *aus diamantener Flamme und prajnâ-Spitze* hat die Härte und den Glanz eines Diamanten, des Symbols der Unzerstörbarkeit. Dies sollte uns ermutigen: Das Schwert der Weisheit ist solide. Seine Spitze verbiegt sich nicht, seine Flamme erlischt nicht. Seine geschärfte Spitze ist der Mensch, der nach seiner bestmöglichen Entwicklung seine Fähigkeiten aufs Äußerste einsetzt. In diesem Moment hält er eine diamantene Flamme in den Händen. Es ist eine Schande, dass die Leute ihr Leben mit dem Nähen von Kleidern für tote Kinder verbringen, Totenmasken herstellen oder Gräber wie Zweitwohnsitze errichten, wo das Leben sich vor ihnen windet! Wir müssen das Schwert der Weisheit mit seiner diamantharten Flamme ergreifen und kräftig für einen Einsatz schwingen, der richtig, unmittelbar und frisch ist: wahre Authentizität.

Er zertrümmert nicht nur den Ketzergeist,
er macht auch die Frechheit Maras[1] *zunichte.*
Indem er die Trommel schlägt, aktiviert er den Donner des Dharma.
Er sendet eine Wolke voll Mitleid und Regenschauer aus Ambrosia[2].
Drachen und Elefanten frohlocken
und posaunen seine unermesslichen Wohltaten hinaus,
die alle Wesen der drei Fahrzeuge und fünf Familien erwecken.
Ungetrübt liefert mir das Hini-Gras der schneebedeckten Berge
die reine geklärte Butter, die allein mich nährt.

Menschliche Würde gemäß dem Dharma

Diese Textpassage illustriert einen Satz aus dem *Hannya Shingyô*: „Jenseits aller verdrehten Ansichten verwirklicht man Nirwana."

Er zertrümmert nicht nur den Ketzergeist, er macht auch die Frechheit Maras zunichte. Ketzerei meint Ansichten außerhalb der Lehren Buddhas, alles, was dem Unbegrenzten Grenzen auferlegt und in eine Sackgasse führt. Wahre Realität ist ohne Eigenschaften. Wenn wir sie in ein festes Konzept pressen, schaffen wir ein Hindernis und glauben am Ende, dass wir Glück im Paradies finden. Wenn solch falsche Ansichten außerhalb des Weges auftauchen, dann ergreift der wahre Mensch sein *Schwert der Weisheit aus diamantener Flamme und prajnâ-Spitze* und schneidet sie sauber ab. Er greift nicht nur häretische Ansichten an, *er macht auch die Frechheit Mâras zunichte.* Wie wir sie auch nennen mögen, Mâra, Tenma, Akuma oder anders, Dämonen sind von allen

---

[1] Mâra (skt., jap. Tenma, Akuma usw.): „Zerstörer von Leben", Inkarnation des Todes, die im Buddhismus für alle Leidenschaften steht, die Menschen fesseln; König der Dämonen in der Welt der Begierden und besonders gefürchtet, weil er Menschen wie Marionetten manipulieren kann; auch ein Symbol für Machthunger.

[2] Ambrosia (skt. *amrta,* jap. *kanrô*) hat zwei Bedeutungen: (1) Unsterblichkeit, (2) ein Trank der Unsterblichkeit; im Buddhismus wird sie im ersten Sinn verwendet und als Synonym für Nirwana; die *Jatakamâla* spricht von einem Regen aus Ambrosia, das *Milindapanha* von der Ambrosia, mit der Buddha die Welt wässert.

möglichen Arten. Sie nähren dualistische Gedanken in uns und lassen uns eine dualistische Wirklichkeit sehen, in der Glück von Unglück und Krankheit von Gesundheit getrennt sind. Dann ist da noch der Dämon der *skandha*. All diese Dämonen bewohnen unser Bewusstsein. Das Schwert der Weisheit jagt sie in die Flucht.

Indem er die Trommel schlägt, aktiviert er den Donner des Dharma. Er sendet eine Wolke voll Mitleid und Regenschauer aus Ambrosia. Der wahre Mensch ergreift sein Schwert der Weisheit und lehrt den Buddha-Dharma. Das Grummeln des Donners, das Hallen der Trommel, der Regen aus Ambrosia sind Metaphern, um das Mahâyâna auszudrücken. Sie evozieren nicht die kleinen Zaubertricks eines Schwindlers, sondern die Erhabenheit einer Doktrin, die menschliche Würde lehrt.

Wie der Mensch, der das Schwert der Weisheit ergriffen hat, *frohlocken Drachen und Elefanten und posaunen seine unermesslichen Wohltaten hinaus.* Drachen und Elefanten symbolisieren eine Zusammenkunft von Menschen, die Zazen praktizieren. Sie frohlocken, weil das ihre Art zu sein und sich auszudrücken ist, obgleich der wahre Mensch sparsam mit seinen Gesten umgeht. Ohne sich einen Zentimeter zu bewegen und ohne die geringste Anstrengung entfesselt er eine grenzenlose Kraft zu lehren.

Vor langer Zeit sah jemand Shâriputra[3], als er auf einem Feld einem natürlichen Bedürfnis nachkam. Dieser Mann empfand eine so tiefe Dankbarkeit, dass er die Hände zusammenlegte und sich niederwarf. Es heißt, in diesem Moment habe er eine Offenbarung der wahren Buddha-Natur erfahren. Es scheint, als habe der Anblick Shâriputras, wie er einem natürlichen Bedürfnis folgt, eine tiefe Wirkung ausgelöst. Etwas an Shâriputra nötigte Respekt ab. Ob wir Zazen machen oder die Sutren lesen, wir müssen diesen Respekt nähren, auch bei unseren Alltagshandlungen wie dem Essen oder dem Gang zum Klo, also Dingen, denen wir normalerweise nicht viel Aufmerksamkeit schenken. So entspringen jedem Augenblick des Lebens unbegrenzte Wohltaten, wie beispielsweise die frohlockenden Drachen und Elefanten.

---

[3] Shâriputra: galt als der weiseste Schüler Buddhas.

Menschen, die so auf dem Weg Buddhas gestählt wurden, haben Erwachen erlangt und *erwecken alle Wesen der drei Fahrzeuge und fünf Familien.* Gemäß der buddhistischen Tradition sind die drei Fahrzeuge *shômon, engaku* und Bodhisattva, die bereits den Weg betreten haben. Die fünf Familien sind die fünf „Naturen"[4] oder Kategorien menschlicher Wesen. Die drei ersten sind diejenigen, die zum Erwachen bestimmt sind. Die vierte besteht aus den Unbestimmten, was kein Problem darstellt, da wir alle von unserem Ursprung aus unbestimmt sind. In der fünften Kategorie sind diejenigen, die den Weg nicht begreifen können[5]. Trotzdem heißt es hier, dass auch diese Familie eine Offenbarung der Buddha-Natur erlebt, wenn sie einem wahren Menschen begegnet, der das Schwert der Weisheit trägt.

Heutzutage gibt jeder dem rationalen Verständnis den Vorzug. Doch hier ist die Vernunft wertlos. Wenn man nur Bilder als Erklärung hat, wird man nie einen Pfeil ins Ziel bringen. Wir erlernen und erspüren eine Haltung nicht aus einem Buch. Das Gleiche gilt für Zazen: Du wirst es nicht verstehen, solange du nicht siehst, wie es gemacht wird, und es dann selbst ausprobierst. Heute gibt es massenhaft Bücher über Zen von Leuten, die nicht einmal praktizieren. Vor langer Zeit besuchte Rishôkoku einmal Yakusen Igen Zenji[6] und machte ihm ein Kompliment: „Du hast deinen Körper so gut geformt, dass du nun einem Kranich gleichst." In der Tat, danach streben wir.

Ungetrübt liefert mir das Hini-Gras der schneebedeckten Berge die reine geklärte Butter, die allein mich nährt. Die weißen Kühe, die allein dieses Kraut ernten, geben süße und cremige Milch, die mit keiner anderen vergleichbar ist. Die schneebedeckten Berge sind der Himalaya, der für Shâkyamuni steht. Dort lehrte er die Doktrin vom Tor des Dharma. Er predigte nur eine einzige Lehre,

---

[4] Jap. *goshô.*

[5] Skt. *icchantika,* wörtlich „Mensch ohne Glauben", einer, der sich nichts aus Buddhaschaft macht oder starke Begierden hat.

[6] Yakusan Igen Zenji (chin. Yueh-shan Wei-yen, 745?–834?): Ch'an-Meister.

rein und unverändert. Er stellte sich gewiss keine zwei oder gar drei Fahrzeuge[7] vor.

Die Lehre Buddhas besteht darin, Buddha zu werden. Jeder Mensch, der das Schwert der Weisheit ergreift, wird Buddha. Anders ausgedrückt: Jeder Mensch, der das reine Gras des Himalaya isst, wird Buddha. Du genauso wie ich. Dank der Lehre Buddhas bringt unser Körper, so wie er ist, sein Bestes zum Ausdruck. Indem wir in unserem Alltagsleben unsere Buddha-Natur verwirklichen, optimieren wir unsere Fähigkeiten als menschliche Wesen. Darum können wir ein lebenswertes Leben führen.

---

[7] Anspielung auf die drei Fahrzeuge Theravâda, Mahâyâna, Vajrayâna; „Fahrzeug" meint das Mittel, mit dem man den Weg zum Erwachen bereist.

47

Eine Natur durchdringt vollständig alle Naturen.
Ein Phänomen enthält alle Phänomene.
Ein einzelner Mond erscheint im Wasser,
Myriaden Reflexionen gehen von ihm aus.

Ein Ding, zehntausend Dinge

Eine Natur durchdringt vollständig alle Naturen. Ein Phänomen enthält alle Phänomene. Das *Shinjinmei* besagt das Gleiche: „Eins ist alles, alles ist eins." Eins, alle, wenig, viel: Wir müssen all diese Konzepte, die wir von den Dingen haben, überarbeiten. Die Menschen argumentieren meist in Begriffen der Quantität. Wenn wir die Dinge mit Blick auf ihre innewohnende Substanz betrachten, ist jedes einzigartig. Es gibt nur eine Tatsache. Welche Mengenangabe man auch macht, Dreck bleibt immer Dreck und Gold bleibt Gold. So arm du auch sein magst, wenn du zum Buddha erwachst, bist du Buddha. So reich du auch sein magst, wenn du ein Gefangener deiner Illusionen bist, bleibst du ein gewöhnlicher Mensch. *Eine Natur durchdringt vollständig alle Naturen. Ein Phänomen enthält alle Phänomene.*

Menzan Oshô erzählt im *Kenmonhôeki* diese Anekdote: Eines Tages meinte der alte Sonnô zu einem Anhänger der „Schule des Reinen Landes", der bei ihm zu Besuch war: „Man hat mir gesagt, wenn in deiner Tradition ein Praktizierender des *Namu Amida Butsu* stirbt, kommt ihm Buddha zu Hilfe. Stimmt das?" – „Ja, das ist wahr. Buddha manifestiert sich im Augenblick des Todes eines so Praktizierenden." Da meinte Sonnô: „Ich frage mich, ob Herr Amida seine übernatürlichen Kräfte nutzt, um durch die Lüfte zu fliegen? Denn in dieser Welt gibt es nicht bloß ein oder zwei Menschen, die zur gleichen Zeit sterben. Die Welt ist so groß, dass sie hier wie dort sterben, Hunderte überall zugleich. Wusch! Schon ist er hier. Wusch! Nun ist er dort. Wir sprechen zwar von Amida Buddha, aber selbst er müsste sich dabei die Knochen brechen!" Sein Besucher, der nichts mehr begriff, erwiderte nur: „Ha!"

Der alte Sonnô erklärte ihm: „Amida rettet die Menschen nicht, indem er ihnen zu Hilfe eilt. Er ist Amida Buddha, der Schatzkörper der Dharma-Welt. Wie der Mond, der zwar einzigartig ist, aber in allen Gewässern reflektiert und überall gesehen wird, hilft Amida allen Wesen, während er selbst unbewegt bleibt. Er macht sich nicht die Mühe, hier und dort jedem Einzelnen zu Hilfe zu eilen." Der Mond wird im Jangtsekiang und in den Sumida-Flüssen gespiegelt, in einer moskitoverseuchten Pfütze aus abgestandenem Wasser, einer Urinlache, einem Tautropfen an einem Grashalm, einem Krug Wasser.

Banzan Zenji schrieb diese Verse: „Der Geist, einsamer Mond, enthält alle Dinge in seinem Licht." Auf diese Weise funktioniert unser Geist. Mit anderen Worten: *Eine Natur durchdringt vollständig alle Naturen. Ein Phänomen enthält alle Phänomene.*

Lasst uns über Schlafen und Essen nachdenken. Wenn ein Dieb abends ohne Essen loszieht, kann er seine Aufgabe mit leerem Magen nicht recht erfüllen und auch nicht schnell genug abhauen. Er sollte auch daran denken, vorher ein Nickerchen zu halten und sich unauffällig zu kleiden. Ein Teller gegrilltes Fleisch mit Reis gibt ihm die nötige Kraft, mit vollem Einsatz loszulegen. Auch der Polizist, der ihn vielleicht verfolgen muss, hat ein Schläfchen gehalten und gut gegessen, denn wenn sein Magen „Hunger" schreit, wird er die bösen Jungs nicht fassen und niederringen können. Auch er wechselt die Kleidung und zieht die Uniform an, die zu seiner Funktion passt. Folglich isst und schläft der eine, um zu stehlen, und der andere, um einen Dieb zu fassen.

Wenn ein gewöhnlicher Mensch studiert, dann will er seine Fähigkeit verbessern, Illusionen zu erzeugen. Er besucht die Universität, und je mehr er in den Wissenschaften voranschreitet, desto mehr fantasiert er sich zusammen. Es ist aber auch nötig, zu essen, zu schlafen und die Kleidung zu wechseln, um Illusionen schaffen zu können. Selbst der Buddha isst – aber warum? Er isst, um zum Wohle aller wirken zu können. Er steht für die anderen früh auf, und in der Nacht ruht er sich für die anderen aus. Ob er lacht oder weint, er tut es, um allen Wesen zu nutzen.

Buddha und der gewöhnliche Mensch, der Dieb und der Polizist, sie alle machen die gleichen täglichen Gesten, wenn auch in unterschiedlicher Geisteshaltung. Darum heißt es: *Eine Natur durchdringt vollständig alle Naturen. Ein Phänomen enthält alle Phänomene. Ein einzelner Mond erscheint im Wasser, Myriaden Reflexionen gehen von ihm aus.* Im *Kegon-kyô* lautet dies so: „Einzelnes und Vielfaches leben ohne Problem zusammen." Eins ist alles, alles ist eins.

Im ersten Band des *Wanshi kôroku* bemerkt Wanshi Zenji[1]: „Sind einmal die hohen Mauern, die uns umgeben, niedergerissen, erscheint Existenz in all ihrem Glanz, und die zehn Richtungen antworten auf vollkommene Weise." In unserem Alltagsleben wird Existenz wirklich wundervoll, wenn die Grenzen, die unsere Freiheit behindern, zerstört sind. Wenn jemand andererseits üble Absichten, Hass oder Bitterkeit in seinem Herzen hegt, wird seine Existenz beengt und steif. Im Kapitel „Bendôwa" des *Shôbôgenzô* schreibt Dôgen: „Wenn du loslässt, füllt der Dharma deine Hände." Nichts bleibt in den Händen zurück, aber dieses Nichts bringt alles hervor. Dies ist das Prinzip des Weges: Wirfst du alles ab, erscheint das unbegrenzt Subtile.

„Die zehn Richtungen antworten auf vollkommene Weise." Das Echo antwortet dir, und du erwiderst als Echo. Die Freiheit ist in den zehn Richtungen vollständig. Yamabiko, der Gott der Berge, ruft: „Hallo!" und bekommt die Antwort: „Hallo!" Genau wie ein Spiegel ein Gesicht widergibt, egal, wie dieses aussieht.

Der Spiegel ist unschuldig, nichts behindert ihn, so kann er die Bilder genau widergeben.

Es sind die Illusionen, die den Blick des Menschen verstellen. *Der stille Mensch, der Erwachen erlangt und Grübeln wie Gehabe aufgegeben hat*, ist unschuldig wie der Spiegel. Egal, welche Unruhe und Unbeständigkeit sich wie eine riesige Klippe vor ihm auftut, die zehn Richtungen antworten ihm auf vollkommene Weise, denn er wird nicht von falschen Konzepten gebunden. Nir-

---

[1] Wanshi Shôgaku Zenji (chin. Hung-chih Cheng-chueh, 1091–1157): Meister der Caodong (jap. Sôtô)-Schule des Ch'an, der eine „Sammlung von Anmerkungen" *(Wanshi kôroku)* hinterließ und vor allem für seinen Disput mit Daie Sôkô (chin. Ta-hui), einem Meister der Lin-chi(jap. Rinzai)-Schule, über die Unterschiede ihrer beiden Schulen bekannt ist; nach seinem Tod vertraute Wanshi die Herausgabe seines Werkes Daie an.

gends kann ihn etwas behindern, weder in der Vertikalen noch in der Horizontalen.

Der Dharma-Körper aller Buddhas durchdringt meine Natur,
meine Natur und Buddha bilden eine Natur.
Wenn eine Ebene durchschritten ist, dann sind es alle.
Da ist weder Form noch Geist noch karmisches Handeln.

Feuer einstellen!

Der Dharma-Körper aller Buddhas durchdringt meine Natur, wenn ich den Weg Buddhas praktiziere. Buddha wohnt in meinem Körper. Dass er in mir leben soll, ist nichts Besonderes. Wenn du dem Alkohol gefrönt hast, lebt die Trunkenheit in dir. Wenn du dich heimlich in ein Haus stiehlst, um etwas zu klauen, lebt ein Dieb in dir. Wenn du jemandem die Faust ins Gesicht schlägst, bist du von einem wütenden Dämon besessen, und wenn du nachts zum Essen in die Küche schleichst, von einem Hungergeist. Ein Tier steckt in dir, wenn du dich grunzend beschwerst. Und wenn du den Buddha-Weg praktizierst, weilt der Buddha in dir. Die Essenz aller Buddhas durchdringt deine Natur. Du bist in einer symbiotischen Beziehung mit dem Weg und ein gegenseitiger Austausch findet statt. Der Abstand zwischen dir und dem Buddha verschwindet. Du kannst nicht mit deiner Frau streiten, wenn du deine Hände in *gasshô*[1] zusammengebracht hast.

Sehr oft benimmt sich der Mensch, als wolle er sich erniedrigen. Er hat die Fähigkeit, sich auf ein höheres Level zu bringen, strebt aber nicht einmal nach dem durchschnittlichen Level und scheint sogar die Absicht zu haben, zu den niedersten Ebenen abzusteigen. Ein Pferd agiert nicht unterhalb des durchschnittlichen Levels für Pferde. Ein Hund benimmt sich nicht schlechter als das Niveau von Hunden ist. Nur der Mensch begeht Taten, die seinem Niveau als Mensch nicht würdig sind. In Lust oder Brutalität entbrannt, fällt er in die Hölle und entwertet seine Qualität als menschliches Wesen; erst wenn er seinen Irrtum erschöpft hat, wird er wieder

[1] *gasshô* (jap.), wörtlich „vereinigte Handflächen“, Geste des Grußes, Respektes, Dankens, Bittens, die spontan auch ein Bewusstsein der Nicht-Dualität der Phänomene zum Ausdruck bringt.

zum Menschen. Er mag kurzfristig Freude erleben, doch wenn diese Belohnung aufgebraucht ist, fällt er wieder aufs Durchschnittsniveau des gewöhnlichen Menschen herab. Menschen, die das höchste Level erreichen, sind sehr selten. Die Mehrheit bleibt unter dem Durchschnitt, denn ihre Übung und Erziehung ziehen sie nach unten.

Eine gute Übung ist diejenige, die dem Dharma-Körper aller Buddhas erlaubt, meine Natur zu durchdringen.

Es heißt, der Mensch sei bezüglich seiner familiären Beziehungen egoistisch, und daraus entstünden häusliche Dramen. Nehmen wir an, ein Paar befindet sich auf dem Höhepunkt eines Streites, wenn jemand an der Tür klingelt. Der Ehemann schleicht aufs Klo und schließt die Tür. Die Ehefrau rennt in die Küche, öffnet den Wasserhahn bis zum Anschlag und erzeugt eine Geräuschkulisse, die es ihr später gestattet zu behaupten, sie hätten die Klingel nicht gehört. Während ihr fiebriger Eifer sich abkühlt, kämmt sie sich das Haar und frischt ihr Make-up auf. Ihr Mann hüstelt, auf der Schüssel sitzend, eine weitere Strategie, um zu zeigen, dass er beschäftigt ist. Wasserrauschen. Er wäscht sich die Hände, kämmt sich, kommt heraus und geht zur Haustür: „Tut mir leid … komm bitte rein." Die Frau stößt dazu: „Wir sind froh, dich zu sehen … komm rein …" Sie tun so, als hätten sie ihren Streit vergessen. Wie viele Menschen leben auf diese Weise? Ich sage ihnen: „Feuer einstellen!" Ihr müsst wirklich aufhören, aufs Leben zu schießen.

Meine Natur und Buddha bilden eine Natur

Meine Natur und Buddha bilden eine Natur. Wenn der Körper aller Buddhas meine Natur durchdringt, dann geschieht gegenseitige Durchdringung und Verschmelzung. Meine Natur löst sich im Buddha auf und er in mir. Wir sind also nicht bloß aneinandergenäht wie zwei Stücke Stoff. Auch wenn mein Gesicht das eines gewöhnlichen Menschen bleibt, bin ich im Innern Buddha geworden. Es heißt zum Beispiel übers Grüßen: „Derjenige, der sich niederwirft, und derjenige, der die Niederwerfung empfängt, haben beide eine leere Natur ohne Eigenschaften." Ein einzelner Körper plus der Körper eines anderen ergeben bloß eins.

Buddhistische Rituale kennen viele Begrüßungen. Oft verneigen wir uns in *gasshô,* doch das gehört auch zur Praxis des Gegrüßten. Man hört nicht auf, den Meister und den Verantwortlichen für Disziplin zu grüßen, doch wenn man den hohen Lehrsitz erklimmt, verspürt man weder Verlegenheit angesichts der Auszeichnung noch fühlt man sich verehrt wie ein Gott. Vom Moment an, wo zwei Personen sich voreinander verbeugen, gibt es eine Fusion der beiden, da die Natur des einen wie des anderen „leer und ohne Eigenschaften" ist. Ein vollkommener Gruß ist wirklich keine törichte Formalität. Wenn jeder von sich selbst absieht, dann verschwinden die beiden Egos.

Dôgen Zenji schrieb in seiner Gedichtsammlung *Sanshôdôei:* „Schnee bedeckt das Wintergras, der weiße Reiher versteckt sich darin." Vom Buddha wurde gelehrt, der wahre Sinn der Begrüßung liege darin, das Ego verschwinden zu lassen. Nehmen wir an, ein Dämon wolle mich schnappen, dann bekommt er mich nicht zu fassen, während ich den Buddha grüße, weil ich kein Ego mehr habe. Ich kann nicht erfasst werden, weil die Natur aller Buddhas meine Natur durchdringt und meine Natur in der Buddhas aufgegangen ist. Der Weg Buddhas wird inmitten der Illusionen des gewöhnlichen Menschen praktiziert. Du praktizierst, weil du sexuelle, ernährungsbedingte und andere Bedürfnisse hast, die sich nicht von denen eines gewöhnlichen Menschen unterscheiden. Du praktizierst nicht, um eine Art Mumie zu werden. Man ist einem gewöhnlichen Menschen ähnlich, selbst während man mit Buddha eins ist. Das Erwachen zum Buddha und den Patriarchen, dieses Verschmelzen des gewöhnlichen Menschen und des Buddha, ist von feinster Subtilität.

Ein Meister fragte einen frommen Menschen, der um Glück in einem zukünftigen Leben betete: „Du glaubst also nicht, dass du ins Paradies kommst?" – „Nein, ich bin ein gewöhnlicher Mensch. Ich werde sicher zur Hölle fahren!" – „Was kann denn da der Buddha tun?" – „Der Buddha hilft mir, aber …" – „Wenn du in die Hölle fällst, obwohl dir der Buddha zu Hilfe eilt, muss da nicht irgendwo noch eine Lücke sein?" Der andere erwiderte: „Ja", verstand aber nicht. Wenn die Natur aller Buddhas meine Natur durchdringt und sich meine Natur im Buddha auflöst, dann gibt es keine Lücke. Was den Mann angeht, der fällt, und den Buddha, der ihm hilft, schreibt das *Hôkyô Zanmai:* „Wo Verschmelzung ist, ist Zufriedenheit." Diese Verschmelzung findet während Zazen statt: *Wenn eine Ebene durchschritten ist, dann sind es alle.*

Da ist weder Form noch Geist noch karmisches Handeln. Im *Bonmô-kyô* heißt es: „Ohne Karma, ohne Geist, ohne Soheit, ohne Ursache, ohne Wirkung." Ich möchte ergänzen: „Ohne Ego, ohne Schönheit, ohne Hässlichkeit." All diese Dinge sind Illusionen und bedingtes Erzeugen. Man kann die Lehre Buddhas nicht verstehen, solange man die Bevormundung durch die Phänomene, den Geist und das Handeln nicht losgeworden ist.

49

Mit einem Fingerschnippen sind die achtzigtausend Lehren vollendet,
und in einem Augenblick sind die drei großen Kalpa vernichtet.

Wie eine Schraube

Vom Moment an, in dem man die Bevormundung durch die Phänomene, den Geist und das Handeln losgeworden ist und die Natur der Wirklichkeit erfasst, erfährt man den Weg Buddhas. Das *Kegôn-kyô* sagt dazu: „Sobald Erwachen stattfindet, wird man vollständig Buddha." Durchdringt die Natur aller Buddhas meine Natur, erwache ich, und meine Natur vereinigt sich mit der Buddhas. Was den gewöhnlichen Menschen von Buddha unterscheidet ist die Art, auf die er seinen eigenen Körper verwendet. Der eine stellt ihn in den Dienst von Illusionen, der andere in den Dienst des Weges.

Wenn ich auf mein Leben zurückschaue, hätte ich etwas ganz anderes als ein Mönch sein können. Als Kind stellte ich mir vor, alle möglichen Berufe auszuüben. Ist es Zufall, dass ich Mönch wurde und all meine Kraft dort hineinsteckte? Ich hätte zum Beispiel auch Gleisbauarbeiter werden können. Dann hätte ich meinen Pickel geschwungen, am Tage die Erde aufgegraben und in der Nacht daheim ein paar Tassen Sake getrunken. Ich hätte dieses Leben geliebt, denn es wäre meins gewesen. Oder ich wäre ein *rakugo*[1]-Erzähler geworden, obwohl ich mir nicht sicher bin, ob ich dem gewachsen gewesen wäre. Dann eben einfach ein Erzähler von beliebten Geschichten. Ich hätte gern *naniwa*[2] gesungen und *gidayu*[3] rezitiert und mich selbst auf der Shamisen[4] begleitet.

---

[1] *rakugo:* eine komische Geschichte, die gesprochen und mimisch vorgetragen wird.

[2] *naniwa:* populäre Musik mit einem Solo-Artisten, die aus einer modulierten Rezitation besteht, die von der Shamisen begleitet wird und zuerst in der Edo-Periode aufkam.

[3] *gidayu:* Rezitation in Episoden, von einem Erzähler und einer Shamisen-Spielerin vorgetragen, die Gefühle der Charaktere evozieren; gesungen mit großem Pathos, wurde sie zu einem Ventil für die Emotionen der Massen und war in der Edo-Zeit enorm populär.

Ich hätte wirklich alles werden können, ein guter oder ein schlechter Kerl. Das Leben ist wie eine Schraube, man kann sie hier oder dort eindrehen und sie kann vielfältige Zwecke erfüllen. Mit den Illusionen und dem *satori* ist es genauso.

Der gegenwärtige Augenblick schließt Ewigkeit ein, der gegenwärtige Augenblick rettet Leben. Dôgen schrieb dazu: „Selbst wenn einer als Sklave der Erscheinungen hundert Jahre in Aufruhr lebt – gibt er sich nur einen einzigen Tag lang der aktiven Praxis hin, dann wird nicht nur sein Leben, sondern das aller Wesen auf ewig davon Nutzen haben. An diesem Tag werden dein Leben und dein Körper des Respektes würdig sein. Wenn du deine Praxis aufrecht hältst, liebst du dein Leben, dein Herz, deine Person, und du achtest dich selbst. Durch aktive Praxis werden alle Buddhas im täglichen Leben verwirklicht, und der große Weg der Buddhas wird erlangt." Den gegenwärtigen Moment voll auszuleben bedeutet, Ewigkeit zu erhalten. Wenn der gegenwärtige Moment nicht voll gelebt wird, entwürdigt man Ewigkeit.

Mit einem Fingerschnippen sind die achtzigtausend Lehren vollendet, und in einem Augenblick sind die drei großen Kalpa vernichtet. Wie kurz er auch sein mag, der voll verwirklichte Augenblick ist ewig. Alle Irrtümer sind getilgt und man wird Buddha.

---

[4] Shamisen: traditionelles dreisaitiges, gezupftes Lauteninstrument.

Zahlen und Worte sind weder Zahlen noch Worte.
Was haben sie mit meinem wundervollen Erwachen zu tun?
Weder lobens- noch tadelnswert,
wie grenzenloser Raum, der Körper leer.

Paradies, Hölle: Worte

Die buddhistische Sicht auf Zahlen ist sehr interessant, auch die auf Zeit, Klasse und Richtung. Was all diese Begriffe gemeinsam haben ist, dass sie ohne Substanz sind. Können wir eine Zahl unter dem Mikroskop beobachten? Die vier Richtungen benutzen, um eine Arznei herzustellen? Das Maß sozialer Klassen durch eine Messlatte bestimmen? Folglich sind eine lange und kurze Zeit, zahlreich und selten, hohe und niedere Klassen, groß und klein, gut und schlecht alles Begriffe ohne Substanz. Ein Text sagt: „In der Illusion zu leben bedeutet, sich in der Festung der drei Welten einzuschließen; die wahre Natur der Realität zu begreifen heißt, in zehn Richtungen aufzumachen. Prinzipiell existieren weder Ost noch West. Kann man etwa Norden, Süden, Osten und Westen nicht überall finden, wo man ist?“ Dies ist die Bedeutung von *Zahlen und Worte sind weder Zahlen noch Worte.* Man könnte auch sagen, dass es keine Richtung in Richtungen gibt, keine Zeit in der Zeit, keine Klasse in Klassen. Zeit selbst existiert nicht; das Gleiche gilt für alle Maßeinheiten. Was wir als bemerkenswert oder banal einstufen, ist weder festgelegt noch beständig. Als ich ein junger Mönch war, nahm ich mir selbst vor, mit sechzig ein bemerkenswerter alter Mönch zu sein. Nun bin ich sechzig und erkenne, dass nichts Bemerkenswertes an mir ist. Es gibt keine Zahl in den Zahlen. Jeder Wert ist relativ und existiert nur Hand in Hand mit etwas anderem. Paradies und Hölle sind nur unterschiedliche Worte.

Gleichfalls ist Licht nicht Licht und existiert nur in Bezug auf Dunkelheit. Ich schreibe im Licht einer elektrischen Lampe, und wenn nun ein Stromausfall eintritt, sitze ich im Dunkeln. Als ich in meiner Kindheit auf einer Tatami nur bei einer Öllampe saß, lernte ich dennoch meine Lektion: „Ernsthaftes Studium ist das Werk von Konfuzius und seinen Schülern. Es ist wie die Tür, die sich zum Weg der Tugend hin öffnet ...“ Als das Öl ausging, zündete ich zwei große Weihrauchstäbchen an, die es mir erlaubten, weiter zu lesen. Licht ist nicht Licht, Dunkelheit ist nicht Dunkelheit.

Was haben sie mit meinem wundervollen Erwachen zu tun? In uns ist ununterbrochene Buddha-Natur. Bodhidharma sprach vom „Wunder unserer eigenen Natur“, Sôzan Daishi vom „vollkommenen Licht unserer erwachten Natur“. Diese Ausdrücke vermitteln die Identität unserer Natur mit der Buddha-Natur. Wir erfahren unsere wahre Natur im Zazen, wenn wir *hishiryô* sind, jenseits rationalen Denkens. Vollständige Konzentration ist das Erwachen zu unserer wahren Natur, die das *Daihatsunehan-kyô*[1] „Buddha-Natur“ nennt und das Lotussutra „den wahren Charakter aller Buddhas“. Das *Hannya Shingyô* wiederholt unermüdlich: „Alle Phänomene sind leer.“ Folglich sind *Zahlen und Worte weder Zahlen noch Worte.* Die Phänomene haben – ob Gutes/Böses, Zufriedenheit/Unzufriedenheit, Glück/Unglück und so weiter – allesamt keine Verbindung zu unserer wahren Natur.

Weder lobens- noch tadelnswert. Den Wert der Dinge als gut oder schlecht einzustufen hat keine Grundlage: Dies ist, also ist das; das ist, also ist dies. Es gibt nichts hinzuzufügen. Ein Pferdekopf ist länglich, so ist das nun mal. Der Gedanke, dass eine helle Hautfarbe wertvoller sei als eine dunkle, hat keinen inneren Wert. Ein Vogel ist ein Vogel, ein Reiher ein Reiher. Eines Tages meinte jemand zu mir, ich sei hässlich (was sehr unhöflich war), aber Sawaki ist Sawaki. Hat er einen dunklen Teint? Ein ausgemergeltes Gesicht? Eine platte Nase? All diese physischen Merkmale sind relativ, es gibt keinen Grund, sie zu preisen oder zu tadeln. In dieser Aussage liegt wahrlich eine tiefe Erkenntnis.

Wenn wir uns umschauen, erkennen wir, dass es nichts zu fliehen und nichts zu verfolgen gibt in dieser Welt: *Wie grenzenloser Raum, der Körper leer.* Nichts ist festgelegt oder beständig. Das

---

[1] *Daihatsunehan-kyô* (skt. *Mahâpârinirvâna-sûtra,* „Sutra des Großen Nirwana“): soll Shâkyamunis letzte Rede enthalten, die von der allen Wesen innewohnenden Buddha-Natur spricht.

Universum ist grenzenlos. Man kann nicht sagen, dass es gut oder schlecht wäre, hell oder düster, auch nicht, ob einer liebt oder nicht. Es gibt nichts zu sagen.

51

Es ist stets genau hier, klar und still.
Doch, Freund, wenn du danach suchst, wirst du es nicht finden.
Es kann weder angenommen noch abgelehnt werden.
Man kann es nur im Herzen des Unfassbaren ergreifen.
Wenn Reden Schweigen ist und Schweigen Reden,
dann öffnet sich die Tür des großen Geschenkes von selbst, ohne Blockierung.

Der Dharma erfüllt Himmel und Erde

Es ist stets genau hier, klar und still. Es ist allgegenwärtig, wo ich stehe, die Füße fest auf dem Boden, genau hier, in diesem Moment, so wie ich bin. Man muss weder vor dem Ort fliehen, wo man gerade ist, noch vor dem gegenwärtigen Augenblick, noch vor sich selbst. Obwohl wir das Leben in seiner Fülle hier und jetzt erfassen sollten, denken wir dauernd an „später" und „anderswo". Wir missachten die Gegenwart und suchen ständig davonzurennen. Indem wir die Gegenwart vernachlässigen, nehmen wir ihr ihre Substanz. Wir langweilen uns, wo wir sind, und wollen sehen, was anderswo abgeht, und dann wieder anderswo. Die Suche dauert endlos an und wir finden niemals Frieden. Im *Gakudôyôjinshû* sagt Dôgen zu diesem Thema, indem er falsche Meister bloßstellt: „Sie suchen in den Zweigen, ohne den Wurzeln Aufmerksamkeit zu schenken." Wahrheit ist überall, im Tee wie im Reis. Sie füllt den Berg wie den Fluss. Sie ist, wo wir sind, im Teezimmer, auf den Feldern, auf dem Klo, im Speisesaal, im Bad. Jeder Ort, wie auch immer er aussieht, ist vom Weg erfüllt. *Doch, Freund, wenn du danach suchst, wirst du ihn nicht finden.* Es ist sinnlos, wegzulaufen, um den Weg zu suchen; du wirst ihn nirgendwo anders finden als hier. Im *Hôkyô Zanmai* findet sich der Satz: „Sichabwenden und Berühren sind gleichermaßen falsch." *Es kann weder angenommen noch abgelehnt werden.*

Der Weg bedeutet, Dinge zu nehmen, wie sie sind: *Man kann es nur im Herzen des Unfassbaren ergreifen.* Der seltsame Geschmack des Wortes „unfassbar" verschwindet, wenn ich einfach sage, dass man den Weg nicht zu fassen bekommt, da er in Wahrheit Himmel und Erde erfüllt. Er kann nicht erfasst werden, weil er überall ist.

Wenn Reden Schweigen ist und Schweigen Reden, erfüllt der Dharma das Universum. Man lehrt dies ebenso durch Schweigen wie durch Beredsamkeit. Alles spricht vom Dharma. Er drückt sich gleichermaßen durch Hand, Fuß und Nabel aus. Ob aktiv oder unbewegt, ohne die geringste Anstrengung spricht der Körper – ob sitzend, stehend oder liegend – vom Dharma. *Dann öffnet sich die Tür des großen Geschenkes von selbst, ohne Blockierung.* Wir sind frei und können auf andere zugehen, um ihnen zu helfen.

52

Sollte mich jemand fragen, nach welchem Prinzip ich mich richte, dann antworte ich: „Nach der Kraft der Weisheit."

Die Kraft der großen Weisheit

Indem wir dem Faden des Gedichtes folgten, sind wir Schritt für Schritt auf dem Weg vorangeschritten, und im vorausgehenden Vers hat sich die Tür weit geöffnet. Von nun an stehen wir keinen Hindernissen mehr gegenüber. Wir sind völlig frei, andere zu treffen. Yôka Daishi antwortet, nach dem Prinzip befragt, das ihn leitet: „Die Kraft der großen Weisheit."

Die ist eine ewige Frage, auf die wir oft antworten müssen! Die meisten Menschen glauben, eine Religion sei das Festhalten einer sozialen Gruppe an einem Glaubenssystem. In Wirklichkeit hat jedes Individuum seine eigene Religion. Religion ist die Geistesruhe, die man fühlt, wenn man wirklich man selbst ist. Sie strukturiert unser Alltagsleben, doch können wir sie weder erklären noch jemandem zeigen. Ich denke, Religion ist diese Sicherheit, die in den Tiefen des Selbst verborgen und für jeden verschieden ist und die es einem erlaubt, ohne fremde Hilfe auf dem Weg zu bleiben.

Shigetsu erwiderte auf diese Frage: „Es ist die Essenz von uns selbst, die in uns wohnt." Ich denke auch, dass Religion die wahre Wirklichkeit ist, die in uns lebt. Von Grund auf ohne Täuschungen, ohne *satori*, universell, von derselben Wurzel wie Himmel und Erde, erfüllt sie das Universum. So muss unsere Religion sein.

Wenn unsere eigene Essenz Religion ist, dann erscheinen die Streitereien, die manche Anhänger der Jôdô- und Zenschulen des Buddhismus umtreiben, vollkommen lächerlich, so wie es auch nutzlos ist, Shâkyamuni oder Meister Soundso nachzuäffen. Andere Zeiten, andere Sitten. Das Wesentliche ist, dass wir alle unsere Geistesruhe erfassen, hier und jetzt. Mit anderen Worten: „Die Kraft der großen Weisheit."

Maka hannya[1], die große Weisheit, besteht aus dem Wort *maka* (skt. *mahâ*), das groß, mannigfaltig, tiefgründig, gewichtig meint. Der Inhalt dieses Wortes ist so reichhaltig, dass er unübersetzbar ist. *Hannya* (skt. *prajnâ*) ist Weisheit, *maka hannya* bedeutet also höchste Weisheit, so reich und tiefgründig, dass sie unfassbar ist, absolute Weisheit.

Es gibt alle Arten von Kräften: die Tränen eines Kindes; den Zorn einer Frau; die Macht des Gelehrten, des Händlers, des Sumo-Ringers. Hier geht es um die Macht von *maka hannya*. Weisheit ist eine Kraft, die nie in eine Sackgasse führt, es ist die Kraft wahrer Befreiung. Der Bodhisattva wahrer Befreiung besitzt diese Kraft.

Wie hat er sie erlangt? Er hat klar erkannt, dass die fünf *skandha* leer und „von allem Leiden befreit“ sind, nachdem er sein Selbst abgelegt hat. Wer von seinem Selbst gefangen bleibt, besitzt keine Weisheit, da diese sich nur manifestiert, wenn man sein Selbst wirklich abgeworfen hat. Wir werden die Natur des Selbst nur klar erkennen, wenn wir sie objektiv anschauen.

Wir können zwar einen Spiegel benutzen, um unser Gesicht und unseren Körper zu betrachten, doch wie können wir unser Ego sehen? Es genügt, Zazen zu machen. Nichts kann mit Zazen verglichen werden, wenn es um die Darstellung des eigenen Egos geht. All unsere Hässlichkeit erscheint während des Zazen. Je reiner das Zazen, desto klarer sehen wir in uns selbst, und je klarer wir sehen, desto mehr erscheint uns das Ego als beschmutzt. Willst du dich wirklich kennenlernen, musst du Zazen machen! Dôgen schrieb im Kapitel „Genjôkôan“ seines *Shôbôgenzô:* „Den Buddha-Weg studieren heißt das Selbst studieren. Das Selbst studieren heißt das Selbst vergessen.“ Zazen machen bedeutet, sich selbst kennenzulernen. Es ist die Kraft von *maka hannya*.

Das Leben der Alten zeigt, dass sie alle die Kraft von *maka hannya* besaßen. Nehmen wir zum Beispiel den großen Weisheitsgelehrten Kanadaiba[2]. Er hielt keine Vorträge und gab keine

---

[1] Skt. *mahâprajnâ.*

[2] Kanadaiba, Kanadeva oder Âryadeva: fünfzehnter Patriarch der indischen Linie im Ch'an und Schüler Nâgârjunas, des Autors über die „Abhandlung von der Vervollkommnung der Großen Weisheit“ *(Mahâprajnâ paramitâ-shâstra)*; lebte

Kommentare zu den Texten ab, er vertiefte seine Weisheit, indem er sie im Alltag lebte. Eines Tages verletzte ihn ein Ketzer tödlich, und kurz vor Kanadaibas Tod fragten ihn seine Schüler, wer der Angreifer gewesen sei. Er antwortete: „Wenn ich euch seinen Namen sage, wird er euer Feind, und ihr werdet ihn töten." Daraufhin sagte er nichts mehr und starb.

Alle Phänomene sind bedingte Erzeugnisse. Den eigenen Feind zu hassen und den eigenen Freund zu lieben sind geistige Konstrukte. Hat man die Kraft von *maka hannya,* zwingt dich der Feind zu einer Anstrengung und wird dein Lehrer. Wenn du eine überfürsorgliche Mutter hast, dann ruhst du in ihren Schoß gekuschelt und wirst schwach und widerstandslos. Früher sagte man: „Reisen formt die Jugend." Ist man auf sich selbst gestellt, entwickelt man wahre Charakterstärke und einen unabhängigen Geist.

Mein ganzes Leben lang war ich, mal mehr, mal weniger, Kritik, Verleumdungen und Verfolgung ausgesetzt. Die Dinge sind, wie sie sind, aber diese Attacken hatten einen besonders heilsamen Einfluss auf mich, ohne sie hätte ich tief sinken können. Ob sie dich tadeln oder loben, ordne deine Feinde und deine Freunde in deinem Arzneischränkchen an und nutze sie wie Medizin zum Wohlergehen des Weges. Dies ist ein Beispiel der Wirksamkeit von *maka hannya.* Indem du dich objektiv betrachtest und verstehst, dass die fünf *skandha* leer sind, kannst du all denen zu Hilfe kommen, die leiden. Wo immer du bist, du wirst nicht mehr unglücklich sein. Alles wird zum Weg und zu wahrer Zufriedenheit.

---

im 3. Jh. n. Chr. in Ceylon. [Anm.: Tatsächlich ist von Âryadeva Schriftliches überliefert, etwa sein *Cathushataka.*]

53

Was sind gut und böse? Keiner weiß es.
Fortschritt oder Rückschritt?
Selbst der Himmel kann es nicht ermessen.

Sterben, um zu leben

Wenn wirklich alles im Universum der Weg ist, was bedeuten dann gut und böse, Fortschritt und Rückschritt, Wahrheit und Irrtum? Den ganzen Tag lang verwenden wir abgedroschene Floskeln, die nichts bedeuten, sagen „Mir geht es gut, danke!", wenn es schlecht läuft. Dies sind Worte, die nur sich selbst spiegeln. Vielleicht ist es eine Besonderheit des gewöhnlichen Menschen, das er nur sich selbst spiegelt. Shâkyamuni meinte: „Gold ist eine Giftschlange." Und Konfuzius: „Schmackhafte Nahrung ist ein Übel." So spricht jemand schlecht von etwas, das gut ist. Was ist gut? Was ist böse? Man weiß es nicht mehr.

Im *Hôkyo Zanmai* steht: „In dunkelster Nacht ist es vollkommen klar; im Licht der Dämmerung ist es verborgen." Und im *Sandôkai* heißt es: „Im Licht ist Dunkelheit, aber sieh sie nicht als Dunkelheit an. In der Dunkelheit ist Licht, aber sieh es nicht als Licht an." Genau dies ist gemeint mit *Was sind gut und böse? Keiner weiß es.*

Fortschritt oder Rückschritt? Selbst der Himmel kann es nicht ermessen. Wer kann wissen, ob etwas in die rechte Richtung voranschreitet oder in die falsche? Was ist gut, was schlecht für die Gesundheit? Ein Heilmittel wird zum Gift, ein Gift zum Heilmittel.

Im Gion-Viertel Kyôtos gab es einst eine *oiran,* eine hochrangige Kurtisane namens Jigoku Dayû, die zur Schülerin von Ikkyû Oshô[1] wurde. Man sagte über sie: „Wenn ich sie besuche, ist sie

[1] Ikkyû Sôjun (1394–1481): Meister des Rinzai-Zen, herausragender Maler, Kalligraf und Dichter, der aufgrund seines Humors und seiner Unkonventionalität in Japan als heiliger Narr geschätzt wird; unehelicher Sohn des Kaisers Go-Komatsu; wurde mit fünf Jahren in ein Kloster gegeben, verfasste schon früh Verse im chinesischen Stil; erfuhr eines Nachts auf einem Boot während der

nicht Jigoku (die Hölle), sondern ein Buddha." Es heißt, wenn junge Männer zum Vergnügen zu ihr kamen, hätte sie sie belehrt und als bessere Menschen verabschiedet.

Die Dinge in dieser Welt sind also nicht, was sie zu sein scheinen. Hakuin Zenji[2] schrieb: „Wenn ‚da ist' auftaucht, dann auch ‚da ist nicht'. Mond, im Wasser gespiegelt."

Die Kraft von *maka hannya* hängt nicht von Kriterien ab, die auf gesundem Menschenverstand oder Vorstellungskraft beruhen. Wir kennen zwei Beispiele aus Kabuki-Stücken: Benkei[3] schlug seinen Meister Yoshitsune, um seine Identität geheim zu halten, und Ôishi Kuranosuke aß am Jahrestag des *seppuku* seines Fürsten Fisch statt vegetarisch, um seine Racheabsichten zu verbergen. Wenn jemand Abstand gewinnt, um menschliches Handeln beurteilen zu können, weiß er bald nicht mehr, wo das Gute und das Böse sind. Doch dank der Kraft von *maka hannya* erkennt er, dass Gutes im Bösen existiert, egal wo, und egal, welchen Schwierigkeiten man begegnet.

Meditation Erwachen, als er den Schrei einer Krähe hörte; lebte zunächst als Einsiedler, wurde dann zum Abt des Daitokuji ernannt, zog aber einen kleinen Tempel in seinem Heimatdorf vor.

2 Hakuin Zenji (1686–1769): einer der wichtigsten Meister im Rinzai-Zen, der die Kôan-Schulung systematisierte und die Bedeutung des Zazen bekräftigte, das zu seiner Zeit zugunsten intellektuellen Studiums von Zenschriften in den Hintergrund getreten war; auch als Maler, Kalligraf und Bildhauer bekannt.

3 Benkei: legendärer Charakter, der Minamoto no Yoshitsune (1159–1189) in den Kriegen zwischen den Taira und Minamoto gedient haben soll; Gegenstand zahlreicher Samurai-Geschichten und von Nô- und Kabuki-Stücken.

Meine Übung begann sehr früh und setzte sich über unzählige Kalpa fort.
Ich bin kein Witzbold, der mal eben so daherquatscht.
Um das Banner des Dharma zu hissen
und die Lehre unserer Schule zu etablieren,
bestimmte der klarsichtige Buddha den Mönch aus Sôkei.
Kâshyapa, der erste, übertrug die Lampe.
Seine Linie umfasst achtundzwanzig Generationen in Indien.
Nun ist sie über Flüsse und Meere in unser Land gekommen.
Bodhidharma war unser erster Patriarch.
Wir wissen, dass sechs Generationen die Robe weitergaben.
Zahllos sind ihre Nachfahren, die Erwachen erlangten.

Ernsthaftes Thema

Meine Übung begann sehr früh und setzte sich über unzählige Kalpa fort. Hier gibt Yôka Daishi sein eigenes Glaubensbekenntnis ab. Gegenstand seines Glaubens ist grenzenlose, ewige Zeit, und seine Übung ist die Lehre Buddhas, die es erlaubt, das Unbegrenzte zu erfassen. Diese Wahrheit ist die Natur des zeitlosen Buddha, die wahre Wirklichkeit, die weder Grenzen noch Maß kennt.

Ich bin kein Witzbold, der mal eben so daherquatscht. Innerhalb dieser Doktrin ist weder Mystifizierung noch Falschheit. Ewigkeit wird auf einen Schlag beseitigt, wenn man das Nicht-Geborene und Substanzlose erfährt. Dôgen schrieb: „Wenn du einen einzigen Tag lang intensiv praktizierst, ist es, als hättest du hundert Jahre lang praktiziert und anderen geholfen.“ Ewigkeit ist jetzt.

Um das Banner des Dharma zu hissen und die Lehre unserer Schule zu etablieren: Auch in unserer Zeit markiert ein Banner jede Zusammenkunft zum Zazen und jeden Meister, der den Dharma überträgt. Früher haben sie in Indien ein Banner gehisst, und noch heute kann man in manchen Regionen Wimpel in allen Farben im Wind flattern sehen, als Überbleibsel vergangener Zeiten. Heute bedeutet, *das Banner des Dharma zu hissen und die Lehre unserer Schule zu etablieren*, die eigene Erfahrung des Erwachens deutlich zu machen. Wer vom Dharma spricht, ohne ihn persönlich erlebt zu haben, ist ein Papagei. Er zitiert wie ein Wörterbuch, was anderen gehört. Den Dharma zu lehren heißt, zu erzählen, was man persönlich erfahren hat.

Der klarsichtige Buddha bestimmte den Mönch aus Sôkei: Das ist eine Anspielung auf den sechsten Patriarchen Hui-neng (jap. Enô), der der außergewöhnlichste Vertreter Buddhas in China war.

Kâshyapa war der erste, der die Lampe übertrug. Zen ist kein Buchwissen, sondern ein intuitives Verständnis, das direkt vom Meister an den Schüler übertragen wird. Wir müssen heute Vorlesungen besuchen, wenn wir durchs Examen kommen wollen, auch wenn wir den Professor nicht leiden können. Früher hatten Zenmönche keine Zeit und keine Geduld, einem Meister zu lauschen, der ihnen nicht zusagte. Sie verbrachten eine Nacht im Tempel und stellten dem Meister Fragen; wenn sie nicht zufrieden waren, machten sie sich auf zum nächsten Tempel. Eines Tages fanden sie einen Meister, bei dem sie blieben. Das nannten sie „Wandern“[1].

Vernunftmäßig ist Übertragung des Dharma nicht zu erfassen. Es handelt sich nicht um ein intellektuelles Verständnis, das aus mündlichen Lehren oder Lektüre erfolgt. Es ist die Verschmelzung zweier Wesen. Ich vergleiche es stets damit, auf die gleiche Wellenlänge eingestimmt zu werden. So wurden zum Beispiel alle Probleme Kâshyapas dadurch gelöst, dass er Shâkyamuni begegnete. Ihre Natur harmonierte, weshalb Shâkyamuni ihn eines Tages bei einer Mönchsversammlung neben sich sitzen ließ und so Neid erzeugte. Sie teilten denselben Sitz. Übertragung ist eine unmittelbare und intime Verbindung von Person zu Person.

Ein neueres Sprichwort lautet: „Mein Körper ist hier, aber mein Geist im Zenkôji in Shinano.“[2] Dann gibt es diese Verse: „Auch wenn dein Körper nicht mehr in dieser Welt weilt, wie könnte ich morgens oder abends dein Herz vergessen?“

Die Lampe zu übertragen bedeutet, die Flamme zu übertragen. Shâkyamuni reichte sie Kâshyapa, dieser dann Ânanda. Dann ging

---

[1] Jap. *angya.*

[2] Zenkôji: bekannter Tempel in der damaligen Provinz Shinano (heutige Präfektur Nagano).

sie von Geist zu Geist, von Shanavasa über Uptagupta zu Dhîtaka, und kam schließlich bei Bodhidharma an, dem achtundzwanzigsten Patriarchen.

Die Beziehung, die sich zwischen Shimokôbe Chôryû[3] und seinem Schüler Keichû Ajari[4] entwickelte, illustriert das intime Verständnis, das zwischen zwei Menschen bestehen kann. Keichû schrieb: „Nur du kennst mich, und es gibt wohl nur wenige, die dich so kennen wie ich." Menschen auf der gleichen Wellenlänge sind tatsächlich recht selten. Tokugawa Mitsukuni[5] hatte Shimokôbe Chôryû, einen Gelehrten der Altphilologie, beauftragt, ein Buch mit Kommentaren zum *Man'yôshû* zu verfassen, doch Krankheit hielt diesen davon ab, weshalb sein Schüler Keichû es vollendete; es trägt den Titel: „Kommentare zum *Man'yôshû,* vervollständigt von Keichû, anstelle seines Meisters". Keichûs bemerkenswerte Arbeit geschah in einer Epoche des Studiums alter Texte. Ich würde dies als gegenseitigen Austausch von Persönlichkeit bezeichnen. Auf diese Weise vollzieht sich auch die Übertragung des Dharma und wird in die traditionelle Linie eingeschrieben. Dôgen untersuchte dieses Thema eingehend in den Kapiteln „Juki", „Menjû", „Shisho" und „Den-e" des *Shôbôgenzô.*

Nun ist sie über Flüsse und Meere in unser Land gekommen. Es war Bodhidharma, der achtundzwanzigste Patriarch, der das Ch'an in China einführte. Sein Gespräch mit Kaiser Wu der Liang-Dynastie ist im *Hekigan-roku*[6] aufgezeichnet. Der Kaiser fragte Bodhidharma: „Was ist das wesentliche Prinzip des Erwachens eines Weisen?" – „Offen und leer zu sein, ohne dass ein Weiser existiert." – „Wer steht mir dann hier gegenüber?" – „Ich weiß es nicht."

Bodhidharma ist die erste Ch'an-Stimme, die man in China hört. Der Text ergänzt: „Da er nicht mit dem Kaiser übereinstimmte,

---

[3] Shimokôbe Chôryû (1627?–1686): Dichter und Gelehrter der Bewegung für nationale Studien *(Kokugaku).*

[4] Keichû Ajari (1640–1701): buddhistischer Mönch und Gelehrter der Bewegung für nationale Studien *(Kokugaku).*

[5] Tokugawa Mitsukuni (1628–1701): Lehnsherr des Fürstentums Mito.

[6] *Hekigan-roku:* Werk des Lin-chi (jap. Rinzai)-Meisters Yuan-wu K'e-chin (jap. Engo Kokugon, 1063–1135).

überquerte Bodhidharma den Fluss und zog sich aus dem Lande Wei zurück." Er schlug keinen Profit aus der Gelegenheit, die sich ihm geboten hatte, sondern setzte lieber zum anderen Ufer des Jangtsekiang über, um beim Shaolinkloster auf dem Berg Song neun Jahre lang Zazen „mit dem Gesicht zur Wand" zu üben. Der Text schließt mit: „Sie machten Bodhidharma zum ersten Patriarchen."

Sein Schüler Eka wurde zum zweiten Patriarchen. Eines Tages kam er bei Bodhidharma vorbei und bat, bezüglich des Weges erleuchtet zu werden, erhielt jedoch keine Antwort. Im Schnee stehend wartete er darauf, dass Bodhidharma ihm Aufmerksamkeit schenkte. Schließlich war er bis zu den Hüften eingeschneit, und es heißt, er habe sich sogar einen Arm am Ellbogen abgetrennt, um seine Ernsthaftigkeit zu untermauern. Da gab der Meister nach und akzeptierte ihn als Schüler. Später sagte er zu Eka: „Du hast mein Mark erlangt." Sôsan[7], der Autor des *Shinjinmei*, ist der dritte Patriarch, Dôshin[8] der vierte, Kônin[9] der fünfte. Kônin lebte auf dem Berg Obai nördlich des Jangtsekiang. Dort entdeckte er eines Tages die Qualitäten eines jungen Küchengehilfen, der Reis stampfte. Er wurde Enô[10] genannt und zum sechsten Patriarchen.

Wir wissen, dass sechs Generationen die Robe weitergaben. Enô sammelte und verkaufte Feuerholz für seinen Lebensunterhalt. Eines Tages war er auf dem Weg, Holz auszuliefern, und hörte jemanden ein Sutra rezitieren: „Du musst den Geist hervorbringen, der nirgendwo lebt." Er war von diesem Ausdruck aus dem *Kongyô-kyô* (Diamantsutra) so überwältigt, dass er beschloss, sich

[7] Sôsan (chin. Seng-tsan, ?–606): soll unter Lepra gelitten haben, als er Eka begegnete; in seinem *Shinjinmei* taucht erstmalig die Fusion von Taoismus und Mahâyâna-Buddhismus auf, die für das spätere Ch'an charakteristisch wurde.

[8] Dôshin (chin. Tao-hsin, 580–651): soll im Alter von zwanzig Jahren Sôsan begegnet sein und sich als brillanter Schüler mit ausgeprägtem Hang zur Meditation erwiesen haben, der selbst zahlreiche Schüler um sich scharrte; im Gegensatz zu seinen Vorgängern lehnte er Schriftstudium ab und bevorzugte die Meditationspraxis.

[9] Kônin oder Gunin (chin. Hung-jen, 601–674): Begründer des Klosters auf dem Berg Huang-mei (jap. Obai).

[10] Enô (chin. Hui-neng, 638–713).

im Kloster auf dem Berg Obai vorzustellen. Sie nahmen ihn in der Küche zum Reisstampfen auf.

Eines Tages sagte der fünfte Patriarch zu seinen Schülern: „Ich möchte einem von euch den Dharma übertragen, darum soll jeder ein Gedicht verfassen, das sein Verständnis zum Ausdruck bringt. Wenn es mit dem Weg übereinstimmt, wird sein Autor mein Nachfolger werden.“ Jinshû[11], der gescheiteste unter seinen Schülern, schrieb folgende Verse:

> Der Körper ist der Baum des Erwachens,
> Der Geist ist wie ein klarer Spiegel auf seinem Ständer.
> Man muss ihn unaufhörlich reinigen,
> um den Staub fortzubekommen.

Er zögerte, den Vers seinem Meister zu zeigen. Drei Mal wollte er die Stufen zu Kônins Zimmer hinaufgehen, gab aber jedes Mal auf. Dann hängte er das Gedicht an einer Mauer aus, wo es jeder sehen konnte. Der fünfte Patriarch las es und bemerkte: „Wenn jemand so den Weg übt, sollte er nicht fehlgehen.“ Alle Schüler lernten es auswendig, das Kloster summte wie ein Bienenstock. Der zukünftige sechste Patriarch fragte beim Reisstampfen seine Kameraden: „He, Leute, was murmelt ihr da?“ – „Das sind Jinshûs Erleuchtungsverse. Jeder kennt sie auswendig.“ Also beschloss Hui-neng, ein eigenes Gedicht zu verfassen. „Hört mal her“, sagte er zu ihnen, „hier sind meine Verse!“ Keiner wollte zuhören: „Sei still, Dummkopf, red keinen Quatsch!“ Also bat er einen jungen Mönch, nachts mit einer Kerze zu der Wand zu gehen, wo Jinshûs Gedicht aushing. Dann ließ er den Mönch Folgendes daneben schreiben:

---

[11] Jinshû (chin. Shen-hsiu, 606?–706): obwohl von Hui-neng beim Verswettbewerb um die Nachfolge in den Schatten gestellt, beanspruchte er diese und begründete die Nordschule des Ch'an; der Legende nach soll er voller Neid einen Anschlag auf das Leben Hui-nengs begangen haben; historische Tatsache ist nur, dass die Nordschule nach sieben Generationen ausstarb, während die Südschule Hui-nengs erblühte. [Anm.: Für eine differenziertere Sicht siehe u. a. Heinrich Dumoulin: *Geschichte des Zen-Buddhismus*.]

Es gibt keinen Baum des Erwachens.
Es gibt auch keinen klaren Spiegel oder Ständer.
Es gab nie irgendetwas.
Wo also könnte sich Staub ansammeln?

Die Schüler waren am nächsten Tag allesamt verblüfft. Ebenso ihr Meister, der sagte: „Es gibt nichts Unpassenderes und Dümmeres!“, und die Verse mit seiner Sandale wegwischte. Dabei blieb es zunächst.

In der folgenden Nacht stieg der Patriarch in die Küche hinab, wo er Enô beim Reisstampfen fand. „Ist der weiße Reis fertig?“, fragte er. Und Enô erwiderte sofort: „Er ist fertig, aber noch nicht durchgesiebt.“ Er schlug drei Mal mit dem Mörser. Es war Mitternacht, als der fünfte Patriarch Enô als den Nachfolger im Dharma bestätigte. Der Meister gab ihm Anweisung, zu fliehen. Enô sprang in ein Boot, Kônin reichte ihm eine Stange, und Enô verschwand. Die Schüler schwärmten in alle Richtungen aus, um ihn zu finden.

Enô lebte fünfzehn Jahre lang als Einsiedler in den Bergen, bis er eines Tages in die geschäftige Welt zurückkehrte. Er wurde als Mönch ordiniert, empfing die Gelübde und stellte das Banner des Dharma im Hôrinji[12] auf dem Berg Sôkei auf. Dort erfuhren Yôka Daishi und zahlreiche andere Schüler durch den Kontakt zu ihm tiefgründige Erleuchtung. Mit Enô und seinen herausragenden Nachfolgern wie Seigen[13] und Nangaku Ejô[14] gelangte Zen zu erstaunlicher Ausbreitung.

Zahllos sind ihre Nachfahren, die Erwachen erlangten. Dôgen meint im *Gakudôyôjinshû:* „Als die Robe[15] auf dem Berg Sôkei ankam, verbreitete sich der Dharma im Universum.“ Und im Kapi-

---

[12] Hôrinji (chin. Pao-lin-ssu): 504 bei Ts’ao-chi erbautes Kloster nahe dem Hafen von Canton, wo Hui-neng eine Weile lebte; bis heute eines der bekanntesten Klöster in China.

[13] Seigen (chin. Ch’ing-yuan Hsing-ssu, 660–740): einer von Hui-nengs Nachfolgern, von dessen Schülern Sekito Kisen bekannt wurde.

[14] Nangaku Ejô (chin. Nan-yueh Huai-jang, 677–744): einer von Hui-nengs Nachfolgern und einer der bedeutendsten Meister der Tang-Zeit.

[15] Zur Bestätigung seiner Nachfolgeschaft wurden dem Schüler Robe und Schale vom Meister übergeben.

tel „Den-e“ des *Shôbôgenzô* heißt es: „Alle Buddhas haben den Dharma der Robe vollkommen übertragen, von China aus bis heute.“ Auf diese Weise wurde das Tor des Dharma an uns vermacht.

55

Wahrheit ist ohne Grundlage und Illusion von Beginn an leer.
Wenn wir zugleich Existenz und Nicht-Existenz aufgeben,
dann wird Nicht-Leere zu Leere.

Wahrheit und Illusion

Wahrheit ist ohne Grundlage und Illusion von Beginn an leer. Was ist Wahrheit? Was ist Illusion? Frag eine Eule, was Nacht ist, und sie wird dir antworten, die Nacht sei Tag. Gleichermaßen ist Wasser der Freund von Fischen und der Feind eines ertrinkenden Mannes. Wahrheit oder Illusion? Der Mensch entscheidet auf seine eigene Weise, doch in der Realität existiert weder Wahrheit noch Illusion. Im *Shinjinmei* heißt es: „Suche nicht nach Wahrheit, begnüge dich damit, nicht zu urteilen." Wahrheit und Illusion sind Standpunkte, Sichtweisen, Aspekte, unter denen sich ein Ding selbst präsentiert. Du hast deine Sicht und ich meine. Unsere Sichtweisen aufs gleiche Ding können völlig verschieden sein. Dôgen sagt im *Gakudôyôjinshû:* „Die zweiundsechzig Meinungen haben ihren Ursprung im Selbst." Für einige ist Gold ein Schatz, für andere ein Feind. Einige lässt Gold vor Stolz anschwellen, manche macht es klein. Einmal kam ein Kerl zu mir und meinte: „Ich verstehe nun endlich, dass meine Welt größer wird, wenn ich nichts besitze." Richtig, je mehr wir Menschen besitzen, desto komplizierter wird unser Leben. Andere, die nichts haben, feiern jede Art von Glücksfall, zum Beispiel ein kostenloses Zugticket mit einer Einladung ans andere Ende des Landes, für das sie sonst auf dem Boden ihrer Schubladen rumkratzen müssten. Wahrheit und Illusion werden vom Menschen definiert und haben keine Existenz in sich selbst. Es sind Konzepte, Erzeugnisse des Geistes. Man kann nicht sagen, dies sei die Wahrheit und das eine Illusion. Ist dies, dann ist das; ist das, dann ist dies.

Viele junge Mädchen erlernen die Kunst der Teezeremonie, ohne deren tieferen Sinn zu verstehen. Sie wiederholen bloß wie Papageie: „Es ist ein Bild extremer Schönheit", und verneigen sich wie Affen. Das ist keine Sache von Schönheit. Ich liebe Fälschungen. Das mag seltsam klingen, aber in unserer Zeit haben Photographie und Druckwesen solche Fortschritte gemacht, dass sie Fälschungen hervorbringen, die den Geschmack des authentischen Dinges haben. Da der Genuss der gleiche ist, was kümmert es mich? Eine Fälschung ist eine Fälschung, ich nehme sie so, wie sie ist. Wenn ein alter Text auf vergilbtem Papier verblasst, siehst du eh keinen Unterschied mehr.

Ich höre die Leute oft sagen, sie würden eine Sorte *yôkan*[1] einer anderen vorziehen. In Tokio lassen wir sie aus Kioto bringen und in Osaka aus Tokio. Was mich angeht, ich bin zufrieden mit Reis und eingelegtem Rettich.

Als ich vor langer Zeit mit dem Zug in der Kansai-Region reiste, las ich in einem Lokalblatt von der beträchtlichen Menge Sardinen, die man nahe Ise gefangen hatte, und dem Profit, den sie abwarfen. Ein Foto zeigte einen Strand, der von Sardinen übersät war. Die Sardine gilt als gewöhnlicher Fisch, weil sie zahlreich in unseren Gewässern vorhanden ist. Würde man nur ein Mal im Jahr nach ihr fischen, wäre ihr Geschmack zweifellos delikater. Die Forelle ist so begehrt, weil sie selten ist. Einmal habe ich bei einem Angelausflug zum Fluss Tamagawa teilgenommen, aber keine einzige Forelle an einer Angel baumeln sehen. Die Sardine lebt in Schwärmen, und mit einem Netzwurf fängst du Berge davon. Sie wird auf Lastern transportiert, gesalzen, getrocknet, in Kisten gefüllt, und der Überschuss wird zu Dünger gemacht. Wir schätzen sie nicht besonders, und doch ist sie nicht übel. Wäre sie so selten wie die Forelle, würde sie diese sogar übertreffen.

Gut und böse sind konzeptionelle Werte, die nicht an sich existieren. Dasselbe gilt für Wahrheit und Illusion. Es gibt kein Gutes ohne Böses. Es ist einfach das Karma des Menschen, das Dualismus erzeugt und entscheidet, was gut und was schlecht ist.

[1] *yôkan:* süße Bohnenpaste.

Menschliche Regeln

Mujû Hôshi[2] schrieb in seiner „Sammlung von Sand und Steinen“: „Tendai Daishi[3] meinte: ‚Der wahre Mensch der Nicht-Natur tut nicht einmal verdienstvolle Dinge, noch weniger aber schädliche.‘“ Anders ausgedrückt ist Glück demnach ein Verdienst, das durch tugendvolles Handeln erlangt wird. Dann wäre Gutes also ambivalent: Auf der einen Seite tut einer Gutes, auf der anderen will er Böses tun, doch das unterdrückt er, um Gutes zu tun. Ein gefährliches Modell! Wenn jemand zuschaut, zeigst du dich liebenswert, aber wenn nicht, könntest du gut etwas klauen.

So verhalten sich Katzen. Eine alte Frau, die eine Katze hielt, sagte immer: „Meine Katze ist durch und durch ehrlich. Sie nimmt nie, was ihr nicht gegeben wurde.“ Das war sicher richtig. Im Moment, wo die Katze sich streckte – klaps! –, gab sie ihr mit ihrer langen Pfeife einen Klaps auf die Schnauze. Die hatte nicht mal die Zeit, nur eine Pfote auszustrecken. So ist es auch mit Menschen – Strafe folgt auf den Fuß.

Was mich angeht, so war ich ein Angsthase. In Armut geboren, sehr jung zum Waisen geworden, von einer Adoptivmutter misshandelt, wurde ich zur Strafe mit Schlägen erzogen, die mich ängstlich machten: „Das darfst du nicht tun, es ist schlecht!“, „Das macht man nicht vor Leuten, es ist übel!“ So wird man zu einem furchtsamen Erwachsenen. Du hast dann Angst, aber nur, wenn jemand dir zuschaut, also reicht es, nicht vor den anderen schamlos zu wirken. So benehmen sich eben die Faulen und Furchtsamen. Die Katze der Alten war bedacht und aufrichtig, da sie die Pfeife fürchtete, aber sobald sie in den Hof des Nachbarn schlüpfen konnte, verschlang sie wagemutig Sardinen und Fischköpfe.

Wenn wir vollkommen frei sind und das Universum alle Dinge durchdringt, handeln wir weder im Namen der Tugend noch tun

---

[2] Mujû Hôshi oder Dôkyô oder Ichien (1226–1312): japanischer Rinzai-Mönch, der Japan bereiste, um Meister verschiedener Zen-Schulen kennenzulernen; Autor des *Shaseki-shû* („Sammlung von Sand und Steinen“), einer populären Sammlung humorvoller Legenden, mit denen die Lehrer gern ihre Vorträge schmücken.

[3] Tendai Daishi (chin. T’ien-t’ai Te-shao, 891–972): Ch’an-Meister.

wir Böses. Du und ich sind völlig miteinander verbunden, ohne den kleinsten Spalt, der uns trennt; doch damit Beleidigungen aufkommen, braucht es nur einen kleinen Zwist zwischen uns. Himmel und Erde haben die gleiche Wurzel, alle Dinge sind eins, und darum ist *Wahrheit ohne Grundlage und Illusion von Beginn an leer*. Es gibt weder Wahrheit noch Illusion. Es gibt weder gut noch böse. Es gibt weder Haben noch Nicht-Haben. Es gibt weder groß noch klein.

Der Berg Fuji wird als hoher Berg angesehen, doch vom Gipfel des Himalaya wirkt er unbedeutend. Es heißt, der Pazifische Ozean sei immens, doch macht er nur einen Teil des Globus aus und wirkt vom Standpunkt des Universums nur wie ein Fußbad. Wir können seine Tiefen ausloten. Es ist schwer zu ermessen, welch winzig kleines Tier der Mensch ist. Unter einem Mikroskop ähnelt eine Amöbe einem U-Boot, das durch die Tiefen des Ozeans gleitet. Für sie ist die kleine Glasplatte, auf der sie sich bewegt, so groß wie der Pazifik. Ein Ding groß oder klein zu nennen, ist das Ergebnis irriger Ansicht. Es liegt an uns, die Welt anders zu sehen.

Was ist es, das die kleinen Menschen in ihrer winzigen Welt erfreut? Sie wollen eine gute Zeit haben und Geschenke bekommen. Sie halten Geburt für ein glückliches Ereignis, doch für ein Elend, wenn das Baby behindert zur Welt kommt oder zu einem Strolch heranwächst. Sie betrachten die Ehe als Grund für Glückwünsche, obwohl sie nicht wissen, ob der Schwiegersohn sich als unverbesserlicher Trinker erweist. Freud und Leid sind völlig relative Emotionen, wandelbar und täuschend. Nichts ermöglicht es uns, zu erklären, dass dieses Ereignis Glück und ein anderes Unglück bedeutet. Das Gute trägt das Böse in sich und umgekehrt.

Darum ist *Wahrheit ohne Grundlage und Illusion von Beginn an leer. Wenn wir zugleich Existenz und Nicht-Existenz aufgeben, dann wird Nicht-Leere zu Leere.* Diese beiden Verse enthalten das gesamte Universum: Gutes und Böses haben keine Existenz in sich selbst. So wird auch Shinrans Bemerkung zu einer offensichtlichen Tatsache: „Es gibt keinen Grund, aus Tugend Ruhm zu beziehen, und auch keinen, sich vor Bösem zu fürchten." Alle Menschen sind ausnahmslos weder gut noch böse.

Die zwanzig Tore der Leerheit sind ohne Grundlage.
Die Natur Buddhas ist eins, genau wie seine Essenz.

Der Augenblick ist ewig

Die zwanzig Tore der Leerheit sind ohne Grundlage. So definiert man Leere. Die zwanzig Tore sind im *Hannya Shingyô*, dem Großen Weisheitssutra, aufgeführt: innere Leere – äußere Leere – innere und äußere Leere – Leere von Leere – große Leere – Leere von höchster Wahrheit – Leere von Bedingtem – Leere von Unbedingtem – absolute Leere – Leere ohne Ende oder Anfang – Leere von Unaufgelöstem – Leere von Aufgelöstem – Leere von grundlegender Natur – Leere von spezifischen Eigenschaften – Leere von allgemeinen Eigenschaften – Leere von allen *dharmas* – Leere von Nicht-Wahrnehmung – Leere von Nicht-Sein – Leere von Eigen-Sein – Leere von Nicht-Sein und Eigen-Sein.

Diese erschöpfende Liste der Leere zeigt, dass die Leere keinen Aspekt darstellt. Hätte sie einen, könnte man ihn ermessen – dieser beträgt soundso viele Millimeter, jener soundso viele Gramm. In der Leere gibt es weder Dauer noch Gutes, Böses, Vergnügen, Abneigung oder Wahrheit. *Die zwanzig Tore der Leerheit sind ohne Grundlage.* In der Leere existiert kein Konzept von Leere. Hat jemand alle Dinge eliminiert, bleibt der eine Körper Buddhas, der Himmel, Erde und das gesamte Universum erfüllt.

Die Natur Buddhas ist eins, genau wie seine Essenz. Da ist nicht Buddha auf der einen Seite und ein Dämon auf der anderen, oder „deine" wahre Natur auf der einen Seite und „meine" Natur auf der anderen. Jeder ist Buddha, jeder ist Dämon. Pfft! Ich bin Buddha. Pfft! Ich bin Dämon. Unbeteiligt wirkend, klaue ich einen Edelstein, und schon bin ich ein Dieb. Nichts ändert sich daran, ob man mich auf frischer Tat ertappt, später verhaftet oder tatsächlich bestraft: Ich bin ein wahrer Dieb.

Der Mensch ist ein sehr seltsames Wesen, fromm, wenn er *Namu Amida Butsu* rezitiert, und zwielichtig, wenn er bei seinen Geschäften trickst. Da macht einer Zazen, aber wenn er es nicht mehr tut, raucht, zockt und säuft er. Andere behaupten, sie seien auf dem Weg, Zazen zu üben, machen aber kehrt, um ins Kino zu gehen. All diese Menschen sind – ob sie Zazen machen, Geschäfte betreiben, ins Kino gehen oder aus einem Laden klauen – Teil desselben Körpers und wie Wachsfiguren. Mit Wachs kann man sowohl einen Buddha als auch einen Dämonen formen. Eine Marionette kann zu jeder Art Person werden. Es heißt auch: „Buddha und Dämon, gleiches Gesicht." Buddha ist überall, der Dämon ist überall. Wo Buddha ist, ist auch Dämon. Lasst uns mit einem Faustschlag all dies loswerden und zugleich Buddha und Dämon verjagen, denn die Substanz Buddhas ist von einer Natur.

Nichts kann dem Einssein entkommen, weil alle Dinge eins sind. Im *Kongyô-kyô* heißt es: „Alle Eigenschaften sind ohne Eigenschaft, so ist die wahre Realität." Unsere kleinste Handlung enthält das Universum und hat am gesamten Universum teil. So vollenden wir jeden Tag eine unendliche Aufgabe, die so weit wie das Universum ist. Darum ist vom Standpunkt der Zeit aus der gegenwärtige Augenblick Ewigkeit. Wir atmen ein, und das gesamte Universum atmet ein. Wir atmen aus, und das gesamte Universum atmet aus. Die Tätigkeit der Augen ist die der ganzen Welt, das gleiche gilt fürs Hören, Schmecken, Berühren und Bewusstsein. Hier und jetzt erschaffen wir die Welt. In den Texten heißt es: „Ich selbst werde mit allen belebten und unbelebten Wesen des Universums der Weg. Alle Gräser, Bäume, Länder werden ausnahmslos Buddha." Wir nehmen am Wirken des gesamten Universums teil, an einer Aufgabe, die keinen Kleingeist erlaubt.

Wenn wir Nahrung essen, die uns angeboten wird, müssen wir sie nicht komplett verzehren, um ihren Geschmack beurteilen zu können. Wenn wir zum Beispiel *kôyadôfu*[1] in Shiitake-Brühe gekocht bekommen, gewürzt mit Sojasoße und Zucker, können wir sagen, ob die Mahlzeit salzig oder süß ist, indem wir nur ein bisschen Brühe kosten. Schmecken wir bloß ein kleines Stück Shiitake, können wir den Geschmack der ganzen Mahlzeit beurteilen. *Die Natur Buddhas ist eins, genau wie seine Essenz.* Sie ist wahre Realität, weil all ihre Aspekte ohne Aspekt sind. Sie hat

---

[1] *kôyadôfu:* gefriergetrockneter Tofu.

weder Form noch Geruch, und weil sie keine Eigenschaften besitzt, ist da nichts.

König Daibonten[2] wollte sich mit dem Buddha vergleichen. Er stellte sich hinter ihn, aber weil er so klein war, reichte er ihm nur bis zum Hintern. Dank seiner übernatürlichen Kräfte machte er sich größer, reichte aber immer noch bloß bis zu den Hinterbacken. Schließlich vervielfachte er seine Kräfte wieder und wieder und gelangte bis zum Kopf, konnte aber den Scheitel nicht erkennen, weil genau hier das Unterscheidungsmerkmal Buddhas liegt, das darin besteht, nicht gesehen zu werden. Alle Kennzeichen Buddhas sind ohne Kennzeichen.

Aus dem, was in den Sutren erzählt wird, könnte man schließen, dass es früher schon Radio gab. Eines Tages wollte Shâkyamunis Schüler Mou-lien[3] den Umfang von Buddhas Stimme testen. Er machte sich ohne Rast gen Osten auf. Doch obwohl er eine gehörige Strecke zurückgelegt hatte, konnte er noch immer Buddhas Stimme hören. Mithilfe seiner übernatürlichen Kräfte begab er sich jenseits tausender Myriaden von Buddha-Ländern[4] und erreichte ein Land, das das Banner des Buddha Kômyô[5] gehisst hatte. Mou-lien traf während einer Mahlzeit ein. Die großen Eisenschalen waren mit Reis gefüllt, und er fiel – plop! – wie ein Tropfen Wasser auf den Rand einer Schale. Der Buddha dieses Landes maß achtzig Yot[6], war also über tausend Kilometer groß. Er hätte sich nicht einmal auf unseren irdischen Globus setzen, sondern

---

[2] Daibonten oder Bonten (skt. Mahâbrahmâ, Brahmâ): in der indischen Mythologie als Personifikation des grundlegenden Prinzips des Universums (Brahman) angesehen, im Buddhismus mit Taishakuten (skt. Indra, Shakra) einer der beiden Schutzgötter.

[3] Mou-lien (skt. Maudgalyâyana): einer von Shâkyamunis Hauptschülern, der als der Begabteste im Bereich okkulter Kräfte galt; wurde in eine Brahmanenfamilie geboren, war von Kindheit an Shâriputras Freund und starb vor Shâkyamuni durch die Hand eines Brahmanen, als er um Essen bettelte.

[4] Jap. *butsudo* (skt. *buddhaksetra*): Gebiet, auf dem der Einfluss Buddhas ausgeübt wird.

[5] Kômyô ô nyorai: „König des Lichts“, weilt weit im Westen in einem Land namens „Banner des Lichts“.

[6] Yot (skt. *yojana*, jap. *yujun*): Maßeinheit des alten Indiens, die der Strecke entsprach, die die königliche Armee mit einem Tagesmarsch zurücklegen sollte; variierte von 9,6 über 18 bis 24 Kilometer.

diesen wie ein Arzneikügelchen von seinem Gürtel baumeln lassen können. Dieser Buddha war von seinen Schülern umgeben, die *arhats* und in allen Punkten dem Buddha ähnlich waren. Deren Schalen waren so riesig, dass man ganz Japan hätte hineinlegen können. Auf dem Rand einer dieser Schalen landete also Mou-lien.

Ein *arhat* bemerkte dies, schenkte dem, was er für ein winziges Insekt hielt, seine Aufmerksamkeit und nahm es zwischen Daumen und Zeigefinger. Da erkannte er, dass es seinen Kopf geschoren hatte, eine *kesa* trug und ganz einem Mönch glich. Der *arhat* sagte: „Weltgeehrter! Ein Mönchsinsekt hat uns einen Besuch abgestattet. Was könnte der Grund dafür sein? Kann es überhaupt Mönchsinsekte geben?“ Der Buddha erwiderte: „Jenseits von tausenden Myriaden Buddha-Ländern gibt es eine Welt namens Saha, in der der Weltgeehrte Shâkyamuni weilt. Der Mönch, den du siehst, ist ein mächtiger Schüler dieses Buddha. Er wollte die Reichweite von Buddhas Stimme ermessen, weswegen er in unsere Welt gelangte. Nun aber hat er seine Kräfte erschöpft, nicht aber die Stimme Buddhas.“ Nachdem er die Lehre dieses Buddha vernommen hatte, kehrte Mou-lien auf unsere Erde zurück. Es heißt, Shâkyamuni, der Weltgeehrte, habe den Buddha Kômyô im gleichen Moment über die ganze Entfernung hinweg gehört, als käme seine Stimme aus einem Radio.

Das Universum ist eins: *Die Natur Buddhas ist einzigartig, genau wie seine Essenz.* Alle Form ist Nicht-Form, wahre Realität ist immer gleich und hört nie auf. Dieser ununterbrochene Fluss des Lebens ist du und ich. Wie könnte sich ein gewöhnlicher Mensch, dessen Leben sich auf den Inhalt seiner Brieftasche beschränkt, dieses Flusses bewusst sein? Erst durchs Sterben versteht man wirklich den beständigen Fluss des Lebens.

Wenn wir die Dinge vom Standpunkt der Toten neu betrachten, erkennen wir sehr gut, dass *die Natur Buddhas einzigartig ist, genau wie seine Essenz.* Es sind unsere Illusionen, die Unordnung und Verwirrung erzeugen. Im Augenblick des Todes gibt es kein gut oder böse mehr, keine Existenz oder Nicht-Existenz. All dies sind nur Träume und Illusionen.

Am Anfang steht die Aktivität des Geistes, die Phänomene als Staub erschafft.
Beides hinterlässt Spuren auf dem Spiegel.
Saubergewischt, erhält er seinen ursprünglichen Glanz zurück.
Nicht mehr vom Staub der Geistaktivität
und den Phänomenen behindert, erscheint wahre Realität.
Ach! Der Dharma ist im Niedergang begriffen, das Böse regiert.
Den Wesen mangelt es an Tugend und Kontrolle ihrer Leidenschaften.
Je weiter der Heilige uns entschwindet, desto umfassender werden die Irrlehren.
Dämonen sind mächtig, der Dharma schwach, und Hass wütet.
Wenn die Buddhalehre vom plötzlichen Erwachen bekannt wird,
sind viele frustriert, sie nicht wie einen Ziegel zertrümmern zu können.

Das letzte Zeitalter des Dharma

Am Anfang steht die Aktivität des Geistes, die Phänomene als Staub erschafft. Der Geist ist ein Zauberkünstler, der den Glauben an die Existenz eines Subjektes erzeugt. Er kreiert Träume und Fantasien, die die Illusion eines Objektes schaffen. Phänomene sind die wahrnehmbare Welt, der Staub dieser Welt.

Beides hinterlässt Spuren auf dem Spiegel. Geist und Phänomene werden vom Spiegel unserer wahren Natur reflektiert und bedecken ihn, der von Grund auf rein und fleckenlos ist. Subjekt/Objekt, Wahrheit/Illusion, Existenz/Nicht-Existenz, Gutes/Böses, Körper/Geist – all diese Dualismen sind Flecken, genau wie die zwanzig Tore der Leere und Nicht-Leere.

Saubergewischt, erhält er seinen ursprünglichen Glanz zurück. Die Schmutzflecken sind nichts. Wenn alle Spuren von Wurzel, Geist, Subjekt und Objekt beseitigt sind, erhält der Spiegel seinen Glanz zurück. Im Moment, wo der Regen aufhört und die Wolken aufreißen, erscheint der blaue Himmel, und der Horizont offenbart plötzlich eintausend Berge.

Nicht mehr vom Staub der Geistaktivität und den Phänomenen behindert, erscheint wahre Realität. Zazen erschöpft das Erzeugen von Objekten, die durch unsere eingeborene Täuschung erscheinen. Dann taucht zum ersten Mal Wahrheit auf. Wir entdecken die

Wahrheit, dass alle Dinge der Substanz mangeln und es nichts gibt, woran man sich klammern könnte.

Ach! Der Dharma ist im Niedergang begriffen, das Böse regiert. Der Buddha-Dharma entwickelt sich in drei aufeinanderfolgenden Stufen: einer Periode, in der der Dharma auf rechte Weise gelehrt und praktiziert wird, folgt eine weitere, wo er verzerrt und verfälscht wird, und darauf folgt eine Zeit des völligen Verfalls. Der rechte Dharma ist der von Shâkyamuni während seines Lebens gelehrte. Shâkyamuni vereinte den Dharma durch seine starke Persönlichkeit und war der Motor von dessen Verkündigung. Dieser Mann war ein Führer von unglaublicher Stärke, der jeden in seinem Gefolge mittrug. Ein Verfall deutete sich vom Augenblick seines Todes an. Zu seinen Lebzeiten hielten sie sich vom Alkohol fern, aber sobald er ins Nirwana eingetreten war, kam der Gedanke auf, dass es ums Trinken doch gar nicht so schlimm bestellt sein könnte.

Dann erschien die Doktrin. Sie entwarfen, was man den Abhidharma[1] und Kanon buddhistischer Schriften nennt. Während Shâkyamunis Lebenszeit war keine Doktrin nötig. Erst nach seinem Tod wurde sie anhand seiner Lehren erstellt. Doch ist die Doktrin nicht bloß theoretisch, auch wenn manche Mönche lediglich dem Dogma folgen. Dharma basiert auf drei Prinzipien, die „die drei Schätze“ genannt werden: Buddha (Lehrer), Dharma (Lehre) und Sangha (Gemeinschaft).

Nach und nach verloren sie die Stärke von Buddhas Persönlichkeit aus dem Blick. Als nächstes verschwanden die Schüler, die direkten Kontakt mit Shâkyamuni gehabt hatten. Nach Generationen endete dies, wie wenn man Whiskey mit Wasser mischt, in einem farb- und geschmacklosen Gesöff. Mit der Zeit verflüchtigte sich das Parfüm, das vom Buddha aufgestiegen war, und der Dharma degenerierte: *Ach! Der Dharma ist im Niedergang begriffen, das Böse regiert.*

---

[1] Abhidharma: wörtlich „aufs Gesetz zu“, das doktrinäre Studium der Sutren; nach Shâkyamunis Tod gab es verschiedene Spaltungen in der buddhistischen Gemeinschaft, die zu etwa zwanzig Schulen führten, von denen einige die Sutren systematisch zu interpretieren trachteten und ihre Ergebnisse in den Werken des Abhidharma sammelten.

Auf der letzten Stufe wird der Dharma von Leidenschaften besiegt. Je weiter er von uns entfernt ist, desto schwächer wird er und desto mehr verringert sich unser Anteil am Zufriedensein. *Den Wesen mangelt es an Tugend und Kontrolle ihrer Leidenschaften.*

Je weiter der Heilige uns entschwindet, desto umfassender werden die Irrlehren. Dämonen sind mächtig, der Dharma schwach, und Hass wütet. Je weiter Shâkyamuni von uns entfernt ist, desto näher kommen die Dämonen. Sie sind zahllos und von jeder erdenklichen Art. Es gibt Dämonen der Melancholie, der Leidenschaften, der Gier, der Faulheit, der Furcht, des Zweifels, der Zerknirschtheit, der Wut, des Gewinnstrebens, des Stolzes. Weil der Dharma verzerrt und verfälscht wurde, gewannen sie an Macht. Der wahre Dharma schwächelt, die Leidenschaften steigern sich und überall wütet der Hass.

Wenn die Buddhalehre vom plötzlichen Erwachen bekannt wird, sind viele frustriert, sie nicht wie einen Ziegel zertrümmern zu können. Plötzliches Erwachen ist die Lehre, nach der jeder Mensch, genau wie er ist, Buddha ist. Man nimmt besser Abstand davon, sie zerstören zu wollen, weil sie unzerstörbar ist, und man kann sie schon deshalb nicht zerstören, weil die Dämonen existieren. Wo sind diese Dämonen? Das werden wir mit den nächsten Versen herausfinden.

Handlungen entstehen im Geist und erzeugen Vergeltung am Körper.
Es ist sinnlos, sich zu beklagen und andere zu beschuldigen.

Wie man die Zügel hält

Handlungen entstehen im Geist und erzeugen Vergeltung am Körper. Mit anderen Worten: Wir ernten, was wir säen. Jedes Individuum konstruiert seine eigene Welt und lebt in seinem selbst geschaffenen Universum. Selbst wenn es so aussieht, als würden wir in der gleichen Welt leben, unterscheidet sich deren Wahrnehmung in jedem von uns. Was wir für gut oder schlecht halten, hängt ganz von der Art ab, wie wir persönlich die Dinge beurteilen. Der Räuber und der Beraubte sehen die Welt unterschiedlich. Das Gleiche gilt für die Person, die gibt, und die, die empfängt. Im Dojo, wo man Seite an Seite im Zazen sitzt, ist doch jedermanns Welt eine andere. Auf dem Gesicht des einen liest man Befriedigung, auf dem eines anderen Erniedrigung. Darum begeben sich Mönche gemäß einer alten Tradition der Armut auf Bettelgänge, um frei in dieser Welt leben zu können.

Handlungen entstehen im Geist. Der Geist täuscht sich selbst und uns. Er ist der Autor falscher Ansichten zu den Dingen des Lebens. Das *Hannya Shingyô* spricht von *ten-dô-mu-sô,* den Unwahrheiten und Illusionen, für die wir allein verantwortlich sind.

Biete einer Katze einen kostbaren Gegenstand an, und alles, was sie sagen wird, ist: „Miau … was ist'n das? … Miau." Selbst wenn es ein Diamant ist, wird sie nicht mal die Nasenspitze heben. Der Esel würde antworten: „I-ah …" und die Kuh „Muh …" Was wir einen Schatz nennen, ist das Produkt unserer Illusionen.

Die meisten Menschen halten Gold für einen Schatz. Obwohl auch ich zur menschlichen Rasse gehöre, gilt das nicht für mich. Shâkyamuni sagte: „Gold ist eine Giftschlange." Wie dumm, Geld als Gott des Glückes zu erwählen! Und das Geld, das sich einer leiht? Bringt es Zufriedenheit? Alles hängt von der Art ab, wie wir Dinge sehen. Glück ist die Wurzel von Unglück und umgekehrt, Glück ist auf Unglück begründet.

Phantome und Geister, Seelenpein und Illusionen sind bloß Projektionen des Geistes. Wenn unsere Sichtweise sich ändert, verschwinden sie vollständig, und nichts bleibt zurück. Darum sagen wir, dass die Leidenschaften Erwachen gebären. Aus unserem Fleisch wird Unzufriedenheit geboren, aber ebenso der Buddha-Dharma.

Buddha-Natur ist nicht die Füllung für eine Fleischpastete. Unser Körper ist nicht mit Buddha-Natur vollgestopft: Er *ist* Buddha-Natur. Jede Zelle unseres Körpers ist ausnahmslos das Ausgangsmaterial für die Leidenschaften. Kurzum, dieser Körper besteht aus Leidenschaften, und es geht darum, wie man sie sich zunutze macht. Dieser Fleischberg ist die Last, die wir unser ganzes Leben mit uns herumtragen müssen. Gäbe es dieses Fleisch nicht, könnten wir kein Zazen machen. Ohne dieses unbequeme Ding könnten wir nicht arbeiten. Würden wir es zerstören, könnten wir gar nichts mehr tun. Es gibt also keine andere Lösung, als es bei der Hand zu nehmen und mit dem Ziel zu führen, seine Kapazitäten voll auszuschöpfen. So wird aus den Leidenschaften Erwachen geboren, und die unangenehme Last wird erträglich.

Wenn die Masse an Leidenschaften überwältigend wird, zieht sie uns unerbittlich voran, und meist haben wir keine Chance, zu widerstehen. Das Menschenwesen kennt alle Arten natürlichen Appetits, sexueller und anderer Art, ohne die es nicht existieren könnte. Dazu kommen Gier, Wut, Dummheit, Unzufriedenheit und Zweifel. Die Leidenschaften sind zahllos, aber wenn wir lernen, sie zu erkennen und uns nützlich zu machen, dann verlieren sie endlich ihr Gewicht.

„Aus dem Rost, der vom Körper stammt, stellt man die rote Uniform von Gefangenen her“, sagt ein Sprichwort. Wir rudern unser eigenes Boot und ernten, was wir gesät haben. „Ich hab das nicht tun wollen, aber im Drang des Augenblicks …“ Was getan ist, ist getan. In zwei, drei Sekunden entsteht ein unwiderstehlicher Drang, etwas zu stehlen … schnapp! Das ist es … und man verbringt zwei, drei Jahre in einer Zelle. *Handlungen entstehen im Geist und erzeugen Vergeltung am Körper.*

„Ich wollte nicht stehlen und hätte es auch nicht getan, wenn mich seine Vernachlässigung nicht dazu gezwungen hätte.“ Wir wollen den Fehler immer auf andere schieben. *Es ist sinnlos, sich zu beklagen und andere zu beschuldigen.*

Er sehnte sich nicht nach einer Uhr oder einem Portemonnaie, aber das Portemonnaie lachte ihn aus der Tasche heraus an, und die Uhr tickte und erregte seine Aufmerksamkeit. Die Versuchung war zu groß, und er gab diesen Dingen ein neues Zuhause. Der nachlässige Besitzer war der Schuldige. „Es war das Mädchen, das mich mit ihren roten Lippen in Versuchung brachte, mit ihrem Make-up, ihren Locken und ihrem betörenden Verhalten. Ich habe gar nichts gemacht, ich spürte nur die Begierde aufsteigen und konnte nicht widerstehen.“ Wir wollen unsere Fehler also stets anderen anlasten, wo doch in Wahrheit der Samen des Bösen in unserem eigenen Selbst liegt. Egal, wie groß die Verführungskraft des anderen sein mag, wäre der Samen nicht in uns, hätte sie keine Wirkung. Versuch doch mal, eine Kiefer oder einen Felsen zu verführen! Auch der Mond macht sich nichts aus deinem Charme. Dieser Samen der Verführung liegt in dir, und es braucht nur einen Impuls, um ihn zum Keimen zu bringen. Von da an kann alles passieren, doch es hängt von unserer Sicht der Realität ab. Dôgen schreibt im *Gakudôyôjinshû:* „Es bedeutet, Abscheu vor der Wahrheit zu empfinden und nach Illusion zu streben.“ Ich glaube, die Menschen lieben die Illusionen, sie wollen getäuscht werden.

Wie auch immer, die Dinge sind, wie sie sind. Lasst uns zu unserer wichtigsten Mission zurückkehren und unseren Panoramablick wiederfinden. Lasst uns unser Selbst in die Hand nehmen und verstehen. Im *Fukanzazengi* heißt es: „Lerne, dich zurückzuziehen, das Licht nach innen zu wenden und das Selbst zu erleuchten.“ Dies bedeutet, dass da drüben nichts ist. Alles ist hier. Menzius sagte: „Alles, wirklich alles, ist in uns.“

59

Um ein Karma unaufhörlichen Leidens zu vermeiden,
ziehe die Lehren des wahren Buddha-Dharma nicht in den Dreck.

Den Buddha-Dharma verleumden

Um ein Karma unaufhörlichen Leidens zu vermeiden: Wo man auch ist und was man auch tun mag, Leiden hört niemals auf. Es handelt sich um die Alltagshölle. Selbst Krankheit und Elend machen ein paar Momente lang Zugeständnisse, aber im genannten Fall gibt es keine Pause, die Belästigung ist ewig; in Zeit und Raum gibt es nicht den kleinsten Ort der Ruhe. Wenn du einen solchen Schmerz vermeiden willst, dann verleumde nicht den wahren Buddha-Dharma.

Den Buddha-Dharma verleumden heißt, sich selbst zu verunglimpfen: „Ich bin ein armseliger Typ, in mir gibt es keine Buddha-Natur. Typen wie ich wissen nichts vom Erwachen.“ Machen wir uns derart klein, dann entweihen wir uns selbst und entwürdigen den wahren Dharma.

Shâkyamuni lehrte uns, unsere wirkliche Natur zu verstehen: „Erkenne dich selbst, erkenne deine Buddha-Natur, und du wirst verstehen, das auch du Buddha bist.“ Zu erkennen, dass man selbst Buddha ist, bedeutet, die Lehre des wahren Dharma zu verstehen. Sich umgekehrt schlecht zu machen, indem man annimmt, es gäbe keine Ähnlichkeit zwischen dem eigenen Selbst und Buddha, heißt, den Dharma zu verleumden.

Das „Jôfukyô“[1]-Kapitel des Lotussutra illustriert diesen Aspekt. Der Bodhisattva Jôfukyô warf sich vor jedem, den er traf, mit den Worten nieder: „Ich würde nie wagen, dich zu missachten. Sicher wirst auch du ein Buddha werden.“ Er respektierte alle Menschen zutiefst, weil sie Buddha waren. Sie reagierten mit Beleidigungen, warfen Steine nach ihm und schlugen ihn mit Stöcken. Er entzog sich und rief: „Ich werde euch nie verachten, weil ihr eines Tages praktizieren und untrüglich euren Zustand als Buddha erkennen

---

[1] *Jôfukyô:* zwanzigstes Kapitel des Lotussutra, das dem gleichnamigen Bodhisattva gewidmet ist.

werdet.“ Zahllose Kalpa vergingen, bevor man ihn verstand. Alle Menschen, die er trotz deren Beschimpfungen achtete, sind nun um ihn versammelt, denn der Bodhisattva Jôfukyô, der diesen Aspekt des Dharma lehrte, war kein anderer als Shâkyamuni.

Ich bin Buddha, so wie ich bin. Wenn ich mich nicht selbst respektiere, begehe ich ein Sakrileg. „Ich verdiene zehntausend Yen im Monat, das ist vielleicht nicht viel, aber dennoch bin ich damit ein Buddha. Ich bin ein vollständiger Zehntausend-Yen-Buddha.“ Im Buddhismus macht es keinen Unterschied, ob jemand zehn- oder fünfzigtausend Yen verdient. Zehntausend Yen sind zehntausend Yen, hunderttausend Yen sind hunderttausend Yen. Was spielt das Gehalt schon für eine Rolle? So wie man ist, ist man Buddha. Im *Hôkyo Zanmai* heißt es: „Wenn das verdrehte Denken aufhört, taucht auf natürliche Weise der bejahende Geist auf.“ So ist *satori*. Zu verstehen heißt, die eigene wahre Realität zu erkennen.

Lasst uns uns selbst in Besitz nehmen, das Letztgültige unserer selbst, unser genuines Ego, wie auch immer wir es nennen wollen. Es ist wesentlich, dieses zu erfassen, weil es so, wie es ist, Buddha-Natur ist. Alles, was das Selbst als minderwertig ansieht, es klein macht und entwürdigt, ist falsch. Jede Entweihung des Selbst verschmäht den Dharma, und in der Folge lebt der Geist ohne Atempause in einer regelrechten Hölle.

Um unsere wahre Natur zu ergreifen, müssen wir verstehen, wie die Orte zu markieren sind, wo eine Pause nötig ist. Es ist nicht gut, immer etwas hinterher zu jagen. Pausieren heißt nicht stagnieren. Pausieren bedeutet, Beruhigung zu finden, Geistesruhe, Geistesfrieden in sich selbst. Das junge Mädchen findet Zufriedenheit in ihrem Zustand als junges Mädchen und als Frau in ihrem Zustand als Frau, dann als Großmutter und schließlich im Tod. Meistens hat es das Mädchen aber eilig, eine Frau zu werden, und wenn sie eine Frau ist, will sie Mutter sein. Die Bedienstete hat genug vom Reiskochen und will unverzüglich zur Besitzerin werden, aber als Besitzerin findet sie dann die Arbeit zu schwer. Genieße stattdessen als Bedienstete deinen Zustand in vollem Umfang, genau wie ein junges Mädchen den ihren. Das Wesentliche ist, in der Fülle zu leben: Wir sind, was wir tun.

Eines Tages erhielt ich eine Postkarte von einem Polizisten, der mir schrieb, dass er sein Bestes gebe, um „seinen Zustand“ als Polizeiinspektor vollkommen auszuleben. Als ich seine Karte las, musste ich lachen. Genau so! Er hatte meine Lehre perfekt aufgesogen. Buddha zu werden heißt, vollkommen man selbst zu werden. Wenn man nicht man selbst ist, wird das Leben zur Hölle. Ein Schuljunge, der Erwachsene imitiert, indem er raucht, ist nur der Geist eines Schuljungen. Nicht man selbst zu sein, wie man ist, bedeutet, die Lehre des wahren Buddha-Dharma zu verachten. „Selbst wenn ich nur einen *go* verdiene, bin ich ein Samurai.“ Ich lebe mein Leben als Krieger vollkommen, auch wenn ich mit hungrigem Magen die Zähne zusammenbeißen muss. Das ist ein interessanter Aspekt der japanischen Seele: Wenn ich tausend *go* erhalte und doch nicht authentisch ich selbst bin, dann mache ich die Lehre des wahren Dharma lächerlich, und mein Leben wird eine Hölle ohne Unterlass.

Der Löwe bereitet sich sein Lager im dichten Blätterwald des Sandelholzwaldes, wo kein anderer Baum wächst.

Authentische Menschen

Vor langer Zeit wurde der Tempel Kisshôji [Kichijôji] bei Komagome „Sandelholzhain“[1] genannt. Der Name zeigte an, dass nur hoch verwirklichte Menschen in diesem Tempel lebten. Sie hatten Persönlichkeiten mit klaren und reinen Konturen wie alle, die ihr Selbst ergreifen und tragen, ohne loszulassen. Wenn wir unser Selbst nicht fest in den Händen halten, dann imitieren wir bloß andere. Im Gegenteil ist derjenige, der mit sich eins ist, wie der Mann in diesen Versen: „Beim Löwentanz[2] schlägt er weder die Trommel noch spielt er die Flöte, er wird zu den Hinterpfoten.“

Wenn jemand die Hinterbeine eines Pferdes darstellt, dann muss er diese Rolle als Hinterbeine perfekt ausfüllen. Es steht außer Frage, dass nicht jeder in der Lage ist, die Rolle von Atsumori oder Kumagai im Kabuki-Stück *Ichinotani* zu spielen, aber ohne die Pferde kann man das Stück nicht aufführen. Wenn die Vorderhufe sich bewegen, dürfen die Hinterbeine nicht still stehen. Erst wenn die Hinterhufe in perfekter Harmonie traben, wird das Stück erfolgreich. Beim Löwentanz genügt es nicht, die Trommel zu schlagen und die Flöte zu spielen, um erfolgreich zu sein. Auch hier müssen die Hinterbeine ihre Rolle perfekt ausfüllen.

Im dichten Blätterwald des Sandelholzwaldes, wo kein anderer Baum wächst: In diesem Wald leben nur Menschen, die ihr wahres Ego gefunden haben. Der Verantwortliche für Hausarbeit spielt seine Rolle perfekt und verwirklicht sein Selbst beim Schwingen des Staubtuches. Jeder wird mit dem identifiziert, was er tut. Jeder

---

[1] Jap. Sendanrin.

[2] Der Löwentanz (jap. *shishimai*) findet am 1. Januar und bestimmten Festtagen statt: Ein Mann trägt eine rote Maske in der Form eines Löwenkopfes, zwei oder drei andere unter dem Kostüm bilden den Löwenkörper; dieser Löwe soll Dämonen verjagen und Gesundheit und Reichtum in die Dörfer und Familien tragen.

ist völlig konzentriert und eins mit seiner Tätigkeit, ob in der Küche, an der großen Glocke[3], der Taiko-Trommel[4], dem *mokugyo*[5] oder beim Sutralesen. In diesem dichten und tiefen Sandelholzwald wachsen keine anderen Baumarten. Nur wer seine wahre Natur erkannt hat, lebt so. Wir nennen diese Menschen Löwen.

---

[3] Jap. *gyôshô.*

[4] In Zenklöstern werden alle Aktivitäten durch Schläge auf Holz oder Metall angekündigt, der Ton beschränkt hier die Stille; zahlreiche Meister erwachten durch bloße Geräusche.

[5] *mokugyo:* Schlitztrommel in Form eines Holzfisches, die im Zen geschlagen wird, um Anfang und Ende der Meditation anzuzeigen.

61

Allein, streift er in der friedlichen Stille des Waldes umher.
Alle anderen Tiere sind geflohen und halten sich fern.
Eine Horde Löwenbabys folgt ihm.
Schon mit drei Jahren brüllen sie kräftig.
Selbst wenn hunderttausend Schakale den König des Dharma jagten,
wäre das Kläffen dieser Scheusale vergeblich.

Allein mit sich selbst

Löwen sind allein. Keiner sieht sie, also lassen sie in ihrer Aufmerksamkeit nach. Im Allgemeinen strengen wir uns an, wenn wir wissen, dass wir beobachtet werden, aber wenn niemand hinsieht, lassen wir uns gehen. Ein Löwe benimmt sich nicht wie eine kleine Maus. *Allein, streift er in der friedlichen Stille des Waldes umher.* Der Löwe lebt in einer Welt, die ihm gehört. Das Kaninchen hüpft herum und – hopp! hopp! – macht sich rar, denn es ist stets auf der Hut und handelt im Gleichklang mit der Aufmerksamkeit der anderen. Die Welt, in der der Löwe lebt, wurde oft beschrieben:

> Perle des Taus, reines Licht …
> Dreitausend Welten, offenbarte Schätze …
> Hohe, einsame Kiefer …
> Majestätischer Berg, Herrscher von Himmel und Erde …

Wie die gewählten Bilder auch sein mögen, sie evozieren einen Ort, an dem man allein in der Stille von sich selbst ist. Man muss in der Lage sein, die Stille und das Schweigen des Waldes zu finden, egal wo, selbst mitten auf einer Einkaufsstraße. Mögen auch die Winde der acht Richtungen blasen, man wird nicht erregt; Lob oder Kritik, Freude oder Wut, man ist den Leidenschaften gegenüber gleichgültig. Wenn der Löwe brüllt, rennen die gewöhnlichen pelzigen Tiere, Kaninchen, Mäuse, Füchse und Dachse, so weit weg, wie sie können. Wenn man sein Selbst erfasst hat, nähert sich niemand.

Die jungen Löwen folgen dem Weg der alten: *Schon mit drei Jahren brüllen sie kräftig.* Sie brüllen wie ihre Eltern, auch wenn es ihnen noch am Tonfall mangelt. Sie sind sich ihrer Rolle als Löwen noch nicht voll bewusst.

Selbst wenn hunderttausend Schakale den König des Dharma jagten, wäre das Kläffen dieser Scheusale vergeblich. Der Schakal ähnelt dem Fuchs, aber der König des Dharma ist der Löwe. Der Dharma hat nur einen Meister, nicht zwei, schon gar nicht drei. Selbst wenn hunderttausend Schakale das Löwengebrüll imitieren würden, könnten sie ihre Schnauzen öffnen und schreien, wie sie wollten, ihre Stimmen würden doch nicht tragen. Im *Nehangyô*[1] heißt es: „Müsste der Schakal das Löwengebrüll imitieren, würden hundert, ja tausend Jahre vergehen, ehe ihm dieses Brüllen gelänge. Dagegen klingt ein dreijähriges Löwenbaby schon wie seine Eltern.“ Das Löwengebrüll kann nicht imitiert werden. Du musst schon selbst ein Löwe sein, um wie er zu klingen. Der Löwe ist ein Bild für die Buddha-Natur. Der Buddha-Dharma lehrt, wie man ein Löwe wird, wie wir authentisch unsere wahre Natur leben können.

[1] *Nehangyô:* Nirwanasutra.

Die Lehre der plötzlichen Vollkommenheit kennt keine menschlichen Vorlieben.
Wenn du ungelöste Zweifel hast, musst du mit ihnen ringen.

Eine neue Vision des Lebens

Die Lehre der plötzlichen Vollkommenheit kennt keine menschlichen Vorlieben. Indem wir alle Dinge als gleich ansehen, befreien wir uns von sektiererischen Ansichten, die dieses als Tendai[1] und jenes als Shingon[2] ansehen. Man muss sich nicht auf trügerische Konzepte stützen, die unterstellen, die Hölle sei schlecht und der Buddha gut. Wenn jemand mit seinem Leben in der Hölle zufrieden ist, warum er sollte er nicht dort bleiben? Und wenn jemand vorgibt, Buddha zu sein und wichtig tut? Das ist nur ein großer Schwindel. Wer glaubt, *satori* zu haben, ist völlig im Irrtum. Ich wiederhole es immer vergeblich, und kann es doch nicht oft genug sagen: Konzepte sind Illusionen.

Das Tendai nähert sich mit chronologischen Stufen und Verständnisebenen – der Lehre von den drei Körben, der allgemeinen Doktrin, der speziellen Doktrin und der vollkommenen Doktrin. Die drei Körbe meinen die Sutren des Theravâda. Die allgemeine Doktrin überbrückt Theravâda und Mahâyâna. Die spezielle Doktrin bestätigt klar, dass es definitiv um Mahâyâna geht. Und die vollkommene Doktrin ist überhaupt nicht spezifisch – es genügt, die eigene wahre Natur wiederzuentdecken.

---

[1] Tendai: japanische Version der chinesischen T'ien-t'ai-Schule, die im 8. Jhd. von Saichô in Japan eingeführt wurde, der in China studiert hatte; ihre Doktrin basiert auf dem Lotussutra und lehrt die Universalität der Buddha-Natur, basierend auf den drei Wahrheiten: (1) Phänomene sind leer, (2) haben eine offensichtliche und begrenzte Existenz in der Zeit und (3) bilden als Teile mit dem Ganzen eine Einheit (Phänomene und Absolutes sind identisch); im neunten Jahrhundert wurden esoterische Lehren in die Tendai-Dokrin eingeführt (*mudrâ* – Gesten, *mandala* – Bilder).

[2] Shingon: wörtlich „Schule des wahren Wortes“, vom Mönch Kûkai (auch Kôbô Daishi, 774–835) im Jahr 807 in Japan begründete esoterisch-buddhistische Schule mit tantrischen Wurzeln.

Dieser Punkt wird im Kapitel „Glaube und Verständnis“ des Lotussutra verdeutlicht. Es ist die Geschichte eines Mannes, der als kleines Kind entführt wurde. Er lebte elend als Bettler, bis sein Vater ihn wiederfand. In der Zwischenzeit hatte dieser ein Vermögen gemacht und in Saus und Braus gelebt. Der junge Vagabund hielt das in seiner Demut und Armut für einen Traum. Er kam als Diener ins Haus seines Vaters und stieg bis zum Haushofmeister auf. Nach vielen Jahren erkannte er plötzlich, dass er der Eigentümer dieses immensen Reichtums war. Er sagte zu sich selbst: „Aber ich bin immer reich gewesen! Selbst wenn ich meine angeschlagene Bettelschale vorstreckte, war ich nicht arm. Meine Armut war ein Traum!“ Nun, wo er reich geworden war, verstand er klar seinen wahren Zustand. Als er auf sein Leben zurückschaute, begriff er, dass Illusionen im Grunde keine Existenz haben – da ist nichts. Die Rückkehr zum eigenen Normalzustand bedeutet, man selbst zu sein, denn so wie man ist, ist man Buddha. Es gibt kein Wesen, das keine Buddha-Natur besitzt. Wenn wir einen Moment über unsere Gesellschaft nachdenken, können wir da behaupten, ein Mensch sei besser situiert als ein anderer? Ein Chef hat sicher mehr Sorgen als sein Angestellter. Wenn Letztgenannter Botengänge erledigen muss, findet er Zeit für ein Schwätzchen mit seinen Kollegen, gönnt sich ein paar Extras und findet das Leben schön. Man kann nicht sagen, wem es besser geht. Wenn wir aber genauer hinschauen, dann ist ein Botenjunge, der zehn oder fünfzigtausend Yen im Monat verdienen will, genau wie der Bettler, der mit seiner angeschlagenen Schale durch die Straßen zieht und davon träumt, reich zu werden. Wenn wir den Fehler machen, Dinge von einem materialistischen Standpunkt aus zu betrachten, dann entwerten wir unsere eigene Natur.

Sich von der vordersten Front zurückziehen

Die Doktrin der plötzlichen Vollkommenheit hat keinen Bezug zu menschlichen Gefühlen. Anders als beim gewöhnlichen Menschen wird die Wahrnehmung der Welt nicht mittels der üblichen Emotionen erlangt. Der gewöhnliche Mensch hält es für besser, reich statt arm oder Arbeitgeber statt Arbeitnehmer zu sein; er zieht das

Gute dem Schlechten vor. Diese Art zu denken ist von affektiver Art. Überschreitet man Gefühle und Vorlieben, wird die Sicht auf die Realität ganz anders, und die Phänomene erscheinen aus einem dramatisch entgegengesetzten Winkel.

Die Armut brachte mir einen Mangel an Fürsorge ein. Ich habe von meinen Eltern nur Schulden geerbt, und doch bin ich König meines Königreiches, ein König, der zu Fuß reist und seine Schätze und sein Gut bei sich trägt. Ich bin überall zuhause. Fragt man mich nach meiner Adresse, dann antworte ich: „Komazawa Universität." Schon haken sie nach: „Ist das nicht ihre Büro-Adresse?" Heutzutage denken die Leute, du arbeitest an einer Uni, um dir Lohn in die Taschen zu stecken. Ich gehe nicht zur Komazawa Universität, um meinen Lebensunterhalt zu verdienen. Es ist der Ort, an dem ich arbeite, wo ich also meine Mission erfülle. Gehe ich aber zum Beispiel zum Sojiji, fragen die Leute: „Ist das auch ihre Arbeit?" Ich lasse mich nirgends nieder. Ich bin hier, ich gehe nach da, und von dort woanders hin. Ich schreite von einem Punkt zum nächsten fort, weil ich kein Zuhause habe, zu dem ich zurückkehren könnte. Sorglos mache ich mich auf den Weg zu meiner letzten Verweilstätte hin. Aus bloßer Bequemlichkeit lasse ich Mitstreiter und Möbel an ihrem Ort zurück, um mir als Referenzpunkte auf dem Weg zu dienen.

Mein Stiefvater lieh sich große Geldsummen in der Hoffnung auf die Auszahlung, die er bekommen hätte, wenn sein Schwiegersohn den Russisch-Japanischen Krieg nicht überlebt hätte. Er versetzte mein Leben, und weil ich den Krieg überlebte, zahlte ich nach meiner Rückkehr seine Schulden ab. Möge der Himmel mir vergeben, am Tag der letzten Ratenzahlung tobte ich vor Freude und schrie in die vier Windrichtungen, dass ich nun der einzige Meister an Bord sei.

Hätten meine Eltern mir ein Vermögen hinterlassen, dann hätte ich es zweifellos durchgebracht und wäre ein übler Bursche geworden. Ohne dass ich meinen Körper zur Übung gezwungen hätte, wurde er von selbst geschult, sich zu erhalten, aber von reichhaltigem Essen Abstand zu nehmen. Worin auch immer die Tortur bestand, ob Wasser, Feuer, Armut, mein Körper bestand alle Prüfungen, ohne je das geringste Zeichen von Schwäche zu zeigen. Lasst uns nicht voreilig schließen, es sei ein Glück, arm zu sein; aber fürs Schmieden des Charakters und die Stärkung des Körpers gibt es kein besseres Training. Trägt man Verantwortung für eine Frau und Kinder, unterscheidet sich die Situation erheblich, je nachdem, ob einer ein Vermögen erbt oder nicht. Das Geld der Eltern kann die Garderobe des Ehepartners finanzieren oder die Schulausbildung der Kinder. Alles, was du tun musst, ist, eine Bestellung aufgeben. Ohne Reichtum musst du am Monatsende bis zur Kreditgrenze gehen und zusehen, wie du alleine damit fertig wirst.

Hätte ich Geld gehabt, hätte ich an einer angesehenen Universität studiert, einen Abschluss gemacht oder vielleicht sogar zwei Doktortitel. Da ich arm war, ging ich nur vier Jahre zur Grundschule; doch ich war erfinderisch. Ich besuchte mit anderen, die aus der Mittelschule kamen, eine technische Schule. Sie konnten Englisch, ich nicht. Einmal fragte ich einen von ihnen nach der Bedeutung von einigen Wörtern. Der Student erwiderte: „Was da steht ist: ‚Ich weiß nicht.'" Ich erinnere mich noch an dieses Erlebnis. Ich war bereits dreißig und musste in der gleichen Klasse wie Achtzehn-, Neunzehnjährige studieren. Es gab eine Menge beschämender Erfahrungen, aber ich konnte nichts daran ändern, weil ich nur vier Jahre Grundschule beendet hatte. Ich spürte eine riesige Freude, wenn ich Studien nachging, die ich allein mir selbst schuldig war.

Man kann mich für ein wenig verrückt halten und meine Art, die Dinge zu sehen und Glück zu definieren, für seltsam, doch genau das ist die Bedeutung von: *Die Lehre der plötzlichen Vollkommenheit kennt keine menschlichen Vorlieben.* Wer also seine Studien mithilfe des Geldes seiner Eltern vollbringt, wird daraus weniger Befriedigung ziehen als ein Armer, der seinen Weg unter Entbehrungen geht. Das Leben ist kein ruhiger Fluss, seine Wasser sind turbulent und rauschen voran. Du lachst, du weinst, manche reißen dich mit und tragen dich fort, doch du empfindest großes Glück, wenn du diese Wasser erfolgreich durchquert hast.

Wenn mich jemand fragt, ob Reichtum schlecht sei, weiß ich nicht, was ich antworten soll. Vielleicht ist es besser, reiche Eltern zu haben. Die gegenwärtige Meinung ist, dass wir bevorzugt werden, wenn wir reiche Eltern haben, und benachteiligt, wenn nicht. Es heißt auch, die Hölle sei ein schrecklicher Ort, das Paradies ein Ort der Freunde und die Welt hier unten voller Täuschungen. All diese Ansichten sind bloß konventionelle Ideen, die nichts taugen. Buddha ist Wirklichkeit, so wie sie ist, mit ihrem Mischmasch aus Illusionen, Hölle, Paradies und Buddha. *Die Lehre der plötzlichen Vollkommenheit kennt keine menschlichen Vorlieben.* Dies muss unbedingt verstanden werden.

Buddha suchen

Die vollkommene Doktrin lehrt uns, unser Selbst zu ergreifen und zu stärken, aber nicht zu entweihen. Der Mensch, der mit den Füßen fest auf dem Boden steht – egal wo und unter welchen Umständen –, befindet sich auf einem Lotus in der edelsten, vollkommensten, erhabensten Haltung seiner selbst. Wenn er diese Haltung nicht herabwürdigt, ist Buddha dort, wo er ist. Darum ist *satori* das Bewusstsein der eigenen Selbstnatur. Rüffel erteilen bedeutet, sich selbst zu tadeln, den Buddha zu suchen bedeutet, sich selbst zu suchen. Wenn wir das nicht verstehen, hören wir nicht auf, nach etwas anderem zu suchen, und egal, wie weit wir gehen, werden wir doch nirgends sonst als in uns selbst fündig. Buddha ist nicht am Ende des Universums.

Wo ist dann die Quelle Buddhas? Die vollkommene Doktrin rät uns, zur Quelle unserer selbst zurückzukehren, um Buddha zu finden. Im Lotussutra symbolisiert die Lotusblume die vollkommene Doktrin. Der Lotus hat die besondere Eigenschaft, seinen Samen nicht nach dem Fallen der Blüten zu entwickeln, sondern im Innern der Blume. Eine Lotusblume ist zur selben Zeit Blume und Frucht, Ursache und Wirkung. Blume und Frucht sind eins. Für den Menschen gilt das Gleiche. Der gewöhnliche Mensch ist nicht auf der einen, der Buddha nicht auf der anderen Seite, sondern sie sind eins. Der Hungernde, der insgeheim Nahrung verschlingt, ist zur selben Zeit der Hungernde wie auch Buddha.

Als ich einmal eine Vorlesung in einer Schule halten sollte, stellte sich der Direktor als total desinteressiert heraus und verschloss sich meiner Lehre. Nur mit dem Sekretär, der mich empfangen hatte, als ich aus meinem Wagen stieg, war ich auf einer Wellenlänge. Eingeschüchtert sagte er zu mir: „Wir sind glücklich, dass Sie gekommen sind, wir haben auf Sie gewartet." Dem Direktor passte meine Anwesenheit nicht, doch weil er keinen guten Grund hatte, eine Vorlesung abzusagen, die unter seinem Vorgänger zur Tradition geworden war und zu der man Mitglieder des Gemeinderates und herausragende Persönlichkeiten der Präfektur eingeladen hatte, musste er gute Mine zum bösen Spiel machen und sich einreden, den Vortrag auszuhalten sei Teil seines bezahlten Jobs.

Das dachte wohl auch das Lehrpersonal. Ich sah sie Bücher lesen, die sie auf die Broschüren gelegt hatten, die verteilt worden waren. Ich stand auf einem Podest und konnte sie mit Muße beobachten. Wären sie Novizen gewesen, hätte ich sie irritiert „respektlose Barbaren" genannt. Doch ich habe einen Sinn für Profit, also blieb ich großherzig. Ich machte keine Bemerkungen, weil ich dachte, dass meine Anwesenheit ihnen am Ende des Monats einen Bonus einbrächte. Mein Vortrag wäre auch ein Geschenk für den Sekretär. Er blieb außerhalb des Raumes und machte sich klein, damit er an der Türschwelle zuhören konnte. Er war auf meiner Wellenlänge.

Wenn er auf mich abgestimmt war, heißt das nicht, er wäre bemerkenswerter als die anderen gewesen, denn im Sinne menschlicher Werte kann man das nicht wissen. In einer Klasse ist es eine Ursache für Unruhe, wenn kein Schüler den Meister übertreffen kann. Wäre das der Fall, würden Meister völlig verschwinden, sie würden verkümmern wie der Schwanz einer Maus. Die ideale Lehre ist, wenn von fünf Studenten eines Professors fünf besser als er werden. Leider werden die unbedeutenden Lehrer in unseren Schulen immer zahlreicher. Ihre Lehrmethode besteht aus Tricks, mit denen sie am Ende des Monats ihren Lohn einsacken. Wenn nicht, machen sie vielfache Kopien und verkaufen sie so teuer wie möglich. Die Studenten, die die Kurse buchen und sie auch noch besuchen, beweisen wirklich große Duldsamkeit. Das ist überhaupt nicht meine Art zu unterrichten. Du musst Zazen machen. Wenn du deine Wirbelsäule nicht aufrichtest … *kyôsaku!* Wenn du döst … klatsch! … klatsch! Ich schlage zu. Das ist eine ganz andere Welt.

Menschen werden gemäß ihres sozialen Standes, ihres Reichtums oder ihrer Gesundheit und ihrem diesbezüglichen Anteil an Zufriedenheit und Unzufriedenheit kategorisiert, wo doch tatsächlich jeder Buddha werden kann, wenn er zum grimmigen Wächter seiner selbst wird, sein Selbst ergreift und auf die höchste Ebene trägt. Das ist, was die vollkommene Doktrin uns lehrt. Es ist nicht nötig, Freizeit oder günstige Gelegenheiten zu haben. Wir ergreifen uns hier und jetzt in dem Zustand, in dem wir uns befinden.

63

Als bescheidener Bergeinsiedler habe ich keinen persönlichen Standpunkt,
sondern fürchte mich, dass meine Übung in die Fahrrinne
von Nihilismus oder Eternalismus gerät.

Eine alles umfassende Doktrin

Im vorangeganenen Vers sagte Yôka Daishi: *Wenn du ungelöste Zweifel hast, musst du mit ihnen ringen.* Nun ergänzt er: *Als bescheidener Bergeinsiedler habe ich keinen persönlichen Standpunkt.* Die Doktrin, die er zum Ausdruck bringt, ist jenseits seines eigenen Standpunktes angesiedelt. Er hat sie geprüft und für gut befunden. Ausdrücke der Bescheidenheit wie „Bergeinsiedler" oder „Mönch vom Lande" deuten auf Selbstauslöschung hin, denn sie implizieren einen tumben Bauern, der nur zum Kartoffelsammeln gut ist.

Mit einem modernen Wort könnten wir die vollkommene Doktrin Yôkas „allumfassend" nennen. Sie bringt Hölle und Buddha in einem zusammen, umfasst das gesamte Universum mit einem Blick und legt *satori* frei, während sie über Illusionen nachsinnt. Solange die vollkommene Doktrin aber nicht authentisch ist, muss man befürchten, dass unsere Übung in die Falle des Nihilismus oder Ewigkeitsglauben tappt. Im Buddhismus ist jede Behauptung, ob bestätigend oder ablehnend, eine Illusion.

Die nihilistische Sicht wird von einem schlichten Geist vertreten, der seine Gedanken auf die Unbeständigkeit aller Dinge beschränkt: Gestern ist nicht heute und heute ist nicht morgen: Gestern habe ich etwas gestohlen, doch aufgrund der flüchtigen Natur aller Phänomene bin ich logischerweise heute kein Dieb mehr. So schaffen sich Leute bezüglich ihrer Vergangenheit eine reine Weste im Namen der Unbeständigkeit.

Die eternalistische Einstellung beachtet ausschließlich das Zeugnis der Kausalkette. Von Eltern aufs Kind übertragen, setzt sie sich ohne Unterbrechung fort. Ich wäre demnach als Sawaki geboren und würde immer Sawaki bleiben. Hat jedoch ein Kind, das bei der Geburt schon ein reiches Erbe sicher hatte, von den

Geschenken profitiert, die es empfing? Es war stets Klassenbester, aber schau es dir jetzt mit fünfzig Jahren an: Seine Nase ist rot und geschwollen, sein Gesicht aufgeschwemmt wie das eines Alkoholikers. Wo sind die Lobhudeleien und Glückwünsche von einst geblieben?

Wir müssen uns von allen extremen Positionen distanzieren. Das ist die Bedeutung, die ich dem Wort „allumfassend" gebe: sich nicht gestatten, vom Strom des Nihilismus oder Eternalismus davongetragen zu werden und zu bedenken, dass Nihilismus Eternalismus ist und Eternalismus Nihilismus. Die Kausalkette aller Phänomene hängt von deren Unbeständigkeit ab, und weil sie von Augenblick zu Augenblick entstehen und vergehen, ist diese Unbeständigkeit selbst eine Kausalkette. So besteht eine Kombination und Verschmelzung zwischen den beiden.

Im *Shômankyô*[1] heißt es, die Unbeständigkeit der Phänomene sei eine negative Sicht und die Kausalkette eine positive, weil sie zur Befreiung aus dem Kreislauf der Wiedergeburten führe, zum Nirwana. Diese beiden Extreme treffen sich auf einen Streich, wenn wir sie in die Steckdose namens *hishiryô* stecken. Eine allumfassende Doktrin ist dadurch charakterisiert, dass sie große Widersprüche umfasst und Extreme versöhnt. Derart ist die vollkommene Lehre. Lasst uns ergänzen, dass sie jenseits illusorischer Konzepte steht, auch wenn das nicht heißt, man würde plötzlich zu einem Ballon, der in den Himmel davonfliegt und sich an nichts mehr erinnert. Im Gegenteil, es bedeutet, dass die Doktrin zu unserem Selbst wurde, unserem Seinszustand, dass unser Bewusstsein *hishiryô* ist und wir ohne täuschende Gedanken sind. Diese Doktrin, die alle Dinge umfasst, muss in unsere Eingeweide eindringen, bis in unser tiefstes Selbst. Wenn nicht, muss befürchtet werden, dass *unsere Übung in die Fahrrinne von Nihilismus oder Eternalismus gerät.*

---

[1] *Shômankyô* (skt. *Shrîmâlâdevi-sûtra*): wörtlich „Das Sutra der Prinzessin/Königin Shrîmâlâ" aus dem Mahâyâna, 435 ins Chinesische übersetzt, das in den ersten Tagen des Buddhismus in Japan eine wichtige Rolle spielte und die Doktrin des einen Fahrzeuges sowie die in allen fühlenden Wesen eingeborene Buddha-Natur lehrt.

Jiun Sonja aus Katsuragi[2] schrieb: „Der gewöhnliche Mensch sieht alle Phänomene und den Buddha-Dharma durch sein Ego, den Produzenten karmischer Handlungen, und durch sein Herz, den Schöpfer von Anhaftungen. Aus diesem Grund verfällt er Extremen." Im *Shôbôgenzô* erzählt Dôgen die Geschichte vom guten und vom boshaften Mann. Der eine hatte sein ganzes Leben fürs Gute gewirkt, der andere fürs Üble. Vor ihrem Tod hatten beide einen seherischen Traum. Der gute Mann wurde gewarnt, er würde in die Hölle kommen, während dem Bösen seine Wiedergeburt im Königreich des Himmels in Aussicht gestellt wurde. Da rief Letzterer: „Was für ein Glück! Ich habe mein ganzes Leben nur Schlechtes getan und ernte doch gute Ergebnisse!" Daraus schloss er, dass eine üble Tat nicht zwingend eine üble Frucht zeitige. In diesem Moment verdunkelte sich der Himmel, das Omen brach zusammen, und der böse Mann wurde kopfüber in die Hölle gezogen. Der Gute, der sich nicht erinnern konnte, nur eine Schandtat im Leben begangen zu haben, sagte sich: „Die karmische Konsequenz einer Tat ist gewiss nicht auf ein Leben beschränkt." Er schaute in der Zeit zurück und erkannte, dass sein Gang in die Hölle berechtigt sei, weil er in früheren Leben Übles getan hatte. Daraus schloss er, dass der Buddha recht hatte. Auch hier brach das Omen zusammen, und er fand sich im Königreich des Himmels wieder.

[2] Jiun Sonja aus Katsuragi (1718–1804): Shingon-Mönch, Philosoph und Sanskrit-Spezialist.

Richtig und Falsch sind weder richtig noch falsch.
Liegst du nur ein Haarbreit daneben, bist du schon tausend Meilen entfernt.
Richtig – und man wird Buddha wie die Tochter des Naga-Königs.
Falsch – und man wird lebendig in die Hölle geworfen wie Zenshô.

Irrtum von einem Millimeter, Abweichung um zehn Meter

Wenn die vollkommene Doktrin tief in unsere Eingeweide vordringt, *sind Richtig und Falsch weder richtig noch falsch.* Richtig und Falsch sind Konzepte unseres Geistes und Funktionen von Zeit, Ort und Umständen. Was jemand für richtig oder falsch hält, unterscheidet sich je nach Ära oder Land. Prinzipiell haben die relativen Werte von richtig/falsch, wahr/unwahr keine Existenz in sich selbst.

Liegst du nur ein Haarbreit daneben, bist du schon tausend Meilen entfernt. Ein ganz kleiner Irrtum kann schon großen Schaden anrichten. Im Bogenschießen kann ein Irrtum von einem Millimeter beim Lösen des Pfeiles vom Bogen bis zum Erreichen des Zieles einen Unterschied von zehn Metern ausmachen.

Richtig – und man wird Buddha wie die Tochter des Naga-Königs.[1] Diese Stelle taucht in dem Kapitel des Lotussutra auf, das dem Bodhisattva Devadatta gewidmet ist. Als eines Tages der Bodhisattva Manjushrî[2] im Palast des Naga-Königs lehrte, hörte ihn die junge Prinzessin und wurde sofort Buddha. Es scheint, als habe sie unmittelbar ihre wahre Selbstnatur erkannt. Innerhalb der Doktrin des plötzlichen Erwachens unterscheiden sich die Wesen nicht, alle können plötzlich Buddha werden.

---

[1] Auch „Tochter von Sagura, König der Drachen“, die mit acht Jahren Erleuchtung erlangt haben soll, als sie Manjushrî lauschte (siehe 12. Kapitel im Lotussutra).

[2] Manju oder Manjushrî: Bodhisattva, der oft zur Linken Buddhas dargestellt wird, wo er auf einem Löwen sitzt und das Schwert der Weisheit sowie ein Sutrenbuch hält.

Falsch – und man wird lebendig in die Hölle geworfen wie Zenshô[3]. Dies handelt von einem Mönch in Shâkyamunis Gemeinschaft, der dessen Worte in Frage stellte und kopfüber in die Hölle fuhr.

[3] Zenshô (chin. Shan-hsing, skt. Sunakshatra): Schüler und Sohn Shâkyamunis, den er vor seiner Entsagung von der Welt gezeugt hatte; wäre fast ein Gelehrter geworden, wurde aber durch den Einfluss schlechter Freunde zum Nihilisten und verkündete, dass es weder Buddha und Dharma noch Nirwana gäbe; soll in die Hölle abgestiegen sein.

65

Viele Jahre lang habe ich Wissen angesammelt,
Kommentare studiert und Sutren herangezogen.
Ohne Pause habe ich Worte und Zeichen analysiert.
Die Sandkörner im Ozean zählend, habe ich mich sinnlos erschöpft.
Der Buddha hat mich ernsthaft ermahnt:
„Was bringt es denn, die Schätze anderer zu zählen?“

Die eigenen Knochen für nichts abnutzen

Diese Verse widmen sich dem Problem intellektuellen Verständnisses und den Methoden fürs Lehren des Buddha-Dharma: *Viele Jahre lang habe ich Wissen angesammelt, Kommentare studiert und Sutren herangezogen.* Auch ich dachte, der Buddha-Dharma sei in einem Buch aufgeschrieben. Ich kaufte Bücher, die ich eifrig verschlang, aber je mehr ich las, desto weniger behielt ich. Nun langweilen sie mich außerordentlich. All diese Bücher und Magazine über den Buddhismus handeln ständig von den gleichen Dingen.

Auch Yôka Daishi hatte in Texten, Notizen, Fußnoten und Kommentaren gesucht: *Ohne Pause habe ich Worte und Zeichen analysiert.* Man sieht einfach kein Ende. *Die Sandkörner im Ozean zählend, habe ich mich sinnlos erschöpft.* Es ist eine Aufgabe, bei der man sich die Knochen abnutzt. *Der Buddha hat mich ernsthaft ermahnt: „Was bringt es denn, die Schätze anderer zu zählen?“* Dôgen sagt im *Gakudôyôjinshû* das Gleiche: „Es bringt nichts, von morgens bis abends die Schätze anderer zu zählen.“ Du gleichst dann nur einem Kredithai, der die Münzen zählt, die ihm nicht gehören.

Was ist eine gute Methode? Was müssen wir tun, um zu verstehen? Jemand antwortete so: „Ein Stummer beißt in eine bittere Frucht.“ Er zieht Grimassen und stöhnt. Wer schon einmal persönlich eine bittere Frucht gekostet hat, versteht dies sofort. Die Mimik des Stummen genügt – sein Gesicht legt sich in Falten, er blinzelt, öffnet seinen Mund und lässt einen bizarren Ton entweichen. Worte sind machtlos bei der Beschreibung eines unbekannten Geschmacks. Tatsächlich brauchen wir keine Worte. Um vollkommen zu verstehen, musst du in eine bittere Frucht beißen und es selbst schmecken.

Buddha-Dharma bedeutet, zu „tun“, also selbst Buddha zu werden. Wenn wir uns dieser Notwendigkeit nicht bewusst werden, dann müssen wir alte Texte zurate ziehen und klassische Sprachen wie Pali, Sanskrit und Tibetisch entziffern. Doch selbst bei größter Anstrengung würden wir so den Buddha-Dharma nicht besser verstehen. So gelangte Yôka zur Frage: „Was nutzt das?“ Er wurde ermahnt, weil er die Dinge nur halbherzig anging und völlig unwirksame Strategien anwandte.

Ich habe mich in Sackgassen verlaufen
und die Fruchtlosigkeit meines Bemühens erfahren,
so viele Jahre vergeudet, indem ich den Staub der Welt durchschritt!
Wenn eine spirituelle Übertragungslinie korrumpiert wird,
werden Wissen und Verständnis fehlgeleitet.
Dann finden wir keinen Zugang zum vollkommenen Erwachen Buddhas.

Vagabund in der Welt des Staubes

Ich habe mich in Sackgassen verlaufen und die Fruchtlosigkeit meines Bemühens erfahren. Wir setzen uns blind auf Straßen in Bewegung, die nirgendwohin führen, kehren dann um und fangen wahllos in einer anderen Richtung an. Unser ganzes Leben vergeht, während wir uns in einem nicht endenden Kreis drehen. Wer den Buddha-Weg korrekt praktiziert, geht ohne Zögern geradeaus voran, ohne Umkehr oder Umweg.

Erkennen wir die Unbeständigkeit der Dinge dieses Lebens, wird jeder Tag zu einer höchst wichtigen Angelegenheit, statt zu etwas, das man für Nichtigkeiten verschwendet. Dôgen sagt im *Gakudôyôjinshû:* „Der Geist des Erwachens hat viele Namen, doch alle Namen bringen einen einzigen Geist zum Ausdruck." Patriarch Nâgârjuna[1] meinte: „Der Geist, der im Prozess von Erzeugung/Vernichtung die Unbeständigkeit aller Dinge schaut, wird auch der Geist des Erwachens genannt." Dôgen stellte falsche Meister so bloß: „Sie werfen ihre Wurzel fort und rennen den Blättern nach." Und Yôka warnt uns: „Ergreife die Wurzel, mach dir keine Sorgen um die Zweige!" Als er nun seine Vergangenheit überdenkt, wird ihm klar, dass seine Praxis des Buddha-Dharma

---

[1] Nâgârjuna: Gelehrter aus Südindien, wo er zwischen 150 und 250 n. Chr. lebte; vierzehnter Patriarch der indischen Linie in der Nachfolge Shâkyamunis; wurde in eine Brahmanenfamilie geboren, studierte den Theravâda, bekehrte sich aber später zum Mahâyâna, schrieb zahlreiche Kommentare und systematisierte die theoretische Basis für diese Schule, besonders das Prinzip der Leere (jap. *ku*); um 400 n. Chr. wurden seine Abhandlungen von Kumârajiva ins Chinesische übersetzt; Nâgârjunas Philosophie wurde Madhyamaka (die „mittlere" Doktrin) genannt.

nicht genau und ihm nicht richtig angemessen war. *Ich habe mich in Sackgassen verlaufen und die Fruchtlosigkeit meines Bemühens erfahren.*

So viele Jahre vergeudet, indem ich den Staub der Welt durchschritt: Diese staubige Welt ist der Ort, wo wir den Emotionen und Leidenschaften ausgeliefert sind, die von den fünf Begierden und sechs Bewusstseinsarten angeregt werden. *Wenn eine spirituelle Übertragungslinie korrumpiert wird, werden Wissen und Verständnis fehlgeleitet. Dann finden wir keinen Zugang zum vollkommenen Erwachen Buddhas.* Der gewöhnliche Mensch außerhalb des Weges hat eine deformierte Natur. Weil sein wahres Selbst verzerrt ist, werden seine Vernunft und sein Urteil abwegig. Nach rechtem Erwachen außerhalb des Geistes zu suchen oder auf eine Wiedergeburt an irgendeinem anderen Ort zu hoffen, bedeutet, ein Phantom zu ergreifen. So missachtet man seine wahre Natur und macht, wie Yôka Daishi, unzählige Fehler, die einen daran hindern, das vollkommene Erwachen Buddhas zu erlangen.

67

Die Zwei Fahrzeuge besitzen Kraft, aber nicht den Geist des Weges.
Ketzer besitzen Intelligenz, aber keine Weisheit.

Spirituelle Übertragungslinien

Diese beiden Verse entwickeln und klären die vorangehenden. *Die Zwei Fahrzeuge besitzen Kraft, aber nicht den Geist des Weges,* darum werden, *wenn eine spirituelle Übertragungslinie korrumpiert wird, Wissen und Verständnis fehlgeleitet.* Früheres Verständnis kann zu einem Problem werden; selbst wenn einer sagt, eine Sache sei gut, ist das nicht immer der Fall. Ein Vater, der ein Dieb ist, wird es nicht für schlecht halten, wenn sein Sohn etwas geschickt hat mitgehen lassen, selbst wenn es wertlos ist.

Es ist interessant, die spirituelle Übertragungslinie eines Menschen zu beobachten, das, was ich seine „Erziehung“ nennen möchte. Wenn du ihm beibringen willst, dass es dumm ist, etwas anzunehmen, von dem er schon zu viel hat, kannst du sagen: „Was für ein Idiot du doch bist, dich über ein Geschenk zu freuen, mit dem du nichts anzufangen weißt. Du hast die Mentalität eines Bettlers.“ Oder: „Du darfst nichts annehmen, das ist schlecht.“ Diese beiden Annäherungen gehören zwei spirituellen Linien an. Wenn sie dir sagen, für nichts zu sterben sei dämlich, dann bestätigst du dir selbst: „Richtig! Ich würde wie ein Hund sterben, ich hau dann mal lieber ab.“ Andererseits, nehmen wir an, dein Vater begrüßt dich bei deiner Rückkehr mit den Worten: „Ah! Da bist du ja, hast du dir so viel aus deinem kostbaren Leben gemacht?“ Das ist genauso gut, wie zu sagen, es wäre besser gewesen, zu sterben. Im *Hagakure* von Yamamoto Tsunetomo, einem Krieger aus Hizen, gibt es den Ausspruch: „Der Weg des Samurai ist der Weg des Sterbens.“

Die Kinder in Satsuma sprangen zum Spaß von einer Klippe und sangen vor dem Moment, wo sie sich in die Leere warfen: „Willst du heulen oder hüpfen? Weine nicht, spring!“ Sie sprangen jedes Mal und wollten eher sterben als zu jammern und zu kneifen. Die Leute glauben, sie würden die Menschheit dank der Erziehung ändern. Das scheint mir ein ehrenwertes Ziel zu sein, doch wenn sie uns lehren, es genüge, zu heulen statt zu hüpfen, dann werden wir in dem Augenblick, wo wir springen müssten, nur seufzen und weinen können. Ziele und Mittel von Erziehung müssen perfekt miteinander harmonieren.

Die Zwei Fahrzeuge besitzen Kraft, aber nicht den Geist des Weges. Ketzer besitzen Intelligenz, aber keine Weisheit. In diesen beiden Zeilen entsprechen Kraft und Weisheit einander. Kraft bedeutet den Eifer und den Mut, die uns erlauben, sorgfältig ohne nachzulassen eine Aufgabe zu vollenden. Es erfordert viel Mut, Böses sein zu lassen und das Gute zu verfolgen. Doch so groß dieser Mut auch sei, er muss sinnvoll angewendet werden, um von Wert zu sein. Es braucht nämlich auch Mut, zu stehlen und sich zu schlagen. In der Welt der Diebe und Schläger genießen diejenigen, die Mut haben, hohes Ansehen, genau wie in der Welt der Trinker derjenige, der am meisten Alkohol verträgt, oder in der Welt der Läufer der Schnellste.

In Kyûshû findet ein Wettbewerb der „*mochi*-Schlucker" statt. *Mochi* ist eine Paste aus gekochtem Reis, die in die Form eines Gänsehalses gerollt wird und deren Ende mit Sojasoße bedeckt ist. Der Teilnehmer schluckt ununterbrochen diese Paste und macht in seiner Kehle den Ton „Glubb … glubb": „Ich habe zwei Liter runtergeschluckt … jetzt zweieinhalb …" Wer die anderen besiegt, ist der Held des Wettbewerbs, er ist stolz und fordert den Respekt aller *mochi*-Schlucker der Welt ein.

Die beiden Fahrzeuge sind das *shômon-engaku*[1]. Das Theravâda kennt den Geist des Weges nicht, weil es nach individuellem Heil strebt. Wenn es dir an Mitempfinden für andere mangelt, hast du nicht den Geist des Weges. Der Geist des Weges ist das vollkommene Verschmelzen von Selbst und anderen. Sollten Egoismus und Altruismus sich nicht vereinen, ist das nicht der Geist des Weges. Du bist mein Leben, ich bin dein Leben. Wenn du diese Erfahrung vollständiger Fusion nicht machst, dann besitzt du nicht den Geist des Weges. Selbst wenn deine Praxis perfekt, inbrünstig

---

[1] Hiermit sind einerseits die „Hörer" (skt. *shrâvaka*) und andererseits die „Buddhas für sich allein" (skt. *pratyekabuddha*) im Gegensatz zum Mahâyâna-Ideal des Bodhi-sattva gemeint.

und unermüdlich ist, hast du nicht den Geist des Weges, solange du dich mit dem Ziel zufriedengibst, deiner eigenen Pein zu entkommen.

Wer seinem eigenen Leiden entkommen und Befreiung und Sicherheit für sich selbst erlangen will, gehört zur Hînayâna-Klasse. Ein Mädchen anschauen fördert Begierde, eine schmackhafte Mahlzeit essen verleitet einen, zu viel zu verzehren, und Alkohol führt zur Trunkenheit. Um diese Gefahren zu meiden, bedeckt man Augen, Ohren und Mund wie die Affen in der Fabel, die sich weigern, zu sehen, zu hören oder zu sprechen. Man flieht die feindselige und bedrohliche Welt, schneidet die Verlockungen der Gesellschaft ab, schließt sich in einer Kiste ein und mumifiziert sich selbst. Man handelt dann nur für sich, aus Eigeninteresse. Auch wenn man tapfer und unaufhörlich kämpft und der Eifer noch so groß ist, solange dieser nicht das Universum umfasst, dient er nicht dem Geiste des Weges, sondern stellt nur eine schrecklich enge und geizige Sichtweise dar.

Der Geist des Weges kennt nichts Engherziges. Du und ich sind identisch, gleich und ohne Unterschied. Sich selbst zu beachten heißt, den anderen zu beachten. Dies ist die Bedeutung des Weges und des Mahâyâna-Geistes. Da ist ein totales Verschmelzen mit dem Buddha, und dieses Gefühl gilt für alle Wesen der Schöpfung. Wenn es am Geist des Weges mangelt, gibt es einen Bruch zwischen einem selbst und den anderen Wesen. Das wäre individualistisches Verhalten.

Das folgende Ereignis trug sich in der Provinz Tôtomi (einem Teil der heutigen Präfektur Shizuoka) zu, im Dorf Asabamura, wo sich im Jahr 1915 eine große Versammlung von Sôtô-Mönchen aus dem ganzen Land zu einer neunzigtägigen Meditation eingefunden hatte. Ich begleitete Oka Sôtan Rôshi als sein persönlicher Assistent[2], er ging dort als Gastredner[3] hin. Am Morgen hörten wir eine Lesung aus dem *Shôbôgenzô,* am Nachmittag einen Kommentar zu diesem Text. Oka Sôtan Rôshi war von sehr dunklem Teint und sein Gesicht von Pockennarben entstellt. Seine Augen waren in ihren Höhlen versunken und seine Nase doppelt so groß

---

[2] Jap. *seiji.*

[3] Jap. *seidô.*

wie meine. Er hatte ein Furcht erregendes Gesicht. Dazu trug er eine winzige Brille im alten Stil auf seiner hohen Nase, und über den Gläsern fixierte dich sein unbeweglicher Blick. Er war erschreckend.

Eines Tages bat ein Mönch um ein privates Gespräch. Unter solchen Umständen ist es üblich, dein *zagu*[4] außerhalb der *fusuma*[5] auszubreiten und *sanpai*[6] zu machen. Im Augenblick, wo du dich niederwirfst, trocknen deine Lippen aus, du bekommst einen Kloß in der Kehle und kannst keinen Ton mehr von dir geben. Wenn das bei einem gutmütigen Lehrer wie mir passiert, regelt sich das schnell, aber bei Oka Sôtan Rôshi sah das ganz anders aus. Du warst wie gelähmt von seinem schrecklichen Gesicht und vor allem seinem starren Blick über den Brillenrand. Seine Lippen waren zu einem umgekehrten „v“ zusammengepresst, und wenn er sie öffnete, ertönte eine tiefe Stimme aus seinen Eingeweiden: „Hmm … Um was geht's?“ Das machte dir Gänsehaut.

Der Mönch, dem diese Frage gestellt wurde, antwortete mit ehrfürchtiger Scheu: „Ich würde gern wissen, was am wichtigsten ist?“ Oka Rôshi erwiderte: „Was? … Am wichtigsten? … Für wen? – „Für mich …“ – „Was? Für dich? Für dich allein … spielt keine Rolle … ist nicht wichtig … Ha! … Ha! … Ha!“ Wenn er lachte, konnte man glauben, ein Dämon würde giftige Dämpfe ausatmen oder ein Kampfhahn ein Hühnchen ausweiden. Ich war im Nebenzimmer und konnte alles mit anhören, und ich erstarrte zu Stein.

Wenn es so Furcht einflößend war, lag das an seiner beeindruckenden Erscheinung … seinen einzigartigen, brutalen Attacken … oder meiner eigenen Zerbrechlichkeit? Tatsache ist, dass seine Ausdrucksweise effektiv war. Die meisten Menschen machen ein großes Getue, wenn sie das *Shôbôgenzô*, „Zanmai ô zanmai“, den

---

[4] *zagu:* Stofftuch, das man vor sich selbst ausbreitet, um darauf drei Niederwerfungen zu vollziehen; soll verhindern, dass die Robe den Boden berührt.

[5] *fusuma:* Trennwand oder Schiebetür, die aus blickdichtem Papier besteht.

[6] *sanpai:* drei Niederwerfungen vor dem Buddha, dem Dharma, der Sangha oder dem Meister, wobei die Stirn den Boden berührt und die Hände neben dem Kopf zu liegen kommen und dann ein wenig mit nach oben zeigenden Handflächen angehoben werden.

wahren Dharma oder den Reichtum des Buddhismus diskutieren, doch was sie selbst angeht, haben sie da inneren Frieden gefunden? Agiert einer für sich selbst, ist er das kleine Fahrzeug. Ob du für die Nation, die Gesellschaft, den Weg oder sonstwas arbeitest, solange du damit persönliche Vorteile anstrebst, ist das nicht der Geist des Weges. Der Geist des Weges besteht darin, dein Selbst hintan zu stellen im Namen des gesamten Körpers des Weges, des Heimatlandes, der Eltern, der Geschwister, der Ehemänner und Ehefrauen, der ganzen Gesellschaft.

Ein Anhänger des Theravâda praktiziert eifrig, bis zum Punkt, wo er sein Leben zu opfern bereit ist, aber es geschieht für persönliche Zwecke, für sein eigenes *satori*. Er allein will die Botschaft erfassen. Er glaubt, das Theravâda sei der Buddha-Dharma. Dessen Praktiken sehen gewiss danach aus: strenge Diät und Gelehrsamkeit. Doch all dies zielt nur auf einen selbst ab, und man selbst ist nur ein kleines Ding, total unbedeutend. Handelt man aus Eigeninteresse, besitzt man nicht den Geist des Weges. Was nicht der Geist des Weges ist, ist nicht der Buddha-Dharma.

Der völlig mit sich beschäftigte Anhänger des Theravâda steht den anderen nicht zur Verfügung und kann den Geist des großen Mitempfindens nicht erfahren. Er tut nichts für andere. Der Geist des großen Mitempfindens bedeutet, sich den eigenen Eltern zu widmen, in Harmonie mit dem eigenen Ehemann oder der eigenen Ehefrau zu leben, loyal zu den eigenen Freunden zu sein und den eigenen Geschwistern ein Freund. Auf vielfältige Weise verändert dies alle Dinge.

Ketzer besitzen Intelligenz, aber keine Weisheit. Das Wort „Ketzer“ riecht nach Schwefel, und wir stellen uns sogleich verzogene Gesichter vor, obwohl es darunter auch hübsche gibt. Ein Ketzer zu sein bedeutet, außerhalb des Weges zu stehen. Ein Ketzer ist jeder, der mit abwegiger Logik eine Belohnung für seine Verdienste sucht, der bestätigt, dass nach dem Tod Leben existiert oder nicht existiert, und der falsche wie widersprüchliche dogmatische Theorien predigt.

Endlose Kausalität

Ein wohlbekannter Hellseher beschrieb, welches Geschehen er nach achtzigtausend Kalpa eintreten sah. Wer zum Beispiel ein Vogel war, würde achtzigtausend Kalpa später im Königreich des Himmels wiedergeboren. Wer also heute das Verhalten eines Vogels imitiert, wird in den Himmel kommen. Dies nennt man die Ketzerei des Vogelimitierens.

Wir haben Haare auf dem Kopf. Manche meinen, es sei gut, sie mit Öl einzureiben, einige behaupten das Gegenteil. Mein Friseur witzelte neulich, als er mir den Kopf schor: „Wie schade, so schönes Haar abzuschneiden!" Ich verbinde keine besonderen Gefühle mit meinem Haar, außer dass ich mich unwohl fühle, wenn ich es mehr als fünf Tage lang nicht abrasiert habe. Ich hol mir nie den Schnupfen. Es heißt, die Haare seien Leidenschaften und müssten abgeschnitten werden, damit diese Leidenschaften nicht wüchsen. Jemand empfahl sogar mal ein Enthaarungsmittel. Andere halten Kleidung für Leidenschaften und meinen, wir sollten deshalb nackt herumlaufen. In diesem Fall sprechen wir von der Ketzerei der Nacktheit.

Es ist Ketzerei, dem Grenzen zuzuschreiben, das keine hat. Heute behauptet man, was wir unter einem Mikroskop sehen, sei die Wahrheit. „Schau her! Die Zelle des Kamelienblattes ist mit der menschlichen Zelle identisch!" Ist sie identisch oder nicht? Es wäre gut, innezuhalten und sich zu fragen, ob ein Mensch und eine Kamelie wirklich identisch sind. Dasselbe gilt für die Sardine und die Steckrübe – beide sind lebendige Organismen, aber die Sardine schwimmt, die Steckrübe nicht.

Mich interessiert die Astronomie, und ich habe eine Menge Bücher darüber gelesen. Ich bin nicht wissenschaftlich gebildet und musste mir darum zu Beginn, um die Bücher verstehen zu können, einen Plan machen. Ich fing damit an, Lehrbücher für Grundschulen zu lesen, dann kamen die für die Mittelschule und schließlich die auf Hochschulniveau. Ganz allmählich lotete ich die Tiefen des Wissens aus. Da diese Bücher aber vor Langeweile stanken, vergaß ich gleich wieder, was ich gelesen hatte, obwohl ich sehr interessiert war. Zu behaupten, dass ich die Astronomie verstanden hätte, ist völlig falsch. Auf der Grundstufe war alles klar, doch auf Universitätsniveau verlor ich den Boden unter den Füßen. „Laut der Theorie des Gelehrten Soundso … aber gemäß derjenigen von … ist man sich nicht bewusst, dass …“ Ich begriff, dass das, was ich von der Astronomie verstanden hatte, wie man es Kindern erklärt, eine Täuschung war, eine willkürliche Vereinfachung, ein Konstrukt aus Konzepten und in der Summe Ketzerei. Sie hatten versucht, dem Grenzenlosen Grenzen zu geben. Es ist Ketzerei, nicht zu akzeptieren, dass das Grenzenlose unvergleichbar ist, ob es nun unendlich groß oder unendlich klein ist.

In den alten Texten bedeutete ein Mangel an Weisheit, nicht an die Kausalkette zu glauben, also an das Unbegrenzte in ständigem Wandel. Wir sind bloß ein Bild auf einer Filmrolle, die unendlich abrollt. In ständigem Wandel setzt sich die Reise fort. Wir können nur ein winziges Fragment des Grenzenlosen erfassen und wollen dieses winzige Teilchen aufs ganze Universum anwenden und Schlüsse daraus ziehen. Solch eine Haltung entbehrt der Weisheit, denn sobald wir dem Unbegrenzten Grenzen setzen – und seien sie nur provisorischer Natur –, um es verständlich zu machen, entflieht es uns völlig.

1877 wurde ein Unternehmen mit dem Ziel gegründet, hydroelektrische Energie für Autos nutzbar zu machen, die zwischen Beppu und Oita verkehren sollten. Das misslang. Heutzutage überrascht uns keine Erfindung mehr, doch damals hatten die meisten Leute Probleme damit, zu verstehen, dass Wasser Feuer erzeugen kann. Als der Mensch zu fliegen begann, dachten sie, es handle sich um den Abenteurer Tenjiku Tokubei. Sie fragten sich, wie so ein Wunder möglich sei. Heute erscheint es normal, dauernd Flugzeuge am Himmel fliegen zu hören.

Es ist absolut notwendig zu verstehen, dass die phänomenale Welt ohne Grenzen ist. Wenn nicht, werden Tränen fließen, sobald etwas Unerwartetes geschieht. Die Flut, die uns mitträgt, ist grenzenlos, und darum ist es natürlich, dass im Lauf der Reise viele Dinge eintrudeln. Sobald man sich des Unbegrenzten klar bewusst ist, ist man sich auch dieser Tatsache bewusst.

Heutzutage wird die Diplomatie bemüht, um zu erkennen, ob man sich auf Krieg oder Frieden vorbereiten sollte. Wie auch immer die Entscheidung ausfällt, Weisheit erfordert, dass man für alles bereit ist. Dôgen sagte im *Gakudôyôjinshû:* „Der Buddha-Dharma ist ohne Gleiches oder Überlegenes, darum sucht man nach ihm.“ Wer ein großer Bodhisattva werden will, nimmt sich den Geist des Dharma und der Weisheit als Führer.

Die Zwei Fahrzeuge besitzen Kraft, aber nicht den Geist des Weges. Ketzer besitzen Intelligenz, aber keine Weisheit. Indem man sich unter den Schutz dieser beiden Wächter – Geist des Weges und Weisheit – begibt, schmeckt man die subtilen Geschmäcker des Lebens und genießt sie in Fülle. Der Geist des Dharma erlaubt einem, das eigene Ego zugunsten der Welt und anderer Wesen zu vergessen. Weisheit zerbricht die umgebenden Grenzen. Betritt jemand das Grenzenlose, hat er dort, wo die endlose Ausdehnung des Buddha-Dharma herrscht, Zugang zu unbegrenzter Kausalität. Tatsächlich hat der Mahâyâna-Buddhismus den Geist des Weges und der Weisheit.

Wer dumm oder naiv ist,
wird von einer leeren Faust oder einem Zeigefinger genarrt.

Ein kreatives Leben

Wer dem Geist des Weges und der Weisheit nicht folgt, ist ein Narr. Ein Narr zu sein heißt, sich dem Wandel nicht anpassen zu können. Man sagt auch, Dummheit sei das Verdunkeln der Vernunft. Es ist wichtig, dass wir die ewige Wahrheit verstehen, doch nur einen Aspekt zu erfassen und immer bloß einen Ton zu spielen ist reine Narretei. Du erkennst nur eine Seite der Dinge, wie ein Lasttier, das Scheuklappen trägt, oder wie ein Mann mit einem Brett auf der Schulter. Es ist langweilig, immer nur den gleichen alten Refrain zu spielen, und wer sein Repertoire nicht erneuern, wer sich selbst nicht innerhalb einer unbegrenzten und stets neuen Welt erquicken kann, der ist ein Dummkopf. Es ist die Übung, die zu einem kreativen Leben führt. Das große Mahâyâna-Fahrzeug rollt auf der Straße des Lebens.

Einfalt ist etwas für Kinder. Kleine Kinder sind naiv, weil sie das Warum der Dinge nicht verstehen, doch wenn diese Naivität mit Dummheit einhergeht, wird sie zu Infantilismus, und von da an ist es keine Frage von Kindheit mehr, sondern von unreifen Flegeln, die nichts von der Aktualität und Wirklichkeit des Lebens verstehen … *von einer leeren Faust oder einem Zeigefinger genarrt.* Du streckst einen Finger vor und sagst: „Der Löwe wird dich fressen!“, und schon ist einer eingeschüchtert wie ein kleines Kind.

In Kyûshû lebte ein gewisser Uramachi Kane. Er besuchte ein gruseliges Schauspiel, in dem ein Geist zum Schlag einer Trommel auftrat. Eines Abends begegnete er Gestalten, die ihm wie in blaue Roben gekleidete Phantome vorkamen und „Huu! … Huu! … Huu!“ riefen. Dahinter verbarg sich eine Gruppe junger Taugenichtse, die ihn erschrecken wollten. Kane forderte sie heraus: „Oha! Seid ihr Gespenster? Ihr seht genau so aus.“ Er betrachtete sie von Nahem und sagte dann: „Nein, ihr seid falsche Gespenster, denn ich höre keine Trommel!“ Kane mangelte es gewiss nicht an Besonnenheit, und denen, die ihn einschüchtern wollten, war ihr Spaß verdorben.

In unserer Gesellschaft lassen wir uns *von einer leeren Faust* narren: „Jemand hat mir erzählt, dass Soundso auf dem Weg zum Erfolg war. – Nein, man hat ihn hinausgeworfen …“ Die Wahrheit ist, dass im einen wie im anderen Fall etwas Gutes steckt.

„Der Mond im Wasser erscheint und verschwindet.“ Oder: „Der Mond im Wasser, er verschwindet und taucht wieder auf.“ Es gibt ein Lied, das so geht: „Saigyô[1], ob sich ein Ochse in ein Kind verwandelt oder umgekehrt, am Ende sind alle nicht mehr als eine zerbrochene Tonpuppe aus Fushimi.“ Buddhistisch ausgedrückt können wir sagen, dass sich zusätzlich zu den fünf *skandha,* den zwölf Gliedern des bedingten Entstehens[2] und den achtzehn Welten[3], die die drei Kategorien des Erzeugens der Phänomene bilden, unzählige leere Fäuste in unbegrenzten Formen manifestieren, durch die wir Zufriedenheit, Unzufriedenheit, Liebe, Hass, Schönheit, Hässlichkeit, Reinheit, Unreinheit und so viele andere Dinge produzieren. Geld? Was nutzt es dir, wenn du an der Schwelle des Todes stehst? Die Schönheit einer Frau? Ohne ihre Haut ähnelt sie einem Frosch. Was bleibt von der Gesundheit übrig? Was von einem reichen Mann, dem man sein Gold nahm? Die Menschen lassen sich *von einer leeren Faust* täuschen. Es ist nicht verwunderlich, dass sie Verbrechen begehen. Einer suhlt sich in der Sicherheit dessen, der reich ist; einem anderen verdreht es seine

---

[1] Saigyô (1118–1190): Dichter am Ende der Heian-Ära, der in eine Familie von Kriegern geboren wurde, die er mit zweiundzwanzig verließ, um Mönch zu werden und durch Japan zu reisen; seine einfachen und direkten Verse sind Ausdruck seiner Gefühle und Erfahrungen; das *Sanka-shû* („Haus auf dem Berg“), die Sammlung seiner Werke, enthält 1.552 Gedichte.

[2] Skt. *nidana*: eine der grundlegenden buddhistischen Theorien, die die kausale Beziehung zwischen Unwissenheit und Leiden aufzeigt und von Shâkyamuni als Antwort auf die Frage gelehrt worden sein soll, warum die Wesen Alter und Tod erleiden; die zwölf Glieder lauten: (1) Unwissenheit, (2) Aktivität, (3) Bewusstsein, (4) Name und Form, (5) die sechs Sinnesorgane, (6) der Kontakt der Sinne, (7) Gefühle, (8) Begierden, (9) Anhaften, (10) Existenz, (11) Geburt, (12) Alter und Tod.

[3] Die achtzehn Bereiche empirischen Bewusstseins: sechs Sinnesorgane, sechs Sinnesobjekte und sechs Wahrnehmungen oder Bewusstseinsarten.

tiefste Natur, weil er nichts besitzt. Sie sind alle ignorante Narren, die sich von Äußerlichkeiten gefangen nehmen lassen.

Er hält den Finger für den Mond und strengt sich vergebens an.
Aus den Phänomenen, die seine Sinne erfassen, formt er seltsame Hirngespinste.
Wer kein einziges Phänomen wahrnimmt, ist identisch mit dem Buddha.
Er verdient es wahrhaftig, Kanjizai genannt zu werden.

Risse verschwinden lassen

Er hält den Finger für den Mond und strengt sich vergebens an. Wenn du fragst, wo der Mond ist, folgen deine Augen der Richtung, die vom Finger angezeigt wird, und bleiben nicht auf den Finger fixiert. In vielen Zen-Tempeln wird der Ort, an dem Sutren aufbewahrt werden, von einem Schild markiert, auf dem einfach zwei Schriftzeichen stehen: „Finger" und „Mond". Dies bedeutet, dass man nicht beim Finger Halt macht, der den Weg zeigt, sondern die Linie zum Mond fortführt. Leider endet es oft damit, dass man dem Finger selbst Kräfte zuschreibt.

Aus den Phänomenen, die seine Sinne erfassen, formt er seltsame Hirngespinste. Er verwechselt das Sinnesorgan, dessen Wahrnehmung und das wahrgenommene Objekt, von dem Bewusstsein erwächst: Auge und Farbe, Ohr und Ton, Nase und Geruch, Zunge und Geschmack, Körper und das Gefühl von Wärme und Kälte. Wenn unsere Wahrnehmung der Phänomene das Subjektive mit der Realität vermischt, ist das Resultat ein Dunstschleier, eine Mischung aus Höhen und Tiefen, aus Glück und Unglück, aus Freud und Leid. Wenn du dich davon nicht befreist, fabrizierst du alle Arten bizarrer mentaler Gebilde, die dich ins Unglück stürzen. Täuschenden Konzepten ausgeliefert, treibst du dahin oder ertrinkst sogar darin.

Wer kein einziges Phänomen wahrnimmt, ist identisch mit dem Buddha. Sobald du alle Dinge umarmst und nicht bei einem einzigen Aspekt stehenbleibst, verschwinden Hirngespinste, Leiden und Freuden. So heißt es im *Hannya Shingyô:* „Als Avalokiteshvara Bodhisattva tief in *prajnâ pâramitâ* versunken war, erkannte er klar, dass alle fünf *skandha* leer sind, und linderte so alles Leiden.“ Das ist mit dem Ausdruck gemeint: *Er verdient es wahrhaftig, Kanjizai*[1] *genannt zu werden.*

Menzan Oshô zitiert diese Geschichte: „Als sie miteinander kämpften, fielen zwei schlammbedeckte Bullen ins Meer und haben seitdem keine Lebenszeichen mehr von sich gegeben.“ Die Bullen stehen für unser Vorlieben und Abneigungen, das Scharfe und das Fade, Reichtümer und Armut. Einmal ins Meer gestürzt, verschwinden die Unterschiede zwischen ihnen, und sie sind wieder vereint. Wenn jemand versteht, dass alle Dinge gleich sind, dann trifft er keine Werturteile mehr. Ein Ofen wird zu einem verschmähten Objekt, falls du dir beim Verlassen eines überhitzten Raumes eine Erkältung holst, und zu einem verehrten Objekt, wenn dich der eiskalte Wind peitscht und du, verfroren bis auf die Knochen, neben ihm Zuflucht findest. Ist ein scharfes Essen, das wir allmählich über haben, einem anderen vorzuziehen, dass von außen fade wirkt, aber dessen subtilen Geschmack wir nach und nach entdecken können?

Wer kein einziges Phänomen wahrnimmt, ist identisch mit dem Buddha. Er umarmt alle Aspekte und lehnt keinen ab. Egal, wohin er sich wendet, er begegnet keinem Hindernis und gerät in keine Sackgasse. *Er verdient es wahrhaftig, Kanjizai genannt zu werden.*

---

[1] Kanjizai (skt. Avalokiteshvara): „einer, der frei beobachtet“; älterer Name für Kannon.

Durch klares Verständnis erscheint die Leere der Karma-Fesseln.
Ohne dieses Verständnis bleiben die karmischen Schulden bestehen.

Die Gegenwart transzendieren

Durch klares Verständnis erscheint die Leere der Karma-Fesseln. Man fragt mich häufig: „Gibt es im Buddhismus ein Prinzip der Kausalität?" Ich antworte: „Zwick dich in die Nase, und du weißt es!" Wie bedauerlich, dieses ständige Gerede über Glück, Unglück und Schicksal zu hören! Was bedeutet es, „Glück zu haben"? Ist es Glück, ein Vermögen zu erben? Lasst uns an alle denken, deren Geld sie dazu verdammt, ihr ganzes Leben wie Krüppel dahinzuvegetieren. Ist es Glück, bei guter Gesundheit zu sein? „Ich wurde mit schlechtem Karma geboren, ich bin nicht gesund!" Warum stirbst du dann nicht? Weil wir uns selbst so schätzen, sprechen wir von Glück und Unglück. Der Mensch denkt nur an sich selbst, darum redet er so viel Nonsens.

Einmal fragte mich ein Student, ob ich je Sport getrieben hätte. Ich antwortete, dass ich immer in Armut gelebt und so nie die Freizeit gefunden hatte, Sport zu machen. In der Tat hatte ich das Glück, Sport meiden zu können, weil ich viel arbeiten musste. Ich arbeitete als Laie in der Küche des Eiheiji und besaß nicht einen Yen für Transportmittel, also bin ich zu Fuß von der Präfektur Echizen zum Sôshinji in Kyûshû gegangen, und als ich diesen Tempel verließ, um im Entsuji zu praktizieren, lief ich von Kyûshû bis nach Tamba[1]. Während des Russisch-Japanischen Krieges marschierte ich mit einem Tornister auf meinem Rücken vom Hafen in Dairen[2] bis nach Mukden, immer an den Bahngleisen entlang. Auf meinem Rücken trug ich gut verpackt: Nahrungsmittel für eine Woche, hundertfünfzig Patronen, ein Signalgerät mit Zeigern, an denen Flaggen befestigt waren, eine Decke, einen Wintermantel, Wäsche zum Wechseln und Schuhe. Ich glaube, ich habe bis zum Erbrechen „Sport gemacht". Ich kann

[1] Liegt heute in den Präfekturen Hyôgo und Kyôto.
[2] Trägt seit 1981 wieder seinen alten Namen Dalian.

nicht wirklich sagen, ob das Glück oder Pech war, aber deswegen erfreuen sich wohl meine Beine noch bester Gesundheit.

Beschränkt man seine Sicht auf die unmittelbare Gegenwart, findet man diese oft widerwärtig genug, um zu flennen. Dazu schrieb Takayama Chogyû[3]: „Wir müssen die Gegenwart völlig transzendieren." Das heißt, wir müssen uns jenseits von Zufriedenheit und Unzufriedenheit ansiedeln. Man sagt, es sei ein schreckliches Los, den eigenen Besitz zu verlieren, aber wohlhabende Eltern ziehen ihre Kinder in einem Glashaus groß, und wenn das Geld schwindet, verwelken sie wie die Prachtwinde bei der ersten Brise. In der Tat erlaubt der elterliche Ruin den Kindern, ihre Courage angesichts von Schwierigkeiten zu beweisen, und dies wird den angenehmen Effekt zeitigen, ihren Charakter zu stärken. Was ist mehr Wert, Reichtum oder Armut? Zufriedenheit oder Unzufriedenheit? Keine Formel gibt die Antwort. Folglich können wir durch das Transzendieren der Gegenwart uns selbst jenseits von gut und böse platzieren und die Ereignisse nehmen, wie sie kommen. Das ist der Geist von *hishiryô,* der sich außerhalb dessen befindet, was rational messbar ist.

Im ersten Abschnitt des *Shôdôka* heißt es: *Wenn wir zum Dharma-Körper erwachen, gibt es nichts mehr.* Selbst wenn wir an die weisesten Menschen denken, scheinen sie irgendwie in die Dinge verstrickt zu sein und in der Luft zu hängen. In diesem hängenden Zustand können sie weder nach oben noch nach unten gelangen, und so weinen und lachen sie. Es ist wesentlich, dass sie ihr wahres Selbst erfassen, damit sie eine vollständige Sicht der Realität bekommen und sagen können: „Nun weiß ich, wo ich bin."

Durch klares Verständnis erscheint die Leere der Karma-Fesseln. Es wäre ein schwerer Fehler, zu glauben, dass man straflos Böses tun könnte oder dass Gutes zu tun nutzlos wäre. Dies hieße, die Wahrheit zu leugnen und dem Nihilismus anheim zu fallen. Was man Glück und Unglück nennt, hat keine Substanz, keine Selbst-Existenz. In welcher Epoche auch immer, aus Gutem

---

[3] Takayama Chogyû (1871–1902): Gelehrter, Philosoph, Kritiker und Begründer der Literaturzeitschrift *Teikoku Bungaku*, später Redakteur des Literaturmagazins *Taiyô*; beschäftigte sich zuletzt mit Nichirens Werken.

entsteht Böses und aus Bösem Gutes. Jemandem finanziell zu helfen erzeugt zunächst segensvolle Wirkungen, die später freilich Schaden anrichten, weil der Begünstigte durch die Hilfe geschwächt wurde. Er könnte aber das Geld auch investieren und ein Vermögen damit machen.

Einmal fragte mich ein vorwitziger Student, den etwas interessierte, was ihn nichts anging: „Warum verbringen Sie Ihr Leben mit Geschwätz und Umherwandern?“ Ich erwiderte, dass ich schwatze, weil ich es so will. Was meine Umtriebigkeit angeht – ob man sie als die eines spirituellen Führers bezeichnet oder als etwas anderes, ist egal. Ich weiß nicht, ob ich überhaupt jemanden führe, aber es sind nicht die Ergebnisse, die zählen, es ist das Tun. Ich habe auch gar keine Zeit, über die „Warums“ nachzudenken. Ich gehe meinen Weg, und was ich jetzt zu tun habe, tue ich, was ich zu sagen habe, sage ich, Punkt. Das ist alles. Wenn sich herausstellt, dass ich bösartig bin, entschuldige ich mich. Wie es in dem Sprichwort heißt: „Es ist das Pferd vom alten Saiô – aus Gutem entsteht Böses, aus Bösem Gutes.“

Der Kronprinz Ajase

Das *Kanmuryôjugyô*-Sutra[4] beschreibt im Detail die Ursachen und Umstände, die das Schicksal von Ajase bestimmten. König Bimbasara und seine Frau Idaikebunin wünschten sich sehnlichst ein Kind. Sie befragten einen Wahrsager, der ihnen erzählte: „Ihr habt kein Kind, weil euer zukünftiger Nachwuchs gegenwärtig als Einsiedler in den Bergen weilt und seine Praxis vollzieht. So lange er lebt, wird er euren Körper nicht bewohnen können.“

Es mochte Jahre dauern, bis der Einsiedler stirbt. Nachdem er sich mit seinen Vasallen beraten hatte, beschloss der König deshalb, ihn töten zu lassen. Sobald dieser Akt vollzogen war, begann der Bauch der Königin anzuschwellen. Sie ließen noch einmal den

---

[4] *Kanmuryôjugyô:* „Sutra der Meditation über den Buddha des Unbegrenzten Lebens“, eines der grundlegenden Sutras der „Schule des Reinen Landes“; auf Bitte von Bimbasara hin, der durch die üblen Taten seines Sohnes Ajase betrübt war, nutzte Shâkyamuni seine mystischen Kräfte, ihm die zahlreichen reinen Länder zu zeigen, darunter das Reine Land von Amidas vollkommener Seligkeit.

Wahrsager kommen und baten ihn, in den acht Zeichen die Zukunft des Kindes zu lesen. Er sagte ihnen: „Selbst wenn ihr den Einsiedler nicht umgebracht hättet, wäre er zu Euch gekommen, doch aufgrund dieses Verbrechens ist das ungeborene Kind zum Feind seiner Eltern geworden. Es gibt keine andere Möglichkeit, als es zu töten." Also häuften sie Säbel auf, damit das Baby bei seiner Geburt darauf landete. Es entkam aber unbeschadet, bis auf eine Zehe, die abgetrennt wurde. So waren die Umstände bei der Geburt des späteren Königs Ajase.

Wie konnte ein so liebenswertes Baby ihr bedeutendster Feind sein? Da er dem Tode entronnen war, zogen sie ihn auf und nannten ihn schließlich Kronprinz Ajase. In der Zwischenzeit war König Bimbasara zum Buddhismus konvertiert, den er eifrig praktizierte. Zur selben Zeit lebte ein gewisser Devadatta[5] in Shâkyamunis Gemeinschaft. Er hatte eine Spaltung unter den Mönchen verursacht und für seinen Zweck eine große Zahl Schüler begeistert, wollte zum Leiter des Ordens werden und darum den Meister beseitigen. Da auch er leben musste, aber nichts zu essen hatte, begab er sich zu Prinz Ajase, um dessen Gunst zu gewinnen, und versuchte ihn von ihrem gemeinsamen Interesse zu überzeugen: „Wenn du deinen Vater beseitigst, wirst du zum Meister des Königreiches, und wenn ich den Buddha töte, werde ich zum Meister des buddhistischen Ordens. Dann werden wir beide die Macht innehaben." Der Kronprinz erwiderte: „Du redest Unsinn!", und lehnte den Vorschlag ab. Devadatta insistierte: „Du sagst, du liebst deine Eltern, aber was ist mit deinem fehlenden Zeh? Haben Sie bei deiner Geburt denn keinen Feind in dir gesehen?" Allmählich offenbarte er Ajase die Ursachen und Umstände seiner Geburt und konnte ihn doch noch überzeugen. So fand sich König Bimbasara in einer Gefängniszelle mit sieben Mauern wieder. Sogleich nutzte

[5] Devadatta: Sohn von König Amrita, dem älteren Bruder Ânandas, und Shâkyamunis Cousin; seine Feindschaft gegenüber Sahâkyamuni begann, als er zum Rivalen um die Gunst Yasodharas wurde, der Frau Shâkyamunis vor dessen Entsagung, die ihm den Sohn Rahula gebar; Devadatta wurde später zu einem Mitglied der Mönchsgemeinschaft, verübte aber aus Neid auf Shâkyamunis Vormachtstellung mehrere Anschläge auf dessen Leben und provozierte eine Spaltung der Sangha, indem er für rigorose Askese plädierte und Shâkyamuni für sein leichtes Leben tadelte.

ein Schüler Shâkyamunis mit Namen Ehrwürdiger Mokuren seine unübertroffenen übernatürlichen Kräfte, um durch die sieben Mauern zu gehen, und brachte König Bimbasara den Dharma; Shâkyamuni sandte ihm den Ehrwürdigen Furuna[6] als Gehilfen bei seiner Aufgabe.

Eine Nonne namens Rengeshiki, die ebenfalls mit übernatürlichen Kräften gesegnet war, erschien in der Zelle. Tatsächlich handelte es sich um die Königin Idaikebunin. Sie hatte ihren Körper mit diversen Arten von Kosmetik eingeschmiert, und der König füllte seinen Magen mit Nährstoffen, indem er sie ableckte. Sie trug auch leckeres Gebäck, das als Juwelen getarnt war. Der Gefängniswärter wagte es nicht, einzugreifen, weil er von dem unerreichten Ansehen Ihrer Königlichen Hoheit eingeschüchtert war.

Auf diese Weise erhielt der König sein Leben. Nicht nur starb er nicht an Hunger, er legte an Gewicht zu und strahlte vor Gesundheit. Eines Tages bat der Kronprinz, der nun König Ajase war, um Neuigkeiten über Bimbasara. „Ich nehme an, er ist tot?" Er bekam zur Antwort, dass der König noch lebte. Überrascht suchte Ajase sofort die Zelle auf und sah bestätigt, dass sein Vater lebte und sogar in bester Verfassung war. „Wer hat ihm zu Essen gegeben?", knurrte er den Wärter an. Dieser berichtete ihm, wie der König die Lehren des Dharma dank der übernatürlichen Kräfte Buddhas und des Eingreifens des Ehrwürdigen Mokuren empfangen hatte. „Auch die Königin kommt jeden Tag zu Besuch, und der König leckt ihren Körper ab und isst ihre Juwelen. Wenn das so weitergeht, braucht man nicht zu befürchten, dass er je stirbt!"

Ein lebendiger Vater war ein lebendiger Feind. Ajase zog sein Schwert und beschloss an Ort und Stelle, seine Mutter zu töten, doch seine beiden Vasallen Gekkô und Giba schritten ein und wiesen ihn zurecht. Diese Geschichte wird im *Kankyô Wasan* erzählt: „König Ajase zeigte großen Ärger, da seine Mutter sich wie ein Bandit verhalten hätte; darum wollte er sie entsprechend bestrafen. Er zog sein Schwert und machte sich auf, sie zu töten. Giba und Gekkô versuchten ihn davon abzubringen, indem sie ihm respektvoll sagten, dass solch ein Verbrechen eines Königs un-

---

[6] Furuna (skt. Pûrna): einer von Shâkyamunis Hauptschülern, bekannt dafür, der größte Prediger des Dharma gewesen zu sein.

würdig, und den eigenen Vater oder die eigene Mutter zu ermorden ein niederträchtiger und vulgärer Akt sei, der zu einer Wiedergeburt in einer Welt führe, die unter der abscheulichsten Kaste in der Gesellschaft angesiedelt sei." Obwohl er König war, würde er also Qualen leiden, da dies die Strafe für alle ist, die Mutter- oder Vatermord begehen. Die Texte berichten, von da an sei Ajase zum Buddhismus konvertiert.

Im Lichte dieser Ereignisse erkennen wir klar, dass der Weg zum Glück ins Unglück führte und dieses Unglück zu Glück wurde.

Das *Kanmuryôjugyô*-Sutra beschreibt, wie der Buddha seine übernatürlichen Kräfte zugunsten der Königin Idaikebunin manifestierte, als auch sie in einer Zelle einsaß. Es ist offensichtlich, dass die Offenbarung Buddhas im Falle Bimbasaras und Ajases plötzlich geschah. Die Sutren erzählen von zahlreichen Bestätigungen plötzlichen Erwachens. Als wären wir in einem Traum, leben wir in einer leeren Welt ohne Substanz und kämpfen vergeblich mit illusionären Konzepten. Wie ein Hund, der nach einem Dreckhaufen lechzt, verfolgen wir Schatten, hegen Vergnügen und Begierden, doch vergebens. Wir rennen stets etwas hinterher oder fliehen vor etwas davon. Zufriedenheit und Unzufriedenheit sind Illusionen. Wer aus dem Traum erwacht, versteht, dass die Ketten des Handelns von Grund auf leer sind. Wenn wir die prinzipielle Nicht-Existenz von Hindernissen nicht tiefgründig verstehen, müssen wir auf ewig die Last unserer Strafe tragen und so unsere Schulden begleichen.

Im Lotussutra gibt es ein Kapitel, das Devadatta gewidmet ist und in dem der Buddha ihm Respekt erweist. Dieser Mann war kein einfacher Krimineller. Er war einer der größten Meister und Verkünder von Buddhas Lehre. Er transzendierte seine Taten. Dieses Kapitel feiert auch die Tochter des Drachenkönigs, die zum Buddha wurde, als sie dem üblen Weg der Tiere verfallen war. Was bedeutet es, Buddha zu werden? Es bedeutet, die eigene wahre Natur zu erfassen, hier und jetzt, so wie sie ist. Wie ich dauernd wiederhole, heißt das: Man selbst in sich selbst und durch sich selbst sein.

Die eigene Natur zu erfassen lässt sich auch auf Nationen anwenden. Für das gegenwärtige Japan bedeutet Buddha zu werden, seine wahre Identität mit sicherem und mutigem Gang zu umarmen, ohne sich mit Konzepten zu täuschen und ohne sich in der Hierarchie der Nationen erheben zu wollen: Man ist man selbst, so wie man ist. Für Thailand bedeutet Buddha zu werden ebenfalls, seine wahre Identität zu erfassen, auch wenn diese sich von der japanischen unterscheidet. Dein Buddha und meiner sind nicht identisch. Wenn jemand nicht seinem wahren Selbst begegnet, wird das Leben zu einer endlosen Suche. Dann rennt man von einer Seite auf die andere und jagt Schatten. Das Spiel des blinden Trickbetrügers kommt nie zu einem Ende und muss immer wieder von vorn anfangen, bis man „von seinen Schulden befreit“ ist.

71

Obwohl sie hungrig sind,
verspeisen sie nicht das königliche Mahl, das man ihnen reicht.

Einem Schatten nachjagen

Obwohl sie hungrig sind, verspeisen sie nicht das königliche Mahl, das man ihnen reicht. Wenn wir uns weigern, vom Festmahl zu essen, bleibt unser Magen leer; und selbst wenn wir den besten Arzt konsultieren, wird es uns nicht besser gehen, solange wir nicht seinem Rat folgen. Es geht darum, sich mit dem Buddha-Dharma zu nähren und ihn ganz genau mit den besten Meistern zu praktizieren.

Wir müssen aufhören, unsere wahre Natur zu zerstören. Dôgen Zenji sagt: „Alle Menschen sind mit einer reichen und üppigen Natur ausgestattet." So wie er ist, ist der Mensch Buddha. Dôgen ergänzt: „Doch weil sie nicht praktizieren, sind sie sich dessen nicht bewusst und können nicht erwachen." Nur Zazen erlaubt dieses Ergreifen des eigenen Selbst. Durch Zazen wirkt eine mysteriöse Alchemie, so dass wir unser wahres Selbst entdecken, in ihm selbst und durch es selbst. Wenn dein Selbst seine wahre Essenz nicht wiedererlangt, wirst du mit dem Spiel des blinden Betrügers fortfahren. Zazen zu machen bedeutet, den Schleier vor unseren Augen zu lüften.

Manche Unternehmen bieten ihren Arbeitern Schulungen an, doch bevor sie diese beendet haben, verlassen einige von ihnen die Firma und gehen anderswo hin: „Komm zu uns, dann bekommst du ein besseres Gehalt." Später dämmert es ihnen, dass sie zwar mit einem guten Gehalt anfingen, aber seitdem keine Erhöhung mehr erhalten haben. Wären sie beim ursprünglichen Arbeitgeber geblieben, wären ihre Lebensbedingungen nun viel besser. Sie wären schon glücklich mit der Aussicht auf 500 Yen mehr. Wie viele Süßigkeiten kann man davon kaufen? Außerdem lässt man sie gehen, wenn das Geschäft schlecht läuft. Das gleicht also dem Verhalten eines Hundes, nach dem man einen Stein wirft und der dem Stein nachrennt, statt den zu beißen, der ihn geworfen hat. So verliert jemand für ein paar Yen mehr sein „Selbst".

Indem wir am königlichen Festmahl teilnehmen, erkennen wir unser wahres Selbst. Wir entdecken, dass es keinen Unterschied zwischen Selbst und Buddha gibt. *Satori* ist die Offenbarung des wahren Selbst. Manche begegnen dem rechten Dharma, folgen der Lehre eines wahren Meisters und verstehen die Doktrin völlig, ohne das geringste Staubkorn einer falschen Idee, das ihr vollkommenes Verständnis trüben könnte. Ihr Verständnis bleibt jedoch rein intellektuell. Sie begreifen, dass dies herausragende Dinge sind, sagen aber: „Das esse ich nicht, das mag ich nicht." Sie erkennen alle Vorteile des Zazen, sagen jedoch: „Ich möchte kein Zazen machen, es tut meinen Knien weh." So viel zu ihnen. Ihre Krankheit ist der Verlust des wahren Selbst. „Wo bin ich? Wer bin ich?" Sie leiden unter der Unfähigkeit, ihre wahre Natur zu erfassen. Sie suchen die besten Ärzte auf und verlangen ein Heilmittel, das ihnen hilft, ihr wahres Selbst unterm Deckmantel hervorzuholen, damit sie sie selbst werden und ihre wahre Identität finden können. Dieser Arzt verschreibt einen Zaubertrank, aber sie trinken ihn nicht. Was unser Selbst aus dem Blick geraten lässt und wovon wir geheilt werden müssen, ist ein mentales Leiden.

Im Lotussutra gibt es eine Parabel, die den Verlust des Selbst illustriert. Jemand hatte einen Pfeil durch seine Hand geschossen bekommen. Vor diesem Unfall war ihm die Existenz seiner Hand gar nicht bewusst gewesen. Erst als er sie nicht mehr frei gebrauchen konnte, erkannte er, dass er eine Hand hatte. Allmählich konnte er sie wieder bewegen, dann funktionierte sie sogar wieder normal, und ihm wurde bewusst, wie sehr eine Hand Aufmerksamkeit verdient. Bis dahin war er sich der Tatsache nicht bewusst gewesen, dass er mit einer Hand ausgestattet war, die frei durch sich selbst funktionierte.

Prinzipiell funktionieren wir frei, aber seltsamerweise will der kranke Mensch nicht funktionieren, ohne dafür eine Medaille oder Belohnung zu erhalten. Der Mensch kann nicht ohne Handeln leben, also ist es normal für ihn, Aktivitäten zu pflegen, aber viel weniger normal, wenn diese ihn nirgendwo hinführen. Der Kranke, der am Verlust des Selbst leidet, dreht sich im Kreis, ohne je anzukommen: „Wo bin ich? Wo bin ich nur?“ Wenn er einen Schluck Medizin nähme, wüsste er es. Indem er Zazen machte, würde er aufs Engste seinem Selbst in den Tiefen seines Selbst begegnen. Wie kann er geheilt werden, wenn er sich nicht um sich selbst kümmert? Er tritt nicht in sich selbst ein; lieber dreht er sich um sich selbst, indem er Fantasien nachjagt.

In dieser Welt der Begierden ist es die Kraft
des Erkennens und Verstehens, die die Übung des Zen erlaubt.
Der Lotus, der im Feuer blüht, ist unzerstörbar.
Obgleich er ein schweres Verbrechen begangen hatte,
erkannte Yuse das Ungeborene,
wurde unmittelbar ein Buddha und ist es noch heute.

Die drei Welten und fünfundzwanzig Existenzen

In dieser Welt der Begierden ist es die Kraft des Erkennens und Verstehens, die die Übung des Zen erlaubt. Der alte Buddhismus unterschied drei Welten, in denen sich die Bedingungen der Existenz aller Wesen entfalten: die Welt der Begierden, die Welt der Form und die formlose Welt. Die Welt der Begierden ist die der Zerstreuung und Aufregung, die sich nicht der Meditation hingibt und in der kein Zen existiert. Man widmet sich Vergnügungen und lässt den zahllosen Leidenschaften ihren Lauf, unterwirft sich der Lust auf Sex, Nahrung, Schlaf und so fort. Die Welt der Form ist die der kulturellen Vergnügen, die die Sinne anregen. Die formlose Welt hat ihren Ursprung darin, strebt jedoch darüber hinaus, um eine rein spirituelle Sphäre zu erlangen, in die die Sinne nicht mehr eingreifen.

Die niedrigste Stufe ist die Hölle, wo der Mensch barbarischen und primitiven Impulsen folgt. Hunde verbeißen und bekämpfen sich wegen einer Hündin, doch Menschen, die von der Zivilisation in Zaum gehalten werden, brennen insgeheim vor Eifersucht und zerstören sich beim Kampf, anderen gegenüber nichts offenbar werden zu lassen. Diese Art des Verhaltens schwindet in dem Ausmaß, mit dem man sich durch Konzentration der Welt der Form stellt. Die ersten vier Stufen des Zen gehören der Welt der Form an. Leiden durch sexuelle Gelüste und die Verbrennungen des Zorns entstehen aus der Welt der Begierden, während blühende Kirschbäume oder Kunstwerke anzuhimmeln zu den Sinnesvergnügen gehört. Dabei gibt es Abstufungen in der Welt der Form. Gegrillten Aal, Tempura oder Bambussprossen zu mögen steht unten auf der Werteskala. Je mehr man sich der formlosen Welt nähert, desto verfeinerter werden die eigenen Vergnügen, bis sie schließlich vollständig verschwinden. Auch die formlose Welt besteht aus vier Stufen, deren letzte durch die völlige Abwesenheit von Unterscheidung gekennzeichnet ist: „ohne Eigenschaft – ohne Nicht-Eigenschaft". Existenz wird dann zu reiner Klarheit. Theoretisch geschieht Fortschritt allmählich von der untersten zur höchsten Stufe.

In der Welt der Begierden gibt es kein Zen. Selbst wenn wir in Zazen sitzen, sind wir tatsächlich weit von dem entfernt, was man Zazen nennt. Da ist noch etwas, das den Geist füllt, etwas Zusätzliches, das vor dem gegenwärtigen Moment steht. Deine Gedanken agieren dann wie eine Rechenmaschine, du fragst dich, ob deine Geschäfte profitabel sind oder nicht, denkst an das hübsche Mädchen, dem du gerade über den Weg gelaufen bist. Selbst wenn du behauptest, Zazen zu machen, hat ein solcher Gedankenaufruhr nichts mit *samâdhi* zu tun.

Vor langer Zeit fragte ein Gastmönch aus einer Gelehrtenschule Gako Daiji Zenji: „Zen existiert in der Welt der Begierden nicht, warum macht Ihr dann Zazen?" Die drei Welten als übereinander gelagerte Stadien zu begreifen – wie auf einer Seidenraupenfarm – bedeutet, eine bloß topografische Sicht zu haben. Auch sie wie Sterne auf einer astronomischen Karte anzusehen ist irrig und keineswegs religiös. Du entfaltest eine Karte des Himmels, um das Paradies zu entdecken, doch ein solcher Ort existiert nicht.

Du wirst die drei Welten finden, wenn du sie in deinem eigenen Leben erkennst, denn es sind unsere Existenzbedingungen, die man „die drei Welten und fünfundzwanzig Variationen" nennt. Tatsächlich kann man sie nicht zählen, da sie unbegrenzt sind. In den drei Welten unterscheiden wir fünfundzwanzig Formen der Existenz, in denen Wiedergeburt verwirklicht werden kann. Diese sind: die vier Kontinente[1], die vier üblen Wege[2], die sechs Himmel

---

[1] Die vier Kontinente (jap. *shishû*) liegen gemäß alter indischer Vorstellungen von der Welt im Osten *(Tôshôshin)*, Westen *(Sugoka)*, Norden *(Hokukuro)* und Süden *(Nanzenshû)* des Berges Sumeru.

[2] Die vier üblen Wege (jap. *shiakushû*) sind Hölle, Gier, Tierhaftigkeit und Wut, da sie Stadien des Leidens darstellen.

der Begierde[3], drei weitere Himmel, die vier Himmel der Welt der Form[4] und die vier Vertiefungen der formlosen Welt[5]. An jedem Tag unseres Lebens werden wir in der einen oder anderen dieser Welten wiedergeboren. Manchmal sind wir gefräßige Dämonen, manchmal Wüstlinge. Der gefräßige Dämon erscheint, wenn ein Bediensteter die Unaufmerksamkeit der Herrin ausnutzt, um ein bisschen Essen herunterzuschlingen. Das gilt auch für mich. Als ich ein junger Mönch war, stürzte ich mich wie ein Raubtier auf die Küchlein, die der Koch gerade aus dem Ofen geholt hatte. Da ich Angst hatte, bei meinem Diebstahl erwischt zu werden, schluckte ich ein glühend heißes Küchlein auf einmal herunter.

Vor langer Zeit lebte im Eiheiji mal ein Mönch, der verrückt nach *mochi* war. Seine Besucher wussten das und brachten ihm gewöhnlich sehr gute, weiche Reiskuchen mit. Damals hielten die Mönche ein *mondô*, um zu entscheiden, wer die *mochi* essen dürfe. Ein Mönch sagte zum anderen: „Bitte gib mir die *mochi!"* Der andere fragte dann: „Bist du denn qualifiziert, die *mochi* zu essen?" Woraufhin der erste erwiderte: „Ja, natürlich", und eine Debatte zwischen den beiden entbrannte. Der Gewinner durfte die Reiskuchen essen. Einmal spürte jener Mönch, dass sein Gegner zu stark für ihn war, also griff er sich die Reiskuchen und machte sich auf und davon, verfolgt von seinem Kontrahenten. Als dieser ihn fast erreicht hatte, schlang jener Mönch die *mochi* so gierig hinunter, dass sie ihm in der Kehle steckenblieben. Es heißt, er sei mit einer Schöpfkelle an seinem Mund gestorben, als er die *mochi*

---

[3] Die sechs Himmel der Begierde (jap. *rokuten*) existierten nach altindischer Vorstellung zwischen der Erde und dem Himmel Brahmas: der Himmel der vier Himmelskönige (jap. *shiôten*), der Himmel der dreiunddreißig Götter (jap. *sanjusanten*), der Himmel Yamas (jap. *yamaten*), der Himmel der Befriedigung (jap. *tosotsuten*), der Himmel der Geburt in Freude (jap. *kerakuten*), der Himmel des Dämonenkönigs Mâra (jap. *takeijizaiten*).

[4] Die vier (Zen-)Himmel der Welt der Form (jap. *shikikai no shizenten*) beschreiben vier Stadien der Konzentration (skt. *dhyâna*): (1) Aufhebung der Begierden, (2) Beruhigen der Gedanken und Reflexion, (3) Abwesenheit von Gefühl, Bewusstsein von Wohlergehen, (4) Unempfindlichkeit und Geistesschärfe.

[5] Die vier *samâdhi* der formlosen Welt (jap. *mushikikai no shijô*) sind: (1) grenzenlose Leere (jap. *kû muhen sho*), (2) grenzenloses Bewusstsein (jap. *shiki muhen sho*), (3) Nicht-Existenz (jap. *mu sho u sho*), (4) weder Gedanke noch Nicht-Gedanke (jap. *hisô hi hisô sho*).

mit dem Wasser des Hakusan hinunterspülen wollte. Dies ist ein gutes Beispiel von Menschen im Reich der Begierde.

Die prinzipielle Lebensachse kann aus Reiskuchen, Frauen, Alkohol oder etwas anderem bestehen. Du weißt, dein Blutdruck ist zu hoch, also solltest du weder trinken noch rauchen, doch du machst damit trotz der Warnungen deines Arztes weiter. So tanzt du innerhalb der Begierdenwelt im Kreis. Und wenn du nicht aus diesem Kreis heraustrittst, findest du keine wahre Freiheit da draußen.

Darum fragte der Mönch Gako Oshô: „Warum macht Ihr Zazen?“, und Gako erwiderte: „Du weißt bloß, dass es kein Zen in der Welt der Begierde gibt. Du weißt nicht, dass es im Zen keine Welt der Begierde gibt.“ Ich bin mit dieser Art Frage-und-Antwort seit meiner Kindheit vertraut. Im Zazen gibt es keine Welt der Begierde, da ist nichts. Darum müssen wir im Zazen stark und mutig sein und nur sitzen. Wenn du in der Erwartung von Ergebnissen sitzt, dann sitzt du in der Welt der Begierde; das ist kein Zazen. Zazen ist überhaupt kein Zazen, wenn du es betreibst, um *satori* zu erlangen.

In der Welt des Zazen: keine Begierden

Wenn man *satori* begehrt, dann bettelt man um Ruhm. Im Zazen wünscht man sich nichts, weder Geld noch Ehre, nicht einmal das Leben. Nichts. Einfach, indem man Zazen übt, erscheint das *hishiryô*-Stadium des Bewusstseins, Denken jenseits von Denken, jenseits allen rationalen Denkens. Es ist offensichtlich, dass schlicht dadurch, dass man Zazen macht, kein Hindernis mehr da ist. Es genügt, einfach den Weg Buddhas zu praktizieren. Im Zazen existiert die Welt der Begierde nicht mehr, man überschreitet die drei Welten, und dahinter findet sich die Kraft der Weisheit. Durch Zazen erlangt man Weisheit. Jedoch muss das Zazen äußerst korrekt gemacht werden und nicht auf beliebige Art.

Die Methode beruht auf der Bereitschaft, das Experiment bis zum Ende durchzuführen. Wenn Zazen und Alltagsleben nicht mehr getrennt werden können, manifestiert sich Weisheit, und wir verstehen, dass es in der Welt des Zen keine Begierden gibt. Es ist sehr schwierig, Zazen zu praktizieren, wenn man selbst zur Welt der Begierde gehört. Unter den Menschen gibt es Intelligente und Dumme, ihre Fähigkeiten variieren unendlich; doch was auch immer sie sind, sie müssen Mut beweisen. Mut ist nötig, um Zen zu praktizieren, indem man die Welt der Begierde transzendiert, diese Welt, in der wir leben.

Der Lotus, der im Feuer blüht, ist unzerstörbar. Das Leben dieses Lotus ist keinesfalls leichter, und das ist eine schreckliche Prüfung. Feuer ist das Symbol für eine Existenz voller Sorgen, Illusionen und Verlockungen. Das Lotussutra benutzt die Parabel des brennenden Hauses[6], um die drei Welten zu illustrieren. Yôka verwendet das Beispiel von Yuse, um das Gleiche auszudrücken.

Obgleich er ein schweres Verbrechen begangen hatte, erkannte Yuse das Ungeborene, wurde unmittelbar ein Buddha und ist es noch heute. Diese Geschichte wird im *Jôgô-kyô* erzählt. Vor langer Zeit, in der Ära des Buddha „Reines, fleckenloses Licht" in der Welt der „zahlreichen Düfte", lebte ein Mönch namens Yuse. Er war erstaunlich schön, und eine junge verheiratete Frau verliebte sich in ihn. Sie wurde melancholisch und nahm immer mehr ab. Heutzutage hätten wir sofort ihre Krankheit diagnostiziert, aber damals wussten sie nichts vom Elend der Teilnahmslosigkeit. Ihre Pflegerin stellte ihr jedoch Fragen und fand heraus, dass die junge Frau völlig von dem Mönch besessen war. Sie beeilte sich, dies der Mutter des Mädchens zu erzählen, die vergeblich versuchte, ihre Tochter zu überzeugen, den Mönch zu vergessen. Die Tage vergingen, und die junge Frau schwand weiter dahin. Sie war so Mitleid erregend, dass ihre Mutter schließlich ihr Begehren akzeptierte. Als Yuse eines Tages zum Betteln vorbeikam, bat sie ihn herein, um ihrer kranken Tochter die Sutren zu lesen. Der jungen

---

[6] Im dritten Kapitel des Lotussutra verdeutlicht Shâkyamuni so den einzigen Zweck von Buddhas Kommen – allen Wesen zu ermöglichen, den Zustand Buddhas zu erlangen: „Stellt euch vor, ein reicher Mann hätte unzählige Kinder, ein Feuer bricht aus und diese ins Spiel versunkenen Kinder bemerken es nicht und ignorieren die Warnrufe des Vaters; da greift er auf eine List zurück, um sie aus dem Haus zu locken, und ruft ihnen zu, er habe draußen drei Streitwagen platziert, die sie schon so lange ersehnt hatten; sofort eilen die Kinder zur Tür; das Haus steht hier für die drei Welten, die Flammen für das Leiden und die drei Streitwagen für die Wege, ein Buddha zu werden."

Frau ging es sogleich besser, und allmählich gesundete sie. Die beiden wurden Freunde, und der Tag kam, da Yuse das Gebot gegen Ehebruch verletzte. Da der Ehemann im Weg stand, beschloss Yuse, ihn mit der Hilfe der Pflegerin zu beseitigen. Doch sobald das Verbrechen gelungen war, packten ihn Gewissensbisse. Er hatte das Gefühl, aus einem Traum zu erwachen. Plötzlich erkannte er, dass er als Mönch die beiden wichtigsten Regeln verletzt hatte: Er hatte die Ehe gebrochen und einen Mord begangen. Was nun? Er bat den Bodhisattva Bikkutara um Rat, nachdem er ihm alles gestanden hatte. Dieser sagte: „Hab keine Angst. Dank meiner Kräfte verleihe ich dir das Geschenk der Nicht-Furcht." Er trat in die Versenkung namens „Dharma-Siegel"[7] ein und erzeugte den unvergleichlichen Buddha. Dann sagte er: „Alle Phänomene sind Reflexionen in einem Spiegel, wie der Mond im Wasser. Der gewöhnliche Mensch leidet in seinem Geist, weil er inmitten von Verrücktsein, Wut und Liebe Unterscheidungen vornimmt." Die Schatten im Spiegel und die Reflexion des Mondes im Wasser wirken real, haben aber keine Existenz in sich selbst. Warum also Unterscheidungen treffen? Der gewöhnliche Mensch ist ein Narr, der dem Wirklichkeit verleiht, was keine hat.

So erwachte der Mönch Yuse, indem er die magische Metamorphose aller Buddhas durchmachte, zur Erkenntnis, dass die Realität ein Traum war, ein Film. Bevor die Filmrolle entwickelt war, konnte er nichts sehen. Er entdeckte das Leben so, wie einer die Bilder eines Filmes erkennt, wenn dieser entwickelt wurde. In einem Wimpernschlag sah er Vergangenheit, Gegenwart und Zukunft und begriff zum ersten Mal das Ungeborene. Um es anders auszudrücken: Er erwachte zum unsterblichen Leben. Yuse wurde zum Buddha Hôgetsu, dem Beschützer aller Buddha-Länder. Er nahm die unvergleichliche Vergangenheit war, die jetzt noch existiert: *wurde unmittelbar ein Buddha und ist es noch heute.* Was uns zu einem anderen Ausdruck zurückbringt: *Durch klares Verständnis erscheint die Leere der Karma-Fesseln.*

---

[7] Dharma-Siegel (jap. *hôin*): drückt die Unwandelbarkeit der Lehre und ihre Übertragung von Buddha an Buddha aus.

73

Der Löwe brüllt die Lehre furchtlos hinaus.
Ach! Wie bedauernswert diese verwirrten und beschränkten Gemüter sind!

Ein einziges Wort erfüllt das Universum

Der Löwe brüllt die Lehre furchtlos hinaus. Der Buddha-Dharma ist eine furchtlose Rede. In unserer Welt benutzen wir andauernd vage Ausdrücke: „Es ist möglich, dass … vielleicht … wahrscheinlich …“ Im Buddha-Dharma ist kein Platz für Zweifel oder Zögern: Dinge sind oder sie sind nicht. Es ist wahr oder unwahr. Keins oder fünf von fünf. Nichts ist verschwommen oder zweideutig. Wie es im Sprichwort heißt: „Ein einziges Wort erschöpft die zehn Richtungen.“ Das ist die Daseinsweise des Löwen, wenn er die Doktrin der Nicht-Furcht herausbrüllt.

In dieser Welt sind die Menschen wie Kinder, die Braut und Bräutigam spielen, ohne genau zu wissen, was diese bedeuten. Sie tun so, als würden sie eine Hochzeitszeremonie durchführen, und kündigen für dieses glückverheißende Ereignis Festgelage an.

Auf die gleiche Weise reden Menschen über wahre Realität und über Täuschungen, ohne zu wissen, was *satori* und Unwissenheit sind. Es ist wie bei Kindern, die im Spiel sagen: „Unser Baby wurde geboren, bitte nehmt den roten Festtagsreis an, um dies zu feiern.“ Erwachsene führen in dieser Welt das gleiche Schauspiel auf.

Prinz Shôtoku sagte: „In dieser Welt ist alles Eitelkeit, nur der Buddha ist wirklich.“ Tatsächlich ist in unserer menschlichen Gesellschaft alles eine Lüge. Man nennt das „Glück“, was nur eine Parodie davon ist, weil man sich der wahren und tiefgründigen Zufriedenheit nicht bewusst ist. Man hat nur den Eindruck, glücklich zu sein, und im Streben nach dieser trügerischen Zufriedenheit verschwendet man vergeblich seine Energie und sein Leben.

Das *Nihon-gaishi*[1] beschreibt Taira no Kiyomoris Aufstieg zur Macht, die in einem „hohen Amt am Hofe“ gipfelte. Trotz der

---

[1] Das *Nihon-gaishi* enthält die „nichtoffizielle Geschichte Japans“ und wurde von Rai San'yô (1780–1832) verfasst; es legt das Schicksal der Samuraikaste

Macht, die er genoss, starb er an einem Fieber. Er hinterließ einen dummen und feigen Sohn, der Familie und Vasallen im Stich ließ, als er beim bloßen Geräusch der Stromschnellen im Fujikawa die Flucht ergriff. Er fand in der Nähe der Hauptstadt Zuflucht, wurde aber schon bald von Kiso Yoshinaka angegriffen und geschlagen. Noch einmal konnte er entkommen, diesmal über den Ozean, wurde aber von Kurô Hangan und Minamoto Noriyori verfolgt und an der Küste von Dan-no-ura gefangen genommen. Dies bedeutete den Untergang und das Ende des Taira-Clans. Diese Geschichte illustriert, dass Glanz und Glorie der Taira nichts als Schmarrn sind. In einem Gedicht heißt es:

> Ich dachte, diese Welt sei für immer, und konnte mir
> nicht vorstellen, dass sie kommt und geht wie der Mond.

Auch das Ansehen der Fujiwara[2] dauerte nur eine Zeitlang. All diese Leute streiten sich auf einer Null-Ebene, und da ihr Glück und Unglück sich auf der gleichen Ebene befindet, bleiben ihre Handlungen, selbst wenn sie von *satori* oder Illusionen reden, ebenfalls nichtig.

Zu diesem Thema bemerkte Obaku Oshô: „Egal wer ihr seid, trinkt nur den Bodensatz!" Man kennt nichts anderes und findet es gut. Der Buddha-Dharma ist, wie das Gebrüll eines Löwen, eine wahre Stimme. Es ist der Schrei der Wahrheit, der Schrei des Lebens, eine volltönende Stimme, die Himmel und Erde erfüllt: „Ein einziges Wort erschöpft die zehn Richtungen." Es hallt im ganzen Universum wieder und *zertrümmert die Schädel der Tiere, die es hören.*

---

vom Zeitalter der Kriege zwischen den Minamoto und Taira bis zur Edo-Periode dar.

[2] Der Fujiwara-Clan hatte dank ehelicher Bünde mit dem Kaiserhaus großen Einfluss in der Zentralregierung der Heian-Periode und wollte eifersüchtig seine Stellung als „Großvater" des Kronprinzen oder des Kaisers behaupten; Epidemien und andere Unglücksfälle sorgten für den Niedergang des Clans Ende des elften Jahrhunderts, 1068 wurde er gezwungen, der Thronbesteigung von Kaiser Go-Sanjô zuzustimmen, der von einer Prinzessin geboren wurde, die nicht den Fujiwara angehörte.

Einmal wurden Studenten zu einem Rhetorikwettbewerb zusammengerufen. Ich war neugierig zu hören, wie es um ihre rednerischen Talente bestellt war, und schaute vom Fenster aus zu. Was ich sah war ein Kerl, der unaufhörlich redete, sich am Kopf kratzte, aber sein Gesicht hinter einer Hand verbarg, als er mich am Fenster stehen sah. Seine Stimme klang wie das Wimmern eines Schoßhündchens, das beim Anblick einer Bulldogge die Flucht ergreift. Selbst eine Bulldogge mit ihrem kräftigen Gebell würde sich aber aus dem Staub machen, wenn sie Löwengebrüll vernähme. Das Gebrüll eines Löwen muss die Trommelfelle der Tiere zerstoßen und ihr Herz zerreißen. Aufgrund dessen kann sich das Denken der Menschen vollständig ändern.

Der Buddha und der Dharma werden zu Banalitäten, *satori* und die Wahrheit zu Klischees. Der Buddha-Dharma wird zu vagen Konzepten umgedeutet. Die Hölle mag Furcht erzeugen, das Paradies Entzücken, doch sind sie nur noch Worte ohne Substanz. Es ist nicht mehr der Inhalt, sondern die Verpackung, die Furcht erzeugt. Worte werden zu Kinderspielzeugen, und die Menschen lassen sich *von einer leeren Faust* täuschen.

Null oder fünf von fünf

Ach! Wie bedauernswert diese verwirrten und beschränkten Gemüter sind! Der Geist wird von einer Wolke aus dichtem Rauch vernebelt und kann – wie ein Idiot, dem es an Unterscheidungskraft fehlt – nichts mehr differenzieren. Konzepte haben eine dicke Haut. Keiner ist sich mehr dessen bewusst, was Wert hat und was nicht. Wir etablieren eine Norm und definieren dann alles mit Bezug darauf: „Er zahlt mächtig Steuern, also muss er reich sein." Wir sehen keinen Unterschied darin, ob das Geld geerbt oder persönlich erarbeitet wurde. Es ist Blindheit, wenn man sich auf ererbten Reichtum etwas einbildet, der doch nur wie ungegerbtes Leder schrumpft, und man darf große Qualen erwarten, wenn man erst am Fuße des Abstiegs angelangt ist. Man sagt, jemandes Großvater sei ein toller Kerl gewesen, doch wie sieht es jetzt aus? Er kam in Schwierigkeiten, nun hat er nichts mehr. Zu behaupten: „Eine Köstlichkeit bleibt eine Köstlichkeit, selbst wenn sie verdorben ist", gleicht dem Satz: „Ich habe ein gutes Paar Schuhe, das mir einmal gepasst hat." Es bedeutet nichts.

Auf den Hügeln konservativer Städte auf Kyûshû lebend, schauen die Nachfahren von Samurai-Familien mit Vorurteilen aufs gemeine Volk herab und nennen sie *„chônin"* (Händler)[3]. Selbst der Finanzminister wird als eine Art Händler angesehen, weil er Einnahmen und Ausgaben berechnen muss. Auch wenn sie behaupten, Nachfahren der Samurai zu sein, haben jene Familien kein Geld, sind aber gierig und feige, wie sie so an ihrem Leben festhalten. Solche Leute sind keine Samurai, sie hängen bloß dem fixen Konzept an, die Samurai-Klasse würde höher stehen als die der Händler. In Wirklichkeit gibt es kein solches fixes Konzept, und die sich darin verstricken sind von *verwirrten und beschränkten Gemütern.*

Auf die gleiche Weise machen wir aus *satori* ein Konzept. Darum gibt es Jôshûs berühmtes Kôan über die Buddha-Natur des Hundes, das ein Kerl mal demonstrierte, indem er auf allen Vieren herumlief und dabei bellte. Wir halten einen hohen Beamten für einen wertvollen Menschen, doch wenn er an seiner Funktion hängt, um einen sicheren Arbeitsplatz und später eine gute Rente zu haben, dann ist er, genau wie jeder alte Uni-Professor, nur ein verdorbener hoher Beamter. An seinem Fall ist nichts Besonderes mehr. Seltsamerweise erzeugt der Mensch Anhaftungen, selbst beim Thema *satori* und Illusionen. All die Leute, die an ihre Ideen gekettet sind, kämpfen auf der Null-Ebene. Noch ihre geringsten Bewegungen zielen darauf ab, in der Gesellschaft aufzusteigen. Manche sind gar so unbedeutend, dass sie anderen Geschenke anbieten, die ihnen beim Aufstieg helfen könnten, und sich in Dankbarkeitsbezeugungen ergehen. Wie bedauerlich.

Ich habe stets mein Bestes getan, um außerhalb gesellschaftlichen Erfolges zu bleiben. Ich denke, der Grad an Vortrefflichkeit, den ein Mensch erlangen kann, bedeutet nicht viel. Ich habe mich entschlossen, der Gesellschaft einfach und ungeschminkt zu begegnen, ohne mich an Beiwerk zu klammern. Manche behaupten,

---

[3] Im Japan der Edo-Zeit (1603–1868) bestand das Vier-Ständesystem aus Kriegeradel, Handwerkern, Händlern und Bauern. 1946, als Sawaki diese Rede hielt, waren sie längst aufgehoben.

ich hätte in jungen Jahren erbauliche Predigten gehalten, heute aber seien meine Reden zu schlicht und flach. Es scheint, ich hätte früher Charme und eine wohlklingende Stimme besessen. In der Null-Welt ist eine modulierte Stimme die, welche die Verwirrung menschlicher Gefühle angenehm klingen lässt und nicht mit dem Buddha-Dharma übereinstimmt. Um Gefühle auszudrücken, haben wir hervorragende Künstler des *naniwabushi*[4] und *jôruri*[5].

Der Buddha-Dharma ist die Sphäre des absolut höchsten Grades. Trübe und begriffsstutzige Gemüter, die man unterhalb von Null anzusiedeln hat, sind für Buddha und Dharma blind. Wenn sie diese nur für einen Augenblick erfassen würden, wären sie erstaunt, bis dahin zehntausend Grad unter Null gelebt zu haben, und würden sich selbst fragen: „Wie konnte ich nur so tief unter Null fallen?“ Denn mit einem Sprung können sie sich unmittelbar beim absolut höchsten Grad wiederfinden. Gewiss ist dies schwer. Daran kann man nichts ändern, es ist das Prinzip des Buddha-Dharma. Der Buddha-Dharma ist die furchtlose Doktrin, die der Löwe herausbrüllt, und jedes seiner Worte besitzt Autorität.

Vortragende beginnen ihre Reden mit einer seltsamen Formel, mit der sie den Zuhörern dafür danken, ihnen Gehör zu schenken. Ich habe so etwas nie gesagt. So drückt man sich in der Null-Welt aus. Ich lehne diese Formeln nicht ab, weil sie dämlich wären, sondern weil sie nutzlos sind. Damit der Ruf der Wahrheit des Weges gehört wird, dürfen wir nicht die freundliche Aufmerksamkeit der Zuhörer erbitten. Es dringt gar nicht in unsere Überlegungen, ob wir zu einer einzigen Person oder einer halb leeren Halle sprechen.

Einst studierte Hôtan Oshô[6] im Tempel Miidera. Zunächst hatte der Meister eine volle Halle, doch allmählich dünnte die Zuhörerschaft aus, bis zu dem Tag, als er ganz alleine war. Der Meister

---

[4] *naniwabushi:* auch *rôkyoku* genannt; volkstümliche Balladen über vergangene kriegerische Heldentaten, die zu Shamisen-Begleitung gesungen werden.

[5] *jôruri:* modulierte Rezitation mit Shamisen-Begleitung; beim *ningyô* (jap. für Puppe) *jôruri*, auch als *Bunraku* bezeichnet, wird zum *jôruri* ein Puppenspiel aufgeführt; diese Theaterform entstand 1684 in Ôsaka und brachte zahlreiche populäre Sänger, Shamisen- und Puppenspieler sowie bemerkenswerte Autoren hervor.

[6] Hôtan Oshô (1654–1738): Mönch und Erneuerer der Kegon-Schule.

sagte zu ihm: „Da du der einzige hier bist, stelle ich meine Vorträge ein. Wenn du willst, dass ich weitermache, schaff ein paar Leute herbei.“ Da erwiderte Hôtan im Gehen: „In diesem Fall kehre ich morgen mit einem Haufen Leute zurück.“ Am folgenden Tag saß Hôtan da, aber sonst niemand. „Du bist also heute immer noch allein?“, bemerkte sein Meister. „Keineswegs, da ist eine ganze Schar“, erwiderte Hôtan ernst und begann, Fushimi-Tonpuppen auf den Sitzen zu drapieren. „Aber das sind Puppen!“, rief der Meister. Hôtan entgegnete: „Alle, die früher hierher kamen, sind nicht mehr wert als diese Puppen. Nur ich höre Euch zu, und das genügt.“ Man ist nicht qualifiziert, den Buddha-Dharma zu hören, solange man nicht absolutes Vertrauen in sich selbst hat.

Als einmal meine Zuhörerschaft nur aus zwei Personen bestand, sprach ich so laut, dass die, die im Korridor vorbeiliefen, die Tür öffneten, weil sie neugierig waren, wen ich da wohl ausschimpfte. Wenn Sawaki den Dharma brüllt, ändert sich nichts, ob nun einer oder zehntausend anwesend sind. Es ist schade, wenn ich eine große Gruppe anspreche, aber alle nur das Unwesentliche mitbekommen. Dennoch ist es ein Irrtum und eine Absurdität, die Menschen um Aufmerksamkeit für den Ruf der Wahrheit des Buddha-Dharma zu bitten; das ist, als würde ein schlechter Schauspieler Kekse verteilen, damit das Publikum ihm zuhört.

Sie verstehen bloß,
dass schwere Vergehen ein Hindernis fürs Erwachen sein sollen,
und sind unfähig, Buddhas Geheimnis zu durchdringen.

Verstöße machen keinen Sinn

Was ist die Ursache ihrer Unverständigkeit? *Sie verstehen bloß, dass schwere Vergehen ein Hindernis fürs Erwachen sein sollen, und sind unfähig, Buddhas Geheimnis zu durchdringen.*

Dieser Vers greift das Thema des vorhergehenden auf: *Obgleich er ein schweres Verbrechen begangen hatte, erkannte Yuse das Ungeborene, wurde unmittelbar ein Buddha und ist es noch heute.* Im Buddhismus betrachtet man es als schweren Fehler, gegen die vier wichtigsten Verbote zu verstoßen: Mord, Diebstahl, Ehebruch und Lüge. Diese Verbote gelten sowohl im Hînayâna als auch im Mahâyâna und werden von allen menschlichen Gesellschaften angenommen. Gewöhnliche Gemüter verstehen, dass die Verletzung dieser Verbote das Erwachen verhindert, besitzen aber nicht den Schlüssel, der ihnen den Zugang zum Geheimnis Buddhas erlaubt. Wenn wir die Worte „Geheimnis des Buddha-Dharma" hören, neigen wir zur Ansicht, dieser geheime Schlüssel könne unsere Verbrechen ungeschehen machen. An einen solchen imaginierten geheimen Schlüssel zu glauben ist die Ursache von Fehlern.

In unserer Tradition hat man von Anfang an gesagt: „Es gibt kein ewiges Verletzen der Gebote", was bedeutet, dass es keine Gebote gibt, die wir je verletzen könnten. Wenn man sagte, wir sollten kein Leben töten, wurde das als rigide betrachtet, denn selbst ein Insekt zu töten wäre dann ein Verbrechen. Als die Zeit kam, saure Milch unter dem Mikroskop zu betrachten, entdeckte man mit Schrecken, dass die Flüssigkeit vor Bazillen wimmelte, und rief aus: „O, ich habe Lebewesen getrunken! Sie sind in meinem Magen gelandet. Ich habe eine Sünde begangen und werde die Strafe empfangen. *Namu Amida Butsu* ..." Man weigerte sich fortan, Milchprodukte zu sich zu nehmen, selbst wenn es einem guttat. Vom Standpunkt des Lebens ist unser gesamtes Universum ein lebender Organismus. Alles ist Leben. Selbst die Sonne und der Mond leben. Du und ich sterben in jedem Augenblick. Wer den Tod versteht, erwacht zum Ungeborenen.

Wer zum Ungeborenen erwacht, hat nicht das Gefühl, geboren worden, und folglich auch nicht das Gefühl, am Leben zu sein. Wenn das Leben weder einen Anfangs- noch einen Endpunkt hat, wird es unmöglich, selbst wenn jemand es wollte, dem großen Leben des Universums Schaden zuzufügen. Auch wenn jemand das berühmte Schwert von Masamune[1] schwänge, um damit alle Lebewesen zu töten, ist dies nicht möglich, da niemand geboren wurde.

Das Geheimnis des Buddhismus ist die vollständige Transparenz aller Dinge. Du und ich werden klar und transparent; das Gleiche gilt für Vergangenheit, Gegenwart und Zukunft. *Satori* bedeutet, transparent zu werden. In dieser transparenten Klarheit der ursprünglichen Existenz sind die Formen, von denen man sagt, sie existieren, ohne Form. Unterscheidung ist kein Hindernis für die Gleichheit aller Dinge, und die Gleichheit aller Dinge stellt keine Hürde für die Unterscheidungskraft dar.

Ich werde häufig nach der Bedeutung der Gebote befragt: „Muss man sie befolgen?" Das ist nicht die Blickrichtung, aus der man sie betrachten sollte. Die Gebote müssen aus unserer Tiefe hervorbrechen, denn dort lebt das Geheimnis Buddhas. Man nennt dieses Geheimnis auch „Beruhigen und Beschaulichkeit"[2]. Man durchdringt dieses Geheimnis, wenn man Buddha selbst wird, so wie man ist, und wenn man nichts mehr ist außer eins mit ihm. Wenn es keinen Spalt mehr zwischen Buddha und einem selbst gibt, macht es keinen Sinn mehr, die Gebote zu verletzen. Ist man nichts anderes mehr als mit dem Universum als ein Körper vereint, dann gibt es offensichtlich nichts mehr, vor dem man fliehen oder dem man hinterherlaufen müsste. Wenn der Geist während des Zazen völlig in sich gesammelt ist, entdeckt er das Geheimnis Buddhas, und dass darin das Verletzen oder Nicht-Verletzen der Gebote keine Bedeutung hat. In der Welt des „absolut höchsten

---

[1] Okazaki Masamune: berühmter Schwertschmied in der Kamakura-Periode.

[2] Vgl. „Anhalten und Sehen" bei Chih-i. [der Übers.]

Grades“ bestehen keine Probleme von Ebenen oder Kategorien: Alles wird gleich, klassenlos, ohne Rang, ohne Graduierung.

„Bricht jemand die Gebote, fährt er dann nicht direkt zur Hölle? Kann man noch gerettet werden, wenn ein Anwalt den eigenen Fall vor Gericht verhandelt?“ Darum geht es überhaupt nicht. Wenn jemand völlig in der Welt des absolut höchsten Grades ist, setzt sich das Leben fort, frisch und wuselnd. Das Geheimnis Buddhas wird mit einer anderen Parabel in den folgenden Versen illustriert.

Zwei Mönche machen sich der Wollust und des Mordes schuldig,
und Upali, der nicht erleuchteter war als ein Glühwürmchen,
verschlimmerte noch ihre Schuld.
Beim großen Vimalakîrti schmolzen sogleich ihre Zweifel dahin,
wie Frost und Schnee unter brütender Sonne.
Die Macht der Befreiung ist unfassbar,
mit grenzenlos-wundersamen Auswirkungen,
so zahlreich wie die Sandkörner des Ganges.
Würde jemand wagen,
ihr nicht unsere vier Besitztümer zum Geschenk zu machen,
wo zehntausend Goldstücke nicht ausreichten?

Wo liegt der Irrtum?

Zwei Mönche machen sich der Wollust und des Mordes schuldig, und Upali, der nicht erleuchteter war als ein Glühwürmchen, verschlimmerte noch ihre Schuld. Diese Geschichte wird im *Yuimagyô*[1] erzählt.

Zur Zeit der Mittagsruhe schliefen zwei Mönche tief. Geschah das Folgende im Traum oder in der Realität? Sie verletzten ihr Gelübde der Enthaltsamkeit mit einem Mädchen aus der Nachbarschaft. Als sie plötzlich ihre Augen öffneten, erschrak das Mädchen und machte sich davon. Bei ihrer Flucht stürzte sie von einem felsigen Steilhang und kam zu Tode. Ihr Tod hatte nicht in der Absicht der Mönche gelegen, aber sie fühlten sich verantwortlich. Von Schuldgefühlen gequält, konnten sie sich nicht mehr konzentrieren und hielten es nicht mehr auf ihrem Platz aus. Wie konnten sie ihren Fehler Shâkyamuni eingestehen? Sie beschlos-

[1] Yuimagyô (skt. Vimalakîrtinirdesha-sûtra): Text aus dem 2. Jhd. n. Chr., der von einem reichen Händler namens Vimalakîrti handelt, der den Weg des Bodhisattva ging und dabei auch die Möglichkeit der Befreiung durch ketzerische Ansichten und Leidenschaften sah und den Buddha-Dharma nicht mit Kritik und Sarkasmus verschonte, um einen unabhängigen Geist zu unterstreichen.

sen, sich beim Ehrwürdigen Upali[2] Rat zu holen, dem Spezialisten für die Vorschriften. Schamvoll gestanden sie alles ein. „Hier ist, was wir getan haben", stammelten sie verwirrt und voller Reue. Der Ehrwürdige Upali sagte in feierlichem und gelehrtem Tonfall, dass es ein schweres Vergehen sei, jemandes Leben zu nehmen, gemäß dem Großen Fahrzeug Mahâyâna das schwerste überhaupt, während das Hînayâna, welches das persönliche Heil favorisierte, Fleischeslust als das sündigste ansah. Im vorliegenden Fall hätten sie beide Verbote des Mordes sowie der Wollust verletzt. Als sie dies hörten, fingen die Mönche vor Angst an zu zittern.

Vimalakîrti, der sich inzwischen zu ihnen gesellt hatte, sagte zum ehrwürdigen Upali: „Upali, es gibt keinen Grund, die Schuld dieser beiden Mönche zu vergrößern." Durch das Auswalzen ihrer Verbrechen hatte Upali gleichsam Öl ins Feuer gegossen und die Furcht der Mönche noch vergrößert, die bereits von Reue überwältigt waren. Vimalakîrti meinte zu ihm: „Indem du sie hier zusammenstauchst, bringst du ihren Geist in Unruhe. So solltest du nicht vorgehen. Upali, die Eigenschaft des Vergehens ist weder innen noch außen noch zwischen diesen beiden." Der Buddha hatte gelehrt, wenn der Geist beschmutzt ist, sei das Wesen beschmutzt, und es würde genügen, die Befleckung des Geistes zu beseitigen, damit auch das Wesen wieder rein würde. Sobald der Geist seine Reinheit wiedererlangt hat, wo ist da die Sünde zu finden? Und noch weiter: Wenn der Geist bereinigt und rein ist, wo kann man ihn dann finden? Er ist weder innen noch außen noch zwischen diesen beiden.

Dieser Fall ist identisch. Wir können weder den Geist noch die Sünde lokalisieren. Gilt das nicht für alle bedingten Phänomene? Tatsächlich gilt es für alle *dharmas*. Ausnahmslos ist ihr wahrer Charakter ohne Eigenschaft und deshalb ohne Unreinheit. Was man Verbrechen, Sünde oder Vergehen nennt, das sind nur Konzepte, das ist nur Staub, der auf dem Weg angesammelt wurde. Das *Daichidoron* fragt: „Wer ist der Vater, die Mutter, das Kind, die Sünde, das Verdienst?" Bodhidharma meinte: „Es gibt kein

---

[2] Upali: einer der bedeutenden Schüler Shâkyamunis, ursprünglich ein Friseur der Prinzen aus dem Shâka-Clan, was ihn zum ersten Barbier für Mönche machte.

Verdienst." Wir kennen auch das Beispiel Devadattas, den Shâkyamuni als seinen Meister ansah.

Theoretisch war Devadatta ein respektabler Halunke, und doch wird er uns im Lotussutra als vollständig Erwachter präsentiert und mit den zehn lobpreisenden Beinamen ausgestattet, die einen Buddha kennzeichnen: „So gekommen, der Opfergaben wert, vollständig bewusst, wohl ausgestattet in Gelehrsamkeit und Praxis, wohl gegangen, die Welt kennend, ohne Höhergestellten, Bezwinger der Menschen, Meister der Menschen und Götter, der Ehrwürdige Erwachte." Devadatta war also nicht nur ein vulgärer Krimineller. Shâkyamuni sagte, er habe in einem vergangenen Leben dank Devadattas Unterweisung wahres Erwachen erlangt.

Allein auf der Bühne, spielen Devadatta und Shâkyamuni je ihre eigene Rolle. Welcher ist der Vater, die Mutter, das Kind? Was ist ein Gewinn? Was eine Verletzung? Nichts ist festgelegt. Vimalakîrti demonstrierte es meisterhaft, und die beiden Mönche erwachten in dem Augenblick, in dem die Fesseln des Zweifels abgeschnitten wurden.

Wenn jemand auf einen Schlag die zugrunde liegenden Vielfachen des Einen aufgibt, dann bleibt es eins. Eins und null haben die gleiche Natur, sie funktionieren auf die gleiche Art an den gleichen Orten. Sie unterscheiden sich nur in der Verwendung, die man ihnen angedeihen lässt. Null wird zu einem Wert und ein Wert wird zu null. Es gibt auch Menschen, die zur Hölle fahren, während sie *Namu Amida Butsu* rezitieren oder Zazen machen.

Umgekehrt sind einige Nullen Buddhas geworden, während sie Miso-Suppe zubereiteten, und andere sind auf dem Klo erwacht. Es gibt auch welche, die den Weg Buddhas praktizieren, während sie die Buchhaltung machen.

Wie Frost und Schnee unter brütender Sonne: Wenn jemand plötzlich in die Welt der Einheit eintritt, verschwindet die Sünde. *Die Macht der Befreiung ist unfassbar:* Sie verwandelt das bloße Nichts in etwas und Staub in Gold. Ein einzigartiger Klang hallt im ganzen Universum der zehn Richtungen wider.

Mit grenzenlos-wundersamen Auswirkungen, so zahlreich wie die Sandkörner des Ganges: Ob wir schlafen oder wachen, uns bewegen oder ruhen, sitzen oder tanzen, das Geheimnis Buddhas wirkt in allen Bereichen des täglichen Lebens, in Höhen wie in Tiefen.

Würde jemand wagen, ihr nicht unsere vier Besitztümer zum Geschenk zu machen: Einem Mönch ist es gestattet, vier Gegenstände anzunehmen: Kleidung, Bettzeug, Nahrung und Medizin. Würde ein gewöhnlicher Mensch solche Gaben empfangen, brächte ihm sein Karma in einem zukünftigen Leben eine Wiedergeburt als Kuh ein, und er würde an diesem Karma tragen, bis er es abgegolten hätte. Die Sutren haben uns zahlreiche Geschichten über das Thema „Früchte" der Handlungen hinterlassen. Wenn in unserer Welt jemand etwas empfängt, was er normalerweise im Schweiße seines Angesichts verdienen müsste, hat er eine Dankbarkeitsschuld gegenüber seinem Wohltäter und ist ihm nun verpflichtet.

Es gibt eine interessante Geschichte über die Herkunft von Madame Maris vier Dienern. An Festtagen trugen sie die Sänfte ihrer Herrin, an gewöhnlichen Tagen das Abwasser der Toiletten. Vor langer Zeit waren diese Träger in früheren Leben einmal Mönche gewesen. Damals lebten sie zurückgezogen in einem Bergtempel, wo sie den Buddha-Weg praktizierten, aber da niemand in der Gegend ihnen Almosen spendete, verhungerten sie allmählich.

Um ihrer verzweifelten Situation zu begegnen, beschlossen sie, dass einer von ihnen im Tempel zurückbleiben sollte, um so zu tun, als übe er Zazen und reines Verhalten, während die anderen ins Tal gingen, um zu betteln. Im Dorf angekommen, sagten sie zu den Leuten: „Dort oben in den Bergen lebt ein Heiliger voller Mitempfinden, der jeden Tag Zazen macht. Wenn ihr ihm Opfergaben darbringt, werde ihr unendliches Verdienst erlangen." So streuten sie das Gerücht über einen Mönch in den Bergen, der ein wahrer Heiliger sei.

Ihre beredte Lüge erweckte den Glauben Madame Maris. Sie bestieg den Berg, um dem Heiligen eine Menge Nahrungsmittel zu spenden. Die vier Mönche waren entzückt, füllten ihre Mägen und sagten zueinander: „Das ist es! Wir haben es eingetütet!" Sogleich wurde Shâkyamuni darüber informiert, und die vier Mönche fanden sich als Träger von Madame Maris Sänfte und von Jauche wieder. Wenn jemand in der Null-Welt lebt, der Welt eingefrorener Konzepte, die vor dem Erlangen des flüssigen Wassers von Buddha-Weisheit liegt, dann ist es ein Fehler, das Geschenk der vier Gegenstände anzunehmen. Würde andererseits in der Welt des Einsseins *jemand wagen, ihr nicht unsere vier Besitztümer zum Geschenk zu machen?*

Im Tendôji bat ein hoher Regierungsbeamter Nyojô Zenji[3], eine formelle Dharma-Rede zur Gedenkzeremonie für seinen Vater zu halten. Nach der Rede bot der Beamte Nyojô Zenji einen großen Geldbetrag an, doch dieser sagte: „Hättest du verstanden, was ich sagte, könnte ich dein Angebot annehmen." Damit drückte er aus, dass der Beamte nicht qualifiziert war, eine solche Spende zu machen. Nyojô Zenji nahm sie nicht an. Es gibt nur wenige Meister, die das Dharma-Verständnis eines Gönners untersuchen, wenn dieser eine Spende anbietet. Heute würde ein Priester mit einer solchen Einstellung überhaupt keine Spenden bekommen.

Wo zehntausend Goldstücke nicht ausreichten: Dieser Ausdruck drückt vollkommen die Bedingungen des Lebens in der Welt des Einsseins aus. Hyakujô Zenji[4] verwendet dieses Bild auch im *Hyakujô-roku:* „Jenseits der zweifachen Natur von Sein und Nicht-Sein gibt es keinen Ort, an dem sich Staub absetzen könnte. Wenn man nicht mit der Vorstellung von Reinheit lebt und wenn konzeptionelles Denken nirgendwo verweilt, dann kann man, selbst wenn man täglich zehntausend Goldstücke ausgäbe, seinen Schatz niemals erschöpfen." Dieses Zitat zeigt, dass sein Autor das Löwengebrüll fürs Lehren der furchtlosen Doktrin beherrschte, deren grenzenlose Wirkung das gesamte Universum durchdringt.

---

[3] Nyojô Zenji (chin. Ju-ching, 1163–1228): Ch'an-Meister der Ts'ao-tung (jap. Sôtô)-Schule und Dôgens Meister bei seinem China-Aufenthalt.

[4] Hyakujô Ekai (chin. Pai-chang Huai-hai, 720–814): einer der bedeutendsten Ch'an-Meister, der die klösterliche Tradition mitbegründete – bis dahin waren Ch'an-Meister „Gäste" in Klöstern anderer buddhistischer Schulen, deren Regeln sie dann zu folgen hatten; Pai-chang bestand auf der Verbindung von Zazen und täglicher Arbeit im Kloster oder auf den Feldern, ihm wird der Spruch zugeschrieben: „Ein Tag ohne Arbeit ist ein Tag ohne Essen."

Selbst unsere Knochen zu Pulver zerstoßen oder
unseren Körper in Stücke hauen wäre keine Wiedergutmachung.
Ein einziges Wort, das wohl verstanden ist, übertrifft zehntausend Worte.

Unter Null

Selbst unsere Knochen zu Pulver zerstoßen oder unseren Körper in Stücke hauen wäre keine Wiedergutmachung. Dôgen verwendet den gleichen Ausdruck im *Gakudôyôjinshû:* „Zahlreich sind die Menschen, die seit alters ihre Knochen zermahlen und ihren Körper zerbrochen haben. Doch unter ihnen sind sehr wenige, die den Buddha-Dharma übertrugen. Zahlreich sind auch jene, die sich in Enthaltsamkeit übten, aber selten diejenigen, die Erwachen verwirklichten.“ Wir halten es für eine schreckliche Prüfung, das eigene Leben zu beenden. Tatsächlich ist das nicht so schwer. Es gibt Liebende, die Selbstmord begehen, innerlich Gefangene, die sich in Brunnen stürzen, und andere, die in Schulden verstrickt keinen anderen Ausweg mehr sehen, als sich selbst zu töten.

Während des Russisch-Japanischen Krieges haben viele Soldaten wie ich sich so verhalten, als sei der Tod nicht wichtig. Man sagte, ich hätte Courage, doch in Wirklichkeit habe ich Krieg gemacht, und der Tod war ein Teil davon. So etwas hat nichts mit *satori* zu tun.

Als ich kürzlich in die Mandschurei reiste, fiel mir jener Ausdruck ein, der darauf passt: „unter Null“. Er wurde ganz schön populär. Es ist offensichtlich, dass die Welt der Null nicht auf die Mandschurei beschränkt ist. Innerhalb der Welt unter Null finden wir zahllose Typen: den Reichen, den Großartigen, den Mächtigen und führende Figuren aus der Universität und der Gesellschaft. Ein Mensch muss diese Grenze der Null vollkommen hinter sich lassen.

Wir opfern sogar unser Leben für diese Null-Welt. Wir streunen ziellos umher, gehen fort, kehren zurück, und der Tod kommt herbei, ehe wir aufgehört haben, uns im Kreis zu drehen. Ich nenne den, der ein solches Leben lebt, einen gewöhnlichen Menschen.

Selbst wenn er es mit dem Rezitieren von *Namu Amida Butsu* oder in Zazen verbrächte, ist er kein bisschen weniger ein gewöhnlicher Mensch und wird stets in der Hölle enden. Für ein Menschenwesen ist es unabdingbar, über die Null hinauszugehen. Wenn nicht, wird alles, wofür er sich einsetzt – Geld verdienen, ein Gelehrter werden, sogar sein Leben zu opfern – wertlos sein. Kommt er zu Geld, wird es zu seinem Meister, und er wird ihm dienen, indem er ein Leben lang über seinen Tresor wacht. Ein Kerl, der an jeder Ecke sein Leben riskiert, ist auch unter Null.

Wir müssen über die Hürde der Null springen. *Dieser stille Mensch des Weges, der Erwachen erlangt und Grübeln wie Gehabe aufgegeben hat,* hat das *Tor der unbedingten Wirklichkeit,* das *man mit einem Sprung klärt, indem man das Land Buddhas betritt,* durchschritten. Was jenseits der Null liegt, trägt keinen Namen – es ist die Wahrheit. Auf dieses namenlose Ding, das wir wahre Realität nennen, müssen wir aus sein. Wir haben zuvor auch gesehen, dass wir *in unserem Traum deutlich die sechs Daseinsbereiche unterscheiden. Nach dem Erwachen ist alles leer, nicht einmal das Universum verbleibt. Da ist weder Unglück noch Glück, weder Verlust noch Gewinn. Im Frieden des Auslöschens gibt es nichts mehr zu suchen.*

Dies zeigt an, dass alles unter Null sich im Reich der Träume befindet. Wir haben auch erkannt, dass die Illusionen dieser Welt zu zerschneiden bedeutet, ihre Wurzel zu erfassen. Der Mensch, der sich im Kreis drehte, ohne je irgendwo hin zu gelangen, zeigt sich nun mit anderen Worten selbst die Richtung. Das endgültige Ziel von Buddhas Lehre ist, die Menschen wenigstens ein Mal über die Grenze von Null springen zu lassen. Dies ist wahrlich „das große Business" des Buddhismus.

Sind wir einmal über die Hürde der Null gesprungen und haben dieses „große Business" klar verwirklicht, wird offensichtlich, dass wir nicht durch Reden angekommen sind: *Ein einziges Wort, das wohl verstanden ist, übertrifft zehntausend Worte.* Buddhisten der „Schule des Reinen Landes" könnten es so ausdrücken, dass das Rezitieren von *Namu Amida Butsu*, solange einer noch unter Null ist, beschmutzte Praxis darstellt.

Keizan Zenji schrieb in einem Kapitel des *Denkôroku*, das Nyojô Zenji gewidmet ist, von einem Kôan, das Setchô diesem gegeben hatte: „Wie kann etwas, das nie beschmutzt wurde, gereinigt werden?“ Nyojô erwog diese Frage Tag und Nacht. Als ein Jahr vorüber war, verstand er plötzlich und erfuhr großes *satori:* „Ich bin auf das gestoßen, was nicht beschmutzt ist!“ Ursprünglich ist der Mensch rein und ohne Makel. Darum gibt es nichts, was geläutert werden müsste. Wenn wir sogar *satori* transzendieren, dann gibt es keinen Unterschied zwischen *satori* und Täuschung. Wenn wir jenseits von Null gehen, dann ist keine Illusion zu meiden und kein *satori* zu suchen.

In der Welt unter Null gibt es keinen großen Unterschied zwischen einem Hausmeister und dem Firmenchef. Geht einer über die Null hinaus, ist er großartig, selbst als Hausmeister. Das ist, was „das Selbst ist selbst Buddha“ *(sokushin sokubutsu)* meint, dann sind alle Dinge gleich.

Um dies zu verwirklichen, sind die Kräfte der Gelehrsamkeit, des Geldes und des Ranges ohne Nutzen. Ohne sich selbst zu kennen, verlassen sich Intellektuelle nur auf Worte und die Spitze ihres Stiftes, um schrecklich obskure Dinge über Menschen zu sagen, die sie wie Spielzeug manipulieren. Doch all dies hat noch keine Verbindung zu ihrer Natur. Dôgen Zenji schrieb im Kapitel „Bendôwa“ seines *Shôbôgenzô:* „Doktrinäre Texte und Rituale haben sich übermäßig vermehrt, und die Übung hat deswegen gelitten.“ Wir komplizieren die Dinge dieser Welt so sehr, dass die Wahrheit verschwindet. Wir können sie nicht einmal mehr erfassen. In all diesem Wirrwarr der Phänomene, Philosophien, Wissenschaften und nicht zu vergessen der 84.000 Sutren, wie kann man da diese unerreichte Wahrheit entdecken, dieses Wort, das zehntausend Worte übersteigt? Wenn man es nicht findet, gibt es keine andere Möglichkeit, als sich der Schinderei zu widmen, einen Berg von Büchern zu lesen.

Das erinnert mich an ein Rätsel, das ich in der Mandschurei vernahm: „Meine Tochter ist meine Mutter, meine Enkelin ist meine jüngere Schwester, mein Vater ist mein Sohn, meine Frau ist die Mutter meines Vaters.“ Ich habe diese familiären Beziehungen im Geiste hin und her gewendet, ohne sie entwirren zu können, mir dabei aber eingeredet, dies sei eine gute Übung für mich, die Wahrheit einer komplizierten Angelegenheit zu erfassen. Ich musste den Schlüssel finden. Vom Moment an, wo ich verstand, dass die Tochter aus der ersten Ehe der Ehefrau den Vater des Ehemannes geheiratet hatte, enthielten diese familiären Beziehungen kein Geheimnis mehr. Da die Tochter der Ehefrau auch „seine" Tochter ist und seinen Vater geheiratet hat, wird sie zu seiner Mutter. Das Kind aus dieser Ehe ist seine Enkelin und zugleich seines Vaters Tochter, das heißt seine jüngere Schwester. Sein Vater, der seine Tochter geheiratet hat, ist damit sein (Schwieger-)Sohn, und die Mutter seiner Tochter, die in Wirklichkeit seine Ehefrau ist, wird die (Schwieger-)Mutter seines Vaters. Wenn man die grundlegende Tatsache nicht aufdeckt, auf der diese Geschichte beruht, dann versteht man gar nichts.

Das Gleiche gilt für den Buddha-Dharma: Er muss in seiner lebendigen Aktualität erfasst werden. Auch wenn wir alles über Geschichte, Geographie, Wissenschaft, Daten und Statistiken des Buddhismus wissen sollten, werden wir uns im Kreis drehen, ohne einen Ausweg zu finden, und ins Grab steigen, ohne je die Bedeutung des Wortes Buddha im Ausdruck „Buddha-Dharma" begriffen zu haben.

Fraglos müssen wir den Schlüssel zum Rätsel finden, dieses eine Wort, dass – wohlverstanden – zehntausend Worte übertrifft. Man könnte es genauso gut Buddha, *satori*, wahre Realität, Nirwana, das Erlangen höchster Weisheit, vollkommene und höchste Erleuchtung oder Erwachen nennen. Es bedeutet nicht viel, welchen Ausdruck wir verwenden. Es ist einfach dies, ohne Namen. Wenn wir dieses einzigartige und wahre Etwas verstanden haben, lösen sich alle Probleme aus sich selbst. *Ein einziges Wort, das wohl verstanden ist, übertrifft zehntausend Worte.*

Sie ist der Herr aller Existenzen, niemand übertrifft sie.
Alle Buddhas, die so zahlreich wie die Sandkörner des Ganges sind,
legen Zeugnis von ihr ab.
Nun verstehe ich die Natur des Mani-Juwels.
Er stimmt mit denen überein, die es vertrauensvoll empfangen.
Man erkennt deutlich, dass da überhaupt nichts ist,
weder Mensch noch Buddha.
Myriaden von Universen sind Schaum auf dem Ozean,
Heilige und Weise nur Blitze am Himmel.

Ein Tag, ein Leben

Sie ist der Herr aller Existenzen, niemand übertrifft sie. Es ist eine Frage des stillen Menschen, der über die Schranke der Null gesprungen ist, Erwachen erlangt und Gelehrsamkeit wie Geschäftigkeit aufgegeben hat, einer edlen Persönlichkeit, der niemand gleicht, die niemand übertrifft. Es geht also darum, die eigene Natur verstanden zu haben und ganz man selbst geworden zu sein, genau so, wie man ist. Ein Mönch ist nicht der Anschein eines Mönchs, ein Kunsthandwerker kein falscher Handwerker. Indem man völlig die eigene Natur wird, gibt es kein Problem mehr. Man wird vollständig Buddha. Wird man Buddha, ist das ganze Universum Buddha. Doch wenn einer nicht in seine wahre Natur eintritt, ist alles Illusion. Selbst als Premierminister bleibt er dann Gefangener seiner Täuschungen. Was immer er tut und wo immer er hingeht, er schreitet voran, indem er eine Illusion vor sich her schiebt. Niemand ist wertvoller oder edler als einer, der seine wahre Natur verstanden hat: *Sie ist der Herr aller Existenzen, niemand übertrifft sie.*

Alle Buddhas, die so zahlreich wie die Sandkörner des Ganges sind, legen Zeugnis von ihr ab. Der Ausdruck „Sandkörner des Ganges“ ist ein poetisches Bild, das eine Zahl beschreibt, die nicht benannt werden kann. Diese unzähligen Buddhas repräsentieren das Ziel unserer Suche. Wenn wir den Buddha-Dharma in seiner lebendigen Aktivität erfassen, sind wir im Einklang mit allen

Buddhas, so zahlreich sie auch seien. Wenn einer völlig im Einklang ist, dann gibt es keine Probleme mehr.

Nun verstehe ich die Natur des Mani-Juwels. Yôka Daishi verkündet dies mit Gewissheit. Nachdem er persönlich Leid erfahren hatte, hat er den schwierigen Buddha-Dharma gesucht, folgte einer authentischen Lehre, befragte die bedeutendsten Meister und begegnete dem rechten Dharma, dank dem er über die Hürde der Null springen konnte. Dieser Vers tönt vor Freude und Selbstvertrauen.

Es stimmt mit denen überein, die es vertrauensvoll empfangen. Dank der Kraft und des Verdienstes von Glauben lebt jeder in Harmonie damit, der daran glaubt. Wenn er einem authentischen Meister begegnet, dem rechten Dharma Aufmerksamkeit schenkt, weiß, dass *ein einziges Wort, das wohlverstanden ist, zehntausend Worte übertrifft,* und nicht in der Zone unter Null herumirrt, dann wird dieser Mensch Frieden und Gelassenheit finden. Selbst wenn er nicht dank eigener Stärke über die Schranke der Null gesprungen ist, wird er alle Wohltaten empfangen, die den Buddhas zuteil werden, die so zahlreich wie die Sandkörner des Ganges sind. Solcher Art ist das Verdienst des Glaubens.

Glauben zu haben bedeutet nicht, an einen Gott oder Buddha zu glauben, der außerhalb von einem selbst wäre. Glauben heißt, Gott oder Buddha in einem selbst zu leben. Es bedeutet, in Einklang mit ihm zu sein, wenn man sich vor ihm verbeugt. Glaubst du fest an die Lehren Shâkyamunis, ohne Zweifel zu erleben, dann bist du erfüllt, dann hast du das magische Juwel entdeckt. Ein Tag wird zu einem bewegungslosen Jahrhundert, ein Tag enthält unwandelbar Ewigkeit, ein Tag ist ein Leben. Ich möchte ergänzen, dass dies ein Tag ist, an dem das Beliebige nicht mehr existiert, ein Tag, der nicht mehr verfälscht ist.

Man erkennt deutlich, dass da überhaupt nichts ist. Ein Text sagt: „Zu wissen, dass man verstanden hat, bedeutet unweigerlich, in Unwissenheit zu verharren." In einem anderen Text heißt es: „Vor *satori* befindet man sich in Täuschung, nach *satori* erkennt man, dass es kein *satori* mehr gibt." Wenn der Geist erleuchtet wird, existieren weder Licht noch Schatten, und wenn jemand seine wahre Buddha-Natur verwirklicht, dann gibt es keinen Buddha und kein Selbst mehr. Das nennt man den *sanmai*-Zustand des Bewusstseins. Im Sôtô-Zen erkennt man während des Zazen sehr genau dieses Bewusstseinsstadium, vorausgesetzt, man macht nicht Zazen, um *satori* zu erlangen, sondern sitzt einfach nur, ohne nach etwas zu streben.

In diesem Geisteszustand existieren *weder Mensch noch Buddha*. Die *Myriaden von Universen sind Schaum auf dem Ozean, Heilige und Weise nur Blitze am Himmel*. Das Universum? Was ist das? Das Ego, Buddha, Illusionen, *satori*, der gewöhnliche Mensch, der Heilige – was bedeuteten diese Worte? Etwas einen Namen zu geben gehört in die Welt der Relativität, also die Welt unter Null.

Sie sagen, jemand sei ein bemerkenswerter Mensch. Gewiss, er ist bemerkenswert, aber in der Welt unter Null. Doch in jener Welt ist nichts wirklich bedeutsam. Hält man dort sogar eine Lüge für okay, ist das nur ein weiterer Irrtum. Wenn Räuber und Beraubter zur Welt unter Null gehören, dann kann man sie nicht ernst nehmen. Nichts Wichtiges existiert in dieser Welt. Wer aber stiehlt, begeht einen zweifach unmoralischen Akt.

Jenseits der Null zu gehen bedeutet, sich über unsere Welt zu erheben. Es heißt, die Unwissenheit zu transzendieren und dorthin zu gelangen, wo *weder Mensch noch Buddha* existieren. Es ist eine Illusion zu glauben, dass auf der einen Seite Menschen seien und auf der anderen ein Retter Buddha, der allen Lebewesen zu Hilfe eile.

„Das Wetter ist heute fabelhaft!“, oder: „Was für ein Scheißwetter!“ Solche Unterhaltungen gehören in die Null-Welt. In einem Gedicht heißt es:

> Die Prachtwinde versteht nichts von der Morgensternlilie,
> dass es weder Gott noch Buddha gäbe
> bringt sie nicht zum Weinen.

Vom Augenblick an, wo jemand die Schwelle der Null überschreitet, gibt es keinen Bruch mehr zwischen ihm selbst und dem Universum; wenn ich also einatme, dann atme ich das Universum ein, und wenn ich ausatme, dann atme ich das Universum aus.

Jeden Tag bin ich das Einatmen und Ausatmen aller Universen, *die so zahlreich wie die Sandkörner des Ganges sind.*

Dieser extrem wichtige Punkt, der erfasst werden muss, ist die einzigartige Wahrheit. Wo kann man sie entdecken? Diese einzigartige Wahrheit wird in einem Gemüse gefunden, dass nichts als ein Gemüse ist, so wie Reis Reis ist und Einatmen einfach Einatmen, Ausatmen einfach Ausatmen, ich ich bin und du du bist. Ich wiederhole ständig: „Feuer einstellen! Hör auf, dich selbst zu zerstören!" Ist dies, dann ist das; ist das, dann ist dies. *Heilige und Weise nur Blitze am Himmel:* Wie Blitze kann man auch sie nicht ergreifen. Es ist sinnlos, den Buddha zu suchen, er ist Teil des Traumes. Im Moment, wo du denkst, du hast ihn – pfft! – ist er weg.

Selbst wenn unsere Köpfe unter einem Eisenrad zerquetscht würden,
verschwände das vollkommene Licht der Konzentration und Weisheit nicht.
Selbst wenn sich die Sonne abkühlt und der Mond erwärmt,
können Maras Horden die wahre Lehre nicht zerstören.
Der hohe Streitwagen, von einem Elefanten gezogen, naht friedlich heran.
Wie könnte eine Gottesanbeterin ihn von seinem Kurs abbringen?
Der große Elefant nimmt nicht an Hasenrennen teil.
Großes Erwachen macht sich nichts aus Kleinkrämerei.
Ermesse die Weite des Himmels nicht, indem du durch einen Strohhalm schaust.
Freund, wenn du bis jetzt kein klares Verständnis erlangt hattest,
dann habe ich dir hiermit den Schlüssel gegeben.

Groß und edel wie der Ozean

Selbst wenn unsere Köpfe unter einem Eisenrad zerquetscht würden: Wir leben in Chaos und Konfusion. Wir bewundern, verachten, frohlocken, verzweifeln, wir haben zu viel Arbeit oder zu wenig. Wie auch immer unser Alltagstrubel aussieht, selbst wenn die Erde unter unseren Füßen bebt und unser Universum zusammenfällt, sollten wir versöhnlich bleiben, denn die Myriaden Universen sind nur wie Schaumkronen auf dem Ozean. Es ist jedoch einfacher, über Unerschütterlichkeit zu schreiben, wenn ein Eisenrad sich auf einem Kopf zu drehen beginnt, als so etwas tatsächlich selbst durchzustehen. Es ist, als würde man Schwimmen außerhalb des Wassers lehren – die Erfahrung selbst zu machen ist etwas anderes. Ein Gangster, der seinen ersten Raubüberfall macht, versteht das gut. Er trägt eine Maske, zielt mit seinem Revolver, verändert seine Stimme und sagt: „Geld her oder ich schieße!" Doch seine Zähne klappern und seine Knie zittern. Man kann da nichts gegen machen, so ist es eben. Ein wirkliches Problem.

Eines Tages drang ein Dieb ins Geschäft eines mir bekannten Holzfällers ein, der die Tür zum Hinterhof offen gelassen hatte, weil es Sommer und heiß war. Plötzlich begann eine Schublade zu quietschen. Der Sohn des Eigentümers fuhr aus dem Schlaf hoch und schrie: „Dieb! Dieb!“ Auf frischer Tat ertappt, ergriff dieser die Flucht. Der Sohn, der außer sich war, nahm die Verfolgung auf. In die Enge getrieben, zog der Dieb ein Messer, und als der junge Mann nach ihm schnappte, stach er ihm damit in die Rippen. Die beiden Körper rollten gemeinsam auf den Boden. Der geschockte Vater traf ein und sah, wie sein Sohn in Schwierigkeiten war, also schnappte er sich einen Holzstock und schlug ihn mit all seiner Kraft auf den Kopf des Räubers, während er schrie: „Dreckiges Biest!“ Er schlug so hart zu, dass nicht nur der Kopf des Räubers platzte, sondern auch der Schädel seines Sohnes brach. Die beiden starben auf der Stelle.

Eine Gruppe entsetzter Zuschauer versammelte sich um den erstarrten Vater. Die Polizei traf ein, untersuchte den Fall und stellte fest, dass nichts aus dem Haus des Holzfällers gestohlen worden war. Alles war das Ergebnis einer tragischen Begegnung zwischen drei Menschen, die gleichzeitig ihre Haltung verloren hatten. Diese bedauernswerte kleine Geschichte ist nur ein Beispiel unzähliger Dramen, die sich unter den Menschen in der Null-Welt abspielen. Sie straffen sofort den Rücken und werden aus den nichtigsten Anlässen wütend. Genauso brechen sie wegen Banalitäten in Tränen aus. Es ist offensichtlich, dass man die Null-Welt überschreiten muss.

Ryôkan empfand unbegrenztes Mitempfinden für die Null-Welt. Eines Tages drang ein Dieb bei ihm ein, machte viel Krach und unterdrückte nicht mal ein Niesen. Ryôkan sank auf seiner Matte nieder, hielt den Atem an und tat, als würde er schlafen. Er sagte sich, dass er gar nichts zum Stehlen da habe und das einzige, was den Dieb interessieren könne, die Matte sei. Der Dieb war gerade zum selben Schluss gekommen und begann, an der Matte zu ziehen. Ryôkan ließ sich, steif wie eine Leiche, herunterrollen und ausplündern. Der Räuber floh. Ryôkan lauschte seinen Schritten, als diese allmählich in der Nacht erstarben. „Er muss zufrieden sein“, sagte er zu sich selbst. Dann nieste er und stand auf, um sich zu wärmen. Als er sich dem Fenster näherte, sah er den leuchtenden Mond und verfasste diese Verse: „Vom Dieb zurückgelassen, der Mond im Fenster.“

Ryôkan zeigte eine außerordentliche Haltung. So sollten auch wir sein, unter allen Umständen gelassen und friedlich. Doch diese Seelenruhe kommt nicht von allein.

Die einzigartige Wahrheit erfassen

Während der Meiji-Ära lebte ein bedeutender Mönch der Shinshû-Tradition namens Shichiri Kôjun in Hakata. Einmal drang ein Dieb in sein Haus ein und forderte: „Gib mir dein Geld!" Shichiri antwortete: „Wenn du Geld willst, davon hab ich viel!", und übergab ihm ein Bündel mit mindestens hundert Ein-Yen-Scheinen, die in ein kleines quadratisches Seidentuch gewickelt waren, wie man es für die Teezeremonie verwendet. Das Bündel war gerade erst von einem frommen Menschen als Spende dargebracht worden; er bot es dem Dieb so an, wie es war. Dieser sagte zu ihm: „Abt, Ihr seid großzügig, darf ich alles nehmen?" – „Gewiss, gewiss", erwiderte Shichiri. Als der Dieb ging, rief ihn der Abt zurück: „He, warte mal ne Minute! Deine Klamotten sehen ganz schön dünn aus, und es ist kalt draußen, da wirst du dir was holen. Gestern hat mir jemand einen guten Mantel von einem Verstorbenen geschenkt. Er hat deine Größe und wird dir gut stehen. Warte, ich schau mal danach." Shichiri brachte ihm den Mantel, der sorgfältig in Papier eingewickelt war. Der Dieb machte sich erneut auf den Weg, als der Abt ihn wieder ansprach: „He, warte!" Der Dieb fragte sich, was er ihm wohl noch geben wolle. „Ich habe nichts mehr für dich, aber wenn einer ein Geschenk empfängt, muss er sich bei der Person bedanken, die es ihm gab!" Diese Anekdote bezeugt Shichiris Meistern des Selbst.

Der Dieb machte so weiter und wurde schließlich von der Polizei gefasst. Als man ihn befragte, gestand er all seine Missetaten, einschließlich seines Diebstahls im Tempel. Shichiri wurde auf die Polizeistation gebeten. „Ist Ihnen klar, dass Sie einen Verstoß begangen haben, indem sie den Dieb unterstützten, und dass ihnen eine Strafe droht?" Shichiri erwiderte verwundert: „Ja, aber bei mir war gar kein Dieb!" Sie brachten ihn hinein. „Hier ist der Geständige. Erkennen Sie ihn nicht?" Er war es wirklich. Ohne sich etwas anmerken zu lassen, antwortete Shichiri: „Gewiss kenne ich ihn! Er war einmal im Tempel. Lasst mich nachdenken, wann war das? Hab ich ihm nicht etwas Geld gegeben und er hat sich dafür bedankt?“ Obwohl er ein Dieb war, traf den Mann das wie ein elektrischer Schock. Verdattert und ohne sich dessen recht bewusst zu sein, sagte er: „Ich danke Ihnen!“

Der Dieb begann, all die schmutzigen Wasser der Null-Welt auszuschwitzen, und empfand dann eine große Erleichterung. Er war gerade über die Hürde von Null gesprungen. *Satori* ist nicht so schwer, wie unsere buddhistischen Gelehrten uns weiß machen wollen, und es stinkt auch nicht nach Langeweile wie Geplauder an der Uni. Der Dieb war noch nie einem Mann wie Shichiri begegnet. Es war, als würde dieser außergewöhnliche Typ einen elektrischen Strom erzeugen, und er sei daran angeschlossen worden. Nun sah und empfand er die Dinge genau wie er. Man könnte sagen, es war, als wäre seine alte Bambuspfeife, die von der Luftfeuchtigkeit blockiert war, plötzlich von frei zirkulierender Luft durchweht. Die Welt hatte sich völlig verändert. Er wurde zu einem vorbildlichen Gefangenen und kam in den Genuss einer Amnestie aus Anlass der Bestattung der Kaiserinmutter Eishô[1].

Sobald er frei war, wurde er im Tempel vorstellig, um Shichiri zu danken. Er hatte keinen Tag und keine Stunde im Gefängnis verbracht, ohne ihm dankbar zu sein und ihn in Gedanken zu verehren. Die unendliche Dankbarkeit, die er empfand, veränderte sein Leben. Egal, welche Mühen ihm begegneten, er zeigte keine traurige Miene und beschwerte sich nie. Das war auch der Grund, warum man ihn begnadet hatte. Er bat Shichiri, ihn als Schüler anzunehmen. Shichiri antwortete sofort: „Einverstanden! Dann komm mal mit!“ Er vertraute ihm den Tempelschatz an, und in seinem ganzen Leben machte der ehemalige Dieb damit nicht den kleinsten Fehler.

Das vollkommene Licht der Konzentration und Weisheit verschwände nicht: Wir haben schon in einem früheren Kapitel über Konzentration und Weisheit gesprochen. Sind die beiden in perfekter Harmonie vereint, entdecken wir die einzigartige Wahrheit, dieses einzelne Wort, das, wohlverstanden, hunderttausend Worte

[1] Kaiserinmutter Eishô (1835–1897): Stiefmutter des Meiji-Tennô, der 1867–1912 regierte.

übersteigt, die unzerstörbare Wahrheit, gegen die niemand etwas tun kann.

Selbst wenn sich die Sonne abkühlt und der Mond erwärmt, können Maras Horden die wahre Lehre nicht zerstören. Ein Mensch, der die Null überschreitet, transzendiert zehntausend Worte, und von diesem Moment an geht er den täglichen Weg mit großen Schritten und erhobenem Kopf. Da es weder Ding noch Person gibt, die ihm ein Hindernis sein können, genießt er totale Freiheit. *Der hohe Streitwagen, von einem Elefanten gezogen, naht friedlich heran. Wie könnte eine Gottesanbeterin ihn von seinem Kurs abbringen?* Der schwere, ruhige Gang des Elefanten evoziert Macht und gleichmütige Stärke. Was könnte ein kleines Insekt tun, um ihn aufzuhalten, selbst wenn es sich zu voller Länge ausstreckte?

Der große Elefant nimmt nicht an Hasenrennen teil. Großes Erwachen macht sich nichts aus Kleinkrämerei. Die große und höchste Freiheit des Menschen manifestiert sich, wenn er die Null überschreitet. Eine Warnung geht an jene, die dies noch nicht erfahren haben, aber sich erlauben, alles zu kritisieren: *Ermesse die Weite des Himmels nicht, indem du durch einen Strohhalm schaust.* Was bringt es, andere durch sich selbst zu beurteilen, die Abwesenheit von Illusionen durch die eigenen Illusionen, Nicht-Handeln durch die eigenen Aktivitäten, oder die Bedingungen einer Welt, der man nicht angehört und von der man nichts weiß?

Das *Shôdôka* endet mit diesen Zeilen: *Freund, wenn du bis jetzt kein klares Verständnis erlangt hattest, dann habe ich dir hiermit den Schlüssel gegeben.* Das Wort „Freund“, das das Gedicht eröffnet hat, taucht hier erneut auf und hallt in uns wie ein Echo nach: *Freund, erkennst du nicht?*

Das *Shôdôka* lässt uns über die Mauer springen, die uns in der Null-Welt einschließt. Jenseits der Worte dieses Liedes möchte Yôka in uns das Unaussprechliche inspirieren. Er sagt die wesentlichen Dinge, die mit Sprache ausgedrückt werden können, und erweckt in uns eine tiefgründige Resonanz.

***

Inhalt